1

财税法学前沿问题研究

经济发展 社会公平与财税法治

中国法学会财税法学研究会/主办
刘剑文/主编

CAISHUIFAXUE
QIANYANWENTI
YANJIU

JINGJIFAZHAN
SHEHUIGONGPING
YU
CAISHUIFAZHI

法律出版社
LAW PRESS·CHINA

前　言

金风送爽、丹桂飘香之际，由中国法学会财税法学研究会主办、西北政法大学经济法学院承办的中国法学会财税法学研究会2010年年会暨第十三届海峡两岸财税法学术研讨会在古都西安隆重召开。

当前我国正处于国民收入分配改革和西部大开发的深化阶段。结合当前社会政治、经济与法律的发展状况，本届年会以“经济发展、社会公平与财税法治”为主题，围绕着“国民收入分配改革与财税法制建设”、“海峡两岸经济合作框架协议（ECFA）对两岸财税法的影响”和“深化西部大开发的财税政策调整”三个中心议题展开深入细致的研讨。

本届年会备受社会关注，有关政府部门、高等院校、科研机构和实务部门的专家学者积极投稿。在收到的大陆和来自台湾地区的138篇论文中，既有声誉卓著的财税法专家的不吝赐稿，又有诸多青年才俊的呕心力作。国民收入分配、社会公平、财税法治、两岸合作和西部大开发成为本届年会的关键词。

经过中国法学会财税法学研究会会长会议研究，决定精选其中27篇论文汇编成本次年会论文集正式出版。该27篇论文分为六篇：

第一篇为“国民收入分配与财税法治建设”，收录了3篇论文。葛克昌的《所得重分配——国家任务与团结和谐社会》探讨了在所得重分配中的国家任务及其在和谐社会建设中的重要性。俞光远的《深化收入分配改革，加快财税法制建设，合理调节收入分配》提出了通过财税法制建设来合理调节收入分配的方案。薛钢的《调节居民收入分配的税收政策研究》探讨了如何通过税收政策来调节居民的收入分配。

第二篇为“社会政策与财税法治建设”，收录了9篇论文。蔡茂寅、洪巧玲的《财政收入法之体系》探讨了财政收入法所应当具备的理想体系。孙健波的《宪政视角下的财税改革——兼论财政立宪主义之局限》从宪政视角出发分析了我国的财税改革，并提出了财政立宪主义的局限。张献勇的《论对预算的合宪性审查》探讨了对预算如何进行合宪性审查。张怡、陈卫林的《论衡平税法之构建》提出了构建以衡平思想为指导的税法体系的设想。林雅琪的《社会政策目的之租税优惠——以社会保险、老年化、住房面向为例》探讨了如何通过租税优惠政策来实现社会政策目的。翟继光的《论税收政策的传导机制》分析了从税收政策工具到税收政策目标之间的传导机制。李礼仲、杨恩沛的《信托行为遗产赠与税与租税规划之研究》研究了遗产赠与税中如何通过信托行为进行租税规划。张富强、林蔚的《电子商务环境下税收流失的法律对策》提出了应对电子商务环境下税收流失问题的法律对策。薛建兰的《我国出口退税立法中存在的问题及完善对策》分析了我国出口退税立法中的缺陷并提出了完善建议。

第三篇为“社会公平与纳税人权利保障”,收录了4篇论文。黄士洲的《税课禁区与纳税人权利保障》从纳税人权利保障的视角出发探讨了课税的禁区。姚轩鸽的《纳税人权利与义务结构及其关系辨析》从哲学的角度分析了纳税人权利义务的结构。郭凯峰的《刍议提升我国纳税人税法遵从度》提出了提升我国纳税人税法遵从度的建议。郭维真的《财政支出结构的法治约束》探讨了如何对财政支出结构进行法治约束。

第四篇为“税收行政与财税法治建设”,收录了2篇论文。周序中、彭艳芳的《论我国税收立法的价值取向——以执法风险防范为视角》从防范执法风险的视角分析了我国税收立法的价值取向。段晓红的《税务机关特别纳税调整权的危险性及其控制——基于一般反避税条款的思考》从一般反避税条款出发分析了税务机关特别纳税调整权的危险性并提出了控制对策。

第五篇为“西部大开发与地方财税法治建设”,收录了4篇论文。席晓娟的《西部大开发税收法律制度的回顾、反思与完善——以税收优惠政策分析为视角》从税收优惠政策的视角分析了西部大开发中税收法制的建设。李玉虎的《经济发展与区域税收优惠政策比较分析》分析了经济发展与区域税收优惠政策之间的关系。闫海的《论基于地方自治的日本地方财政法制》介绍了日本地方财政法制的指导思想和基本状况。贾小雷的《构建省以下政府间合理财政关系问题研究——兼论“省管县”体制向常态化发展的可能性及路径》提出了构建省以下政府间合理财政关系的建议。

第六篇为“海峡两岸经济合作框架协议(ECFA)与两岸财税法改革”,收录了4篇论文。黄茂荣的《海峡两岸经济合作框架协议(ECFA)与两岸税法之协调的需要》分析了ECFA与两岸税法协调之间的联系。李宪佐的《海峡两岸经济合作框架协议(ECFA)对两岸财税法的影响》探讨了ECFA对两岸财税法的影响。吴德丰、许祺昌的《海峡两岸经济合作框架协议(ECFA)与台湾地区税制改革》探讨了如何在《海峡两岸经济合作框架协议》下进行我国台湾地区税制改革。陈清秀的《租税协议相关问题之探讨——兼谈两岸签订租税协议》以《海峡两岸经济合作框架协议》为框架分析了租税协议的几个基本问题。

限于篇幅,本次年会的很多优秀论文尚未收入本书,一些较长的论文在收入时也进行了适当压缩。在本书的编辑中,中国人民大学朱大旗教授和中国政法大学翟继光副教授做了大量工作,特对他们的辛勤工作表示感谢。

中国法学会财税法学研究会
2011年8月

目　　录

第一篇　国民收入分配与财税法治建设

第二篇　社会政策与财税法治建设

第三篇　社会公平与纳税人权利保障

第四篇 税收行政与财税法治建设

第五篇 西部大开发与地方财税法治建设

第六篇 海峡两岸经济合作框架协议(ECFA)与两岸财税法改革

第一篇　国民收入分配与财税法治建设

所得重分配

——国家任务与团结和谐社会

葛克昌*

一、问题概说

社会法治国家除了要维护法律秩序，并借由立法提供金钱实物给付，同时要求纳税人给付税捐。虽然有时国家亦要求人民服兵役劳务，但最主要者仍在要求人民负担国家任务所需之财务。

公共事务何时国家须挺身而出负责处理？何时得移为社会任务？国家如具有照顾需求之任务时，接下来问题是为提供金钱或实物给付，是否须立法，就如何给付及给付多少如何衡量，及财务负担如何归属予以归制。① 其中，给付及负担方式在何范围内国家得加以分配？给付基准与负担基准有何关联之处？② 给付及负担由何种团体为之，或由国家为之？

除了租税负担，当代由于使用者付费观念兴起，新兴的法律问题于焉而生，诸如兴建高速公路、大学或其他学校，国家或地方自治团体在提供给付时可否赋予受利者规费负担义务？③ 甚至可否依父母之收入按类型予以不同之规费负担，如幼儿园教育。进而国家得否对人民依使用之大小而予以不同之划分，使一部分人负担较高之电费、汽油费？甚或依量能负担原则对特殊社会族群负担不同之社会保险？④ 在社会法治国之重分配功

* 台湾大学法律学院教授。本文由台湾大学法律学研究所财税法组陈怡璇、林雅琪、林柏霖、陈昱岚研究生协助文字整理、数据搜集，并此致谢。

① H. Kube, Staataufgaben und Solidargemeinschaften, DStJG 29(2006), S. 11.

② 葛克昌："社会福利给付与租税正义"，载《国家学与国家法》，台湾元照出版有限公司1997年版，第43页以下。

③ 葛克昌："规费、地方税与自治立法"，载葛克昌著：《税法基本问题——财政宪法篇》，台湾元照出版有限公司2005年版，第268页以下。

④ 孙乃翊："跨体系之平等——以我国社会保险被保险人之分配及其权利内涵之差异为例"，载《第七届宪法解释之理论与实务》，"中央"研究院法律所筹备处2009年版，第155页以下；胡敏洁："履行给付行政任务的私人之法律地位"，载《第十二届海峡两岸行政法学学术研讨会论文集》2010年9月18日，第97页以下。

能借由任务之划分与财务责任之分配,而此种划分与分配须以社会族群之划分为前提。

国家任务划分与财务责任之问题,其答案得分为四步骤为之。第一步依事理性质在国家与社会之间做任务划分,[①]对人之结合划分,则依宪法之自由原则为之。第二步依对自由影响之重大之国家任务履行财务面,租税国家与给付国家之财务负担以国家给付总额(以租税为主)为前提,受法治国家民主原则之限制。第三步则为国家如何划分财务负担与给付社群,及其正当性何在。第四步则为国家将任务与财务划归特别社群,宪法上界限何在。

总之,宪法应明定,一般国家任务之财务由租税及其他社群负担,并由社会国家及其他社群去扶助须予照顾之个人。国家给付之财务依事件性质得由特殊财务体系支付之,但须与租税手段之负担取得协调一致。

二、社会法治国之重分配功能

(一)社会法治国理念

历史是一条不归路。自由法治国法制为市场经济铺设了运行之轨道,打破个人经济自由的桎梏,消除了人格发展的障碍;同时,也造就了社会实质不平等,且因自由泛滥造成灾害性效果。[②] 社会法治国理念乃孕育而生,是以国家不仅消极为法律秩序之维护者(治安、御侮、维持市场机能),同时也是社会调节与社会秩序(正义)之形成者(积极达成保护、教养、预防、重分配功能)。[③] 是以(我国台湾地区)"司法院"释字第485号解释理由书第一段明示:"宪法"系以促进民生福祉为一项基本原则,此观"宪法"前言、第1条、基本"国策"章及"宪法增修条文"第10条之规定自明。本此原则国家应提供各种给付,以保障人民得维持合乎人性尊严之基本生活需求,扶助并照顾经济上弱势之人民,推行社会安全等民生福利措施。但德国联邦宪法法院现有判决中,仅强调立法者之社会形成任务,[④]对如何以法律去实现保障个人之社会任务却未明言,因《德国基本法》第20条第1项定性德国不仅是"社会国家",同时也是"民主国家",[⑤]按民主原理立法者应享有"立法裁量权"。[⑥] 亦即《德国基本法》对特定经济宪法未做明定,立法者有较大裁量空间,《德国基本法》(Art. 20 Ⅰ,28 Ⅰ 1GG)只明定何者为国家目标——社会国,但如何违反或

---

① 葛克昌:"国家与社会二元论及其宪法意义",载葛克昌著:《国家学与国家法》,台湾元照出版有限公司1997年版,第8页以下。

② 参照《德国联邦宪法法院判决集》BVerfGE 5,85(206),该号判决强调,德国宪法上社会国原则,乃为避免自由之泛滥造成灾害性后果(um schädliche Auswirkungen schrankenloser Freiheit zu verhindern)。

③ 不同于以美国为首之大多数西方民主国家,德国有社会国家特别之宪法传统,早在19世纪80年代俾斯麦改革,德国就出现世界第一部劳工之社会安全法。参见 Zippelius/Würtenberger, Deutsches Staatsrecht, 32 Aufl. 2008, § 1 Rn. 26ff。

④ BVerfGE 5,85(206).

⑤ A. Raupach, Steuern in Sozialstaat, DStJG 29(2006), S. 2.

⑥ BVerfGE 22,204.

此目标之方法具有开放性。[①] 社会国家之宪法要求主要系对社会不平等之调整，且确保人性之尊严，即社会最低生活标准。[②] 但社会法治国为自由法治国之改革而非革命，[③]仍奠基于"自由法治国传统"，[④]是以违反法治国之基本权之核心，如借由没收式税课[⑤]以消除社会不平等，致违反财产权保障或职业自由权保障，为社会法治国宪法所不许。

（二）租税国成为社会国与法治国之桥梁

租税国家不仅指国家财政收入，主要取诸私经济所征纳之租税，而非出于国有财产、国营企业者；[⑥]其在社会法治国之宪法意义正如1954年德国公法大师Forsthoff在《社会法治国之概念与本质》[⑦]一文所断言，"所谓现代法治国家成为社会国家，主要系以租税国家之形态表现其功能"。法治国，特别是实质意义之法治国，本质上须同时成为租税国家。[⑧] 因为国家财政收入由租税取得，国家自身不必保有国有财产或经营公营事业，财产及企业得以归属私有，人民取得私有财产后之纳税义务即为取得营业自由与职业自由之对价。没有纳税义务，就不可能有经济自由；没有租税国家，也不可能有以经济自由为中心之实质法治国。[⑨] 特别是现代法治国同时要成为社会国家（社会法治国），不免有其扞格紧张之处：因社会国以调整现实社会不平等为己任，勇于打破社会现状；而法治国以保障个人自由财产为前提，势必承认并保障现实不平等社会现状。法治国保障经济上自由权，本以排除国家干预为目的；坚持法治国保障，亦不免使社会国积极干预理想为之落空。然而，透过租税为中介，人民经济自由除依法纳税外得免于国家干预；另一方面，个人经济自由禁止国家干预之堡垒，亦因纳税义务得斟酌社会国目标而打开一缺口，国家借由累进税率、社会政策目的的租税优惠、遗产赠与税制及量能负担原则贯彻等调整，得以闯入并重组社会之财货秩序。故社会国家理想要同时维持法治国传统，只有以租税国形

---

① BVerfGE 35，355f.

② BVerfGE 50，57（108）.

③ 进一步讨论参见葛克昌："社会福利给付与租税正义"，载葛克昌著：《国家学与国家法》，台湾元照出版有限公司1997年版，第48页以下。

④ BVerfGE 5，85（197）.

⑤ BVerfGE 87，169.

⑥ 对国家考察，主要基于其财政方式，现代自由国家将生产工具原则归私人所有而予以宪法保障（私有财产制）。国家财政收入系透过私经济收益，亦即租税取得，谓之租税国家。参见J. Isensee，Steuerstaat als Staatsform，in FS H. P. Ipsen，1977，S. 409ff.；P. Kirchhof，Wirtschaftsfreiheit und Steuerstaat，in Bodo B. Gemper（Hrsg.）Wirtschaftsfreiheit und Steuerstaat，2001，S. 31ff；葛克昌："宪法国体——租税国"，载《国家学与国家法》，台湾元照出版有限公司1997年版，第139页以下；蓝元骏："熊彼特租税国思想与现代宪政国家"，台湾大学法律学研究所2005年硕士学位论文。

⑦ E. Forsthoff，Begriff und Wesen des Sozialen Rechtsstaats，VVDStRL 12（1954），S. 32；"社会法治国家之概念与本质"，翁岳生译，载《宪政思潮》1974年第2期。

⑧ K. H. Friauf，Unser Steuerstaat als Rechtsstaat，StbJb，1977/78，S. 39ff.

⑨ K. H. Friauf，Verfassungsrechtliche Anförderung an die Gesetzgebung über die Steuern von Einkommen und von Ertrag. DStJG Bd. 12（1989），S. 3ff.

态表现其功能。①

(三)社会法治国之重分配功能

1. 租税限定了国家给付总额

社会福利给付以金钱(现金)给付为原则(参考台湾地区"社会救助法"第7条),而人民之纳税义务亦以金钱给付为限。盖现代财政国家虽得以纳税义务及社会给付干预人民之经济生活,但此种为公共利益所为干预应受比例原则限制,其中以"金钱给付"手段,不论取与予,对人民经济自由干预程度减到最少。给付法与税法虽同为金钱给付,但非受适用于一切金钱给付义务相同指标。社会法乃建立在个人财产状况之上,涉及财产权之产生的阶段,而非宪法所保障之财产权特有。社会法之指导理念为宪法平等权保障,受平等原则拘束,社会国家之任务至少能提供接近生存所必需之生活条件。② 社会法受平等原则支配,只能产生对其最低生活条件之类似与接近效果,并不涉及是否过度禁止之防御权,社会给付亦无最高限度问题,因国家所可处分之分配总额在社会给付之前一阶段亦即国家"取之于民"(纳税)阶段即受到基本权之限制。宪法上私有财产权及财产权使用自由权保障,即限制了给付国家之行为能量之总额。国家先要"取之于民",然后才能"用之于民",此种先后顺序,宪法上对课税之限制,即限制了国家给付。此种对课税权之限制,当然亦包括了对国家举债之限制,盖其须赖下一代国民纳税之偿还。③

2. 重分配政策与国家处分权

社会法治国虽得利用租税手段达成重分配政策目标(盖所有权附有社会义务),但此义务仅限于国家居间,由租税取得者及社会福利法给予所需要者。国家并无直接处分权(分配权),无权在所有权取得与所有权使用间行始其指定权。

重分配政策,只有在私有财产与所得不均之落差中尽量使其拉近距离。对私有财产,国家并无处分权,使其公有化。一方面对纳税义务人生存所必需之所得予以课税(直接税或间接税,后者因不醒目更易发生);另一方面纳税义务人营养及住宅所需由国家社会给付供应,此对受给付人而言并未改善其财务状况,而在申请手续与举证程序中反而对申请人自我救助能力有所危害。在此种情形下,财政国家行使了权力,实际上并无救助行为。④

反之,社会福利给付所予者,如过量超过生活最低条件与税课之免税额,此时所应为者,非对超过部分予以课税,原则上应减少社会给付。例如,国民住宅政策,使国宅(或其配售之公家住宅)拥有者,由转售或转租取得暴利,此时不宜以租税手段(增值

① 进一步讨论参见陈清秀:"社会国家原则在税法上运用",载《第十二届海峡两岸行政法学学术研讨会论文集》2010年9月18日,第13页以下;葛克昌:"社会福利给付与租税正义",载葛克昌著:《国家学与国家法》,台湾元照出版有限公司1997年版,第48页以下。

② M. Wallerath, Zur Dogamtik eines Recht auf Sicherung des Existenzminumns, JZ. 2008, 157.

③ P. Kirchhof, Steuergerechtigkeit und sozialstaatliche Geldleistungen, JZ. 1982, S. 309.

④ M. Jachmann, Leistungsfähigkeitsprinzip und Umverteilung, StuW 1998, 293.

税)矫正其偏差,须从根源上以法律矫正其偏差。例如,转租之租金偏高或贷款之利益偏低,即以纳税人负担补贴私人利润;反之,如从租税上长期分享其偏差,而非对其不正当行为加以矫正,反从其不正当行为国家分享其利益,不知不觉中流失了法治国家质量。①

3. 重分配功能及其限制

传统之社会福利理念在于保护社会之弱者,以维持其为人所必需之生活条件。当代之社会福利国家,则包含社会之每一成员对国家之社会福利之参与权。就此功能而言,其前提条件为社会福利之平等分配;其结果则为,借累进税率与社会给付持续地为重分配(umverteilung)。急遽之重分配往往导致拉平化(nivellierung)与同化(egalität)。②

对重分配之请求若无节制,则非所必要或非所明智之情事必大量出现。凡为重分配者,须先由其他人民取得(税课)收入,很可能因此逐步扼杀个人之工作意愿与创造力。因此,社会之给付能力或经济条件限制了福利国家质与量之发展。为社会给付之重分配,为顾及此一限制,宜考虑给付后社会仍能维持继续之经济成长,而出于理性的详细规划而为之。按持续之经济成长,不仅创造就业机会,提高所得及税收,其本身即是一种社会福利。对社会给付之期待若趋于极端而无所节制,必产生对社会现状之不满,导致对极权主义失去抵抗力。在理论上,能为全面救助之国家,只有全面极权国家:③盖极权国家不仅政府有重分配之权力,而且对社会资源甚至就业及薪资也有分配与支配之权力。将福利国家与现时之经济能力完全分离,此乃对宪法上民生福利原则做限缩解释,而非扩张解释,④盖加重其他纳税人负担,虽有可能益于个人或少数人,但却有害公共利益。故基于民生福利之社会正义与自我负责之生活安排基本需求二原则应在宪法解释中兼容并顾。⑤

社会法治国家之重分配功能及财务责任与财务负担示意图如下:

① P. Kirchhof, a. a. O. , S. 309. 葛克昌:"社会福利给付与租税正义",载葛克昌著:《国家学与国家法》,台湾元照出版有限公司1997年版,第66页以下。

② Draschka, Steuergesetzgebende Staatsgewalt und Grundrechtsschatz des Eigentums, 1982, S. 159.

③ P. Kirchhof, a. a. O. , S. 306.

④ Herzog, in Maunz/Dürig/Herzog/Scholz, Grundgesetz, Art. 20, Rn. 17. 葛克昌:"税法与民生福利国家",载葛克昌著:《国家学与国家法》,台湾元照出版有限公司1997年版,第202页。

⑤ M. Jachmann, Sozialstaatliches Steuergesetzgebung im Spannungsverhältnis zwischen Gleichheit und Freiheit, StuW 1996, 97ff.

(1)社会法治国家之重分配功能

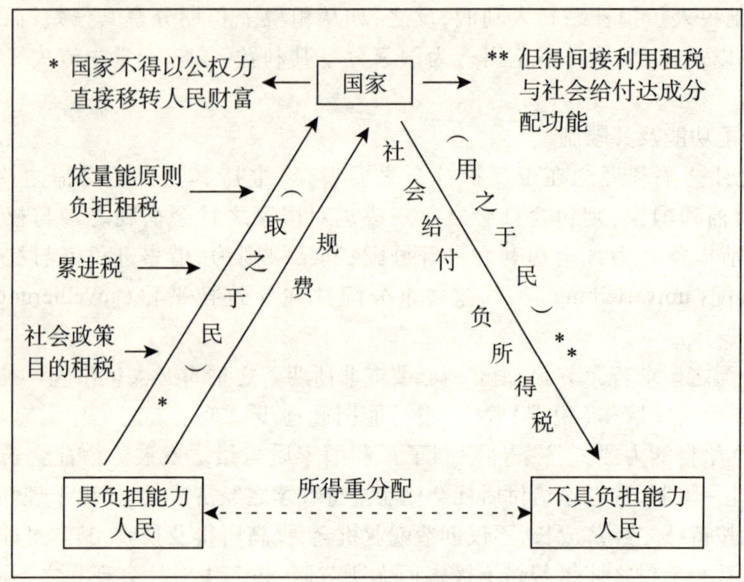

图 1 社会法治国家之所得重分配图

(2)社会国家之任务与财务划分

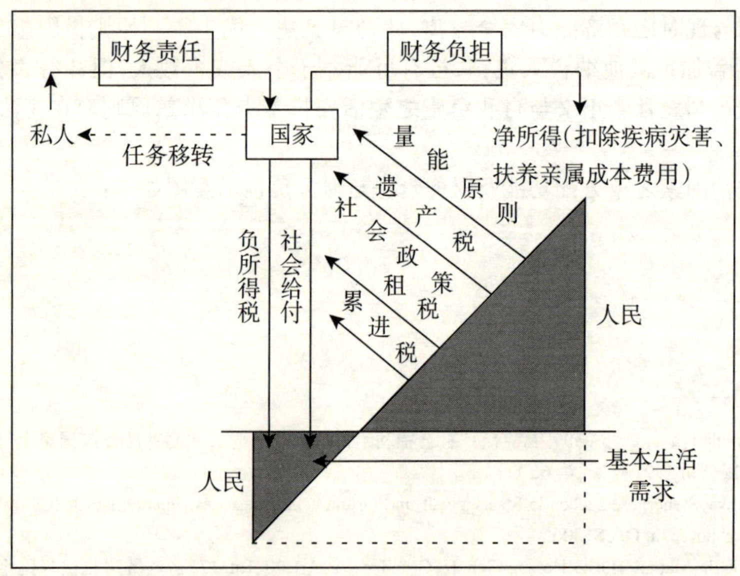

图 2 社会国家财务与任务划分图

三、自由保障之任务划分

(一)维护自由发展免于国家干预之自由

公共任务在社群间划分,是由宪法上自由原则所支配。公共任务之履行与财务首先决之于社会之自由范围。吾人对社会加以观察,诸如经济、学术、家庭、宗教、社团等除其自我私益之外,同时亦在追求公共利益。① 从履行私任务到履行公共任务。②

公共任务为国家所承接,即为国家任务(staatsaufgabe)。③ 国家任务承接之理由与界限,其核心即在自由。因国家行为之前提即在创设、形成、照顾个人与社会之自由发展。宪法上中央与地方权限划分即为国家任务之划分与财政收支之划分。此种权限划分,不只是得为之权利而为应为之义务。唯依自由之基准而生之国家任务履行系不可让渡、责无旁贷,在此范畴之内系特定义务性任务。④ 其中包括内在与外在安全之维护、法律体系之建制与捍卫、符合人性尊严之最低生存基准之确保、重要基础建设之提供。⑤ 其中或维护人民自由,或免于国家公权力之自由,两者须取得平衡。国家任务由国家自行在基本权履行上质量或及时性不如交由私人、家庭、社团履行时,得不必自行履行,但须遵守比例原则⑥与补充性原则。⑦

(二)社会国家之自由

对自由之照顾与免于国家之自由距离间平衡,亦得由社会国家原则予以考虑。⑧ 其首要者,即由私人团结互助性⑨予以反映与支持,社会国家不仅是提供社会给付或社会安全,同时也在保护维护社会团体之自治。⑩ 宪法上人之图像,个人非孤立而系生活于社会中。⑪ 社会之自由发展,使个人之人格发展成为可能与全面。⑫ 国家借由法律对公益社团与财团法人予以租税优惠与补助,使私人(团体)之取(资金)与予(给付)得以减轻与

---

① J. Isensee, in J. Isensee/P. Kirchhof(Hrsg.), HStR, Bd. Ⅲ, 2 Aufl., 1996, §57, Rz. 41ff.

② J. Isensee, in J. Isensee/P. Kirchhof(Hrsg.), HStR, Bd. Ⅲ, 2 Aufl., 1996, §57, Rz. 136.

③ K. Stern, Das Staatsrecht der Bundesrepublik Deutschland, Bd. Ⅰ, 2 Aufl., 1984, S. 78ff.; D. Grimm (Hrsg.), Staatsaufgaben, 1995.

④ H. Kube, a. a. O., S. 41.

⑤ J. Isensee, in J. Isensee/P. Kirchhof(Hrsg.), HStR, Bd. Ⅲ, 2 Aufl., 1996, §57, Rz. 153.

⑥ 其中最主要的著作为 P. Lerche, Übermaßund Verfassungsrecht, 1961。

⑦ 其中最主要的文献为 J. Isensee, Subsidiaritätsprip und Verfassungsrecht, 2 Aufl., 2001。进一步讨论见下文。

⑧ H. F. Zacher, in J. Isensee/P. Kirchhof(Hrsg.), HStR, Bd. Ⅱ, 3 Aufl., 2004, §28, Rz. 113.

⑨ 国家之团结互助性(Solidarität),特别是对弱者之团结互助,以达重分配与机会、起跑点之平等,参见 U. Volkmann, Solidarität—Programm und Prinzip der Verfassung, 1998; T. Tragl, Solidarität und Sozialstaat, 2000。

⑩ BVerfGE 22, 180(LS1):依社会国家原则,国家负有形成照顾社会正当秩序之义务。但不表示立法者须实践此一目标,只是机关须对此为规划;其规划亦得借助于私立之福利机关。

⑪ P. Häberle, Das Menschenbild im Verfassung, 1988, S. 73. 林子杰著:《人之图像与宪法解释》,台湾翰芦图书出版有限公司 2007 年版。

⑫ M. Lehmer, Einkommensteuerrecht und Sozialhilferecht, 1993, S. 337ff.

扶助。

源于宪法人性观,亦即具有自由发展能力,生而平等,拥有社会关怀之个人,在宪法保障其自由发展其人格下,自我负责地自行决定其生活方式、未来生活规划及依理性行事。国家系为此种个人而存在,系为协助个人对自由之实现而存在。国家应受补充性原则拘束,[①]在社会各种组织、团体中,与人民最邻近之公共事务由最邻近者为之。换言之,个人能自我救助者,无须借助家庭;家庭能为之者,无须民间团体介入;民间团体能完成者,政府不必为之;地方政府能为者,中央政府不必为之。[②] 但此种补充性原则系指救助手段之补充性,而非指任务或财务责任之补充性;是以家庭、民间团体为之者,社会法治国家仍不能免其责任,须以所得税免税额、扣除额、费用减除、租税优惠、负所得税、社会补助等制度代替国家自己执行。[③] 换言之,生存权保障与自由实现系社会法治国之国家任务,但达成此种任务之手段依补充性原则得交由家庭、非营利组织为之。尤其是家庭之团结互助社群,因受宪法制度保障,[④]所得税法上扶养亲属免税额,不仅维持其基本生活需求,如有特殊需求之支出亦应核实扣除(看护费、保姆费等),因扶养义务人系替代社会国家执行国家任务。[⑤]

借由社会法特别是社会给付法,国家照顾个人自由之实现依补充性原则只在民间之团结互助社群无法或无法充分达成时。国家为给付时,仍应保留个人之基本自由,特别在社会保险,纵使强制保险仍应让被保险人保有个人选择自由权。

社会国家对人民自由保障之程度不得仅顾及给付程度,仍须考虑社会国家行为之财务负担。因国家有所予时,不能先前须先有所取。人民实质自由之维护,须受国家财务

---

① 张桐锐:“补充性原则与社会政策”,载黄宗乐教授祝寿论文集编辑委员会编:《黄宗乐教授六秩祝贺论文集(公法学篇)(一)》,学林文化事业有限公司 2002 年版,第 221 页以下;葛克昌:“国家与社会二元论及其宪法意义”,载葛克昌著:《国家学与国家法》,台湾元照出版有限公司 1997 年版,第 38 页以下。

② J. Isensee, Subsidiaritätprinzip und Verfassungsrecht, 2 Aufl., 2001, S. 208f.

③ 陈薇芸著:《社会福利与所得税法》,台湾翰芦图书出版有限公司 2009 年版,第 247 页以下;葛克昌:“社会福利给付与租税正义”,载葛克昌著:《国家学与国家法》,台湾元照出版有限公司 1997 年版,第 82 页以下;R. Seer, in DStJG 26(2003), S. 11。

④ 台湾地区“司法院”释字第 554 号解释明示:婚姻与家庭为社会形成与发展之基础,应受“宪法”制度性保障(参照本院“释字第 362 号”、“第 552 号”解释)。王泽鉴大法官则在释字第 552 号解释协同意见书第 4 部分进一步阐示:本院历年解释建构了婚姻与家庭制度之“宪法”规范,确认婚姻与家庭系一种基本权,应受“宪法”制度性之保障,得对抗公权力之侵害,并使国家负有保护义务,影响及于法院对“宪法”及“民法”相关规定之解释适用,具体形成关于婚姻、家庭、子女之法律关系,体现“宪法”系具有生命力、动态、向前开展之价值体系。可惜的是,在税法方面,民生福利国家之国家任务并未如民法方面积极,婚姻家庭既是基本权,民法仅是间接适用,税法则是直接适用,各国之宪法法院特别着重婚姻家庭在税法上之保障。

⑤ 黄茂荣:“税捐法体系概论”,载《税法总论》(第 1 册增订 2 版),第 128 页以下、第 131 页以下;陈清秀:“量能课税原则与所得税法上之实践”,载陈清秀著:《现代税法原理与国际税法》,台湾元照出版有限公司 2008 年版,第 49 页以下;葛克昌:“租税国家之婚姻家庭保障任务”,载葛克昌著:《所得税与宪法》,台湾翰芦图书出版有限公司 2009 年第 3 版,第 362 ~ 377 页。

负担之限制,亦即在租税国家租税收入之总额决定了社会给付之总额。社会给付需要永续经营,须依赖财务长期规划。[①]

四、租税与给付国家之团结互助社群

(一)租税国家为社会国家之前提

作为一个社会(民生福利)国家,政府应从各方面无限提升人民精神、文化及物质之生活素质。人民要求政府之社会给付,以实现个人自由,在社会国家系权利而非恩赐,故其主要前提即在有充分之财源。此种财源可由政府自行营利行为以筹谋之,如此不免牺牲私有财产制度与市场经济原则;亦可经由举债为之,但公债须下一代纳税人偿还,不仅有害于代际正义,且与民主政治之"附期限权利原则"(Macht aus Zeit)有违,盖民主政治不论立法与行政均有人民借选举为有限授权,为下一代选民代为决定,为侵犯未来国会应有之权限。[②] 是以社会国家不得不激励人民,发展人格与自由,自为营利行为,社会国家以私有财产附有社会义务,国家对其盈余参与分配。尤其一个社会国家如同时须维持法治国家传统,并保障个人之自由财产,不得不以租税为中介,避免国家直接干预亲自着手调整社会之不平等。[③]

(二)法定之团结互助社群

税法要求纳税义务人负无对待给付之金钱给付义务,同时给付国家为实现自由,将法定之团结互助社群作为国家给付之消费者。[④] 瑞士之 Kanton 宪法则将团结互助作为税法原则。[⑤]

租税国家与给付国家借由法律指定了团结互助社群,不仅须负累进税之义务与国家之社会给付,且国家之收入与支出原则分离,不仅纳税义务之社群与受社会给付社群不同,社会给付之目的亦不受纳税人之拘束,因法治国家之财政权依民主原则(国会多数决)决定。[⑥]

此种国家收入与支出分离概念主要基于租税之无对待给付性,国家行为不受对偿性之拘束,此与租税之正当性理论依据有关,租税正当性放弃"利益说",而实行(依量能原则)"平等牺牲说"。[⑦]

---

① P. Kirchhof, a. a. O. , S. 305;葛克昌:"社会福利给付与租税正义",载葛克昌著:《国家学与国家法》,台湾元照出版有限公司 1997 年版,第 66 页以下。

② Püttner, Staatsverschuldung als Rechtproblem, 1980, S. 315; C. Jahndorf, Grundlagen der Staatsfinanzierung durch Kredite und alternative Finanzierungsformen, 2003;葛克昌:"租税国危机及其宪法课题",载葛克昌著:《国家学与国家法》,台湾元照出版有限公司 1997 年版,第 93 页以下。

③ P. Kirchhof, Besteuerung im Verfassungsstaat, 2000, S. 18.

④ H. Kube, a. a. O. , S. 17.

⑤ § 119 Abs. / der Verfassung des Kantons Aargau von, 1980.

⑥ W. Heun, Staatshalt und Staatsleistung, 1989, S. 50.

⑦ 在自由宪政国家,国家系为人民利益而存在,人民并无特别牺牲之义务,如因公益之必要须为特别牺牲,须有特别补偿。反之,平等牺牲,牺牲前后市场竞争能力相同,依所得权附有社会义务而依法有负担义务。

（三）租税国家与给付国家之衡量基准

1. 需求原则与量能原则

社会福利法与税法之重大差异，非在一为国家向私人为给付一为私人向国家为给付；而在社会福利法依照个人或家庭之需求事由而为给付，税法则应依现存之经济事实而为给付。社会福利法依需求原则为衡量标准，税法则依量能课税原则而分配租税负担。税法非基于人人平等使每个人均纳相同的税（人头税），亦非按有无工作能力或教育程度或受就业救助而增进之就业能力而分担相同之税。税法乃基于个人（或家庭）之所得、财产、消费之事实状态作为课税衡量标准，而不问其所得取得方式，亦不问是否日常所需或多余之物。税课乃基于营利之事实，非营利之能力，故所得税之"量能课税原则"或所谓"能力原则"非指给付能力（可能性），而系其支付能力，现实可支付能力。税法由于只针对所得或财产之现有状态而不及于其应有状态，基本上是不适于财产权加以分配。① 税法上平等课税原则乃基于不同之所得、财产、消费，只就其结果相同者课相同之税，而不问其产生之过程，但课税本身即有意并有计划地削弱高低所得、财产、消费上差异，特别在累进税率时。

反之，社会福利法所重视者，非在其事实上经济状态，而依其需求事由，诸如疾病、文盲、无谋生能力、失业、受灾、低收入，等等，乃针对不足最低生活水平所必要之需求，其需求之法定要件非在经济上匮乏，而在其匮乏之特殊事由。如此规定者在于激励其将来具备起码经济能力，确保其得以支付社会保险金，恢复其自我救助能力。

2. 宪法上基本权评价

社会福利法与税法衡量标准不同，特别表现在对相对人之基本权保护之不同。国家课税权所要求者，系对私有财产权之收益参与其分配之权，所涉及者乃财产权保障，防御国家不当侵害。社会福利法乃基于生存所必要需求，因特殊事由而减弱，对其特殊事由而予以救助给付，因其非基于现实之经济状态，故不涉及财产权保障，而涉及对相同事由是否给予相同给付，故主要涉及生存权、平等权之保障。

在税法重平等，亦可能过当而侵及财产权。例如，高达 90% 所得累进税率，故租税负担平等之衡量标准应予客观化转向与租税客体相关之基本权，并与防杜过度之自由权相结合。② 台湾地区"宪法"第 15 条保障人民之财产权，此种财产权所有人得自由使用收益其所有物，虽依台湾地区"宪法"第 23 条规定在有法律依据下得为公共利益而予限制，唯此种限制以"必要"为限，不得过度。是以社会法治国对税法之主要要求为确保无过度与不平等之租税负担。此种界限间接地限制了给付国给付总额与行动潜力。台湾地区"宪法"第 15 条及第 23 条限制了立法裁量权，亦赋予台湾地区"司法院"宪法解释对立法

---

① Kirchhof, a. a. O, S. 307.

② Friauf, Steuerrecht und Verfassungsrecht, DStZ, 1975, S. 361f.

者之容忍限度。①

由于课税权之前提为私有财产权，如税法不当地（过度）限制财产权人自由，则侵及宪法上财产权保障。税者，非国家对私有财产权之分享，而系对财产权人经济利用行为所得盈余之参与分配。宪法财产权保障，多视为传统自由权，而非私有之所有物予以国家保障，故私有股票、证券、不动产国家并不负保障其原有价值义务，国家只保障其得自由使用、收益、处分，不受公权力不必要之干预。故宪法上财产权，非指不受国家税课之经济财，而指财产权人之行为活动空间。② 财产权自由之基础为整体财产，个人租税负担过度指的是对个人整体财产之侵害而言。因此，对税课侵犯财产权从宪法上可从两个层面加以审查：对特定租税客体之负担是否该当以及对整体财产之税负是否合理正当。因此，量能原则亦为社会国原则之一种，③需求原则则为税课理念之最终完成。

3. 国家救助行为之补充性

借由税收而进行之国家救助，与私人自我救助能力相比较，应居补充性地位。补充原则之首要要求，即个人或家庭之安全确保具有较高质量之处，即国家之社会安全体系停止之所。私人之救助行为，原则在服务给付（劳务给付），不论病患照料、儿童养育、家庭救助较国家之服务给付更有效率、更富人性。凡行使国家救助之处，首先应实行者乃租税改革，以税法支持社会救助；有所不及，则以国家之现金救助行之；最后才是国家之服务给付，以济私人救助之不足。④

故接受国家救助者，应先运用一切自己可能维持生活之手段与方法；若竭尽一切能力尚不能维持最低生活，始接受国家救助。此种社会法治国之补充原则可演绎推论出个人自由优先于国家之社会义务。⑤ 此种补充原则含有优先效力之宪法上要求，即公权力应尽力促成实现个人基本权，国家补充原则涉及职业活动自由及私有财产使用自由之基本权，涉及个人对自己生活安排之自我负责性；凡个人得以自我实现、自我成就时，国家之社会任务均将退居幕后。私有之职业活动只有在“显然重大之公共利益”下始能做国有化之考虑。而为公共利益借税课以干预个人财产权使用自由时，至少应保障私人之使用收益不少于（至多同等于）为公共利益国家所为之分享。⑥ 此种课税权在宪法上之界限，在社会安全法律关系中，要求现金给付优先于实物给付。在缴纳强制性社会保险费

① 葛克昌：“租税国危机及其宪法界限”，载葛克昌著：《国家学与国家法》，台湾元照出版有限公司1997年版，第114页以下。

② 同上，第118页以下。

③ M. Lehner, Einkommensteuerrecht und Sozialhiferecht, 1993, S. 134ff.; M. Jachmann, StuW, 1998, S. 293 (295); K. Tipke, Die Steuerrechtsordnung Ⅰ, 2 Aufl., 2000, S. 479ff.

④ Dürig, in Maunz/Dürig/Herzog/Scholz, GG Art. 3 Rn. 135.

⑤ Zacher, Was Können wir über das Sozialstaatsprinzip wissen? In FS für H. P. Ipsan, S. 235, 237.

⑥ Friauf, Verfassungsrechtliche Anforderungen und die Gesetzgebung über die Steuern vom Einkommen und vom Ertrag. Im Friauf (Hrsg.) Steuerrecht und Verfassungsrecht, 1989, S. 19ff.

时,减低了个人自由使用财产之权利,只有保留在未来现金给付中得以弥补其需求。现金给付对个人需求自由加以促成,实物给付则以公权力预先指定之种类与方式以满足需求。

国家救助仅具补充性,因此在市场经济制度下,对个人自主决定原则在社会法治国家中应予补充,“任何人不当因自我之错误决定,而陷入生存之困境中”。社会福利法即因此而产生。①

4. 比例原则之限制

人民有依法律纳税之义务(台湾地区“宪法”第19条),但该义务系对人民财产权之限制(台湾地区“宪法”第15条),此种限制以增进公共利益所必要者为限(台湾地区“宪法”第23条),前已述及。国家财政需要,由国民来分担租税负担,须在宪法上为两种基本决断,一为究竟社会生产哪些部分须提供公共目的使用,二为个别纳税义务人之整体税负应分担多少。② 此点由台湾地区“宪法”上财产权保障规定,可区分为两个角度来加以限制:租税负担,原则上国民应平等分担之;所分担者不能过高,以致违反过度禁止原则(比例原则)。

一般税课并无自身目的,只用以满足公共支出之财政需要。其合理相当性乃取决于税负与财政支出之相比较。国家财政支出,如违反宪法所要求之经济性原则,而有所浪费虚掷,其之前提人民所受租税征收自违反比例原则,对台湾地区“宪法”第15条之财产权保障做了不必要之限制,亦与增进公共利益有所不洽。③

比例原则要求目的与手段间具有合理相当性。预算法上费用填补原则或基于支出经济性要求形成比例原则,与对某一课税对象所利用之租税手段与达成特殊租税目的之间所应维持之合理相当关系当予区别。盖基于社会法治国家要求,租税得用以达成社会正义之手段,为基于比例原则,此种租税手段必须无其他对纳税义务人损害更少方式,且纳税人之损害与所达成之社会正义不得显不相当。但税之支付与社会福利给付间并无直接之目的手段关系,租税国家为确保对每一国民待遇均能无偏无私,故将收入与支出系统分离,原则上个别收入不受特定目的所拘束。纳税义务人亦无权要求国家对其税额为特定财政而保留。此为租税之无对待给付之特性,亦为租税国家得以摆脱对价之拘束自行选择其目标、自行确定其手段,④但规费受益费特别捐为其例外。是以如台湾地区“残障福利法”第17条第3款进用残障者之差额补助费,以及台湾地区“职业训练法”第27条职业训练费之差额缴纳,系对特定具有行为义务而不履行者为平衡与已履行者负担

① Kirchhof, a. a. O., S. 309.

② Arnim, Besteuerung und Eigentum, VVDstRL 39(1981), S. 311.

③ Arnim, Wirtschaftlichkeit als Rechtsprinzip, 1988, S. 72 – 74.

④ 葛克昌:“租税国——宪法之国体”,载葛克昌著:《国家学与国家法》,台湾元照出版有限公司1997年版,第137页以下。

而设,并不支应一般财政需求,而对支应特殊任务保留为专款专用,此种特殊捐在社会给付中应用日广,特别值得吾人注意。[①]

5. 平等原则之比较衡量

财政国家之取之于民与用之于民相结合,吾人进一步深入比较,可由财政国家平等性看出。在财政国家租税应受平等负担原则拘束,盖人民得因公共利益之必要而限制其财产权,此种为公共利益而做牺牲,以平等牺牲为前提,在法治国家个人无特别牺牲之义务,故公用征收应予补偿。为公益而平等牺牲,主要即指纳税义务,人民所以有纳其应纳之税之理由,在于其相信与其收入相同之邻人亦纳相同之税。此种负担平等原则与有所得效果之社会福利给付比较则有所不同。纳税人因税法而受有负担,而社会给付受领人则因社会福利法而受益,此时与平等原则关切较大者在于讯问何以纳税义务人应为给付,而其同胞受领给付? 于是,社会法治国负担正义之主题在于何人应依课税标准而课税,何人不必纳税,何人反接受国家给付。[②] 社会法治国先由租税聚集财源,然后再加以分配,国家居间运作,避免纳税义务人与社会给付受领人间之具体法律关系。此种关系与有利于私人之公用征收相类似,不像私人间直接加以重分配,直接须受比例原则之审查。在税课与财政任务(社会给付)之间结果并无目的和手段关系,亦无比例原则之适用,但纳税人与社会给付受领人却有法律上相对比之关系。换言之,法律之指导原则——平等原则则须审查,何以财政国家下某一类人其财产须有租税负担,某一类人(如老人)可以受领国家金钱给付,至于第三类人(如无财产之家庭主妇)既无国家负担亦不受领社会给付。

五、团结互助社群之任务与财务责任

(一)法定添加之团结互助社群之正当性

基于以上讨论,法律建制团结互助社群责任须有特殊之正当性要求。

1. 社会保险之保障与结合

团结互助社群,首先适用于老人年金、疾病、意外、失业、劳工与雇主间,为风险发生提供保障之社会保险。此种社会保险之保费既非按租税之量能平等负担,亦非依商业保险按被保险人风险衡量。[③] 而须引入风险调节与社会国家之资金补助。[④] 在劳工保险中,雇主负担保费之一部分,但雇主本身并非被保险人。[⑤] 唯雇主对劳工有保护照顾责任,台湾地区"宪法"增修条文第 10 条第 5 款明定:"'国家'应推行全民健康保险。"第 8

---

① 特别捐有关法律问题,参见葛克昌:"论公法上金钱给付义务之法律性质",载《行政程序与纳税人基本权》,台湾翰芦图书出版有限公司 2005 年增订版,第 52 页以下;张婀安:"环境使用费之法律性质",载《经社法制论丛》第 4 期。何爱文:"特别公课之研究",台湾大学法律学研究所 1994 年硕士学位论文。

② Kirchhof, a. a. O, S. 309.

③ C. Rolfs, Das Versicherungspinzip im Sozialversicherungsrecht, 2000, S. 264ff.

④ BVerfGE 75, 108(146); 87, 1(34); BVBl, 2005, S. 1339.

⑤ C. Rolfs, a. a. O. , S. 238ff.

款规定:“‘国家’应重视社会保险。”根据德国联邦宪法法院判决,对团结互助社团财务之调节应相应于主要结构要素,[①]“经由整体推估需求所需整体费用,应由组织多数予以分配”。[②] 此种社会保险所需财务由受保障之特定群体予以负担,具有正当性。不足之处,由社会国家经由量能负担之租税予以补足。[③]

社会保险费用负担由特定群体负担,亦有基本权上依据。社会保险除有利于团结互助社群外,亦有助于公共利益。由于该群体自行承担费用支出,国家得以较少之补助,而以更多之预算用于未受保险之他人,以致有利于公共利益。劳工法与社会法为自由法治国转为社会法治国之标志,劳工保险一方面因劳工结社有长远历史渊源,且逐渐凝聚其归属认同感,[④]使劳工成为特殊社群,并自由发展其劳工社群意识。长期持续分担劳工保险财务,有助于其归属认同感与自由发展。[⑤] 至于劳工保险中,雇主应负担部分的正当性在于雇主在劳动关系中负有照顾义务。[⑥]

2. 特别公课之群体责任与群体利益

台湾地区“司法院宪法解释”承认除公法上金钱给付义务(传统的公课三分法:租税、规费、受益费三分法)外另有特别公课(释字第426号解释)。根据该解释理由,空气污染防制费系“本于污染者付费之原则,对具有造成空气污染共同特性之污染源,征收一定之费用,俾经由此种付费制度,达成行为制约之功能,减少空气中污染之程度;并以征收所得之金钱,在环保主管机关之下成立空气污染防制基金,专供改善空气质量、维护国民健康之用途”。而将其定性为“特别公课”:“此项防制费既系国家为一定政策目标之需要,对于有特定关系之国民所课征之公法上负担,并限定其课征所得之用途,在学理上称为特别公课,乃现代工业先进国家常用之工具。”进而对特别公课与税捐加以区别:“特别公课与税捐不同,税捐系以支应国家普通或特别施政支出为目的,以一般国民为对象,课税构成要件须由法律明确规定,凡合乎要件者,一律由税捐稽征机关征收,并以之归入公库,其支出则按通常预算程序办理;特别公课之性质虽与税捐有异,唯特别公课既系对义务人课以缴纳金钱之负担,故其征收目的、对象、用途应由法律予以规定,其由法律授权命令订定者,如授权符合具体明确之标准,亦为宪法之所许。”[⑦]宪法上不论基本义务

---

① BVerfGE 75,108(146);87,1(34);对此种基于“结构类型”的社会保险费用分担之批判性赞同见解参见 H. Butzer, Fremdlasten in der Sozialversicherung, 2001, S. 151ff。

② BVerfGE 75,108(146).

③ BVerfGE 103,197(216f.).

④ H. Butzer, a. a. O., S. 361ff., 405ff.

⑤ H. Kube, a. a. O., S. 22.

⑥ H. Butzer, a. a. O., S. 575ff.

⑦ 释字第462号批判,参见葛克昌著:《行政程序与纳税人基本权》,台湾翰芦图书出版有限公司2005年增订版,第71页以下。

或中央地方权限划分规定中的“税”，不包括特别公课(sonderabgaben)。[①] 特别公课所以“特别”，就在于其课征非为宪法所预见，在宪法及财政收支划分中，就国家收入来源分类中无所归属，其在财政宪法国家收支体系中为一异类或不明体，与税、规费、受益费性质均不相同。此所谓特别公课，特别需要“司法院”予以作成“宪法解释”，就其“合宪性”及法律性质予以定位，特别是赋予其“宪法”上界限。[②]

特别公课与税捐之不同在于，特别公课并不支应国家之一般财政需求(非统筹统支)，且不向一般纳税义务人课征。换言之，特别公课系支应特别国家任务，向特定之群体课征，不透过预算而流入特别基金之中。

特别公课之管辖权，非基于台湾地区“宪法”第107条第7项及台湾地区“宪法”第111条第6项第6款有关“国税”与县税，而系由不同之特定“国家”任务，定期管辖权归属(如经济事务、环保事务)，因此其规范之法律并非以税法为之，而以经济法、社会法或环保法为之。按租税国家理念，国家既不自行从事营利活动，国家任务推行所需经费主要依赖人民依量能原则平等牺牲之租税充之。由于特别公课与租税平等负担原则不同，并且专款专用受国会监督程度较低，故给付国家之财源仍以租税为主，仅在特殊事由及例外之情形下始得课征特别公课。引入特别公课之特别依据在于预算周延性原则、全民负担平等性(量能原则)以及统筹统支等基本理念，有所不足而须加以补充。特别公课之存在依据，其衡量标准完全系于其作用——创造财源、对财产加以负担以及行为管制诱导——与一般公课之依据完全不同。换言之，只有在一般租税无法达成时，特别公课始有成立之必要。换言之，特别公课较税捐更须有特殊之合理正当事由始得课征。德国联邦宪法法院虽裁定因特别公课没有宪法依据不适用于税捐之管辖规定，但鉴于特别公课行之经年，实务上有所需要，国际上亦通行，视为财政公库之副类，故未全面宣告其违宪，但予以特别限制，只有符合特别严格之构成要件，始例外地不受财政宪法拘束。[③]

德国联邦宪法法院又将特别公课分为两类：以取得财源为目的之特别公课及管制诱导性特别公课，而异其合宪性之应具备要件。

具体言之，以取得财源供特定国家任务之特别公课须具备以下较严格之要件：课征义务人须为具同构性之群体；此群体具有共同责任；课征须对此特定群体有利，换言之，不得为他人利益而课征。反之，以管制诱导为目的之特别公课，虽得为他人利益而课征，但须以先前(为公益)义务违反为前提。例如，台湾地区(旧)“残障福利法”第17条第3项规定：“进用残障人数，未达前二项标准者，应缴纳差额补助费……按月向残障福利金

---

① Tipke, Die Steuerrechtsordnung Ⅲ, 1993, S. 1071.

② 关于德国宪法法院有关特别捐之判决，参见张婀安：“特别捐与特种基金制度”(上)、(下)，载《辅仁法学》第12期、第13期；尤其是第13期，第43页以下。

③ BVerfGE 55, 274, 297, 306-308.

专户缴纳，作为办理残障福利专业之用。”[①]差额补助费缴纳义务人先前负有进用残障者义务，其义务未履行而以补助费缴纳方式平衡已尽与未尽义务者之市场竞争力。

因法定特别公课负担与共同利益，而因事务结合之团结互助社群，因此种社群之共同责任与利益减轻了个人责任与社会国家之责任。例如，德国之职业训练特别公课（1976 年）即为联邦宪法法院判决指出，对年轻人职业训练系为“德国经济与行政服务”。[②]

3. 职业团体之正当性

国家借由立法所形构之团结互助之给付及负担有法律实体地位，法律亦赋予其特殊功能，特别是职业团体之职业自我行政与自律管理，诸如律师、税务顾问公会、工业、商业、农业、手工业同业工会，负有保障会员利益之义务，会员则有缴纳会费义务。借由提供对会员之服务及给付及会费不同负担，亦达成所得重分配功能。此种团体之正当性在于共同职业利益负有与职业相关任务与财务责任。[③]

4. 其他团结互助社群

除前述团结互助社群外，公法与私法另有若干其他团结互助取与予社群。例如，法定扶养义务所结合之团结互助社群，首先即为家庭，夫妻依民法成立法定财产制或约定财产制；台湾地区“所得税法”则就夫妻及受扶养亲属合并申报（台湾地区“所得税法”第 15 条）而成为营业团结互助共同体。在台湾地区“继承法”，遗产未分割前成为共同体。此外，公益社团法人与财团法人及其他非营利组织成为团结互助社群。

反之，未具团结互助关系所为之公法上金钱给付与对待给付（公务服务），则为规费与受益费。规费与受益费不以财政收入为目的（而依成本费用填补原则），则与团体互助社群负担相类似。

（二）团结互助社群之非税负担

社会法治国家借由租税国家与给付国家手段以达成，已如前述。但租税国家与给付国家手段以外，社会国家任务与财务亦可由团结互助社群之非税负担以达成。

1. 财政困难时代之使用者付费

社会法治国家借由租税国家与给付国家手段遭受财务困境，而规费与受益费日益扮演重要角色，如居民之治安保全费、高速公路保养费、大学中小学学费、自然资源使用费、水费、垃圾费。团结互助社群代替社会国家任务之履行与财务，就其社群相关事项负责，

---

① 本规定业经修正后改称为台湾地区“身心障碍者保护法”，修正后本条精神由第 36 条所继受。其规定为，“直辖市”及县（市）劳工主管机关依第 31 条第 3 款收取之差额补助费，应开立身心障碍者就业基金专户储存，除依本规定补助进用身心障碍者机关（构）外，并作为办理促进身心障碍者就业权益相关事项之用（第 1 款）。前款基金不列入政府年度预算，其专户之收支、保管及运用办法由“直辖市”、县（市）劳工主管机关定之（第 2 款）。

② BVerfGE 55，274（314）.

③ P. Kirchhof，in J. Isensee/P. Kirchhof（Hrsg.）HStR，Bd Ⅳ，2 Aufl.，1999，§88，§26b Rz. 1.

社群亦取得自治自理之权力。规费则就使用者付费。

此种规费在宪法之界限，为基本权保障。不论公路保养维护费或学费之负担，其基本权界限在于是否违反比例原则与所创造之自由前提。此外，此种负担之合宪性在于权限划分。由于规费非税，不受租税立法权限划分之限制，且由于规费并不以财政收入为目的，故其权限有无在于诱导管制之事务是否为其权限所及。

至于规费负担是否得为不同等级之负担。德国联邦宪法法院曾对幼儿园收费认定付费最高只要不逾越成本费用填补原则即为合宪。[①]

2. 特别负担之宪法界限

特别公课之负担其前提有二，即以取得财源供特定国家任务之特别公课，其义务人须具有同构型之群体，此群体具有共同责任尤其是其课征须对特定群体有利。负担较重之特别公课以平衡社会弱者负担，由于社会弱者非属其团结互助群体，尚非宪法所许。如以诱导管制目的之特别公课，虽得对团结互助群体以外第三人利益而负担，但须以前法定义务违反为前提，为衡平已尽法定义务与未尽义务间市场竞争力始得征收，已如前述。

六、结论

总结上述讨论，大约可归纳为下列六个论点：

第一，社会法治国利用租税手段达成重分配之社会目标，但此种义务只限于国家居间，由量能原则、累进税、社会政策目的租税、继承税取得财源，再由社会福利法给予社会所需要者。盖国家并无直接处分权，无权在私有财产制中所有权取得与所有权使用间行使其指定权。重分配政策只有在私有财产与所得不均之落差，尽量使其拉近距离。

第二，宪法对国家任务之划分系依自由之原则而定。国家须在为人民达成自由之实践与保持人民与国家之自由距离间取得平衡。此一观点亦适用于社会国家，国家须对各社会群体赋予社会上地位，并促进其依组成目的自我发展。

第三，社会法治国家旨在促进对其成员自由之实践，此须由国家行为之给付与负担两层面而予以整体观察。社会给付依需求原则而分配，国家财务则借由无对待给付之租税负担之。社会国家须以租税国家为前提。现代宪政国家依民主与法治原则而组成，国家收入则与支出分离，国家之社会任务赖团结互助社群予以执行与财源，并由国家社会给付予以辅助。国家之社会给付因补充性原则，原则上只有家庭及民间社团不能达成或不充分时始得为之；但此种补充性在社会国家只是救助手段上之补充性，而在责任或财务上仍应负责，是以须借由免税额、扣除额、租税优惠予以负担。

第四，社会给付之衡量基准为需求原则，租税法之衡量基准为量能平等负担原则。在宪法上基本权评价上，税法系受财产自由权保障，社会法则受平等原则保障。自由与平等须借宪法，特别合宪解释予以整合。

---

① BVerfGE 97,332(346f.).

第五,租税国家与给付国家之自由与平等整合,在团结互助社群亦予适用。由于团结互助社群其成员具有共同利益,而负有租税以外之公课责任,如社会保险中成员。

第六,特殊之团结互助群体因共同利益而有对偿之负担,租税国家依量能平衡负担分配,仍应辅之以规费国家之对价原则。社会法治国家对人民之基本生活需要须予满足,国家亦须负有扶养责任,故家庭或其他团体为扶养者,国家仍应在租税负担与社会给付上予以支助。但租税与给付国家之团结互助社群仍须担保负担与给付正义。

深化收入分配改革，加快财税法制建设，合理调节收入分配

俞光远[*]

收入分配不仅涉及国家、集体、个人三者之利益分配关系，而且涉及中央与地方的利益分配关系。深化收入分配改革，调整财税分配政策，加快财税法制建设，合理调节收入分配，尽快扭转收入差距扩大趋势，不仅关系到我国经济结构的调整和发展方式的转变，关系到国民经济可持续协调发展，而且关系到国家的长治久安，关系到社会正义与和谐社会的建设，具有非常重大的意义。

一、我国收入分配存在的主要问题

改革开放30多年来，我国经济持续快速增长，到2010年8月，我国国内生产总值（GDP）已经超过日本，跃居世界第二位。期间我国收入分配关系发生了一些重大变化：改革了计划经济体制下收入分配制度，初步建立了收入分配宏观调控体系和社会保障制度，逐步增加了城乡居民收入。同时，也出现了一些不容忽视的主要问题。

（一）国民收入分配结构不合理

国民收入分配结构之不合理体现在以下几个方面：

第一，财政收入占GDP的比重不断上升。近20年来，在劳动报酬和居民储蓄所占GDP份额不断缩小的同时，预算内财政收入占国内生产总值的比重逐步上升，由1993年的12.3%上升至2007年的32.4%，由于金融危机的冲击，2008年、2009年分别降为20.6%、20.4%。但加上预算外收入、政府土地出让金收入以及中央和地方国企每年的未分配利润，政府综合预算收入约占国民生产总值的30%以上。

第二，居民收入占国民收入的比重逐步降低。从初次分配看，根据国家统计局数据（下同），[①]我国居民收入占国民收入的比重已由1992年的66%下降到2008年的57.2%，下降8.8个百分点，而企业和政府占国民收入的比重分别提高7.9个百分点和0.9个百分点。从再分配看，居民可支配收入占国民可支配收入的比重由68.3%下降到

---

* 中国财税法学研究会副会长，原全国人大常委会预算工委法案室主任。

① 全国人大财经委："国民收入分配调研报告"，第1页。

57.7%,下降10.6个百分点,而企业和政府占国民可支配收入的比重分别提高9.3个百分点和1.3个百分点。再分配后,居民收入的比重反而进一步下降。

第三,劳动报酬占初次分配的比重不断下降。从劳动报酬来看,据有关部门统计,我国劳动报酬占国内生产总值的比重在波动中,由1992年的54.6%下降到2008年的47.8%,其中2002年以后逐年下降。鉴于2004年后个体经济所有者获得的经营利润也统计为劳动报酬,我国劳动报酬所占GDP的比例实际上还要更低一些,明显低于世界平均为50%~55%的水平。

(二)收入分配差距逐步扩大

收入分配差距的逐步扩大体现在以下几个方面:

第一,城乡收入差距不断增大。据国家统计局数据(下同),[①]城乡之间居民收入差距已由改革开放初期的1.8倍扩大到1995年的2.71倍,2009年又扩大到3.33倍。从工资收入来看,2009年全国外出务工农民工月均工资1417元,相当于2008年城镇单位在岗职工平均工资的57.8%。鉴于城乡居民在教育卫生、社会保障等公共服务方面存在很大差异,城乡收入实际差距更大。目前,地区差距仍在扩大,据国家统计局数据,城镇居民人均可支配收入最高地区与最低地区的差距已经由2002年的2.2倍扩大到2008年的2.43倍;农村地区的收入差距更大,农村居民人均纯收入最高地区与最低地区的差距2008年已经扩大到4.2倍。

第二,行业收入差距明显加大。城镇单位就业人员平均劳动报酬最高行业与最低行业的差距已由1995年的2.2倍扩大到2008年的4.4倍。其中,2008年最高的证券业是最低的畜牧业的15.2倍。部分行业收入明显过高,特别是一些处于相对垄断地位的行业,其职工收入尤其是高管人员收入畸高。据有关数据计算,在职工平均工资最高的三个行业中,证券业平均工资17.21万元,是全国平均工资水平的6倍;其他金融业人均8.767万元,是全国平均水平的3.1倍;航空业人均7.58万元,是全国平均水平的2.6倍。

第三,群体收入差距急剧扩大。据有关数据计算,5%的城镇高收入户与低收入户的收入差距由1995年的2.3倍扩大到2008年的4.5倍;5%的农村高收入户与低收入户的收入差距由5.5倍扩大到5.6倍,虽然差距变动不大,但差距水平比较高。一些企业负责人薪酬水平畸高,不少高管人员与普通职工收入相差数十倍,已引起企业职工和社会的强烈反响。据我国中部地区某个中等城市调查,实行年薪制企业的管理层年薪是普通职工平均工资的10~25倍。在发达地区大城市一些垄断企业高层年薪是基层职工平均工资的上百倍。

(三)收入分配秩序相当混乱

收入分配秩序的混乱体现在以下几个方面:

第一,灰色收入急剧扩大。一是巧立名目滥发收入。有些部门、行业、企事业单位巧

① 全国人大财经委:"国民收入分配调研报告",第2页。

立名目，滥发制度外收入，一些事业单位自行发放的津补贴名目繁杂，标准不一，渠道混乱。有些垄断行业企业、事业单位乱定乱发较高的住房公积金等福利，工资分配透明度极低。二是利用可乘之机化公为私。一些部门、行业、企业高管利用经济转轨、企业改制之际，大肆侵吞公有资产、寻租腐败、进行市场操纵等，使得一部分政府和企业收入转化为私人收入，一部分人拥有越来越多的不合理、不合法收入。三是“小金库”问题屡禁不绝。有些部门、行业、企业、单位仍然不同程度地存在“小金库”或变相“小金库”现象，变大公为小公，变小公为个人，严重扰乱了收入分配秩序。近几年由纪委系统查处的有关案件就有一千多件，涉案金额高达500多亿元。

第二，同工不同酬问题相当普遍。由于工资待遇缺乏统一标准，造成严重的同工不同酬问题：一是不同行业、不同性质企业从事相同工种的职工收入差别较大，一些垄断行业普通岗位职工收入远超过市场同类人员的工资价位。二是农民工、临时工、劳务派遣工等与相同或相似岗位正式工的工资福利差别较大。据邮电部门工会调查，电信行业劳务派遣工人均工资只有相同岗位正式工的1/3左右。三是一些地方同一城市不同层级机关事业单位收入差距明显，同城不同待遇问题比较突出。

第三，侵犯劳动者报酬权的事件屡见不鲜。一些企业随意确定劳动定额，迫使职工超时劳动，且加班不加薪。一些企业随意降低职工劳动报酬，拖欠或克扣职工工资，甚至欠薪逃匿。据全国总工会2009年万名职工调查，有14.4%的职工被拖欠过工资。2009年西部某个省有关部门开展的专项检查发现，有21%的被检查建筑企业拖欠农民工工资。在我国其他地方，侵犯劳动者报酬权益的现象也时有发生。

二、收入分配差距扩大的主要成因

（一）经济改革尚不到位，收入分配不公有所扩大

经济改革不到位、收入分配不公体现在以下几个方面：

第一，资源价格改革滞后，形成资源级差收益。资源定价制度不合理没有正确反映资源的市场供求关系、资源稀缺程度和生态环境成本。同时，缺乏科学合理的资源环境的补偿机制、投入机制和使用权交易等制度。一些资源性行业企业以低成本甚至无偿使用矿产、土地、水域等国有资源，侵占了正常经营收益以外的资源收益，形成不合理的级差收益。

第二，垄断行业缺乏市场竞争机制，企业依靠垄断获取超额利润。由于多方面的原因，有些领域没有引入公平竞争机制，一些垄断行业市场准入门槛过高，一些企业依靠垄断地位获得超额利润，但绝大部分并未上缴国家、回馈社会，其中有相当部分以各种形式转化为工资福利。一些行业市场准入门槛过高，挤压了民营经济的市场空间，拉大了行业的收入差距。

第三，城乡二元结构严重分割，抑制城乡收入同步增长。我国农业和农村发展长期滞后，根本原因在于城乡二元经济社会结构及其分割管理体制尚未被打破。由此导致农村生产要素持续流失，对农业的资金技术支持明显不足。在城乡分割管理体制下，大量

农民束缚在有限土地上,而农业生产经济效益较低,农产品价格与价值背离,农民收入长期相对偏低。在社会公共服务方面,城乡供给不均衡问题比较突出,农民在文化教育、医疗卫生、社会保障等方面与城镇居民差异很大。

(二)收入分配改革滞后,收入分配政策不配套

收入分配改革滞后、收入分配政策不配套体现在:

第一,收入分配政策导向不明。目前既没有收入分配体制改革方案及其实施措施,又缺乏长远规划和统筹安排,尚未将中央关于深化收入分配改革的大政方针细化为可操作的政策措施。已出台的有些政策大多治标不治本,对提高居民收入占国民收入的比重、提高劳动报酬占初次分配的比重"两个比重"缺乏量化指标和具体要求。一些地方片面强调经济增长速度,对解决收入分配中的问题缺乏足够的重视。

第二,最低工资保障制度不合理。最低工资保障制度是人民群众基本生活的重要保障,又是劳动力再生产的必要条件。目前,我国不少地区最低工资标准定得偏低,一些企业以最低工资作为职工基本工资,严重侵犯了劳动者权益。中西部地区有三个省现行的最低工资标准仅相当于城镇在岗职工平均工资的20% ~32%,明显低于40% ~60%的世界平均水平。

第三,企业工资协商机制不落实。目前,我国企业工资集体协商制度名存实亡,不仅工资协商制度覆盖面小,而且普遍存在企业履行难的情况。国有企业工会主席一般由管理层兼任,民营企业工会主席由经营者指定,外商投资企业推行工资集体协商也主要由经营者说了算,普通职工对提高工资水平的诉求渠道不畅,也起不到关键作用。虽然在形式上初步建立起了工资集体协商机制,但难以发挥实质性作用。

(三)社会保障制度不完善,调节收入分配力度有限

社会保障制度不完善、调节收入分配力度有限体现在:

第一,社会保障制度不健全。目前我国尚未建立全面覆盖城乡居民的社会保障体系,社会保障的覆盖面还比较窄,参加社会保险的人数仅占从业劳动者总数的30%左右,特别是农村社会保障发展缓慢、体系建设滞后,进城农民工的社会保障问题尚未得到有效解决。

第二,社会保障水平比较低。虽然城乡居民有最低生活保障制度,但是最低生活保障线和贫困线过低,比世界银行规定的贫困线还要低50%以上,因而调节贫富差距的作用非常有限。社会保障水平过低的状况与我国财政用于社会保障的支出长期不足有关。2009年我国社会保障支出仅占财政支出的10%,远低于市场经济发达国家30%以上的水平。

第三,社会保障调节方向不当。现行社会保障制度对城镇居民和收入高的群体保障水平相对较高,而对农民和收入低的群体保障相对较低,这种现行差别化的城乡逆向调节客观上扩大了收入差距。2008年转移性收入占城镇居民年收入的23%,而仅占农民年收入的5.9%,农民获得的转移性收入仅相当于城镇居民的10.1%。

(四)税制结构不合理,难以加大对收入分配的调节力度

税制结构不合理体现在:

第一,直接税比重过低,调节收入分配功能薄弱。由于过去税制改革注重税收组织财政收入的功能,忽视税收调节收入分配的功能,因而强化了税收组织收入的功能,弱化了调节收入分配的功能。在现行税制结构下,偏重于组织收入功能的增值税、消费税、营业税等间接税占全部税收收入的比重偏高,而体现调节收入分配功能的所得税和财产税等直接税占全部税收收入的比重偏低,2009 年全国间接税、直接税收入分别占全部税收的 58.8% 和 27.7%,而作为目前调节居民收入主要税种的个人所得税收入仅占全部税收的 6.3%。这与世界发达国家以直接税为主(约占全部税收收入的 70%)、间接税为辅(约占全部税收收入的 30%)的税制结构及其发展趋势正好相反。

第二,个人所得税分项征收,难以加大对收入差距的调节力度。现行个人所得税采取的分类征税模式对不同类型所得采用不同的适用税率、费用扣除标准,现行税负相差很大,劳动所得税负重于非劳动所得。由于实行分项征收,可以多次扣除费用,易使高收入者、多来源收入者分解收入、隐蔽收入,又不能对高收入者综合征收超额累进税,无法加大对高收入的调节力度,造成低收入者税负较重、高收入者税负相对较轻的现象。加之税收征管存在漏洞,使得工薪阶层负担了个人所得税税额的 60% 以上,难以充分发挥个人所得税调节收入差距的重要作用。

第三,税制结构不健全,缺乏调节力度大的税种。在西方发达国家普遍存在对调节收入分配力度较大的财产税,如房产税、遗产与赠与税,但由于种种原因,目前在我国遗产与赠与税尚未制定出台,房产税的征收范围又太窄,我国的房产税名义上是以房屋财产为征税对象,但实际上其征收范围仅限于城镇的经营性房屋,即按经营性房屋的计税余值或租金收入为计税依据向产权所有人征收的一种税。对于拥有多套住宅、豪华别墅的富人,只要其房产不属于经营性用房,包括非出租用房,就不用缴纳房产税,因而没有起到调节收入分配的作用。由于税制结构不合理,缺乏调节力度大的税种,难以加大税收对收入分配的调节作用。

三、深化收入分配制度改革,合理调整收入分配结构

国际上通常认为,基尼系数 0.4 是警戒线,一旦基尼系数超过 0.4 表明财富已过度集中于少数人,该国社会处于可能发生动乱的“危险”状态。我国基尼系数已从改革开放初的 0.28 上升到 2007 年的 0.48,近几年不断上升,实际已超过了 0.5,这是非常严重的信号。必须注重调节收入分配,尽快扭转收入差距扩大的趋势。

(一)尽快出台收入分配改革方案,明确收入分配政策导向

深化收入分配制度改革,应以科学发展观为指导,以构建和谐社会为目标,以扭转收入分配差距扩大的趋势为重点:一要坚持和完善按劳分配为主体、多种分配方式并存的分配制度,加强收入分配的宏观调控;二要建立城乡居民收入合理增长的机制,适当增加城乡居民收入,逐步提高居民收入在国民收入分配中的比重,提高劳动报酬在初次分配

中的比重,扭转这"两个比重"不断下降的趋势;三要建立缩小收入分配差距的机制,加大个人收入分配调节力度,合理调节收入分配格局,着力提高低收入者的收入,努力提高中等收入者的比重,有效调节高收入者的过高收入,逐步形成中等收入者占多数的分配格局,在稳定提高居民收入的基础上,缩小收入分配差距,防止两极分化,坚持走共同富裕的道路。

(二)合理调整收入分配结构,努力提高居民收入水平

合理调整收入分配结构,努力提高居民收入结构应做到以下几点:一是逐步调整政府、企业与居民的收入分配关系。要将城乡居民收入年均增长速度和"两个比重"的提高幅度作为政府主管部门的约束性指标列入国家五年发展规划,适当降低财政收入占国民收入的比重,控制财政收入过快增长,利用结构性减税机会适当降低企业、居民的税费负担,逐步增加城乡居民收入。二是继续加大对"三农"的支持力度。实行更加倾斜的支农惠农政策,特别是加大财税对"三农"的支持力度,完善财政对农业补贴和价格支持政策,适当提高粮食最低收购价格,逐步提高农村扶贫标准,同时积极引导农村富余劳动力向城镇有序转移,促进农民增产增收。三是尽快健全职工工资正常增长机制,逐步提高最低工资标准。

(三)整顿收入分配秩序,加强对收入分配的监管

整顿收入分配秩序,加强对收入分配的监管应做到:一要强化垄断行业收入分配监管。适当降低垄断行业市场准入门槛,逐步引入市场竞争机制,同时制定垄断行业收入分配改革总体方案,建立垄断行业与社会平均水平调查监控制度,加强对垄断行业工资总额和工资水平的双重调控,严格控制其收入的不合理增长,减少行业分配不公现象。二要严格国有资本收益管理,完善国有企业负责人薪酬分配监管办法和职位消费管理制度,合理确定高管层收入与普通职工收入的适当比例关系,加强国有企业高管薪酬管理,提高透明度,便于职工监督。三要维护劳动者报酬权益。采取切实可行的有效措施,解决同工不同酬问题,健全劳动力市场工资指导价位制度,扩大其覆盖的行业、企业类型和工种范围,引导缩小不同行业、企业相同工种的工资差距。

(四)加快健全社会保障体系,不断提高社会保障水平

健全社会保障体系是收入分配的调节器,社会保障覆盖面扩大到城乡全体劳动者,不仅可实现劳动者劳动报酬的大幅增长,而且可有效缩小贫富差距。加快社会保障体系建设:一要不断扩大社会保障覆盖面。调整基本养老保险制度、基本医疗保险制度、最低生活保障制度的参与范围,提高社会保险的统筹层次,逐步将社会保障扩大到乡镇农村,惠及全体城乡居民。二要将收缴社会保障费改为征收社会保障税。通过征收社会保障税替代现行社会保障收费办法,提高社会保障收入的征收效率,确保社会保障基金的稳定来源,促进社会保障资金的有效使用。三要加大对社会保障的财政投入。加快公共财政体系建设,促进财政转向公共服务职能,调整财政支出结构,加强公共服务功能,促使财政资源更多地用于改善民生和社会福利事业,增强城乡居民的公共福利和社会保障。

四、加快财政法制建设，合理调节财政分配

现阶段合理调节财政分配、加强财政法制建设的重点应当是理顺财政分配关系，加强宏观调控职能，加大收入分配调节力度，缓解收入分配不公矛盾，促进发展方式转变，加快和谐社会建设。其主要内容包括以下几个方面：

（一）制定《中央财政与地方财政关系法》和《财政转移支付法》，理顺政府间的分配关系，促进财政公共服务水平均等化

规范财政分配关系是调节财政分配的重要前提。合理调节财政分配必须理顺政府间的分配关系，首先理顺中央财政与地方财政间的分配关系。

1. 及时制定《中央财政与地方财政关系法》，理顺和规范财政分配关系

为了理顺财政分配关系，合理调节财政分配，必须制定《中央财政与地方财政关系法》：一要按照集权和适当分权相结合的原则，合理划分中央政府与地方政府之间的事权和财政支出范围，中央政府主要负责全国性的事务，地方政府主要负担地方性的事务；二要按照受益范围原则、公平与效率兼顾原则划清由中央政府承办的事务、由地方政府承办的事务、由中央承办地方协助的事务、由地方承办中央资助的事务，在此基础上明确各级政府的行政管理权限、经济管理权限、科教文卫等事业发展方面的权限；三要按照财权、财力与事权相适应的原则，明确划分中央财政、地方财政与事权相匹配的财权、财力，理顺中央财政与地方财政的分配关系，确保各级财政正常履行相应职能和提供公共服务的基本需要。

2. 抓紧制定《财政转移支付法》，促进财政公共服务均等化

促进财政公共服务水平均等化既是财政分配的主要目标，又是公平收入分配必不可少的重要途径。为了合理调节财政分配，实现财政公共服务均等化的目标，必须抓紧制定《财政转移支付法》：一要改革目前的财政转移支付办法，以公共服务支出均等化为目标，将“基数法”改为“因数法”，采用规范化、公式化的计算方法，测算出标准收入和标准支出及其差额，并根据各地的实际情况核定各地转移支付的规模，健全规范转移支付办法，减少转移支付的随意性，提高透明度；二要在规范转移支付办法的基础上尽快制定《财政转移支付法》，促进财政转移支付的规范化、法制化，逐步实现公共服务支出均等化；三要逐步扩大财政转移支付的规模，加大对中西部地区转移支付的力度，提高中央对地方的一般性转移支付的比例，适当降低专项转移支付的比例，以加强地方政府自主使用财力的能力，增强欠发达地区财政的“造血”功能，促进区域经济持续协调发展。

（二）全面修改《预算法》，及时制定《部门预算法》，改革收入分配制度，扭转收入差距扩大趋势

理顺预算分配关系，合理调节预算分配，既是深化收入分配机制改革的重要内容，又是公平收入分配、扭转收入差距扩大趋势的必要途径。

1. 全面修改《预算法》①

为了理顺预算分配关系,合理调节预算分配,扭转收入差距扩大趋势,必须全面修订《预算法》。一要正确处理效率与公平的关系,按照初次分配注重效率、兼顾公平,再分配注重公平、兼顾效率的原则,理顺预算分配关系,调整预算收支结构,通过预算的初次分配和再分配,加大对"三农"、低收入部门和贫困地区的投入,运用财政支出、税收、财政补贴、转移支付等多种财税杠杆调节不同部门、不同地区之间过大的收入差异,着力提高低收入者收入水平,逐步扩大中等收入者比重,促进由少数先富转向共同富裕;二要将新的预算改革成果用法律形式固定下来,精简预算级次,提高预算效能,改进预算编制办法;三要加强人大对预算的审批监督,明确预算调整内涵,加强预算超收收入使用监督,强化预算监督管理,严格预算约束,提高预算资金的使用效益;四要增强预算公共服务功能,加大对科教文卫、环境保护、社会保障等社会服务的公共投入,使全体城乡居民都能共享改革发展的巨大成果。

2. 抓紧制定《部门预算法》

为了理顺部门预算分配关系,合理调节部门预算分配,提高部门预算资金的使用效益,必须制定部门预算法。要将部门改革的成果用法律形式固定下来,明确部门预算的适应范围、原则要求,将预算内外收支综合起来,统一编制到部门预算中来,增强部门预算的完整性和科学性,严格人大对部门预算的审查批准,调节部门之间过大的收入差距,加强监督管理,增强部门预算的透明度,提高预算资金的使用效益,促进各部门、各方面全面持续协调发展。

(三)制定《财政补贴法》和《财政监督法》,规范财政补贴和财政监督制度,促进均衡发展和依法理财

完善财政补贴制度和财政监督制度,既是改革财政分配制度、合理调节财政分配的有机组成部分,又是加强依法理财、促进各方面均衡发展的重要手段。

1. 及时制定《财政补贴法》

为了改革财政补贴管理制度,合理调整财政补贴,优化财政补贴结构,加大对"三农"和欠发达地区的补贴力度,必须制定《财政补贴法》。抓紧改革财政补贴管理制度,划分财政补贴管理权限,规范财政补贴的方向范围、原则要求、方式方法和监督管理,调整优化财政补贴结构,实施对"三农"和中西部地区更加倾斜的财政补贴政策,严格补贴资金的监督管理,提高财政补贴资金的使用效益,促进农业部门和欠发达地区加快发展。

2. 抓紧制定《财政监督法》

为了严格财政管理监督,严肃财经法纪,促进依法理财,提高财政资金的使用效益,必须制定《财政监督法》。要明确财政监督的适用范围、基本原则,规范财政监督的实施

① 俞光远编著:《中国财税改革和财税法制建设30年回顾与展望》,中国税务出版社2009年版,第126页。

主体、主要内容和运行程序,加强财政监督管理,严格依法理财,强化财经法纪,整顿财经秩序,堵塞收入流失,严厉打击非法暴富活动,坚决取缔非法收入,从源头上遏制违法乱纪活动,为促进财经秩序的根本好转和经济持续协调发展提供良好的法制环境。

五、加快税收法制建设,合理调节税收分配

现阶段合理调节税收分配、加快税收法制建设的重点应当是,促进税制结构调整,加大收入分配调节力度,缓解收入分配不公矛盾,促进发展方式转变,加快和谐社会建设。其主要内容包括以下几个方面:

(一)修订《个人所得税法》,制定《物业税法》、《遗产与赠与税法》,加大对收入分配的调节,扭转收入差距扩大趋势

合理调节税收分配核心在于公平收入分配。这既是调整税制结构、加快税收法制建设的主要目标,又是加大对收入分配的调节力度、扭转收入差距扩大趋势的重要手段。为了合理调节税收分配,尽快扭转收入差距扩大趋势,需要重点制定和修改以下税收法律。

1. 全面修改《个人所得税法》①

修订《个人所得税法》,一要科学调整税前费用扣除标准,以不能影响广大纳税人的基本生活特别是不能降低低收入者的生活水平为基本要求,可在一定期限内(如3~5年)在居民消费价格指数上涨超过一定幅度(如累计超过5%)时相应提高税前扣除标准;二要完善税前费用扣除办法,除了考虑个人基本生活费用的扣除以外,还应考虑居民家庭负担费用的扣除,如子女老人的抚养赡养、教育医疗、社会保障等费用支出;三要实行综合与分项相结合的个人所得税征收模式,将经常性的、数量较大、比较稳定的所得项目,如工薪所得、劳务所得、财产所得汇总计算、合并征税,并课以超额累进税率征收,加大对高收入的调节力度;四要合理调整级距及其税率,以适当减轻低收入者税负、加大高收入者税负为主要原则,适当增加应纳税所得额档次,拉开级距及其税率,增强对高收入的调节力度,缓和个人收入分配不公。

2. 抓紧制定《物业税法》

物业税是把房产和其他资产合并起来统一征收的税收。也就是说,将现行的房产税、城市房产税和土地出让金等的税收、收费合并集中起来,由企业单位和居民个人的房产保有者缴纳的税收。为了发挥物业税调节财富分配的功能,抑制房价的过快上涨,扭转收入分配差距扩大的趋势,必须制定《物业税法》。一要从我国的现状出发,对房产保有的不同情况实行差别政策,征收重点是两套以上房产保有者和豪华别墅保有者,加大对收入分配的调节力度。二要合理确定物业税应税的房产面积,科学界定税前扣除标准,即在税前扣除标准以下的部分房产免征物业税,以上的部分房产则征收物业税。三要合理确定房产计税价格,针对不同用途采取不同的计税模式:对自住用的房产,以房产

① 俞光远:《中国财税改革和财税法制建设30年回顾与展望》,中国税务出版社2009年版,第117页。

评估价为基准,征收较低税率(如1%)的物业税;对出租、投资用的房产,以投资回报为基准,征收较高税率(如10%)的物业税,以利于调节贫富悬殊差距,缓解收入分配不公。

3. 及时制定《遗产与赠与税法》

开征遗产与赠与税,加强对继承人继承遗产而获个人所得的调节,防止被继承人生前通过赠与方式转移财产非法避税,同时作为个人所得税的重要补充,不仅加大对收入分配不公的调节,而且有效防止个人所得税的流失,尽快扭转收入差距扩大趋势。制定《遗产与赠与税法》,一要按照受益原则实行分遗产税制,即按每个继承人继承的遗产数额征税,以体现税收合理负担。二要加大收入分配调节力度,实行超额累进税率,即按遗产或继承、受遗赠财产的数额划分若干等级,设置由低到高的超额累进税率。三要与个人所得税协调配套,合理设置相应的档次、级距和税率,以利于加强税收征管,堵塞收入流失。

(二)制定《资源税法》、《增值税法》和《环境税法》,促进资源节约使用,有效保护生态环境,转变发展方式

经济全面持续协调发展是人民群众实现共同富裕的物质基础。促进经济可持续协调发展,必须转变发展方式,优化产业结构,有效利用资源,提高经济效益,保护生态环境。为了完善资源产品价格形成机制、节约使用资源,有效保护生态环境,引导经济结构调整,促进经济可持续协调发展,需要制定资源税法、增值税法、环境税法。

1. 尽快制定《资源税法》

在全球发展低碳经济的大潮下,推进我国的资源税改革对于完善资源产品价格形成机制、引导经济结构调整、缓解中西部地区财力紧张都有重要意义。积极推进资源税改革,必须制定《资源税法》。一要建立资源有偿使用制度,扩大资源税的征收范围,从目前七个税目(原油、煤炭、天然气、其他非金属矿原矿、黑色金属矿原矿、有色金属矿原矿、盐)扩大到水资源、黄金、地热资源、森林资源等。二要改变资源税的征收方式,由资源分类从量计征改为从价计征,促进资源节约利用和有效保护,提高资源的使用效益。三要体现资源的稀缺程度,健全资源补偿机制,合理调整资源税的税率。四要加大资源税的调节力度,适当提高资源税的负担水平,调节企业因资源优势获得的级差收益,提高资源税占税收总收入的比重。

2. 抓紧制定《增值税法》

积极推进增值税转型改革,在完善增值税转型试点办法的基础上,及时制定《增值税法》,由生产型增值税转向消费型增值税,提高企业的有机构成,加快企业设备更新和技术升级,促进企业技术进步。制定《增值税法》,一要规范增值税抵扣制度,改变企业新购进设备所含进项税额采用的退税办法,采取规范的税收抵扣办法,企业购进设备和原材料一样按正常办法直接抵扣其进项税额;二要尽快完善增值税转型改革,及时向全国所有地区推开,取消地区和行业限制,促进企业公平竞争;三要利用结构性减税机会,适当下调小规模纳税人的税率水平,减轻中小企业税收负担,鼓励中小企业加快发展。

3. 及时制定《环境税法》

目前，国内一些行业、企业的业绩高速增长，但它们的产品生产都与高污染、高耗能有关。为了有效保护生态环境，必须尽快制定《环境税法》。一要按照“谁污染、谁负责”的原则，及时开征环境税，促进生态环境保护，加快经济结构调整，加快改造传统制造业，振兴装备制造业，加快发展高新技术产业和现代服务业，正确处理经济增长与节能、减排、降耗和保护环境的关系。二要按照“谁受益、谁补偿”的原则，建立资源有偿使用制度和生态补偿机制，鼓励企业在优化结构、提高效益、降低能耗、保护环境上下工夫，促进资源节约型和环境友好型社会的建设。

（三）制定《社会保障税法》和《税收基本法》，促进税制改革向民生倾斜，使税收更好地服务民生

1. 抓紧制定《社会保障税法》

社会保障是收入分配的调节器和社会稳定的安全网。为了切实保障人民群众的基本生活，以严格规范的税收征管办法取代社会保障费征集办法，保证社会保障基金的稳定来源，需要制定《社会保障税法》，开征社会保障税。制定《社会保障税法》一要明确规定政府、法人团体、个人在承担社会保障费用方面的义务，使社会保障筹资方式法制化。二要规定社会保障资金由政府、团体、个人三方出资、均衡负担的筹资方式，体现各利益有关方共同负担的原则。三要注重社会保障筹资方式与税收制度的协调一致，以严格规范的税收征管办法取代社会保障费征集办法，切实保证社会保障基金的高效征收和稳定来源。四要明确规定社会保障税的专门用途，有效保证社会保障资金的专款专用，促进社会保障制度的健全完善，严格社会保障资金的监督管理，促进社会保障资金的有效使用，确保人民群众的基本生活。

2. 适时制定“税收基本法”（或“税法通则”）①

制定“税收基本法”，一要明确规范税收立法、税收执法、税收司法等方面的基本原则，促进以法治税；二要调整确定税制结构，根据现阶段建设和谐社会、环境友好型和资源节约型社会的要求，适当增设一些促进环境保护、节约资源和综合利用的税种，扩大资源税的范围；三要明确规定税务主管部门的主要职责和权限，规范税收征管的主要原则，理顺税收分配关系；四要明确规定纳税人的基本权利和义务，确定纳税人具有与税务机关同等重要的法律地位，维护纳税人的合法权益；五要明确修改法律法规的权限，及时修改与人民生产生活密切相关的税法，如所得税法、增值税法，根据生产成本上升、物价上涨和改善生活的需要等因素，不断提高起征点，适当降低所得税率，降低纳税人的税收负担，既体现税收对民生的倾斜，又维护纳税人的权益，促进和谐社会建设。

---

① 俞光远：《中国财税改革和财税法制建设30年回顾与展望》，中国税务出版社2009年版，第138页。

调节居民收入分配的税收政策研究

薛 钢*

收入分配关系到经济社会可持续发展的重大现实问题,如果不能有效解决居民收入分配差距过大的问题,将会影响到我国经济结构调整以及和谐社会建设。税收是各国政府普遍运用的调节居民收入分配的重要宏观政策工具,应该在促进收入分配公平中发挥重要作用。

凯恩斯(Keynes)主张将间接税为主的税制结构调整为以直接税为主,以增强税制的累进性。① 哈耶克(Hayek)则注意到累进所得税对经济激励的负面作用,指出比例税制也可以在相当程度上实现收入再分配的目标。② 萨缪尔森(Samuelson)则强调税收的自动稳定作用,还主张把通过针对不同收入阶层的赋税差别而实现的收入再分配纳入现代福利国家的活动之内。③ 米德(Meade)认为遗产税和赠与税也可以改变收入不公平状况,强调对不劳而获的收入和遗产课以重税,以鼓励劳动所得的形成。④

我国处于经济社会体制转轨时期,收入分配的问题更加突出,因此国内学者在收入分配方面的研究成果也相当丰富。高培勇认为,在构建社会主义和谐社会的进程中,应在新一轮税制改革过程中融入税收的收入分配调节功能,使实际施行的税收政策能够真正担当起调节贫富差距、构建和谐社会的重任。⑤ 安体富认为,税收调节居民收入分配的目标本质上是如何处理公平和效率之间的关系,并指出两者要兼顾,不能偏废。⑥ 刘怡考察了我国增值税、消费税、营业税在不同收入群体的负担情况,指出低收入家庭负担增值税

---

* 中南财经政法大学财政税务学院副教授、硕士生导师,经济学博士。

① [英]约翰·梅纳德·凯恩斯著:《就业、利息和货币通论》,高鸿业译,商务印书馆1999年版,第321页。

② [英]弗里德里希·奥古斯特·冯·哈耶克著:《自由秩序原理》,邓正来译,三联书店1997年版,第71~94页。

③ [美]保罗·萨缪尔森著:《经济学》(第17版),萧琛主译,人民邮电出版社2004年版,第136页。

④ [英]詹姆斯·爱德华·米德著:《效率、公平与产权》,施仁译,北京经济学院出版社1992年版,第211页。

⑤ 高培勇:“打造调节贫富差距的税制体系”,载《经济》2007年第6期。

⑥ 安体富、任强:“税收在收入分配中的功能与机制研究”,载《税务研究》2007年第10期。

和消费税的比例大于高收入群体，但高收入家庭收入负担营业税的比例大于低收入家庭。①刘小川等运用 Kakwani 累进性指数分析了个人所得税税负对地区间收入差距的影响。研究发现，地区间工薪所得的个人所得税税负累进性已达到发达国家水平，而财产性所得与经营性所得的个人所得税地区税负差异问题较严重。②

目前，国内的研究大多采用规范分析的方法，还缺少构建数理模型的精确计量分析，难以准确评价税收调节收入分配的真实效果，因此研究还有待深化。

一、居民收入差距的现状分析

居民收入分配可以划分为多种分析角度，具体表现为城乡之间、城乡内部、地区之间、行业之间的收入分配差距。

（一）城乡之间居民收入差距

改革开放以来，城镇居民家庭人均可支配收入由 1978 年的 343.4 元增长到 2008 年的 15,781 元，增长近 45 倍；农村居民家庭人均纯收入也由 1978 年的 133.6 元增长到 2008 年的 4761 元，增长近 35 倍。但是，农村居民人均纯收入的增长倍数小于城镇居民，导致城乡之间的居民收入差距进一步扩大，具体情况见表 1：

表 1　我国城乡居民人均收入变化表（1978～2008 年）

年份（年）	城镇家庭人均可支配收入（元）	农村家庭人均纯收入（元）	城乡居民收入比	年份（年）	城镇家庭人均可支配收入（元）	农村家庭人均纯收入（元）	城乡居民收入比
1978	343.4	133.6	2.57	1998	5425.1	2162.0	2.51
1980	477.6	191.3	2.50	1999	5854.0	2210.3	2.65
1985	739.1	397.6	1.86	2000	6280.0	2253.4	2.79
1990	1510.2	686.3	2.20	2001	6859.6	2366.4	2.90
1991	1700.6	708.6	2.40	2002	7702.8	2475.6	3.11
1992	2026.6	784.0	2.58	2003	8472.2	2622.2	3.23
1993	2577.4	921.6	2.80	2004	9421.6	2936.4	3.21
1994	3496.2	1221.0	2.86	2005	10,493.0	3254.9	3.22
1995	4283.0	1577.7	2.71	2006	11,759.5	3587.0	3.28
1996	4838.9	1926.1	2.51	2007	13,785.8	4140.4	3.33
1997	5160.3	2090.1	2.47	2008	15,781.0	4761.0	3.31

资料来源：《中国统计年鉴 2009》。

① 刘怡、聂海峰："间接税负担对收入分配的影响分析"，载《经济研究》2004 年第 5 期。

② 刘小川、汪冲："个人所得税公平功能的实证分析"，载《税务研究》2008 年第 1 期。

(二)城乡内部居民收入差距

在城乡之间收入分配差距逐步扩大的同时,城乡内部收入差距同样明显,2008 年城镇居民收入最高的10%居民户人均年收入28,518.85元,人均可支配收入26,250.1元;同期城镇居民10%的最低收入户人均年收入5203.83元,人均可支配收入4753.59元;城镇居民中最高收入群的人均年收入是最低收入群人均年收入的5.48倍,人均可支配收入是5.52倍。而农村居民内部的居民收入分配差距情况也表现为类似的状态。具体见表2、表3:

表2 我国城镇居民家庭收入情况(2008年)①

(单位:元)

项目	最低收入户(10%)	低收入户(10%)	中等偏下户(20%)	中等收入户(20%)	中等偏上户(20%)	高收入户(10%)	最高收入户(10%)
年人均总收入	5203.83	7916.53	10,974.63	15,054.73	20,784.19	28,518.85	47,422.40
年人均可支配收入	4753.59	7363.28	10,195.56	13,984.23	19,254.08	26,250.10	43,613.75

表3 我国农村居民家庭收入情况(2008年)②

(单位:元)

项目	低收入户(20%)	中低收入户(20%)	中等收入户(20%)	中高收入户(20%)	高收入户(20%)
年人均总收入	3072.26	4264.10	5764.93	7930.94	14,895.39
年人均纯收入	1499.81	2934.99	4203.12	5928.60	11,290.20

(三)地区之间居民收入差距

目前,东部地区城镇居民人均年收入和人均可支配收入约为其他三个地区的1.5倍;而农村居民收入差距比城镇居民收入差距要明显,其中东部地区和东北地区的农村人均收入要高于中部地区和西部地区,具体情况见表4:

① 参见《中国统计年鉴2009》。

② 同上。

表 4 我国各地区平均收入情况(2008 年)

(单位:元)

项目	东部地区	中部地区	西部地区	东北地区
平均每人全部年收入(城镇)	20,965.49	14,061.73	13,917.01	14,162.02
平均每人可支配收入(城镇)	19,203.46	13,225.88	12,971.18	13,119.67
平均每人总收入(农村)	8604.01	5988.11	5285.81	9133.73
平均每人纯收入(农村)	6598.24	4453.38	3517.75	5101.18

资料来源:《中国统计年鉴 2009》。

通过上面的分析,无论从哪个方面都能够看出现阶段我国居民收入分配差距是全方位的;而且,从时间角度分析,居民收入分配差距的不断扩大还具有持续性。

二、我国基尼系数与税收调节功能分析

基尼系数是目前最为常用的用来衡量相对收入分配差距的指标,它是根据洛伦兹曲线计算出来的。可以通过计算的城镇居民基尼系数衡量城镇居民各个不同收入群体之间的不平等程度,一般来说,基尼系数越大,说明收入分配越不平等。基尼系数的计算有较多方法,由于数据的限制,本文采用梯形法进行分析。①

为了表明税收对收入分配的影响程度,在这里,分别计算各年的总收入基尼系数、可支配收入基尼系数以及税收基尼系数,以便于更加透彻地分析税收对于收入分配的作用。具体情况见表 5。

总收入基尼系数是用税前的全部收入计算得到的,可支配收入的基尼系数是从总收入中扣除个人所得税后的基尼系数,后者更能够反映居民收入差距的实际情况。而税收基尼系数是由不同收入组缴纳的个人所得税计算得到的,表明所缴纳的个人所得税的不平等程度。一般来说,税收基尼系数越大,说明税收调节力度越大。从表 5 中可以看出:

第一,根据国际一般标准,基尼系数在 0.2 以下为收入分配绝对平均,0.2 ~0.3 为收入分配比较平均,0.3 ~0.4 为收入差距较大,0.4 ~0.5 为收入差距很大,0.5 以上则为收入差距悬殊。由此可见,我国收入分配差距不断扩大已经是不争的事实。

第二,无论是总收入的基尼系数还是可支配收入的基尼系数总体趋势都是不断扩大的,二者的大小关系在 2002 年发生变化,2002 年以后可支配收入的基尼系数开始小于总收入的基尼系数,说明税收对收入分配差距开始起到调节作用,但是,从 2006 年之后,又出现相反的变化,说明税收调节税收分配的能力又下降了。

① 徐万坪:“基尼系数的算法”,载《统计与决策》2004 年第 9 期。

表5　我国的城镇居民基尼系数

年份（年）	总收入基尼系数	可支配收入基尼系数	税收收入基尼系数	年份（年）	总收入基尼系数	可支配收入基尼系数	税收收入基尼系数
1986	0.164	0.166	0.051	1998	0.226	0.227	0.085
1987	0.163	0.167	0.040	1999	0.234	0.234	0.100
1988	0.172	0.175	0.034	2000	0.245	0.245	0.147
1989	0.177	0.180	0.063	2001	0.256	0.256	0.151
1990	0.173	0.177	0.061	2002	0.308	0.306	0.302
1991	0.164	0.168	0.068	2003	0.318	0.315	0.308
1992	0.180	0.185	0.074	2004	0.326	0.323	0.319
1993	0.199	0.205	0.084	2005	0.331	0.328	0.319
1994	0.211	0.120	0.120	2006	0.373	0.371	0.365
1995	0.205	0.118	0.118	2007	0.367	0.366	0.361
1996	0.204	0.209	0.116	2008	0.376	0.376	0.367
1997	0.219	0.219	0.063				

第三,近年来税收基尼系数一直是呈上升的趋势,同样是从2002年开始,这种变化尤为明显,说明税收对收入分配的调节能力越来越强。但是,在2006年之后,在税收调节能力已经达到相对比较高的水平的情况下,仍然出现税收分配差距扩大的局面,可能说明税收调节存在“盲点”。

三、主要税种与收入分配差距的模型分析

在现行税制中,增值税、企业所得税、营业税、个人所得税和消费税是收入最多的税种,因此,研究税收对居民收入分配的调节效果,基本可以通过分析五大税种来实现。回归模型中对于居民收入分配差距的衡量采用基尼系数指标,选取了1994年税制改革之后至2008年共15年的基础数据,同时为了增加模型的可靠性,本文对各年税收总收入取自然对数得到T,并且将增值税、营业税、消费税、企业所得税和个人所得税分别除以当年税收收入得到各税种占比VAT、BT、CT、CIT、IIT(如表6所示)。

表 6　回归模型的基础数据①

年份	JINI	T	VAT	BT	CT	CIT	IIT
1994	0.4300	8.5423	0.4502	0.1307	0.0951	0.1382	0.0142
1995	0.4169	8.7058	0.4310	0.1434	0.0897	0.1455	0.0218
1996	0.3946	8.8407	0.4288	0.1523	0.0898	0.1402	0.0280
1997	0.3964	9.0160	0.3988	0.1608	0.0824	0.1170	0.0316
1998	0.4001	9.1338	0.3917	0.1700	0.0880	0.0999	0.0366
1999	0.4124	9.2764	0.3634	0.1562	0.0768	0.0760	0.0388
2000	0.4275	9.4400	0.3619	0.1485	0.0682	0.0795	0.0525
2001	0.4331	9.6357	0.3501	0.1349	0.0608	0.1719	0.0651
2002	0.4297	9.7777	0.3503	0.1389	0.0593	0.1748	0.0687
2003	0.4430	9.9044	0.3615	0.1421	0.0591	0.1458	0.0708
2004	0.4419	10.0927	0.3732	0.1482	0.0622	0.1638	0.0719
2005	0.4470	10.2674	0.3750	0.1471	0.0568	0.1857	0.0648
2006	0.4580	10.4575	0.3673	0.1474	0.0542	0.2023	0.0705
2007	0.4800	10.7281	0.3391	0.1443	0.0484	0.1924	0.0698
2008	0.4860	10.9009	0.3319	0.1406	0.0474	0.2061	0.0686

为了考察税收对居民收入分配的影响，本文拟通过回归分析来定量测算现行主要税种的收入分配调节能力，设定的基础模型为：

$$JINI = C(1) \times T + C(2) \times VAT + C(3) \times BT + C(4) \times CT + C(5) \times CIT + C(6) \times IIT + C(7) + U(t)$$

其中，JINI 代表基尼系数；T 代表税收总收入的自然对数；VAT 代表增值税占税收总收入的比重；BT 代表营业税占税收总收入的比重；CT 代表消费税占税收总收入的比重；CIT 代表企业所得税占税收总收入的比重；IIT 代表个人所得税占税收总收入的比重；C(7)代表截距项；U(t)代表随机扰动项。

利用 EVIEWS 软件中的普通最小二乘法（OLS）对基础模型估计的结果如下：

$$JINI = 0.0686518836469 \times T + 0.0364989825067 \times VAT - 1.58429565083 \times BT +$$

① 1994~2004 年 JINI 数据来源于程永宏：“改革以来全国总体基尼系数的演变及其城乡分解”，载《中国社会科学》2007 年第 4 期；2005~2007 年 JINI 数据来源于世界银行；2008 年 JINI 数据来源于中国社科院。总税收的自然对数及各税种比重根据《中国统计年鉴 2009》计算。

$0.99244041479 \times CT - 0.16387518191 \times CIT - 0.438428837612 \times IIT - 0.0317149791114 + U(t)$

从方程系数的统计量的P值可知,VAT、CT、IIT、C的t统计量的P值均大于10%,不能拒绝VAT、CT、IIT、C的系数等于0,这说明VAT、CT、IIT、C与其他变量之间存在多重共线性。其中VAT、C与其他变量之间存在的共线性最为显著。删除VAT、C变量后得到模型1。

模型1:$JINI = C(1) \times T + C(2) \times BT + C(3) \times CT + C(4) \times CIT + C(5) \times IIT + U1(t)$

具体估计结果如下:

$JINI = 0.0667054515552 \times T - 1.57052904221 \times BT + 0.963232724444 \times CT - 0.146664856087 \times CIT - 0.471331984238 \times IIT + U1(t)$

根据模型的回归分析,基尼系数对于税收总收入的弹性为正,即税收的增长总体上扩大了居民收入分配差距,不过基尼系数对于税收总收入的弹性系数为0.0687,说明具体影响不明显,但至少表示现有税制没有起到缩小差距的作用。分税种来看,增值税、消费税扩大了收入差距,营业税、企业所得税和个人所得税在一定程度上缩小了居民收入分配差距。

四、我国税收调节居民收入分配能力不足的原因分析

我国目前的税收制度和税收政策对于居民收入分配的调节能力较弱,有些税种甚至存在逆向调节,违背了税收的公平性原则。究其原因,主要表现如下:

(一)税收体系不完善制约调节作用发挥

从收入分配环节的角度分析,我国目前税收体系中的房产税、车船税、城镇土地使用税主要通过对居民财产征税来调节初次分配时的要素禀赋,通过增值税、消费税、营业税、企业所得税和个人所得税在再分配环节调节收入分配,利用企业所得税和个人所得税中的捐赠支出税前扣除以及对非营利性组织的税收减免来鼓励收入三次分配。但是,部分税种缺失和已有税种设计的不完善制约了收入调节功能的发挥。

1.初次分配环节的税种缺失

目前的房产税和城镇土地使用税对个人所有非营业用的房产和所占用的土地都予以免征,大大削弱了这两个税种对财产保有者的调节作用。此外,从保护个人创富积极性的角度并未开征遗产税和赠与税;但是,根据财政部的调查,10%的富裕家庭占有城市居民全部财产的45%,而最低收入10%的家庭其财产总额占全部居民财产的1.4%。目前税制对于初次分配环节的要素禀赋调节能力相当薄弱,基本没能发挥作用。

2.再分配环节的税种缺陷

理论上而言,再分配环节对收入分配调节功能最强的税种应该是消费税和个人所得税,但是实证结果表明理应在调节居民收入分配上发挥主要作用的个人所得税在我国的调节功能并不明显,消费税甚至存在逆向调节现象。

（1）消费税的征收范围过于狭窄

目前，我国的消费税有14个税目，其中木制一次性筷子、实木地板、成品油和鞭炮烟花主要是从节能环保角度考虑设置的税目，而汽车轮胎、烟、酒主要是从筹集财政收入的角度考虑所设置的税目；只有化妆品、贵重首饰及珠宝玉石、小汽车、高尔夫球及球具、高档手表、游艇这几个税目才能体现一定的收入分配调节功能，而这些消费品的范围过于狭窄，影响到消费税对于收入分配的调节效果。

（2）个人所得税的分类模式影响调控能力

目前我国个人所得税采取分类模式，这意味着收入来源越多可以享受的扣除就会越多，进而总体税负相对较小；而收入来源单一、整体税收负担就相对较高。由于目前我国中低收入者的收入来源主要是工资薪金所得，并且由单位代扣代缴，因此能够较好地保证征收率；而高收入群体的收入来源渠道复杂，不仅可以享受多项扣除，而且由于税收征管能力的制约使得高收入群体拥有更多的避税手段，严重削弱了个人所得税的调节功能。

（3）资本利得税的缺失

从公平的角度看，在确定个人纳税责任时，证券交易利得应该是被考量的因素。目前，对证券交易所得的优惠对待将会造成红利所得主动向资本利得形式转化，从而不断减少个人所得税的税收负担，这无疑强化了我国个人所得税制收入分配逆向调节的程度。

（二）税制结构缺陷致使调节功能弱化

从收入分配功能角度，不同税制结构所具备的调节效果存在较大差别。自1994年以来，我国流转税类税种虽然呈稳步下降的趋势，但其占税收总收入比重处于绝对主导，虽然流转税类税种比重在总趋势上有所下降，但依然保持在50%以上的水平，占绝对主体地位。所得税的比重虽然呈逐年上升的态势，变动区间由14.99%上升到30.8%，但增幅较缓，处于相对较低的水平。中国总体税制结构呈流转税独大的特点。

流转税属于间接税，税收负担的最终归宿取决于课税商品的需求弹性，如果需求弹性低则税负容易转嫁给消费者，反之则不易转嫁。一般而言，低收入群体消费的生活必需品的需求弹性较低，流转税容易转嫁给最终消费者；高收入群体所消费的奢侈品具有较高的需求弹性，因此税负不容易被转嫁。此外，由于流转税主要采取比例税率，使得恩格尔系数较高的低收入群体其税负比率要高于生活必需品消费份额较小的高收入群体，实际有效税率随着收入增加而降低。

我国以流转税为主体的税制结构表明，政府税收收入主要是通过社会公众消费含有较高间接税负的消费品来实现的。因为高收入者的边际消费倾向低于低收入者的边际消费倾向以及奢侈品的高替代性特征，这种税负分布机制造成低收入者税负高于高收入者税负，强烈的累退性质显然不利于实现社会公平的目标。

（三）税收征管水平落后削弱调节能力

强大的税收征管能力是实现税收政策目标的基本保证，税收制度的设计无论如何完备最终都需要通过有效执行来实现,相对于经济社会形势的发展和税制改革的要求而言,我国税收征管水平还有待提高。

1. 居民收入信息掌握不全面

目前,税收机关对于居民的工资薪金所得相对来说能够较好掌握收入信息,但是对于劳务报酬、稿酬所得、财产租赁所得、财产转让所得等其他类型收入难以全面掌握具体情况,导致高收入群体不仅能够通过多渠道收入增加扣除项目,而且利用不报或少报收入等手段逃避部分纳税义务。

2. 核定征收随意性强

税务机关对于会计制度不健全的个体工商户、合伙企业等通过核定征收方式确定应纳税额,一般以收入或者支出作为确定最终税额的依据,虽然具有一定的确定标准,但总体而言这种操作方式具有较大随意性。

3. 税源信息共享程度低

随着金税工程的建设,税务机关之间的信息共享问题正逐步得到解决,但是税务机关和房产部门、土地管理部门、金融监管机构、民政部门等其他公务机关的信息还没有实现充分共享,税务机关无法完整掌握居民的收入、支出、财产、家庭供养情况等具体信息,使得个人所得税制由于缺乏技术保障而难以实现由分类征收向综合征收转变。

五、增强收入分配调节能力的税收政策建议

(一)完善税收制度

1. 完善初次分配环节税收体系

(1)改革财产税体系

从避免重复征税的角度出发,对个别交叉重叠的税种进行整合,合并现行的房产税、城镇土地使用税及耕地占用税,与土地增值税、房产税同税基进行征收的某些营业税也应当考虑协调让步甚至取消。

(2)开征有利于收入分配的新税

在社会财富相对平均化的改革初期,遗产税(赠与税)基本不能发挥作用;但是,随着三十多年改革开放所带来的收入和财富差距的扩大,已经具备了开征的基本条件。目前最大的争议可能是该税种违背了不对资本课税的原则,损害经济运行的效率,但是从公平的角度,对其加强设计和开征是必要的。

2. 完善再分配环节的税收制度

再分配环节作为政府介入收入分配的主要环节具有特殊的地位,应通过流转税和所得税的差别税率来限制高收入群体,鼓励中等收入群体发展,保障低收入群体的基本生活需求。

(1)调整增值税

一般认为增值税税收中性较为明显,主要功能是筹集财政收入而非调节收入分配,但是通过起征点和部分差别税率的设计事实上也能起到一定的调节作用。具体措施包

括适当提高增值税的起征点,减轻低收入个体工商户的税收负担,同时起到鼓励自主创业、缓解就业压力的作用;减免部分生活必需品的增值税,通过降低低收入群体的基本生活支出来实现提高可支配收入的效果。

(2)扩大消费税调节范围

目前消费税在调节收入分配上作用不明显的关键原因在于征收范围过于狭窄,可以在营业税改革的同时助力于消费税扩围,对于奢侈性的高档服务项目,在征收营业税的同时可征消费税,如有征收消费税条件尚不具备的项目,可以提高营业税税率,起到引导消费、调节收入分配的作用。

(3)减轻中小企业所得税负担

中小企业是解决我国就业问题的主要渠道,对于中小企业进行优惠应当作为鼓励中小企业发展的长期政策。通过鼓励中小企业的发展给低收入群体提供更多的就业机会,缩小收入分配差距。但在同时劳动部门和工会组织应当加强对劳动者权益的保护,避免税收优惠仅仅只是提高了企业主的税后所得。

(二)优化税制结构

从有利于收入分配的角度,税制结构优化的目标是以所得税为主体、流转税和财产税为辅助的税制结构,这样不仅能够满足财政支出的需要,而且能够最大限度地发挥政府的收入分配调控能力。内外资企业所得税合并以后,优化企业所得税的重点应放在优化个人所得税和开征社会保险税两大方面。

1. 个人所得税优化

个人所得税优化应做到以下几点:

首先,实现征收方式的转型。加强个人所得税收入分配调节能力的关键是实现由分类征收模式向综合征收模式的转变,以家庭为单位,综合考虑家庭总收入、供养人口、地区物价水平等因素,真正体现出量能负担原则。

其次,调整综合征收的个人所得税税率级次,减少税率档次,拉大税率差距。目前,我国对个人所得税税率档次设计过多,遍及税率过高,在今后的个人所得税优化过程中,要适度降低边际税率,减少税率档次。

最后,拓宽个人所得税税基。个人所得税优化要在实行部分综合课征的同时扩展税基,加强征管,如适时征收资本利得税,实现资本收入与劳动收入的税收平等化待遇。

2. 开征社会保险税

社会保险税的开征,不仅是社会保险基金筹资方式的根本性变化,更主要的是社会保险基金管理模式、管理机制的创新,也意味着劳动保障部门管理职能的根本变化。处于人口老龄化转型期的中国,面临着社保制度尚未健全的严峻形势,因此,中国有必要开征社会保险税来保证政府的社会保障服务。而社会保险税的正式开征,如果设计合理,也有利于提高低收入者的保障能力,在一定程度上缓解收入分配压力。

(三)强化税收征管

1. 扩大税务信息获得渠道

税务部门应该增强与海关、银行、证券监管机关、土地和房产部门的信息交换,通过计算机网络采集纳税人基础数据,提高对纳税人的信息采集能力。同时,将税务机关掌握的联网数据与纳税人申报的电子数据进行交叉比对,解决由于手工操作导致税收征管效率低下的问题,逐步建立起面向所有企业和居民个人的纳税信息档案,提高对纳税人的税收征管水平。尤其是需要加大对高收入者的监管力度,增加对垄断企业高管、影视明星、知名律师和金融高管等特殊群体的税收稽查,并通过税收宣传和严格税收处罚实现奖惩并举,提高纳税人的税收遵从意识,减少税收流失。

2. 增强税务人员综合素质

税收征管信息化水平的提高必然对税务人员的素质提出更高要求,税务人员不仅要深刻理解税收法律、法规的规定,还需要掌握必要的信息系统操作、计算机稽核系统运用等技能,因此,税务人员综合素质的增强是保证税收征管信息化进程顺利推进的关键。此外,税务人员的职业道德和服务意识的提高也是改进税收征管的重要方面,只有德才兼备的税务专业人才才能真正落实税收制度和税收政策,实现调节目标。

第二篇　社会政策与财税法治建设

财政收入法之体系

蔡茂寅*　洪巧玲**

一、概说

财政收入作为支应国家支出之财源,虽然在各级政府的财政收支划分上通常被优先论列,但收入与支出之间的主从关系仍应先予厘清。从理论上言之,收入乃为支出之目的而存在,故反向言之,如无支出之用途,即无收入之必要。就公财政言之,支出乃是因为权限之行使而生,故权限之划分与行使即为支出之前提及原因。因此,就结论上言之,权限行使为支出之原因,而支出又为获取收入之理由;反向言之,收入乃为支出之目的而存在,而支出又为权限行使之结果,三者间存在纵向的因果关系,环环相扣,不宜混淆。①唯在实际上,由于财政收入作用直接获取收入的性质,遂为各方攘臂相争之对象,亦为学界所瞩目之标的,此可从一般财政学教科书的章节安排与内容均以收入手段为主得到明证。

此种具有浓厚"量出为入"性质的公财政,由于"法定经费"、"必要经费"的存在,②以及执政党为追求政绩,实现政策目标,以争取选民支持的压力,其获取财政收入的需求远高于私财政一事,应属不难理解。然而,公财政之不同于私财政者,不仅在于支出一项,其最大之区别在于,在收入面上,公财政得以强制手段无偿获取收入(即以下所称之强制性收入,如租税),而私财政基本上仅得依"等价交换"原则,透过市场机制获取收入。换言之,公法人得以行使公权力之方式自人民征取收入,而私人则仅能以交换方式获取收入。

在过去"家产国家"时代,公产(实即为皇帝的私产)收入为国家最重要的财政来源,更益之以人民的"徭役义务",使国家得无偿获取劳力,因此即令租税收入对国家仍属重要,但其比重相对较为有限。③ 而在进入"无产国家"时代后,随着货币经济的发达,除兵

* 台湾大学法律学院教授。

** 台湾大学法律学院博士研究生。

① 就此,可参见拙著:《地方自治之理论与地方制度法(增补版)》,台湾新学林出版有限公司 2006 年版,第 282 页以下。

② 此等概念之阐释,可参见拙著:《预算法之原理》,台湾元照出版有限公司 2008 年版,第 201 页以下。

③ 参见拙著:"财政作用之权力性与公共性——兼论建立财政法学之必要性",载《台大法学论丛》第 25 卷第 4 期(1996 年)。

役义务外,徭役义务基本上已不存在,代之而起的是现金负担日增,国政财源转而依赖租税收入。而财政收入作用中的租税作用,由于其典型侵益行政的性格,不但早受法学界的重视,发展为独立的学门领域;抑且亦为诸多近代市民革命的成因,“租税法律主义”与“罪刑法定主义”并列为近代法学发展的两大原则,可谓其来有自。

然而,尽管近年来各种财政收入手段日益增加,国家之财源亦日趋复杂化、多样化,但诸多财政收入作用中,除租税作用外,其法学研究如果不是处于刚起步的阶段(如规费法),就是尚未引起一般重视而欠缺学术对话与讨论(如公营事业法制、专卖法制),有之,亦仅限于财政学观点的检讨,而欠缺来自“规范论”、“权利论”的法学观点。此种现象一方面反映了我国台湾地区财政法研究的后进性,另一方面实亦显示我国台湾地区的财政法研究尚有许多空间足以容纳研究人才的进入以及因之而来的研究业绩的累积。

二、财政收入之分类

财政收入系为支出之目的而存在,在支出之前并需有现金之管理与营运,然一般而言,除少数例外情况外,收入作用与支出作用甚至管理、营运作用之间并无联结关系。财政收入得自不同之观点为种种之分类,并因之在规范论上产生不同之意义,以下简介其重要者。

(一)强制性收入与自由性收入

依收入手段在性质上是否具备对人民之强制性区分,公权力收入谓之“强制性收入”,非公权力(价格或称市场)收入则可称为“自由性收入”。[①] 详言之,前者系国家以行使公权力之方式,不经人民个别、直接之同意,而强制自其征取之收入,可以租税收入为代表;后者则是国家透过市场机制基本上遵循等价交换原则所获取之收入,可以公营事业收入为其代表。介于此两种类型之间,还存在半强制、半自由性质的中间性收入,此种类型之特征在于其收入之获取虽伴随有一定的受益事实或可能性因而具有一定之对待给付性质,但亦难否认该等受益通常系以人为方式创造其需要者,因而具有强制利用性。凡具有人为垄断后借此获取入之性质者,通常可归类为中间性收入,如规费、专卖收入即具此种性质。

区分自由性收入与强制性收入最大之实益在于,可据此决定该等收入之法律属性与因此所适用之法理论。质言之,前者通常属私法性质,受私法规范,而不受法律保留原则之拘束;后者则属公法性质,并且适用法律保留原则与其他公法理论。至于中间性收入则通常须视法律如何规范而定。例如,独占收入依台湾地区“财政收支划分法”(以下简称“财划法”)第 20 条第 1 项规定,“各级政府经‘法律’许可,得经营独占公用事业,并得‘依法’征收特许费,准许私人经营”;依第 21 条规定,“‘中央政府’……得依‘法律’之规定专卖货物,并得制造之”,均明揭法定原则。唯观诸上揭“财划法”规定,毋宁均在规范

① 相同见解参见邓为元:“公课理论之研究——以收取原则为中心”,台湾大学法律学研究所 2008 年硕士学位论文。

获取该等收入之原因行为(即经营独占公用事业与专卖货物)应受法律保留原则之拘束,而非直接规定作为其结果之财政收入作用之法定原则。又例如,规费收入依“财划法”第24条规定“应依法律之所定”,明揭规费法定原则;但同条后段又规定,“未经法律规定者,非分别先经立法机关或民意机关之决议,不得征收之”,就法律保留原则又设例外规定。虽然在规费法制定后,规费之征收已可谓有法律依据,但上述规定亦足证中间性收入是否一律适用法律保留原则仍须依法律规定而论。

强制性收入为近代国家最重要之收入,然每一收入手段之强制性高低则往往受到特定时空背景、个别情况以及实定法规定之左右。例如,赔偿收入依义务人意思自由之有无而可能异其分类结果。又例如,公债收入一般虽属自由性收入,但因战争等因素而发行强制性公债之事例并非无之,①则此时又应将其列为强制性收入。再如,独占及专卖收入、规费收入等利用或受益之强制性在个别情形之差异性甚高,因而本文乃将之列为半自由、半强制性之收入,则尤可作为佐证。

(二)经常收入与临时收入

依收入之供应情形是否具有安定性区分,可分为经(恒)常收入与临时收入。② 前者指可于每会计年度循环获得之收入,如租税收入、公营事业收入;后者则指因一时之原因或需要而获取之收入,如公债收入、出售财产收入及捐款收入。如此区分之实益在于,基于健全财政主义之要求,不得以临时收入充当经常支出之财源,以免产生财政破绽。换言之,经常支出应以经常收入支应,以免收支失调,至于临时收入则仅作为调节财政收支不平衡之手段。台湾地区“预算法”第23条规定,“政府经常收支,应保持平衡”,即系揭橥“经常”收支平衡的财政健全原则。

(三)资本收入与经常收入

依台湾地区“预算法”第10条第1项规定,“岁入、岁出预算,按其收支性质分为经常门、资本门”,乃是依收支之财政性质而将之分为经常收支与资本收支。就财政收入而言,同条第2款系先定义“减少资产及收回投资”之收入为资本收入,并以资本收入以外之一切收入为经常收入。由于资本支出具有厚实国力、带来将来税收增长之功能,一切收入均得充当此等支出之财源;反之,由于经常支出仅具有维持国家日常政务运作之功能,无法达到“将饼做大”之目标,故不宜以资本收入或非实质性收入(下述)等支应之。③ 台湾地区“预算法”第23条规定,“……非因预算年度有异常情形,资本收入、公债与赊借

---

① 有关公债之相关问题,可参见廖钦福:“宪法公债概念及基本原则之研究”,中原大学财经法研究所1999年硕士学位论文;廖钦福:“公债构成要件论——以‘司法院大法官第三三四号解释’为中心”,载《德明学报》2001年第17期。

② 为避免与以下之“资本收入与经常收入”混淆,此处之经常收入亦可称为“恒常收入”,以与“临时收入”相对应。

③ 有关资本收入与经常收入之相关问题,参见拙著:《预算法之原理》,台湾元照出版有限公司2008年版,第143页以下之说明。

收入及以前年度岁计剩余不得充经常支出之用。但经常收支如有剩余,得移充资本支出之财源"即系本于此意,并为健全财政主义之体现。

(四)实质收入与非实质收入

依收入是否真正区分可将财政收入分为实质收入与非实质收入。前者谓一经收入即无须返还者,如租税;后者谓收入后仍须偿还者而言,如公债、借款以及国库券即是。[①]非实质性收入由于并非终局性的真正收入仅能作为调剂性的应急用途或是用于资本支出,以免产生世代间的不公平问题,[②]并危及财政健全性。上引台湾地区"预算法"第23条条文可供佐证。

非实质收入的大幅增加为国家机能扩张与税收增长迟缓的必然现象,在某种程度上虽属可以理解,但其增加之速度与幅度若未受到适当控制,"从租税国家到债务国家",国家财政"以债养债"的噩梦即有可能成真。除了"赤字公债"的禁止之外,[③]台湾地区"公共债务法"第4条规定举债上限,[④]二者构成台湾地区"政府"债务管理的重要机制。

---

① 台湾地区"公共债务法"第3条第1项规定之公共债务包括公债、国库券、借款及保证债务,可为非实质性收入之适当批注。另外,"财划法"第2章各节除第10节节名为"公债与借款"外,其他各节名称均加上"收入"两字,亦可证立法者有意区别实质收入与非实质收入。

② 有关公债相关法理论问题之研究,参见拙著:"论公债的宪法课题",载《李鸿禧教授六秩华诞祝寿论文集——现代国家与宪法》(下),台湾月旦出版社股份有限公司1997年版,第1403页以下。

③ 现行规定中并未有"公债法定主义"之明文,仅于"预算法"第27条规定"'政府'非依'法律',不得于其预算外增加债务",唯如再配合"中央政府"建设公债及借款条例之规定,在理论上似宜承认"赤字公债禁止"之法理。

④ 台湾地区"公共债务法"第4条规定:"'中央'及'各地方政府'在其总预算、特别预算及在营业基金、信托基金以外之特种基金预算内,所举借之一年以上公共债务未偿余额预算数,合计不得超过'行政院'主计处预估之前三年度名目国民生产毛额平均数之百分之四十八;其分配如下:

一、'中央'为百分之四十。

二、'直辖市'为百分之五点四,其中台北市为百分之三点六,高雄市为百分之一点八。

三、县(市)为百分之二。

四、乡(镇、市)为百分之〇点六。

县(市)及乡(镇、市)所举借之一年以上公共债务未偿余额预算数,占各该'政府'总预算及特别预算岁出总额之比率,各不得超过百分之四十五及百分之二十五。

前二项所称公共债务未偿余额预算数,不包括'中央'及'各地方政府'所举借之自偿性公共债务。但具自偿性财源丧失时,所举借之债务应计入。

前项所称之自偿性公共债务,系指以未来营运所得资金或经指拨特定财源作为偿债财源之债务。

'中央'及'各地方政府'总预算及特别预算每年度举债额度,不得超过各该'政府'总预算及特别预算岁出总额之百分之十五。

'中央'及'各地方政府'为调节库款收支所举借之未满一年公共债务,其未偿还之余额,各不得超过其当年度总预算及特别预算岁出总额百分之十五及百分之三十。

'中央'及'各地方政府'所举借之公共债务,如有超过本条所规定之债限者,于回复符合债限前,不得再行举借。"

（五）依“财划法”划分之收入

“财划法”第2章就各种财政收入之手段分节设有规定，计有“税课收入”、“独占及专卖收入”、“工程受益费收入”、“罚款及赔偿收入”、“规费收入”、“信托管理收入”、“财产收入”、“营业盈余捐献赠与及其它收入”、“补助及协助收入”以及“公债及借款”十项，虽非属穷尽列举之规定，①但已涵盖主要的政府财政收入手段在内，此等分类并且为现行“岁入预算书编制格式”之所本。②

观察上揭“财划法”的各种收入手段，可以发现其排序具有由强制性到自由性、由自主到他律（如补助收入）、由实质到非实质等特性，虽然税课收入最具重要性，其占财政收入之比例通常亦属最高，但上揭收入手段显然并不以其在财政收入之比重或重要性排序。就上揭各种财政收入手段，本文将择要分次加以检讨。以下先简述其大概。

1. 税课收入

尽管在理论上“税”、“课”之概念仍有进一步探讨之空间，但“财划法”上并未对税课收入设有定义规定，而将重点置于租税权限的划分。例如，第6条规定，“税课划分为‘国税’、直辖市税及县（市）税”，并于同法就上揭“国税”与地方税之税目与租税收益权等设有规定。严格言之，“税”为“（公）课”之主要形态，但“（公）课”并不以“税”为限。“财划法”上虽然称为税课收入，但并非包括所有的“（公）课”，而是将公课中之税以“税课”名之，此观“财划法”第2章第1节之规定均以税为限，可得明证。

近代国家基于种种理由虽仍有经营公企业之情形，但此等自由性收入仍不足以充分挹注财源，因此，其支出仍然主要仰给于税收，要属不容否认之事实。税收占财政收入之比重如果达到一定比例，即可称之为“租税国家”；反之，如果支出之大部分不依靠税收等实质收入挹注，而仰赖举债度日，则可称之为“债务国家”。③ 然而，“税”概念究应如何界定本为一应优先解决之问题；而税收究竟应占财政收入之比重若干方属理想一事，亦难有定论；复就各种税收间有无合理比例如直接税与间接税之间之合理比例问题，各国情况不一，尤难一概而论。就此而言，财政法及财政学界均应有研究成果以应世，而后者尤应为前者之前提与基础。

2. 独占及专卖收入

“中华民国宪法”第144条规定，“公用事业及其他有独占性之企业，以公营为原则，

① 第2章第8节列有“其他收入”，理论上应能涵括其他未例示之收入，如怠金、代履行费用在内，然而，由于其他收入系与“营业盈余捐献赠与”收入并列，因此在解释上应系以该等收入为例示，解释上受到制约，而不得任意扩张其范围。职是之故，合理之规定方式应以“其它收入”独立设一节为宜。

② 台湾地区“预算法”第37条规定，“各机关单位预算，岁入应按来源别科目编制之……”第40条规定，“单位预算应编入总预算者，在岁入为来源别科目及其数额……”而第97条则规定，“……岁入来源别科目之名称及其分类，依‘财政收支划分法’之规定……”可知“财划法”之收入科目为预算编制之依据。

③ 有关租税国家与债务国家之问题，参见拙著：“公债的法律问题——兼论从‘租税国家’到‘债务国家’的巨变”，载《律师通讯》1996年第207期。

其经‘法律’许可者,得由‘国民’经营之”。据此,公用事业及其他有独占性之企业,系以“公营为原则,例外才由私人经营”。另依“财划法”第20条第1项之规定,“各级政府经法律许可,得经营独占公用事业,并得依法征收特许费,准许私人经营”。换言之,依上揭“财划法”的规定,在法律授权之前提下,国家得经营独占性公用事业或征收特许费准许私人经营此等事业,此时所获取之收入即为独占收入。

另依“财划法”第21条的规定,“‘中央政府’为增加‘国库’收入或节制生产消费,得依‘法律’之规定专卖货物,并得制造之”。据此可知,专卖必须得有法律依据,其目的则为财政收入或抑制生产、消费,但政府之专权并不限于“买卖”,而可兼及于制造等阶段。专卖过去为台湾地区重要之财政收入手段,但晚近已失其重要性。由于独占及专卖收入在“中央政府”财政收入所占之比重已属微不足道,因此近年来在岁入统计上均以“其它收入”之方式显现。

3. 工程受益费收入

依“财划法”第22条第1项之规定,“各级政府于该管区内对于因道路、堤防、沟渠、码头、港口或其它土地改良之水陆工程而直接享受利益之不动产或受益之船舶,得征收工程受益费。”据此,并制定有“工程受益费征收条例”,以为征收之依据。依该“条例”第2条之规定,“各级政府于该管区域内,因推行都市建设,提高土地使用,便利交通或防止天然灾害,而建筑或改善道路、桥梁、沟渠、港口、码头、水库、堤防、疏浚水道及其它水陆等工程,应就直接受益之公私有土地及其改良物,征收工程受益费;其无直接受益之土地者,就使用该项工程设施之车辆、船舶征收之”。据上可知,现行工程受益费之征收须义务人有直接受益或使用之事实,因而与学理上之“受益费”已有差异,而较近似于“规费”之性质(下述)。由于地方政府为种种工程之兴办主体,因此工程受益费之征收亦往往属地方政府之权限,在考虑政治效应的前提下,地方政府对其征收每多裹足不前,驯至其在财政收入所占之重要性甚低。

4. 罚款及赔偿收入

罚款及赔偿收入为政府因人民之违法或侵权行为所获取之收入。在资本主义社会,人民之不法行为因其轻重与导致恶害程度之不同未必皆适合临之以刑罚,因此每每出之以经济制裁手段,而况令“刑法”亦有属财产刑之罚金。如此做法,一方面既可收惩罚、威吓之效;另一方面又可增加政府财政收入,一举两得,乃成为重要的应对之道。实务上则以“罚款”总括罚锾、罚金、怠金等具惩罚性或执行性的财政收入手段,并包括没收及没入之收入在内。至于赔偿收入则为政府因人民之侵权行为等所获取之收入,举凡滞纳金、怠报金等均可归类在内。

“财划法”第23条规定,“依‘法’收入之罚金、罚锾或没收、没入之财物及赔偿之收入,除‘法律’另有规定外,应分别归入各级政府之公库”,而列为岁入,以避免专款专用。罚款及赔偿收入在“中央政府”财政收入中所占之比重逐渐上升。例如,在2008年度“中央政府”总预算中,已有1.4%,总金额超过200亿元新台币,而居重要地位。唯罚款等固然具有财政收入之效果，但其初始、主要之目的在于惩罚，同时并构成义务人之经济负担，因此不宜纯从财政收入观点着眼，以免泯没原有之制度目的。

5. 规费收入

规费为政府机关因其提供行政给付、服务等而获取之对价性收入，须义务人有受益事实始得征收。规费在未法制化之前，系由民意机关以决议方式征收，“财划法”第 24 条即规定，“司法机关、考试机关及各级‘政府’之行政机关征收规费，应依‘法律’之所定，未经‘法律’规定者，非分别先经‘立法机关’或民意机关之决议，不得征收之”。由于台湾地区“规费法”已于2002 年制定施行，故其征收已有法律依据，以 2008 年台湾地区“中央政府”总预算为例，规费收入占财政收入的 3.7%，金额接近 600 亿元，其重要性不言而喻。

6. 信托管理收入

“称信托者，谓委托人将财产权移转或为其它处分，使受托人依信托本旨，为受益人之利益或为特定之目的，管理或处分信托财产之关系”（台湾地区“信托法”第 1 条）。依“财划法”第 26 条规定，“各级‘政府’及其所属机关，依‘法’为信托管理或受委托代办时，得收信托管理费”。但此项收入数额有限，其重要性甚低，如 2008 年度“中央政府”总预算即未编列此项收入。

7. 财产收入

财产收入意指“财产之孳息、售价及资本之收回”（“财划法”第 27 条参照），举凡租金收入、出售公有财产之收入以及“国营”事业释股之收入等均属之。其中，财产孳息属经常收入，财产售价、作价及投资收回属资本收入。又财产之孳息属经常（恒常）收入，可重复发生，但财产之售价及资本之收回则属临时收入，同一标的既经收入即不再重复发生。近年来，由于公有地之释出以及“国营”事业民营化之进程而使本项数年来收入居高不下，如 2008 年台湾地区“中央政府”总预算中财产收入即占 4.6%，比例不可谓不高。另“预算法”第 60 条规定，依法得出售之“国有”财产及股票，市价高于预算者，应依市价出售。明列市价原则，以免主管机关贱卖“国产”，造成“国库”受损。

8. 营业盈余捐献赠与及其他收入

由于公营事业在台湾地区仍居重要地位，而政府对民营事业亦仍有相当之投资，是故因政府持有官股而受分配之盈余，亦属政府重要之收入来源；而政府接受各界捐赠亦属事所常有，因而乃在预算上编列该项收入。营业盈余收入中有来自营业基金之盈余缴库者，有来自非营业特种基金之剩余缴库者，亦有投资收益，近年来占台湾地区“中央政府”财政收入比例达 15% 左右，极具重要性。唯捐献赠与之收入一方面与营业盈余之收入相较显属微不足道；另一方面两者在性质上又属天差地别、迥不相牟，因而将此两者列为同一收入科目，其必要性及合理性似均可再予商榷。

9. 补助及协助收入

上级政府为谋地区或一县之经济平衡发展，得对下级政府酌予补助，目前我国台湾地区有“中央”对地方之补助（“财划法”第 30 条参照）以及县对乡（镇、市）之补助（“财划法”第31条参照)两种。与补助属上级政府对下级政府之经济援助相反者,“各上级‘政府’为适应特别需要,对财力较优之下级政府,得取得协助金”(“财划法”第33条第1款),因此协助属下级政府对上级政府之金钱给付。补助及协助收入就收入方来看虽仍属实质收入之一种,但究其实则为政府间之财政转移行为,相对于协助金具有相当程度之义务性质。因此,“财划法”规定提供协助金之各下级政府应将之列入其预算(“财划法”第33条第2项参照),补助金则具有强烈之政策诱导性质,此不但可从“财划法”第30条第1项之计划型补助规定可知,同条第2项规定仅由“行政院”订定“补助办法”以为依据,亦具有赋予补助机关裁量权的考虑在内。

由于台湾地区各级“政府”之财政状况除少数例外情形外普遍系上级政府优于下级政府,“以下助上”的协助金可谓形同虚设;反之,由于政策诱导需要以及实际情势使然,“以上助下”的政府间补助的重要性仍广受肯认,就之如何进一步法制化,以确保其运用之公平、适正化,乃属当前重要之课题。①

10. 公债及借款

相对于上述各项收入均属实质收入而言,公债及借款收入属非实质性收入,政府于获取该项收入后仍须偿还,因此并非最终、实质之“收入”,不但于举借时应该受到限制,就其用途亦非完全放任自由,以免债留子孙,危及财政健全。公债乃是一种特别的借款,特指以债券形式发行者而言,唯晚近不附债券的“无实体公债”盛行,因此两者的区分已渐泯灭,有者,唯借款期间之长短而已,但此并非绝对之区别标准。况且,二者在目的上均为获取非实质性之收入,纵其形式有别,财政效果仍同,因此在法律规范上不宜做截然之划分,以免形成规范漏洞。现行制度上就公债存在使用目的(建设公债)、举债上限(未偿总余额)以及债务基金等管制、因应措施,然而尽管如此,各级政府公债及借款总余额长年来仍居高不下,令人对我国台湾地区日益债务“国家化”的现象心生疑虑。②

三、财政收入法之基本原则

财政法虽然存在诸如“财政民主主义”、“健全财政主义”、“适正营运管理主义”以及“财政法治主义”等诸原则,③但为适用于财政行为全体之法原则,就财政收入法而言,仍须有适用于本领域之法原则,以为政府获取公财政收入时之指导理念,④以下分述之。

---

① 拙著:“政府间补助的法律问题”,载《全国律师》1997年第1期。

② 至2008年年度,台湾地区“中央政府”累计未偿债务余额估计为39,851亿元,占前三年度名目国民生产毛额平均数约32.5%,虽符合台湾地区“公共债务法”规定40%之范围内,但金额庞大,仍令人触目惊心。

③ 有关财政民主主义在中国大陆之理论与实践之探讨,可参见刘剑文著:《走向财税法治——信念与追求》,法律出版社2009年版,第43页以下。

④ 此外,本文所未提到之诸如税收应占一定高比例以上之“租税国家原则”、着眼于政治效应之“接受性原则”(accept ability)、“实施可能性原则”(enforce ability)乃至“租税法律主义”,均具有一定之重要性,唯基于简洁与重要度之考虑,本文于此暂不论列。

(一)平等原则

平等原则为公法上的重要原则,台湾地区于“宪法”第7条及“行政程序法”第6条均有明文规定,因此适用于公法行为全体,而非仅适用于财政收入法,但因本原则在此一领域具有特别之重要性,故特别标举之。按平等原则之内容虽有多端,但要而言之,其最重要者仍在权利享受与义务负担上之平等,而租税等公课无疑为近代国家最具重要意义之国民义务,其负担是否符合平等原则攸关宪法理念是否落实之问题,不可等闲视之。租税法上所强调之“租税公平原则”其出发点即在负担之平等,可资佐证。

盖人情趋利避害为人类社会古今、东西所不易之理,而国家之财政收入、税课收入固无庸论,即连其他之各种收入最终莫不由国民负担,纵令其获取收入之正当性得以获得确认,但国民极力脱免之心态仍属人之常情。制度上欲使国民心悦诚服负担国家之财政收入,“公平负担”乃最基本之要求。只要国民在财政负担上滋生不公平的相对剥削感,则人民势将纷纷起而规避甚或反抗,终使该等收入滋生窒碍难行之虞。近代发生于英国、美国及法国的市民革命均与国民的财政负担不均难脱关系,可为明证。唯平等原则固以“形式上平等”、“齐头式平等”最能符合人类原始的、质朴的正义观,但平等原则在今日实已不能舍“实质平等”、“立足点之平等”等内容而不论,亦属至明之理。今日税制上所强调之“累进课税”等量能负担原则一般认为适足体现平等原则之精神,可为脚注。

财政收入法上的平等原则之具体化主要表现在决定负担额度时之“量能负担”与“应益负担”两大原则上。以下就此简述之。

1. 量能原则

当财政收入之正当性基础并非来自“原因者付费”制度(下述)时,量能原则往往亦能提供其合理化依据,此一原则不但为法之认识源,亦为法之价值源。① 量能原则作为平等原则的具体化标准,系依个人经济上负担能力之高低以决定其财政负担之额度,所要者在于决定负担能力高低之指标为何。依目前之一般性理论言之,此等指标不外乎财产、消费、所得等。②

2. 应益原则

应益原则一方面为公课征收之原因,另一方面又为决定公课收取额度之原则。③ 人民因自国家受有利益,依等价交换的报偿原则,必须负担公课,并因其受益程度决定其负担额度。所谓“受益”,可能来自于享受国家提供之服务、商品、设施甚或行政管制之结果(如特许),不一而足。此等利益之个别受领者,如不提供对价性给付,一方面可能不当增

---

① 葛克昌著:《税法基本问题》,台湾月旦出版社股份有限公司1996年版,第208页以下。

② 有关量能原则之详细叙述,参见邓为元:“公课理论之研究——以收取原则为中心”,台湾大学法律学研究所2008年硕士学位论文;葛克昌:“量能原则为税法结构性原则——与熊伟台北对话”,载《月旦财经法杂志》2005年第1期。

③ 邓为元:“公课理论之研究——以收取原则为中心”,台湾大学法律学研究所2008年硕士学位论文。

加其市场竞争力,损及行政中立性,而难以通过平等原则之检验;另一方面亦足使国家资源因未有适当之回馈而趋向枯竭,故而必须借由收取此等利益之“相当”对价,以符合平等原则之要求。唯受益之衡量本非易事,受益之同时伴随有受害亦属事所恒有(例如,公共工程兴办时造成之不便甚至损害,工程完竣后虽有地价上涨之利益,但居住质量可能因而下降),因此如何适正衡量受益程度,乃尤为重要之课题。

(二)适正原则——充足并禁止过度

财政收入必须遵循适正原则,此时之“适正”,除手段上之适当性、必要性等之外,在收入数量上之充足与禁止过度亦属必要不可或缺。盖公财政与私财政不同之处在于,前者由于义务性支出之存在以及可以公权力手段获致收入,因而得以或必须量出为入;后者因为获取收入之手段受到限定,因而必须遵循“量入为出”的节约原则。据此,财政收入在数量上必须充足,以免造成入不敷出,影响国政之推动。但在另一方面,充足并非意味着毫无节制,反而内含有尽可能节约的禁止过度原则。

如上所述,适正原则意味着避免“过与不及”。“过”则加重国民负担,并易造成浪费;“不及”则凡百施政均受影响,转而对国家与国民造成不利之后果。唯何谓适正为一困难之课题。盖为回答此一问题,必先决定何谓适正之支出,才能决定何谓适正之收入;其次并需转换立场决定何谓国民适正之负担,才能决定国家之何种程度之收入得谓为适正,此等前提问题不先解决,“适正原则”即无由得其适用之契机。唯凡事均有限度,在现阶段“过与不及”或许难以精确定义,但“国民心中一把尺”,“适正”云者至少仍在其中。

财政学上有讨论国民“税负担率”高低之问题者,①其根源即直通财政收入适正原则;“高福利、高负担”以及“增加福利不加税”等说法其实均不脱财政收支是否适正的思考。又如,台湾地区“工程受益费征收条例”第2条第2项规定,工程受益费之征收数额,最高不得超过该项工程实际所需费用80%……就车辆、船舶征收者,得按全额征收之;第5条第3项规定:工程受益费以征足原定数额为限。但就车辆、船舶征收受益费之工程,而有继续维持保养、改善必要者,经各该级民意机关决议,并完成收支预算程序后,得征收之。均可视为适正原则之展现。

(三)效率及便民原则

财政收入应讲求效率,必须以“最小费用”、“最低成本”获取“最大收入”,成本、费用占收入之比率越低,其效率越高;反之,成本、费用占收入之比率越高,其效率则越低。换言之,获取收入必须着重其经济上的“均衡性”(或称“狭义比例性”)问题,成本、费用若高于所获取之收入,则该收入既无必要且不适当;甚至只要成本、费用占收入之比例过高即应考虑是否放弃该笔收入。因此,此处之效率者,实指稽征费用之节约原则。②

然而,上揭效率原则实则内含两大问题:其一为效率仅在经济价值上具有比较之意

① [日]林荣夫等编著:《现代财政学体系2——现代日本之财政》,有斐阁1972年版,第174页以下。

② 庄义雄著:《财务行政》,台湾三民书局股份有限公司2003年第2版,第174页。

义。因此,不以获取收入为唯一或主要目的之收入手段,举凡交通违规罚锾等,纵令其获取收入之效率不佳,为达成维护交通安全等行政目的,该笔收入仍非应即放弃。唯纵令欲达成财政收入以外之其他行政目的,效率原则仍非可以全然忽视不顾,在可能的范围内仍必须兼顾效率原则以达成行政目的,自不待言。其二为效率原则乃是自收入机关之立场观察所得之结论,其具有一定程度之妥当性自不难理解,唯若自负担收入义务之一方(通常为人民)立场观察,则所谓的效率原则,其实可以等同于便民原则。

盖政府以"最小成本、费用"换取"最大收入",固然符合效率原则,但此时之效率乃是纯自政府一方以经济观察法观察所得之结果,如果加计其他诸如人权、环保、社会等因素,则效率之定义恐怕将产生质变。再者,政府之效率往往建立在人民之负担上,效率越高,对人民之苛扰往往越甚,此时如不以便民原则调剂之,[①]则效率云者,在极端情况下,往往与苛政无异。例如,田赋之征收,自狭隘的效率原则观之,以现金缴纳似最为理想,但农民为换取现金而贱价求售农作物之事,可说殷鉴不远。但反向言之,在货币经济已然如此发达之今日,如若田赋等仍以实物缴纳,其不符合便民原则,亦属显然。纵令在以实物缴纳租税之时代,如政府收缴与由纳税人自行运抵仓库其间之效率与便民原则仍应适度调和。

又如个人综合所得税之征收,课纳税人以主动申报义务乃是典型效率原则之展现,但在计算机科技日新月异政府所保有之信息已接近巨细靡遗之情况下,此等前近代的效率原则能否不受"便民原则"之检验,实已优为今日之重大课题。在课税处分实际上通常不存在,因而行政法原理受到根本质疑之今日,诸如由税捐稽征机关以计算机先行算定税额、由税捐稽征机关主动退税、房屋税推定为自用住宅等,攸关如何回复"纳税人之权利"的课题,值得吾人深思。吾人认为,效率原则必须时时受到便民原则的检验,只有两者维持有机的调和关系,效率原则才可能获得其长久的生命力。

四、财政收入体系论

财政收入虽可为上述之种种分类,但历来在我国台湾地区并无一致性之体系存在,而"财划法"之分类虽较详尽但亦不具体系性,因而整体上呈现散乱无序、各说各话的情况。综合各家学说,一般而言,我国台湾地区较合理的财政收入体系论系先将其分为强制性收入与非强制(自由)性收入(为期简便,半自由、半强制性之收入暂不列入分类),并将前者等同于"公课"。强制性收入中以租税最为重要,因而税课收入独立成一体系,除此之外之其他强制性收入则统称为非税公课,以有别于(租)税公课。非税公课可再细分为规费、受益费及特别公课,其中规费及受益费又合称为受益负担。兹将之图示如下:

---

① 就此,有称之为"便利原则"者,参见庄义雄著:《财务行政》,台湾三民书局股份有限公司 2003 年第 2 版,第 174~175 页。

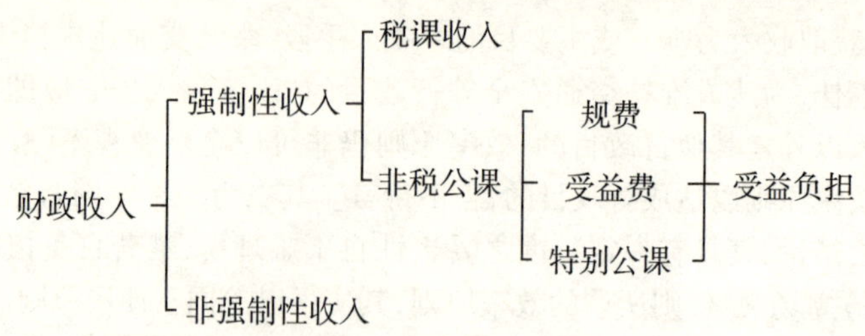

图1　财政收入之体系图

然而,此种体系虽然有其理据,但是亦有相当大之缺陷在,下就强制性收入略作叙述,以实此说。税课与非税公课在性质上之区别将于以下述之,但就其征收机关而言,前者系以财税机关为管辖机关,而与其支出任务切离,不生关联;后者之管辖机关则非财税机关,而系以其提供对待给付之性质定其管辖机关。① 以下分述各种强制性收入。

(一)税课收入

政府各种财政收入中,以税课收入历史最久、占财政收入之比重最高,因之最为重要,并且优为公课之核心所在。"税课"顾名思义指的是以租税方式存在之公课。而所谓公课,原则上指的是"国家或其它公法人,为获得收入的目的,根据公法的法律规定,所请求的一切金钱给付"。② 依论者所见,公课即公法上之金钱给付,与公法上之实物给付合称为公法上之负担。③

台湾地区现行规定就税课收入、税捐、租税、赋税、税赋,④乃至税的概念,并未有"立法"定义,因而在适用上常有混淆之虞。《德国税捐通则》第3条第1项则明文规定,"称租税者,谓公法团体为收入之目的,对所有该当于给付义务之法律构成要件之人,所课征之金钱给付,而非对特定给付之对待给付;收入得为附带目的"。⑤ 据此,租税具有金钱给付义务、无偿性、由公法团体高权课征、支应财政需求等特征,而与其他公课手段可资区别。相对于税课收入欠缺对待给付之无偿性质,"规费与受益费均是公行政的利用或

① 葛克昌:"论公法上金钱给付义务之法律性质",载葛克昌著:《行政程序与纳税人基本权》,财团法人喜玛拉雅研究发展基金会2005年增订版,第63页。

② 陈清秀:"税捐、规费、受益费与特别公课",载陈清秀著:《税法总论》,台湾元照出版有限公司2006年第4版,第63页以下。

③ 同上。唯徭役、兵役等公法上"人的负担"是否亦列入实物给付的范畴之内并非毫无争议,故以金钱给付与实物给付概括公法负担之全部仍有商榷之余地。

④ 租、赋、捐等用语虽各有其本义并且常有互训之情形(例如,《说文解字》谓:税,租也;赋,敛也;租,田赋也),然与"税"连用,而称租税、税捐、赋税、税赋时,似均以"税"为此等概念之核心要素,其他用语可略而不论,因之不妨解为同义词。本文就此等概念亦不特为区别,合此叙明。

⑤ 日本代表性学者金子宏之定义为,"租税乃国家基于法律规定,以获取提供公共服务所需资金之目的,而非以其提供特别给付之对待给付,而向私人征收之金钱给付",寓意大抵相同,但强调"向私人"征收,较有疑义。参见[日]金子宏著:《租税法》,弘文堂2006年第11版,第9页。

利用可能性的对价”，[①]二者合称为“受益负担”，均具有程度不一之对价性、有偿性，而与租税概念可相区别，以下就此说明之。

唯附带一言者，税课收入之无偿性虽为其最重要之特征，但在特殊情况下其无偿性仍有模糊化的现象。例如，税制中有所谓之“目的税”、“指定用途税”，其课征之目的或用途既已事先特定，租税负担与支出间复具有某种关联性，则其无偿性（至少为无因性）势必大为弱化，甚且具有有偿之外观。

（二）非税公课

租税以外之其他强制性收入统称为非税公课，由于其公权力收入之性质，受到法律保留原则之拘束，非有法律之个别、具体授权，不得任意征收之。非税公课中在我国业已类型化者为规费、受益费及特别公课。以下分述之。

1. 规费

“规费乃是为满足国家或地方自治团体的财政需要，而以高权的方式，加以课征之金钱给付，亦即个人对于公共设施以特定的方式实际加以使用的对价或享受行政机关之特别的给付的对价。规费是依据使用者付费原则或受益者付费原则征收。”[②]换言之，规“系以国家之特别公务服务（给付）为前提所负担之金钱对待给付义务，用以满足国家财政需求，而以公权力所为课征者”，[③]虽然亦具有金钱给付义务、由公法团体高权课征、支应财政需求等特征，但因其具有作为行政服务之对待给付的有偿性质，而与税捐之无偿性正相反对。依台湾地区“规费法”第 6 条之规定，规费分为行政规费及使用规费两种，学理上则可再加上特许规费（台湾地区“规费法”第 7 条第 6 项、台湾地区“专利法”第 75 条参照），此乃依国家之对待给付之不同而行之分类。

规费与租税乃至其他非税公课比较，其具体之“对待给付”性质为其最大之特征。规费之缴纳与义务人直接、个别所享受之行政服务（受益）之间，纵令并非完全等价之关系，但要之必须有一定之对价关系，否则即与规费之概念不相符合。然而，规费之概念范围究竟如何并非一已经解明之课题，一般通称之“手续费”、“使用费”等固可归入规费之概念内，但如公营公用事业之费率（日本称“公共料金”）是否亦可归入其概念内无共识。

2. 受益费

受益费之法律性质，系“基于统治权，为满足财政需求，对建造、改良或增建营造物或公共设施，所征收之全部或一部费用之金钱给付。受益费无须义务人现实取得利益，而

---

① 陈清秀著：《税法总论》，台湾元照出版有限公司 2006 年第 4 版，第 70 页以下。

② 同上，第 74 页。上述定义中，“亦即”两字前后并无对应关系，“亦即”之后并未就之前之叙述有所补充说明，因此在文义上颇有难解之处，但如忽视“亦即”二字则意义自明。

③ 葛克昌著：《行政程序与纳税人基本权》，财团法人喜玛拉雅研究发展基金会 2005 年增订版，第 65 页。

只需有取得利益之可能性即可”。[①] 亦有谓,受益费或分担金乃是“为满足财政需要,为填补费用支出”,而对“1.公营造物及公共设施之建立、设置或扩张;2.对改善街道,水路及广场,而非对于其继续性之维持及整顿”以公权力加以课征之给付。[②] 换言之,不同于规费必须有现实的受益关系存在因而其对待给付亦属具体,受益费之征收并未以义务人现实取得利益为前提,而仅须有取得利益之可能性即可,因而其对待给付仍属抽象。

据此,受益费虽然亦具有金钱给付义务、由公法团体高权课征、支应财政需求等特征,而与租税、规费等相同,但其有偿性及征收机关则又与租税可资区别。至于其与规费之区别则在给付与对待给付间有无直接关联性存在,有之者为规费,无之者即为受益费。依此判断,如公路主管机关兴建公路时,就所有车辆所有权人征收工程受益费,因其受益仅属抽象之可能性,故属受益费;如就实际通行该公路之车辆征收通行费,因其有具体之受益事实,不论其名称为何,均应将其定性为(使用)规费。[③]

受益费在定性上属于一种“人的公用负担”。盖政府兴办公用事业必要时需限制或剥夺人民之不动产所有权或课以经济上之负担,此即行政法上之公用负担。公用负担中着眼于人民之特定财产权者为“物的公用负担”,除此之外所课的经济负担(如劳动力或金钱给付)则称为“人的公用负担”。[④] 既然如此,则因受益费之义务人必然与某一政策目标具有“特定关系”,故而与以下所述之特别公课有难以厘清之处(除非将“受益”排除在特别公课的“特定关系”之外,则另当别论);不但如此,受益费与目的税亦会产生区隔困难之处。[⑤]

3.特别公课[⑥]

“国家为一定政策目标之需要,对于有特定关系之国民所课征之公法上负担,并限定其课征所得之用途,在学理上称为特别公课。”[⑦]“特别公课并非为了满足一般的国家财

---

① 葛克昌著:《行政程序与纳税人基本权》,财团法人喜玛拉雅研究发展基金会2005年增订版,第71页。受益费亦称“特别赋课”(special assessment)或“公共事业关系受益者付费”,日本则称为“受益者负担金”,乃是19世纪末以来美国为筹措都市建设财源所发展之制度。参见李厚高著:《财政学》,台湾三民书局股份有限公司1991年第7版,第115页以下。

② 以上定义,参见陈清秀著:《税法总论》,台湾元照出版有限公司2006年第4版,第76页。上述定义用语尚非精确,例如将公营造物及公共设施并列,显然忽视二者互相重叠之可能性,并且亦忽视公营造物之“人”的因素。又例如并列“建立”及“设置”二者,未解其理由何在。再如所云“街道、水路及广场”,其范畴不知与公营造物、公共设施(尤其后者)如何划分。凡此种种,似均有待进一步之说明,免滋疑义。

③ 同旨见解,参见葛克昌著:《行政程序与纳税人基本权》,财团法人喜玛拉雅研究发展基金会2005年增订版,第71页。

④ [日]柳瀨良干著:《公用负担法》,有斐阁1971年版,第63页以下。

⑤ [日]福家俊朗:“公的負擔の法理——受益者負擔金と租税をめぐる法律問題”,载福家俊朗著:《現代財政の公共性と法——財政と行政の相互規定性の法的位相》,信山社2001年版,第84页以下。

⑥ 有关特别公课较早期之研究,可参见何爱文:“特别公课之研究——现代给付国家新兴之财政工具”,台湾大学法律学研究所1994年硕士学位论文。

⑦ 台湾地区“司法院”大法官释字第426号解释理由书。

政需要，而对于一般国民所课征，而是为了特定任务之财政需要，而对于特定群体的国民所课征的负担，其经常流入特别基金，而不流入公共预算中。”[①]据此，大法官乃明言，依“空气污染防制法”征收之空气污染防制费，“系本于污染者付费之原则，对具有造成空气污染共同特性之污染源，征收一定之费用，俾经由此种付费制度，达成行为制约之功能，减少空气中污染之程度；并以征收所得之金钱，在环保主管机关之下成立空气污染防制基金，专供改善空气质量、维护国民健康之用途”。[②] 职是之故，特别公课的概念定义中，专款专用之用途特定性似属必须，因而使其与其他公课可相区别。而且，由于特别公课仅向有“特定关系”之人（即特定群体之国民）课征，因而与向一般大众课征之租税亦可区别。

特别公课概念出现之初并无普遍肯认之正面定义，而是因其无法归入其他公课之概念内，故以“特别公课”名之。[③] 德国联邦宪法法院将特别公课分为两类：以取得财源为目的之特别公课及管制诱导型特别公课。前者之合宪要件如下：(1)课征义务人具有同构型，有共同利益，以有别于一般国民只负纳税义务；(2)课征义务人群体具有集体责任，较之其他大众对该公课目的有更密切关系；(3)课征需对此特定群体有利，亦即群体之共同利益性。反之，以管制诱导为目的之特别公课，虽得为他人利益而课征，但须以先前义务违反为前提，如“身心障碍者权益保护法”所规定之差额补助费即属此种性质。[④]

据上所述，以取得财源为目的之特别公课与受益费之间往往有难以精确区别之虞；而管制诱导型特别公课不管其使用名称为何，则与“罚款”有重叠、混同之虞。此等产生于不同时代、不同国家之财政收入工具如何适度加以整序，业已成为本领域之重要课题。

4. 其他强制性收入

强制性收入除上述税课收入与非税公课之二分法外，在非税公课之下尚有规费、受益费及特别公课等分类，且不谈此种分类之妥当性如何，由于受益负担之概念虽较明确但特别公课之概念在现阶段并未大幅扩张，上述非税公课下之分类并非穷尽类举式之分类，其完整性仍显不足。例如，原则上属于非税公课之收入尚有罚金、罚锾、社会保险费等收入，但在现行“法”上罚金、罚锾、怠金等均归入“罚款”收入之预算项目下，至于其性质似应归为有别于上述三种非税公课之外的“其它公课”为宜（虽然若不论其支出目的将之列入特别公课亦属可能）。至于社会保险费在强制投保制度下属公课并无疑义，但究竟应将之归入何种概念之下（属受益负担之另一种形态抑或可归入特别公课项下）目前并无共识性见解。凡此，均可证出目前非税公课之下位概念仍属不够完整及精确。

五、代结论——原因者付费制度之构筑

台湾地区之公财政收入约可为如上所述之分类，但此等分类仍存在若干完整性与合

---

① 陈清秀著:《税法总论》，台湾元照出版有限公司 2006 年第 4 版，第 77 页。

② 台湾地区“司法院”大法官释字第 426 号解释理由书。

③ 邓为元:“公课理论之研究——以收取原则为中心”，台湾大学法律学研究所 2008 年硕士学位论文。

④ 同上。

理性上之缺陷,以下分述之。

(一)半自由、半强制性收入

将公财政收入先分为强制性收入与自由性收入,大致上具有合理性,但是否再列入半自由、半强制性收入(即中间性收入)则可再予斟酌。① 按以公权力为后盾所获取之收入,如租税、特别公课应归为强制性收入无疑;透过市场机制、等价交换原则所获取之收入,如财产收入、公营事业收入显而易见应归为自由性收入。然而,在以法律为基础进行管制或造成独占再对利用者征取费用之场合,此时利用者虽仍有不利用之可能,但只要利用此等独占性商品或服务,则不免要负担费用,此时极具有半强制、半自由之性质。例如,使用规费中之车辆通行费、行政规费中之地政规费、专卖收入甚至独占性之公营事业之收入均具有此等性质。此种收入之义务人虽然仍有利用与否之有限的市场机制,因而亦具有有限的自由性,但毋宁行政独占之强制性更为彰显。

基于叙述上之便利,本文就此并不特为强调,但在分类上仍承认此等分类之重要性。盖此等中间性收入在法理论上,首先因其具有部分行使公权力之性质,因而应受法律保留原则之拘束;其次因其仍具有部分等价交换之性质,因而其"对价"亦不应背离市场机制。凡此,均与纯粹之强制性收入或自由性收入有别,故仍有独立分类之必要。

(二)非税公课项下分类之合理性

如上所述,非税公课项下一般将之再分为规费、受益费及特别公课,其中前二者又合称为受益负担。然而,此种分类法一方面因缺漏过多而有必要再加上"其它公课"以补足其完整性;另一方面其逻辑上之严密性亦可再商榷。

按受益负担包括规费与受益费,其着眼点在于受益之事实或可能性。然而,人民需负担国家收入之原因(特定关系)并不以受益为限,诸如污染者付费(Polluter Pays Principle,3P 原则)、原因者付费、损伤者付费等亦属负担经费之原因,但不但受益负担之概念与此无涉,即连特别公课概念亦有无法将之涵盖在内之虞。此外,规费与受益费固均着眼于受益之特征,但其课征之背后原因并不相同。换言之,前者系以个别、直接享受之行政服务需有对价为前提,后者则着眼于社会资本投入后个人所享受之不当利益的社会还原,因而颇类似于植基于"涨价归公"原则的土地增值税,二者课征基础差距颇大,强为统合于受益负担上位概念之下,其妥当性颇值怀疑。而特别公课毋宁更着眼于"专款专用"的支出面属性,至于其征收之原因,除了反面定义因而无所归属的特征外,其无法涵盖受益负担外的所有其他非税公课,实属不待辩而明。

综上,除非将特别公课之概念无限予以扩张至"除以受益为原因之公课外之其它所有公课",因而无须"其它公课"之概念以为概括,否则现行非税公课项下分类之完整性

---

① 即有财政学学者采取此种三分法,参见庄义雄著:《财务行政》,台湾三民书局股份有限公司 2003 年第 2 版,第 165 页。亦有学者采二分法,参见刘剑文主编:《民主视野下的财政法治》,北京大学出版社 2006 年版,第 72 页。

即应再予商榷。而就其逻辑严密性言之，将“受益”以外之其他课征原因总称为“特别”，亦令人有不着头绪之疑惑；况且，此等分类仍属过分简略，因而无法充分表彰公课之原因，而有必要再加检讨。

（三）原因者付费制度之建构

相对于税课收入主要系依量能原则课征而言，非税公课中之受益负担主要系以应益原则为课征之依据，而特别公课则依除此之外之其他“特定关系”原因而课征。一般言之，受益负担（或称受益者付费）概念除受益费、规费外，若扩张其概念范围，似可及于公营事业之对价（日本称“公共料金”，属自由性收入），甚至连指定用途税（日本称“目的税”）均可包含在内。然而，尽管如此，诸如开发者付费、污染者付费、损害者负担乃至社会保险费等概念，则均非此一概念所可涵盖。[①] 而此等琳琅满目之财政收入（原因）亦非全可归入特别公课的概念之内。似此，作为非税公课课征原因之理论基础，即有重新检视之必要。

税课收入在收入与支出之间的非联结原则、无对价关系可谓其最大之特征，其征收之原因基本上以遵循“能力说”为主。[②] 相对于此，非税公课如非在收入与支出之间存在某种关联性（如受益费），即是义务人为某种“原因者”。例如，在开发者付费制度下开发者及周边居民不但可能因此获利，通常在开发过程中也因此造成一定的环境影响；而在污染者付费制度，污染者为造成环境危害的可受归责原因者，故开发者与污染者均需负担特别的财政义务。又例如，在罚款之情形，受罚者亦为可受归责之原因者，甚至在社会保险费之场合，被保险人其实也正是使国家需要建构此一制度之原因者。据此，归纳言之，非税公课之课征，如非系因为存在受益、对价之关系，即系因义务人本身即为导致财政支出、制度建构的原因者，至少系可受归责之原因者，在此基础上，非税公课才有与税课收入分立课征之正当化基础。

换言之，就公课课征之原因而言，相对于租税实则主要系依据能力者付费原则而征收，非税公课其实系依原因者付费原则而征收。此等原因或为受益（如规费、受益费等受益负担），或为污染、加害（如污染者付费、开发者付费或损伤者付费），或为违反法律义务而可受归责（如罚款、差额补助费），或为共同之群体利益（如社会保险费），不一而足，但要之均不离“因特别之原因而负担国家之财政收入义务”。似此，原因者付费制度作为非税公课之普遍性的征收原因，不论在完整性上与严密性上似均可得其理据而有推广之必要。

① 唯有认为社会保险费等均可归入特别公课概念之内者，参见黄俊杰：“特别公课之宪法基础研究”，载《“国立”中正大学法学集刊》2001 年第 5 期。

② 虽然“利益说”、“牺牲说”亦非无据，但仍以无因性的“能力说”为主。

宪政视角下的财税改革

——兼论财政立宪主义之局限

孙健波*

一、问题的提出

什么是财税改革,对这一问题的理解在很大程度上取决于对现行财税制度的评价。对于不同的人,财税改革的意义不同。对于负责制定预算的决策者来说,财税改革在于在尽量不引起纳税人反对的情况下增加税收收入或改善税制的弹性,以及在有些情况下希望利用财税改革实现更多的目标。对于大多数单个纳税人来说,财税改革最好能使自己享受更多的财政支出,或者降低其自身的税收负担,而增加他人的税收负担。而对税务官员、实业家、政治学家、社会学家、经济学家和法学家来说,财税改革的目标各有侧重。① 因此,财税改革是否会带来改善是个价值判断问题,②需要人民在宪政规则的平台上进行讨论和表决,由此使得财税改革可以经由宪政上的观念而具有意义。

自1994年开始,我国的财税改革不断走向深入,范围逐渐扩大,目前已拓展到公共财政改革、财政体制改革、部门预算改革、税制改革、税费改革、财政转移支付制度改革等各个方面。国家财政收入持续增长,中央政府的宏观调控能力日益增强。根据党中央和国务院的决策和部署,财税改革的近期目标已经转到"民生"财政和实现公共服务均等化上面来。说到底,财税改革在根本上与我国公民的基本权利和基本利益等宪法权利的确立和保障相关,这决定了我国下一步财税改革的方向。不过,当前我国的财税改革尚未取得根本性的进展,面临着很大的阻力和局限性。理论准备的不足、现行制度的缺陷等都决定了,尽管近些年财政公共化改革进展最为迅速,也最为国人关注,但至今为止仍然只是大致建成了公共财政制度的框架而已,而部门预算制度尚未真正建成。财税改革其

---

* 北京大学税法研究中心副主任、研究员,硕士生导师,法学博士、经济学博士后。

① 刘军、郭庆旺主编:《世界性税制改革理论与实践研究》,中国人民大学出版社2001年版,第3~6页。

② [英]锡德里克·桑福德主编:《成功税制改革的经验与问题》(第4卷 税制改革的深层次问题),许建国等译,中国人民大学出版社2001年版,第203~204页。

他领域的情况也都大同小异。因此,实质性、根本性、突破性的财税改革及相关基础制度改革已不可避免。

与发达的法治国家相比,财政宪政主义对我国具有特别重要的意义。在西方国家,自生自发的宪政秩序形成之前,强大的市民社会及其财产权就已经确立,国家的财政权受到制约。在我国,宪政的开端缘起于专制统治者自救或顺应世界潮流的迫不得已的选择。财税改革何以取得成功,人民何以真正成为自己的主人,"财政宪政既是突破口也是原则"。[①]

二、财政立宪主义[②]

当前,宪法与财政结合而成的财政宪法逐渐成为当代宪法及财税法学研究的潮流取向。[③] 在我国,宪法学者、财税法学者、财政学者乃至法理学者都不约而同地关注财政立宪问题,以至于渐渐成为学术热点。不少学者指出,财政立宪是我国通向宪政的突破口,财税法制要体现宪法精神,形成宪法秩序,[④]更要进一步沿着财产权入宪的思路,确立"税收法定"的宪政主义赋税模式。[⑤]

(一)财政立宪的含义

财政立宪,顾名思义即是确立财政宪法。财政宪法是广义政治宪章的一个组成部分。从一般意义上来理解,财政宪法可以说是与政治宪法、军事宪法、文化宪法并称的一种宪法专门制度,它是指有关国家公共财政收入、支出以及财政监督方面的宪法规范与宪法制度。[⑥] 在英语世界,财政宪法有两种表达方式,即 financial constitution 与 fiscal constitution。前者指代一般意义上的"财政宪法",及有关财政受制于监督方面的宪法规范与制度,如欧盟执委会2003 年3 月27 日发布的公告中就使用了这个概念;后者是美国公共选择学派的代表人物布坎南所提出的一个概念,他认为要通过财政宪法,即 fiscal constitution 来限制政府的公共收支。目前,宪法学研究多侧重于人权宪法和政治宪法部分,而其他诸如财政宪法、军事宪法(国防宪法)及文化宪法等都尚未成为公法研究者青

① 李龙、朱孔武:"财政立宪主义论纲",载《法学家》2003 年第6 期。

② 通常而言,税收作为国家财政收入最主要的部分可以被包括在财政之内,因而此处的"财政立宪主义"亦即"财税立宪主义",后面部分论述的"财政宪政主义"亦即"财税宪政主义"。

③ 葛克昌著:《国家学说与国家法——社会国、租税国与法治国理念》,台湾月旦出版社股份有限公司1996 年版,第110 ~111 页。

④ 刘剑文:"税收法治:构建法治社会的突破口",载《法学杂志》2003 年第3 期;张守文:"财政危机中的宪政问题",载《法学》2003 年第9 期;刘剑文:"关于我国税收立宪的建议",载《法学杂志》2004 年第1 期;李龙、朱孔武:"财政立宪主义:我国宪法时刻的理论基础",载《法学杂志》2004 第3 期。

⑤ 王怡:"立宪政体中的赋税问题",载《法学研究》2004 年第5 期。

⑥ 周志刚著:《论公共财政与宪政国家——作为财政宪法学的一种理论前言》,北京大学出版社2005 年版,第31 ~32 页。

睐的对象。[①]

财政立宪不仅是世界宪政国家的源头,也是一国实行宪政的基础。[②] 财政权是宪政的重要内容,是宪政产生的根本原因,财政制度是宪法规范的重要内容,也是宪政体制运行的重要保障。财政立宪主义是从财政权在宪政主义产生和发展过程中的重要性而言的。“对政府行为的控制,至少在最初的时候,主要是经由对岁入的控制(control of revenue)来实现的。”[③]财政立宪主义在我国历史上有其萌芽形态,并对我国现行宪法体制产生了很大影响。

(二)财政立宪实践

1. 宪政国家的财政立宪

英国、美国、法国等国家的宪法几乎无一例外地把财政制度作为权力分立的关键内容写进宪法,并将此权力仅赋予议会,在宪法中规定有大量财政条款,明确规定财税收支的主要原则和有关权限,构成其政府财政制度的宪法框架,包括公共财政事务的管理,均以宪法为中心,纳入法律化和制度化的轨道,实行依法治国,成为所谓的“宪政”国家。主要包括:[④]一是宪法明确规定税收法定原则。税种的开征、停征、调整和税收减免必须由法定最高立法机关所通过的法律加以规定,并不得违反宪法的规定。二是宪法明确规定财政支出法定原则。宪法明确规定政府安排支出必须经过立法机关批准。三是宪法明确规定财税立法权限。四是宪法明确划分了政府事权与财权。

2. 当前我国财政立宪实践

我国现行宪法文本中虽然没有“财政制度”专章,财政制度的重要意义尚没有受到应有的重视,但我国宪法有关财政权制度的规定也在一定程度上体现了立宪主义的基本原理,如我国《宪法》第62条、第67条、第99条、第117条。《立法法》就我国财政、税收的立法权限划分、立法程序等方面做出了具体的规定,保证了中央财政、税收的立法权,地方立法机关非经全国人民代表大会及其常务委员会授权不得制定地方性财政、税收法规,除非为了执行财政、税收法律。

尽管现行宪法对国家财政权做出了基本界定,《立法法》对财政、税收的立法权限和立法程序等做出了进一步的规定,并从法律上确立了我国中央财政、税收立法权体制,但宪法的规定非常简约,仅有的几条与预算有关的条款只是明确了各级立法机关在预算方面的审批权以及国家行政机关的预算编制权,非常粗糙。而《宪法》有关税收的条款只有

① 陈新民:“由释字五二〇号解释检视‘我国宪法’的预算法制”,载《台湾宪政(研)》第090-015号,2001年3月28日。

② 张永忠:“我国财政立宪问题探讨”,载《人大研究》2004年第11期。

③ [英]弗里德利希·冯·哈耶克著:《法律、立法与自由》(第2卷、第3卷),邓正来、张守东、李静冰译,中国大百科全书出版社2000年版,第426页。

④ 俞光远:“构建我国公共财政收支法律制度框架的国际借鉴与启示”,载《地方财政研究》2006年第4期。

一条,即第56条“中华人民共和国公民有依照法律纳税的义务”,仅强调了国家征税权和人民必须履行的义务,而不是规范国家的征税权、保护人民的财产权,不能说是财政立宪的实质内容;而对于国债、国库以及中央和地方的财权分配关系等没有任何规定。总体来看,我国宪法和法律对国家财政权的配置过于虚化,执行中基本不起实际作用。事实上,人大的财政立法权薄弱,司法机关财政司法审查权缺失,而政府的财政行政权过分强大,由此造成的后果就是政府财政权滥用的愈演愈烈。①

三、财政宪政主义

财政立宪主义虽然表达了美好的愿景,但它的作用是有限的,只是迈出了财政宪政主义的第一步,完成了确立财政宪政形式的过程,但财政宪政并不只是简单地将有关财政税收条款加入宪法中就大功告成了,应当从宪政角度审视财税改革,否则任何有关财税改革设计的讨论都毫无用处。② 为了保证国家能够按照纳税人的意愿履行财政职能,实现国家财政权与公民财产权之间的平衡,保障纳税人经济、社会和文化等权利的实现,实质意义上的财政宪政主义是不可或缺的。

(一)财政立宪主义的局限

1. 财政立宪作用有限

各国宪政史表明,财政立宪了,却不一定有财政宪政;财政没有立宪,也不一定没有财政宪政。世界上有三个国家(英国、新西兰、以色列)无成文宪法而有宪政,其中英国是世界上最早和最成熟的宪政国家。在像法国、美国这样实施狭义的宪法制度的国家里,普通立法者无权制定与财政宪法确立的规则相违背的财税法律。但在没有严格的财政宪法制度的国家里,立法者也会受到一种能支配他的“法”的限制。在将议会享有最高权力视为基本原则的英国,也存在某些英国人民不愿意让议会侵犯的最高规则。③

不过,世界上大多数国家是有成文宪法而无宪政。④ 与人们的一般认识相反,一部宪法并不一定代表一种与共和原则或民主原则、尊重人权或其他独特价值的原则相吻合的构架。许多宪法仅仅是对政府形式的描述,亦即一种宣言或是对未来的一种希望或设计。有些宪法并不含有权利法案,有些宪法甚至不具有法律意义。有些自称是最高法律的财政宪法事实上并不如此:它们或是未受到重视,或是未得到执行,甚或政治当局可以随时修改它们。⑤ 另外,财政宪法的文本是不充足的,而且立宪者的不明确的意图也会随

---

① 张永忠:“我国财政立宪问题探讨”,载《人大研究》2004年第11期。

② [澳]布伦南、[美]布坎南:“规则的理由——宪政的政治经济学”,载[澳]布伦南、[美]布坎南:《宪政经济学》,冯克利、秋风、王代等译,中国社会科学出版社2004年版。

③ [法]莱昂·狄骥著:《宪法学教程》,王文利、庄刚琴、马利红等译,辽海出版社·春风文艺出版社1999年版,第245页。

④ 杨小凯:“基督教和宪政”,载 http://www.china-review.com/sao.asp? id=18873。

⑤ [美]刘易斯·亨金著:《宪政·民主·对外事务》,邓正来译,生活·读书·新知三联书店1996年版,第9页。

着时间的推移发生变化。[①] 因此,财政立宪的作用和效果如何最终还要取决于纳税人对财政宪政主义的接受和愿意付诸实施的程度。[②]

2. 财政宪法实施困难

在各种财政制度中,财政宪法最重要,但也最容易被违背。这是因为:第一,财政宪法规则比较抽象,不够直观,人们往往容易辨别自己的直接受益或损害,却较难辨别对财政宪法规则的违背;第二,在人类社会的制度设计中,往往缺少针对违宪的可操作的程序,即使是美国的违宪审查也是在历史进程中逐渐成熟的;第三,最重要的一点恰恰是财政宪法规则应该约束的主体,即政府各个有财政权的部门,由于他们掌握着法定权力并处于垄断地位,往往更难对其利用财政宪法进行约束。[③] 这正是财政立宪只是手段和过程而财政宪政才是最终目的的原因。

3. 财政立宪存在风险

财政宪法是财政制度中的重中之重。它是生成其他财政制度的制度,是其他财政规则的规则,属于元制度、元规则。所以,当财政宪法出现问题时,它对社会和纳税人的损害远非一般财政制度能比。因此,并非财政立宪就一定会给国家和纳税人带来益处,财政立宪必须要在财政宪政主义整体机制的统帅之下进行。

当然,即使形式上的财政宪法存有上述缺陷,但它也包含有对政府财政权力的某种限制。存在财政宪法这一事实本身就意味着某种财政民主和财政法治,某种对政府财政垄断权力和财政收支范围和方向的限制。

(二)财政宪政主义的几个基本问题

1. 传统意义上的财政宪政主义

在传统上,西方宪政思想的突出主题是要设计一些政治制度来限制政治权力的行使。[④] 政治制度被认为是一些人用来谋求取得对另一些人的优势的手段。其论述的基础是休谟关于人性的精辟观点:"政治作家们已经确立了这样一条准则,即在设计任何政府制度和确定几种宪法的制约和控制时,应把每个人都视为无赖——在他的全部行动中,除了谋求一己的私利外,别无其他目的。"[⑤]

---

① [美]理查德·A. 波斯纳著:《超越法律》,苏力译,中国政法大学出版社 2001 年版,第 225 页。

② 张千帆著:《西方宪政体系》(上册),中国政法大学出版社 2000 年版,第 3 页。

③ 盛洪:"宪政经济学与宪政改革——《宪政经济学》中文版序",载[澳]布伦南、[美]布坎南著:《宪政经济学》,冯克利、秋风、王代等译,中国社会科学出版社 2004 年版。

④ [美]斯蒂芬·L. 埃尔金:"新旧宪政论",载[美]斯蒂芬·L. 埃尔金、[美]卡罗尔·爱德华·索乌坦著:《新宪政论——为美好的社会设计政治制度》,周叶谦译,生活·读书·新知三联书店 1997 年版,第 28 页。

⑤ Hume, David, On the Interdependency of Parliament, *Essays Moral, Political and*, Edited by T. H. Grose, London: Longmans, Green, pp. 117 - 18. 转引自[美]斯蒂芬·L. 埃尔金:"新旧宪政论",载[美]斯蒂芬·L. 埃尔金、[美]卡罗尔·爱德华·索乌坦著:《新宪政论——为美好的社会设计政治制度》,周叶谦译,生活·读书·新知三联书店 1997 年版,第 27 ~ 28 页。

依照这一传统的宪政观念，对于最终的立宪者——纳税人而言，财政宪政的意义绝不仅限于一部财政宪法，它意指政府活动要受到财政宪法的制约，而且只能根据其条款来进行财政收支并受其限制。这种财政收支必须局限于人民同意授予它的权力和为了人民同意的目标。人民同意将其财产交给政府并同意由其支配，仅仅是为了保障其生命权、自由权、财产权和其他权利。因此，对于纳税人而言，其权利并非来源于财政宪法亦不取决于财政宪法。公民的财产权利和政治权利先于宪法，先于社会和政府而存在。在同意型构一个国家的同时，人民同意放弃其某些自由和财产，并将这些自由和财产授予其代表以便实行统治和管理。但是，人民又保有终极权力，并且个人能够继续享有对抗人民代表的权利。

总之，在传统的宪政观下，财政宪政意味着政府应受制于财政宪法，它意味着在财政上的有限政府。另外，财政宪政还要求一个诸如司法机构的独立机关行使司法审查权，以保证政府不偏离财政宪法规定，尤其是保证财政权力不会集中以及纳税人的财产权利不受侵犯。①

2. 新宪政论下的财政宪政主义

新宪政论反对狭义的宪政概念，反对把宪政看成一个制度的和智识的历史的事物，而且反对那种认为宪政的目标仅仅在于通过限制政府的作用和权力来保护个人自由的观点。② 它的基础不应只是对限制政治权力行使这一传统所给予的关注。

历史上，西方国家的财政宪政发展也远非完美。把视野局限于政府财政权力之限制，过分夸张政府财政权与纳税人权利及社会发展的对立，以致造成了观念上的狭隘、片面与僵化，并使得财政宪法之精神未能渗透到现代社会的深处。这部分是缘于对纳税人权利和政府财政权力性质的误解。困难在于国家同时是两者的源泉，因为即使对纳税人的权利也只有在政府机构贯彻财政宪法或法律条款时才能获得切实保护。另外，除了国家财政权力的侵害外，纳税人也有可能受到他人或社会的侵犯。完整的理解是，政府同时是纳税人权利的保护者与潜在的侵犯者。③

财政宪法既不仅是早已逝去的立宪者们的命令，也不是财税法律的死板文字，它是一部财税领域"活的宪法"，它的精神和生命是由许多具体的财税宪法理论赋予的，也是由于关于财政宪法理想的更一般的发展概念赋予的。这种理想以各种不同的方式在各

---

① ［美］刘易斯·亨金著：《宪政·民主·对外事务》，邓正来译，生活·读书·新知三联书店 1996 年版，第 9～11 页。

② ［美］卡罗尔·爱德华·索乌坦："什么是新宪政论"，载［美］斯蒂芬·L. 埃尔金、［美］卡罗尔·爱德华·索乌坦著：《新宪政论——为美好的社会设计政治制度》，周叶谦译，生活·读书·新知三联书店 1997 年版，第 7 页。

③ 张千帆："宪政与民主：论美国联邦政府的三权分立与政党统治"，载《中国社会科学季刊》总第 14 期。

种不同的情况下发展,而财政宪法则只有一部。① 因此,在新宪政论下,财政宪政政体必须不只是限制财政权力的政体,它必须还能有效地利用这些财政权力,制定财政政策,为公民提供福利。②

3. 财政宪政选择的局限性与非财政手段的宪政约束

应当认识到财政宪政选择的局限性,并关注非财政手段的宪政约束。财政规则的作用是限制和恰当控制政府的强制力,这种强制力最显著地体现在它的征税权上。对统治者的控制一直是通过对征税权的约束来实现的。英国议会通过限制君主的税收而处于支配地位,这是人类政治遗产的一部分。所有的立宪规则都可以被理解为对潜在的权力的限制。同样,征税的权力也不是政府强制力的唯一维度,尽管它是一个主要维度。然而,我们不能排除财政约束与其他约束之间有着重要的相互依赖关系的可能性。③

公开的财政限制的潜在有效性严重依赖非财政手段的维持和落实,后者的作用是防止有着利维坦嗜好的政府成功避开前者。政府追求预算的最大化,但对预算的欲望说到底是为了获得真实产品和服务的支配权,那它对征税约束或限制就有可能进行规避。当政府的征税权面对法律限制时,如果它发现用非征税手段获得真实的产品和服务更为容易,全部征税限制就变得没有多少意义了。

财政约束和非财政约束之间的潜在可替代性使我们不能主张前者在任何情况下都是把政府限制在恰当范围内的绝对要素。相反,财政约束和非财政约束的互补性使我们不至于走极端,认为单凭财政约束就能达到限制"利维坦"的目的。一组恰当的非财政规则得到实施,这为对不同的财政约束进行分析和评价提供了背景。一般而言,现有的非财政约束也就是我们在现代西方民主国家普遍看到的那些约束。实施特定的财政约束这种做法本身并不能省略通过非财政渠道对财政的限制。可以考虑对征税和开支的权力施以直接的宪法约束,也可以考虑对做出政治决策的程序或规则进行宪法变革。④

(三)财政民主、财政法治与财政宪政的关系辨析

毛泽东曾经在《新民主主义宪政》一文中指出:"宪政是什么呢?就是民主的政治。"⑤但我们发现,在某种意义上讲,"民主"与"宪政"这一概念本身可能是有矛盾的。

① [美]卡罗尔·爱德华·索乌坦:"一般的宪政论",载[美]斯蒂芬·L. 埃尔金、[美]卡罗尔·爱德华·索乌坦著:《新宪政论——为美好的社会设计政治制度》,周叶谦译,生活·读书·新知三联书店 1997 年版,第 108 页。

② [美]斯蒂芬·L. 埃尔金:"宪政主义的继承者",载[美]斯蒂芬·L. 埃尔金、[美]卡罗尔·爱德华·索乌坦著:《新宪政论——为美好的社会设计政治制度》,周叶谦译,生活·读书·新知三联书店 1997 年版,第 156 页。

③ [澳]布伦南、[美]布坎南著:"征税权——财政宪法的分析基础",载[澳]布伦南、[美]布坎南著:《宪政经济学》,冯克利、秋风、王代等译,中国社会科学出版社 2004 年版。

④ 同上。

⑤ 《毛泽东选集》(第 2 卷),人民出版社 1991 年版,第 732 页。

因为民主以信奉民治政府为目的，而宪政的主题是让国家权力特别是立法活动受到某种超越性高阶规范的约束，避免“阶级立法”或者法律实证主义中的弊端，使社会正义以及基本人权的理念能在现实的制度安排中得以具体化。一般认为，宪法就是或者应该是上述理念的化身。因此，推行宪政的关键在于首先要制定一部合乎正义的宪法，然后要切实保障宪法作为根本规范的最高效力，对国家各种活动的合宪性进行审查和监督。①

把社会主义民主与社会主义法治结合起来是邓小平理论的一个基本观点。邓小平多次指出，“政治体制改革包括民主和法制。我们的民主同法制是相关联的”；“社会主义民主和社会主义法制是不可分的”；“民主要坚持下去，法制要坚持下去。这好像两只手，任何一只手削弱都不行”；“一定要把……民主和法制……结合起来”。不过，还需要指出的是，以民主方式控制政府的理想与用法律限制政府的理想乃是两种极为不同的理想。“如果把制定规则的权力与政府治理的权力都置于同一个代议机构之手的话，那么我们就可以肯定地说，这两种理想无法同时得到实现。”②

人民当家做主、党的领导、依法治国、民主政治等概念要在法学上寻找一个基本的范畴来概括，最恰当的概念就是“社会主义宪政”。宪政把理念与价值观隐藏在规则和程序当中，只有凭借宪政的规则和程序才能为民主提供法律和制度的实现手段。在宪政统领的规则和程序下，公民个人才不再是被统治的对象，而是社会的主人，他们才具有平等的和自主的意志和理性行为，享受法治中的民主。民主政治更是一种责任政治，它需要对法律、对社会、对人民负责。③ 宪政是在正当程序概念普遍化过程中的更进一步，它旨在以多种方式限制权力，不一定通过法律限制，并且提供保护，使个人免遭一切的专横权力之害。④ 因此，只有在宪政背景下才能真正实现财政民主制和财政法治化，如果没有实质意义的宪政作为基础，它们还可能会阻碍财税改革的成功。

四、我国财税改革宪政化的通道

我国今后的财税改革方向应该是，以实现宪政为目标，以纳税人制度为中心，以政府预算制度改革为主线，强化财政民主化和法治化，逐步形成事前控制、事后监督和全面审查的宪政化通道，真正建成公共财政制度。其中，事前的预算控制、事后的审计监督和全面的司法审查（包括违宪审查）是我国财税改革宪政化措施的关键内容，以纳税人制度为中心的宪政机制是这三项制度的基础。

---

① 季卫东：“合宪性审查与司法权的强化”，载《中国社会科学》2002 年第 2 期。

② ［英］弗里德利希·冯·哈耶克著：《法律、立法与自由》（第 2 卷、第 3 卷），邓正来、张守东、李静冰译，中国大百科全书出版社 2000 年版，第 307～308 页。

③ 孙笑侠著：《法律对行政的控制》，山东人民出版社 1999 年版，第 53 页。

④ ［美］卡罗尔·爱德华·索乌坦：“一般的宪政论”，载［美］斯蒂芬·L. 埃尔金、［美］卡罗尔·爱德华·索乌坦著：《新宪政论——为美好的社会设计政治制度》，周叶谦译，生活·读书·新知三联书店 1997 年版，第 103～107 页。

(一)事前的预算控制

遍观各宪政国家,财政权无不由议会掌管,它"在现代自由国家,实为议会监察行政机关的最大利器"。[①] 议会最重大、费时最长的职能是运用预算手段来控制和监督政府的财政,"这是因为政府需要管理费(如防务、社会福利、行政开支),而议会必须批准政府筹款和开支经费的手段"。[②]

目前中国预算改革的重点应该是建立西方国家在19世纪时形成的现代公共预算体制,即一种控制取向的预算体制。在建立现代公共预算的过程中,中国不仅应该致力于在政府内部建立以财政部门为核心的行政控制,而且应该在加强政府内部行政控制的同时适时地推进预算民主,落实人大预算监督,推行"预算议会",从而使得人大能够从外部对政府预算进行监督。预算改革仅有"自我革命"是不够的,要真正建立起对预算的硬约束,实行预算的公共责任,必须强化外部力量对预算的监督,将预算过程纳入政治控制过程。[③] 实际上,这意味着我国必须在预算改革的同时进行政治体制改革,落实纳税人通过宪法赋予人大的预算控制和监督权力。[④]

总之,中国预算改革的当务之急是形成宪政通道,并将行政控制与政治控制引入预算过程,中国应该将预算改革的重点继续确定在建立一种控制取向的预算模式。此外,单纯的预算改革和财政改革还是远远不够的,还需要进入宪政规则设立和改革的视野之内,在以上财政宪章范围之外形成非财政的宪政途径,改革政治体制的其他环节。

(二)事后的审计监督

对政府财政收支的审计监督权是西方宪政国家宪法规定的最重要的财政权力之一,由对议会负责的独立审计监督机构来运作,以公开化和制度化的方式代表纳税人对政府财政收支进行事后的监控。独立的审计监督机构主要指在议会之外建立的一些独立的会计和审计机构。它们的主要工作是详查政府的支出账目,检查款项是否按议会的要求使用。西方各国基本上都有这类审计机构,但有些国家的审计机关主要向议会负责,有些国家的审计机关则由政府部门设立,主要进行政府内部的监督。在向议会负责的独立审计监督部门中,以英美两国的国家审计署和会议总署最为著名,[⑤]德国联邦审计院也很具有代表性。

宪政国家的审计监督经验提供给我们一些重要的启示:

一是审计监督是纳税人的一项宪法权利。审计监督是对整个预算年度财政收支状

---

① 王世杰、钱端升著:《比较宪法》,中国政法大学出版社1997年版,第224页。

② 龚祥瑞著:《比较宪法与行政法》,法律出版社2003年第2版,第222页以下。

③ 蔡定剑:"对公共财政制度的改革是必要的",载 http://news.163.com/07/0905/09/3NK9FS08000121EP.html。

④ 马骏、赵早早:"中国预算改革的目标选择",载《华中师范大学学报》(人文社会科学版)2005年第3期。

⑤ 徐红:"英美议会账目监督与信息辅助系统比较分析",载《北京行政学院学报》2007年第2期。

况的检查和审核，目的是确保各项财政收入和支出都严格依法进行，因此，审计监督是纳税人及其代表控制政府财政收支的重要手段。① 世界各国宪法几乎都规定了严格的审计监督制度，如《芬兰共和国宪法》第71条规定："设立审计署负责审核国库的账目和资产负债表，包括账目的数字是否正确，收支是否合法，以及是否符合预算的规定等。议会应于每届常会开会时任命五名国家审计委员，代表议会监督预算的执行，并审核财政状况及其管理。国家审计委员接受议会的指示，有权要求有关当局提供任何必要的资料和文件。"

二是审计机构的民主合法性。一般而言，宪政国家的宪法承认两个不同层次的民主合法性。第一个层次是通过人民作为立宪者所确立的合法性。宪法确立整个国家权力，将它委托给一定的机构并经常赋予这些机构以一定的职能。因为宪法本身立足于人民意志，那些由宪法所确立并赋予它们一定职能的机构便取得了直接授予的、机构的、职务的民主合法性。与之相区别的第二个层次是，通过人民作为由宪法建立的机构所确立的合法性。这种合法性的形式主要建立在定期的大选基础上，它在行使国家权力时（直接或通过中间机构）对人民承担着义务，它具有人事的和实际内容的因素。

这两个层次的民主合法性对我国重新理解审计监督机构应有的宪法地位非常重要。在财税改革的宪政化通道中，审计监督机构应当同时具有机构的和职能的民主合法性，纳税人通过宪法建立审计监督机构，保障其独立性，并赋予它审查"财政预算的执行和经济管理的账目以及经济效益性和合规性"的职能。②

三是审计监督机构的独立性。审计监督机构的独立性是有效监督的根本前提，缺乏独立性，监督则无从谈起。所谓独立性，主要强调三个方面的内容：（1）审计监督机构独立于资金使用单位之外；（2）审计监督机构不接受外部的行政指令，只服从宪法和法律；（3）审计监督机构的人员拥有独立行使职责的权利。西方国家审计机构的设立普遍遵循了独立性的原则。比如，澳大利亚按照《总审计长法案》设立的总审计署直接向议会负责，而在其审查政府各部门的财务状况的过程中政府无权干涉。又如，《德国宪法》第114条第2款规定了审计机构的常设性，联邦审计院不受联邦立法机构一般立法程序的干预，只有通过修改宪法的途径才能撤销联邦审计院。这实际上赋予了联邦审计院履行职责时抵制干扰的权力。此外，在德国宪法和一些地方法律中，还强调了审计院审计委员的"法官独立性"。因此，在西方国家，宪法保护下的独立审计机构是财政监督的一支重要力量。③

---

① 翟继光："论和谐社会中财政立宪的基本要素"，载陈少英主编：《东方财税法研究》（第1卷），上海交通大学出版社2007年版。

② ［德］汉斯·赫伯特·冯·阿宁姆："作为审计院监督标准的经济效益性"，载［德］海因茨·君特·扎维尔伯格著：《国家财政监督——历史与现状（1714～1989）普鲁士会计总署建立275周年纪念文集》，刘京城、李玲等译，中国审计出版社1992年版，第262～263页。

③ 宋夕元："借鉴西方国家先进经验推进我国财政监督制度建设"，载《冶金财会》2004年第12期。

因此,在我国下一步的财税改革中,审计监督宪政化通道的主要目标就是,逐步确立审计监督的宪法性地位,赋予审计机构宪法层面的民主合法性和独立性,以监督和制约行政机构滥用预算收支权,履行审查财政预算执行、经济管理账目以及经济效益性和合规性的职能,最终实现"财为民所用"的财政宪政格局。

(三)全面的司法审查

宪法是国家最高且唯一的母法,其贵在遵行实践,而不在其完美。① 一部合格的宪法必须设定某种可行的机制来处理政府任何分支的越轨行为。这一职能通常由特殊的司法机关完成,由此衍生出司法审查或宪政审查。以司法性质为主的中立机构必须被赋予宪法权力,以根据宪法条文之规定去审查由公民本人或不同政府部门针对国家机构所提出的法律申诉。如果缺乏独立的司法机关的实施,宪法只能是一纸空文。由法院独立审查所保障的现实约束力乃是一部宪法之所以合格的必要条件。② 在现代法治国家,由于司法功能的健全,特别是由于不同形态的司法审查制度(包括对立法和行政立法的审查)的存在,裁判者对法律的解释甚至具有统一法律适用的作用,其意义就更为重大。③

从我国宪政改革的长远来看,既要建立立法机关、司法机关对行政权力的制约机制,也要建立司法审查制度,通过司法审查控制行政行为,还要维护宪法的权威性,尝试建立违宪审查制度。

---

① 翁岳生:"宪法之维护者",载翁岳生著:《行政法与现代法治国家》,台湾大学法学丛书编辑委员会1985年版。

② 张千帆著:《西方宪政体系》(上册),中国政法大学出版社2000年版,第6~8页。

③ 张志铭著:《法律解释操作分析》,中国政法大学出版社1998年版,第76页以下。

论对预算的合宪性审查

张献勇*

预算是议会批准的由政府编制和执行的财政收支计划。该计划的期限通常为一个财政年度,因而又称年度预算。在以立法程序审批预算的国家,批准后的预算以法律文件形式表现出来,具有法律效力,因而又被称为年度预算法,以区别于调整预算编制、审批、执行、决算等法律关系并具有永久法律效力的预算基本法。如果法定主体对议会批准的预算是否符合宪法向合宪性审查机关提出合宪性审查请求,就可能引起对预算的合宪性审查。

一、预算与法律的区别

作为法律的年度预算法具备普通法律的一般特征。它们都是由议会依照法定程序议决、向社会公布并具有法律效力的行为准则。但是,预算毕竟不同于普通法律。合宪性审查机关在对其进行合宪性审查时,首先要考虑预算不同于普通法律的特点。概括起来,预算与普通法律的区别表现在如下几个方面:

第一,从宪法根据上看。各国宪法通常会就法律制定的一般规则做出规定,但并非每件法律都有直接的宪法根据,尽管不排除宪法对调整特定内容的法律的制定进行直接规范;而鉴于预算在一国政治经济生活中的重要性,各国宪法普遍就预算编制、审批和执行问题做出规定,成为预算基本法制定以及年度预算编制和审批的根本法依据。

第二,从提案主体上看。在各国,法律案的提案主体或为议员,或为议员和政府,有的国家甚或还为法定数量的选民等其他团体;而预算案的提案权则专属于政府,议员以及其他团体均没有此项权力。

第三,从调整对象上看。作为依照法定程序制定的行为规则,法律的调整对象主要是私人与私人之间的关系以及私人与国家机关之间的关系;而预算的调整对象则主要是立法机关与行政机关的权力关系以及行政机关的财政收支行为。

第四,从表现形式上看。法律通常表现为条文,以“篇、章、节、条、款、项、目”为法的

---

* 山东工商学院政法学院教授,法学博士。基金项目:教育部人文社会科学研究青年基金项目(项目批准号:10YJC820159)。

结构;而预算主要表现为收入、支出项目和数字,对于支出项目实际上规定了其支出的上限。

第五,从效力期间上看。法律除了在立法时规定其效力限于一定期间以外,一般被认为具有永久效力;而预算的效力通常以一个财政年度为限,多年期预算项目例外。

第六,从议决程序上看。对于法律案,一般不要求议会必须在某个期限内议决,如果法律案没有议决,则成为废案;而对于预算案,由于它的议决直接关系到政府施政能否获得财政来源,通常需要在财政年度开始前议决。如果未能在该期限内议决,宪法或法律会规定补救措施,以防止政府施政不能进行。

第七,从否决后果上看。法律案的否决一般不会引起严重的政治后果,除非是重要的法律案被否决;而预算案被否决意味着政府的施政计划不被认可,在英国等内阁制国家可能导致内阁辞职或议会被解散,在总统制的美国则可能会使行政机关因缺少经费而不能正常运作。

第八,从级次上看。联邦制国家的联邦和联邦成员单位都有立法权,单一制国家为保障法制统一只有中央有立法权,联邦制和单一制下的地方一般均无立法权;而无论是联邦制国家还是单一制国家,除联邦或中央及联邦组成单位有自己的预算外,地方都各有自己的预算。

二、对预算的合宪性审查的界定

目前,国内对预算的合宪性审查问题还缺少研究。本文认为,对预算的合宪性审查是指特定机关依照特定的程序和方式对预算是否符合宪法进行审查并做出处理的制度。按照这一界定,预算的合宪性审查具有如下独特性:

(一)它不同于对作为预算收支依据的法律的合宪性审查

预算由收入预算和支出预算两部分内容组成,两者性质有别。收入预算主要是依据税法等永久性法律而做出的数字估计,一般并不是政府取得收入的直接依据,这些数字估计通常不能成为合宪性审查的对象。所谓对收入预算的合宪性审查,其实是对编制收入预算所依据的税法等永久性法律的审查,而对税法的合宪性审查与对普通法律所进行的合宪性审查并无二致。譬如,法国总统萨科齐于2007年首次提出增设碳税,并于2009年9月正式公布了碳税的征收方案。当年10月和11月,法国国民议会和参议院先后投票通过了从2010年起征收碳税的法案。随后,该法案提交法国宪法委员会审查。宪法委员会认为,该法案包含的免税条款过多,这与其通过征收碳税防止气候变暖的目标背道而驰,并且会造成民众在公共负担上的不平等。因此,宪法委员会于12月29日做出裁定,撤销该法案。

支出预算可以分为法定支出预算和任意支出预算。法定支出预算的直接依据也是相应的法律,因而对于法定支出预算的合宪性审查实质上也是对该支出所依据的法律的合宪性审查。其所依据的法律既包括含有支出预算内容的单一性法律,也包括专门调整年度预算编制、审批、执行、决算事项的综合性法律,即预算基本法。因此,对年度预算法的审查也就不同于对预算基本法的审查。在法国，作为预算基本法的《预算法组织法》（也译《财政法组织法》）与其他组织法、议会两院规章一样，属于宪法委员会强制审查的范围，而年度预算法则不属于强制审查的范围。对于任意支出预算，由于其并无直接的法律根据，得依据宪法对其合宪性进行审查。

（二）它不同于对国家机关预算权限纠纷的审查

在动态意义上，预算是一个包括编制、审批、执行、决算等各个环节在内的过程。各国宪法普遍就该过程中各国家机关主要是立法机关、行政机关的权限做出了规定。在此过程中，由于对这些预算权限规范的不同理解，国家机关之间可能产生纠纷从而引起合宪性审查。比如，议会侵犯政府预算编制权、议会对预算案增额修正超出权限、预算执行中议会与政府之间的权限争议。其中以在预算审批阶段和预算执行阶段产生的纠纷较为常见。譬如，美国关于总统单项否决权的纠纷就属于总统与国会之间的预算权限纠纷。美国国会在 1996 年通过《单项否决权法》，授权总统对任何浪费性开支和无助于减少预算赤字的税赋法案予以否决取消。克林顿总统在 1996 年 4 月签署了这一法案，并且该法律于 1997 年 1 月生效。按照这一法案，总统可以在把一项预算法案签署为法律后的五天内致信国会，说明他将取消任意数量的自主性开支授权和任何项目的直接支出等。但是，1998 年 6 月，联邦最高法院以其违反总统和国会之间的权力分立原则为由判定此法违宪。再如，美国国会 1985 年通过《平衡预算和紧急赤字控制法》，1986 年联邦最高法院做出的裁决认定该法一项涉及审计总长的条款违宪：执掌审计总署的审计总长本身又是国会的成员，认为被授予了行政权从而违反了宪法。又如，在我国台湾地区“司法院”对“立法院”与“行政院”之间因为停建第四核电厂（简称“核四”）发生的预算权限纠纷的审查。在一直坚持反核主张的民进党 2000 年 5 月上台前，“核四”计划投资 1697 亿元新台币，已获“立法院”同意编列 1238 亿新台币，工程进度近 1/3，我国台湾地区为兴建“核四”已花去 500 亿新台币，并已向外国厂商订购了发电机组等重要设备。民进党借“行政院长”上台后，在未向“立法院”报告的情况下宣布停建“核四”，引发了一场政治危机。“立法院”在 2001 年 1 月通过了“核四续建决议案”。“行政院”于是提请“司法院”大法官会议解释。后者在 2001 年 1 月 15 日作成了释字第 520 号解释。该解释指出，如果预算的执行与否涉及“变更施政方针或重要政策”，“行政院长”应于事前向“立法院”提出报告并备质询。

（三）它不同于对预算的合法性审查

对预算的合法性审查，是指对预算收支项目及其金额是否符合议会立法所进行的审查。对预算进行合法性审查的必要性在于，政府编制预算和议会审批预算的依据除了宪法之外还有议会立法。由于预算是年度性的，而法律多为永久性的，为防止以预算变更法律而导致社会秩序的不稳定，以及因缺少预算的支持而形成法律实施的困难，预算应当符合永久性法律的规定。譬如，教育法规定教育支出不得低于总支出的某一比例，而在预算中却未达到该比例，由此引起的审查即为对教育支出预算的合（教育）法性审查。

又如,法律设立了某一国家机关,如果政府预算草案中未编列该机关的预算而由议会通过,或者议会对已编列的该机关所需预算全部删除,由此引起的审查也属于合法性审查。当然,由于各国宪法规定的预算事项不尽相同,同一事项在此国家可能规定在宪法中,而在彼国家则可能规定在普通法律中,这样就有可能产生同样的纠纷在一个国家是对预算的合宪性审查而在另一个国家则是对预算的合法性审查的现象。

三、各国对预算合宪性审查的规范

目前世界大多数国家都在宪法中规定了合宪性审查制度,包括审查机关、审查对象、审查方式、裁决效力等。各国审查机关有普通法院和专门机关两种类型。美国、日本等国家实行普通法院审查制。其中,美国普通法院的审查权并无宪法的明文规定,而来自于判例。日本最高法院作为合宪性审查终审机关则在宪法中被确认。法国和德国等国家则采专门机关审查制,其专门机关的名称,法国为宪法委员会,德国为宪法法院,宪法委员会和宪法法院的组织和职权均来自于宪法的规定。

各国合宪性审查的主要对象是法律。预算被认为属于形式上的法律,因而除非宪法做了明确排除规定,预算理应属于合宪性审查的对象。例如,根据德国《基本法》的规定,联邦或州的法律属于宪法法院审查的对象,包括预算法(形式上的法律)在内。① "作为主要是规范收支数字的预算法,其预算案是否与联邦基本法相抵触,需要对其进行合宪性审查时,该项法案便成为审查的标的。"②

鉴于预算不同于普通法律,有的国家在宪法或宪法法院法中就预算的合宪性审查问题做出了特别规定。例如,波兰宪法裁判所是由波兰《1997 年宪法》所认定的合宪性审查机关。波兰《1997 年宪法》第 188 条确定了对三种法律规范的合宪性审查:议会立法、国际条约和中央国家机关颁布的其他法律。其中,议会立法(statutes)指所有由议会制定的法律。除了一般性的这类法律(ordinary statutes)之外,它还包括预算法案和批准国际条约的法律。预算法案的附件用于明确某个领域收支的界限,只要其具有法律规范的性质,也在审查的范围内。按照波兰《宪法》第 224 条第 2 款的规定,对于预算法案的审查,裁判所必须在两个月内完成。根据波兰 1997 年《宪法裁判所法案》第 25 条,审理宪法认定的中心国家机关之间的权限争议、判定总统暂时丧失任职能力、审理总统提出的事前审查及非凡复杂的案件如案件涉及预算法案中未规定的财政支出或审判法官可能做出与裁判所以前相关判例相左的决定,由裁判所主席或审判法官提出,要求全体法官审理。要求全体法官审理的案件需要 15 名法官中至少 9 名的参与。③ 波兰《宪法裁判所法案》

① [德]克劳斯·施莱希、[德]斯特凡·科里奥特著:《德国联邦宪法法院:地位、程序与裁判》,刘飞译,法律出版社 2007 年版,第 140 页。

② 刘兆兴著:《德国联邦宪法法院总论》,法律出版社 1998 年版,第 190 ~ 191 页。

③ 对议会立法和国际条约的审查由五名法官进行,对于其他法律、当事人不服初步审查决定而上诉的案件的审查则是三名法官。

第44条规定，假如裁判所做出的判决可能导致预算法案中未规定的财政支出，确定原法律规范的失效日之前，裁判所必须征求部长委员会的意见。推迟被判定为违宪的法律规范的失效日的立法设计是出于这样的考虑，实践中被提起审查的法律规范很大一部分是财政立法，裁判所的判决很可能产生国家财政预算中未规定的财政支出，因而裁判所在征求部长委员会的意见之后留出一段时间以让国家财政进行相应的调整。①

四、对预算合宪性审查的实践

根据合宪性审查的启动是否需要有具体案件的发生，对预算的合宪性审查方式有三种情况：美国和日本为代表的具体审查、法国和德国为代表的抽象审查以及德国为代表的具体的抽象审查。② 以下结合代表国家的实践仅讨论前两种情况。

（一）具体审查

1. 诉讼身份限制

预算的调整对象是国家机关之间的关系，私人与预算之间一般不存在直接的利害关系。因此，美国的普通法院在对支出预算进行合宪性审查时，诉讼身份限制原则是一个关键性的问题。诉讼身份限制原则，即非直接受害人不得提起合宪性审查请求的原则。它要求原告必须同争讼的问题有直接的利害关系，而不是仅有理论的或抽象的利益，或者仅仅是一种维护自己所好的愿望或者防止国会违宪及防止总统越权的一般性愿望。而如欲对拨款法案提出合宪性审查请求，原告要证明自己是直接受害人则是十分困难的。正如联邦最高法院在弗罗辛厄姆诉梅隆案（1923年）中所说，“援引司法权的一方必须能够表明，由于该法令的实施，他已经蒙受了或者立刻要蒙受某种直接损害，而不只是与广大人民一道以某种不确定的方式受到损害”。但联邦最高法院在弗拉斯特诉科恩案（1968年）中突破了只有与被司法审查的行为有直接切身利害关系的人才具有原告资格的限制，承认联邦纳税人有资格以联邦用款违反了《宪法修正案》第1条的规定为由请求审查联邦用款之事。但联邦纳税人并非在任何情形下都有原告资格，他们须达到双重基准：一是纳税人请求合宪性审查的行为必须是根据征税和税款使用规定而行使的用款权行为。二是纳税人必须证明他所指控的用款行为超出了宪法对征税和用款权所规定的特定限度。③ 尽管双重基准得以确立，但事实上，自“弗拉斯特诉科恩案”后没有一个联邦纳税人提起请求合宪性审查时能够通过双重基准的审查，但因此而判定原告不适格的案件却不在少数。④

日本也是采用由普通法院对具体个案进行合宪性审查制的国家，其在诉讼身份限制

---

① 王锡锌：“波兰的违宪审查制度与宪法裁判所”，载 http://vip.chinalawinfo.com/newlaw2002/slc/slc.asp? gid = 335568004&db = art。

② 2008年的宪法修改使法国的最高行政法院和最高法院获得了向宪法委员会层转合宪性审查申请的资格。

③ ［美］伯纳德·施瓦茨著：《行政法》，徐炳译，群众出版社1986年版，第243~245页。

④ 林来梵主编：《宪法审查的原理与技术》，法律出版社2009年版，第70~71页。

上较美国更严格。按照日本司法界的观点,虽然预算是形式上的法律,但其不调整个人与国家之间的关系,个人不能就预算的合宪性提出挑战。1962 年 11 月,日本京都地方法院的一则判例中,原告认为 1960 年预算中关于军事费部分国民无纳税的义务,向京都地方法院提出确认之诉。法院在判决中指出,预算是国会对政府年度财政计划所做承诺的意思表示,仅在国会与政府间发生效力,而与国民的权利义务并无直接关系。国民的纳税义务根据税法而确定,不为预算所左右。原告对此诉讼因缺乏法律上的利益而被予以驳回。①

这种对原告挑战预算合宪性时的诉讼身份的严格限制受到了日本学术界的批评。北野弘久教授认为,违宪支出租税的行为不论在何种情形下都会在数量上相对地增大该纳税人的纳税义务额,所以这种违宪支出租税的行为实际上侵害了该纳税人的法律上的利益,因而该行为构成了主观上的侵权,而该纳税人即便未依据特别立法规定的民众诉讼形式,也可用通常诉讼形式提起诉讼。对为支出军事费用而课征所得税的纳税义务在法理上属于明显超越《日本国宪法》的特定性制约(第 9 条、第 19 条、第 20 条)的行为。依此理再做分析,该诉讼充分具备了美国式的纳税人诉讼的要件。②

2. 政治问题排除

在奉行司法消极主义的日本,除利用诉讼身份限制尽力避免将预算纳入合宪性审查范围外,还常借助于政治问题理论或称国家行为理论达到同样的目的。日本最高法院在苫米地案件中曾对此做了深刻的阐明:“应该认为像直接关系到国家统治核心的有高度政治性的国家行为,它即使成为法律上的争讼,法律有可能对此做出有效或无效的判断,但这种国家行为处于法院审查权之外,该判断应由对主权者即国民负有政治责任的政府、国会等政治部门做出,最终委托国民做出的政治判断”,“司法权的这种制约是司法权受宪法本质的内在制约”。③ 对于政治问题的范围,日本学者小林直树教授从比较学的角度做了内政和对外方面的分类,其中有关内阁与国会关系的事项,如召集国会、解散众议院,由政府作成法律案或预算案,或者其提出或撤回国会开会中的政府报告等就属于内政方面的政治问题。④

3. 诉讼效率考量

普通法院审查制下,法院分级行使裁判权,一个合宪性审查案件从进入初审法院到最高法院做出终审裁决,审查程序繁杂,耗费时日颇多,这种合宪性审查的低效率与预算仅有一年的效力期间之间是存在矛盾的。因此,在美国,“如果有机会旁听一场速战速决

① 林纪东著:《“中华民国宪法”逐条释义》(第 2 册),台湾三民书局股份有限公司 1993 年版,第 269 页。

② [日]北野弘久著:《税法学原论》,陈刚、杨建广等译,中国检察出版社 2001 年版,第 59 页。

③ 日本最高法院 1960 年 6 月 8 日判决,民事集第 14 卷第 7 号第 1026 页。

④ [日]小林直树著:《宪法讲义》(下),东京大学出版社 1968 年版,第 724 页,转引自胡锦光主编:《违宪审查比较研究》,中国人民大学出版社 2006 年版,第 82 页。

的诉讼的话，我们会发现，最高法院还是希望在不需提供任何解释的情况下，一个财政年度能顺利经过整个拨款循环”。①

（二）抽象审查

在实行抽象审查的法国和德国，法定主体可以对预算的合宪性提出审查请求，无须具体案件的发生。在法国，应总统、总理、国民议会议长、参议院议长或60名国民议会议员联名、60名参议院议员联名的请求，宪法委员会可以在预算生效前对其合宪性进行审查。自从1974年建立议员联名提起合宪性审查请求制度开始，所有准备、讨论以及预算表决工作的进行都将置于宪法委员会监督之下。实践中，宪法委员会每年都会受理有关预算违宪性问题的案件。②

在德国，按照《基本法》第93条第1项第2款的规定，当联邦法律或州法律同基本法在形式上和实质上一致性问题上有分歧或疑问时，根据联邦政府、州政府或联邦议院1/3议员的请求，宪法法院有权裁决。德国《联邦宪法法院法》第76条对此也作出了规定。依据上述规定，德国《联邦预算法》也属于可被审查的标的。1966年7月，宪法法院曾就政党选举补助案做出了违宪判决。该案的案情如下：

从1959年开始，联邦德国议会为了对政党给予直接的国家财政援助，在“资助促进政党的政治教育活动”项目之下，将500万德国马克纳入联邦预算。议会在采取这一预算措施后，为增加预算额度，在1964年将项目改名为“旨在完成基于《基本法》第21条所规定的政党任务的特别资金”，将3800万德国马克的联邦预算在联邦议会中拥有议席的四大政党之间根据所占议席的数额进行分配。这一预算措施同样也进入了1965年的联邦预算。对此，黑森州政府针对1965年3月18日制定的1965年《联邦预算法》，以其中为完成《基本法》第21条所规定的政党任务而支出的3800万德国马克的联邦预算违反了《基本法》第20条第1款、第21条第1款第2句和第3句以及第3条第1款，属于无效条款为由，根据《基本法》第30条、第21条第1款第1句的规定，向联邦宪法法院提起了合宪性审查的要求。

联邦宪法法院认为黑森州政府的申请合法。早在1958年，黑森州政府曾认为国家对资助政党竞选的个人予以减税或给予税收优惠待遇违背宪法而向宪法法院提起诉讼。当时宪法法院裁决不仅对选举本身而且对负责选举的政党予以资助都是合宪行为。宪法法院认为上一案件的标的是有关国家对政党予以“间接”资助，而此案是有关国家对政党予以“直接”资助。两案标的不同，因此宪法法院应受理这一案件。另外，预算法案第1条授权规定属联邦法律。根据《基本法》第93条第1项第2款和德国《宪法法院法》第76条的规定，州政府若认为联邦法律与基本法相抵触，可要求宪法法院裁决。所以，该预

① ［美］罗伊·T. 梅耶斯等著：《公共预算经典——面向绩效的新发展》（第1卷），苟燕楠、董静译，上海财经大学出版社2005年版，第438页。

② 胡建森主编：《世界宪法法院制度研究》，浙江大学出版社2007年版，第670页。

算法案可作为德国《宪法法院法》所指规范审查程序审查的对象。

联邦宪法法院认为本案的申请有理由。联邦宪法法院在1958年6月24日的判决中指出,政党是为选举准备的组织,所以政党的资金应先用于选举的准备。选举是社会的公共事务,从宪法的角度来说,也是政党的主要任务。所以,不仅是对选举本身,而且对负责选举事项的政党,也应由国家予以资助。但宪法法院的这种观点被联邦和州的立法机关理解为,对于政党所有的政治活动,宪法许可由国家通过预算拨款予以补助。宪法法院认为这种理解有误,它与联邦《基本法》第21条及第20条第2项的规定不符。唯有当政党参与国会选举而影响人民政治意见的形成时,才能从国家预算案中获得竞选所必要的费用,而不是对政党的所有活动都可以给予补助。联邦宪法法院最后在判决中认定,在1965年3月18日成立的1965年《预算法》第1条仅授权联邦内务部长在联邦预算第6项个别预算为了完成《基本法》第21条所规定的政党任务支出3800万德国马克的规定因违宪而无效。①

综上,在美日具体审查模式下,合宪性审查机关首先考虑诉讼身份限制这一关键性的问题,并可能采用政治问题拒绝审查理论,再加上诉讼效率与预算年度性之间的矛盾,审查机关对预算的合宪性审查态度较为消极;而在法德抽象审查模式下,由于不需要有具体案件的发生,特定主体提出审查请求即可启动合宪性审查程序,同时审查机关本身就是政治机关或者带有一定的政治性,并且采用一审终审制,这就为审查机关更为积极地对预算进行合宪性审查提供了制度空间。

① 韩大元、莫纪宏主编:《外国宪法判例》,中国人民大学出版社2005年版,第442~445页。

论衡平税法之构建

张　怡[*]　陈卫林[**]

随着改革开放的进一步深入，我国经济创造了举世瞩目的成就，这得益于经济转型时期两种经济模式并存、制度资源新旧交替的溢出。然而，在转变经济增长方式、促进经济又快又好增长的大背景下，也难掩其制度运行的弊端，在经济非均衡发展的背后，贫富悬殊、两极分化严重的客观现实已经直逼社会制度安排的底线，成为不得不关注的疾患。人们在寻求应对这种社会危局策略的过程中，将“效率优先”的价值理念及其制度安排作为贫富两极分化的“靶标”，群起而攻之。诚然，贫富悬殊、两极分化的客观现实固然与因循“效率优先，兼顾公平”的价值序位有关，是“效率优先”、“允许一部分人先富起来”的直接后果，却也与“兼顾公平”、“共同富裕”的目标“渐行渐远”。但究其深层制度原因，乃是权利（权力）和经济利益初始倾斜的延续，是非均衡经济在没有实质性税赋公平介入第一次财富分配的情况下初始资源配置失衡的必然逻辑归宿。

贫富失衡的社会必须内生衡平的法律机理予以回应，承载转移支付实现社会财富公平分享功能的税法当仁不让。但税法调节功能的非均衡构造和回应只有在特定的本土制度资源的基础上对症下药，以税赋实质性公平契合现实的不平衡状态，方能达到共富和谐的理想目标，而非仅停留在对税法制度进行“洋务运动式”的改造。由于我国生产资料为国家所有以及实行政府主导型的法制经济模式，使得某些资源的稀缺性以及由于这种稀缺性而引起的独占将会长期存在。这种制度安排既是贫富悬殊、两极分化的症结所在，也为税收法制建设调节收入差距给定了时空注脚。因此，在贫富失衡、两极分化严重的社会，通过构建公平的税收制度以达到财富分配弥补初始资源分配不公和机会不均等的目的将是社会主义法制经济必须要解决的重大理论和实践问题。本文把这种旨在把衡平权利（权力）和经济利益初始配置进而达到社会财富公平分配的税法理论称为衡平

* 西南政法大学教授、博士生导师，经济学博士。

** 西南政法大学经济法学专业博士研究生。

基金项目：中国法学会部级法学研究课题：“兼顾公平与效率的分配制度改革研究——非均衡经济制度下衡平税法之创建”，项目编号（CLS－C0918）。

税法理论,并试图在厘清衡平税法理论内涵的基础上重新架设税法体系,以期进一步完善现行税法制度,发挥税法调节贫富差距之功能,促进社会和谐发展。

一、衡平税法理论的内涵

(一)价值理念衡平

建构于不同价值理念的制度安排在运行中将产生不同的社会效果。同样内置不同价值理念的税法在调节收入差距、缓解贫富分化中的作用相去甚远。也就是说,若公平与效率的关系处理选择不同,税法在现实生活中所起的作用便截然不同。关于公平与效率的两派观点中,"一元论"将公平与效率视为相互矛盾割裂的两个部分来研究,固然可以将公平或者效率的研究深入到极致,但是却无法将其纳入统一的框架下形成合力,共同为税法的完善做出应有的贡献;"二元论"虽然将公平与效率视为辩证统一的整体,认为二者是可以统一起来的,但是却并未深入研究公平与效率怎样才能统一起来,在具体的制度构建中对如何统一的问题并未给出合理的解答。因此,过去长期以来处理公平与效率关系的范式需要质疑,因为无论是效率优先兼顾公平还是公平优先兼顾效率以及公平和效率并重的研究范式都显得不合适。不可否认,公平与效率之间确实存在一定的异质性,在价值追求中有时也会相互掣肘。然而,在区分孰重孰轻的关系表述中,无论是效率优先还是公平优先的论述都是将二者"置于一个预设的确定的'玻璃杯'里,让人们看到或意识到在一个有限和可计量的'容器'中,效率与公平这两个'骰子',谁优先被掷入谁就置于基础性地位;而后者则只能充当'添砖加瓦'的'辅料'"。[①] 而坚持公平与效率并重的观点则是在二者难以区分伯仲时的一种折中的妥协,与其说是对公平与效率的关系处理的中庸选择,倒不如说是对公平与效率关系处理不合时宜的逃避。因此,在我国社会不公现象明显增多、社会矛盾趋于突出的客观现实条件下,需要我们摆脱传统研究路径的依赖,开拓出新的研究范式,合理地容纳公平与效率二者的价值取向,使得税法的价值取向符合构建社会主义和谐社会的要求。

在处理公平与效率的关系时,我们需要跳出经济学的圈子,从社会制度运行的层面重新审视公平与效率的关系,将公平与效率置于动态均衡的视野下进行研究,并试图构建相应的税收制度安排。具体而言,公平与效率的关系应该包括以下几层意思:第一,既不过分强调效率,但反对低效率或者无效率的制度安排;也不过分强调公平,但要保障相对的社会公平。这样的公平和效率是相互结合而不是相互排斥的。因此,在进行税收制度安排时,不会出现过分强调一个价值而挤占另一种价值存在的空间。第二,效率是实现公平的前提和条件,而不以牺牲公平为条件;同样,公平也是保持和提高效率的前提和条件,而不以损失效率为条件。这样就不会出现在"效率"的掩护下"去公平化"大行其道的现象,反之亦然。第三,在具体的历史经济条件下,公平和效率的价值取向是可以有先后顺序的,但不偏离社会发展的轨道。如果承认"效率优先,兼顾公平"有其历史先进

① 张怡:"论非均衡经济制度下税法的公平与效率",载《现代法学》2007 年第 4 期。

性的话，那么就应该承认在特定的历史时期公平和效率的价值取向是可以有先后顺序的。在不同的社会制度、相同的社会制度不同的历史时期公平与效率的价值取向都存在一定的先后顺序。但无论对公平和效率做怎样的排列组合，都应该在市场竞争领域注重效率、财富分配领域注重公平，使其达到在法治的环境中公民得以实现个人和社会的机会公平又于机会公平的自由竞争制度中由均衡市场产生出效率的状态。

（二）税权衡平

我国现有税权划分格局确立于1994年的分税制改革。这次改革试图将中央与地方的税权划分问题置于制度性和规范性的框架下予以解决，其目的在于加强中央财权，解决原有财政包干体制所造成的地方财政挤占中央财政的问题。虽然分税制改革适应并促进了改革初期的经济发展，推进了中央与地方税权的合理划分；但是，由于十余年来一直遵循着加强中央集权这一初衷，中央在不断下压事权的同时进一步加强财权，分税制改革似乎又矫枉过正了。由于我国生产资料为国家所有并采用政府主导型法制经济模式，政府在经济发展中起到举足轻重的作用。但层层下压的事权配合向上负责的财权体制，在经济发展不均衡的制度下，更兼转移支付制度不健全的社会背景中，出现地方政府不堪重负在经济建设中负重前行，发挥作用参差不齐的局面。加之，在取消农业税以后，看似有利于农民的政策导向却给地方政府尤其是基层政府带来严重的财政危机，进而逆向地制约着农村经济的发展，悲剧性地沦为城乡贫富差距的祸首之一。[①] 因此，这种由于税权配置失衡致使政府财力差异巨大而导致的政府在经济发展中的作用大小各异、良莠不齐的局面，客观上助长了贫富悬殊、两极分化的态势。

基于此，笔者认为，在税收制度安排时要回应社会分配不公平的社会现实，就必须实现通过以税权为基础的财权的初始资源配置公平，进而促进经济的均衡发展。具体到税收制度的设计而言，就是要在财权与事权相匹配的原则下合理划分中央与地方的税权。纵观世界各国，关于中央与地方税权的分配上存在三种模式，即集中型模式、分散型模式、适度集中相对分散型模式。集中型模式能保证国家税制的协调统一，但不利于调动发挥地方的积极性、自主性。分散型模式使中央与地方都有相对独立的财权，地方可因地制宜地灵活设计税制，但对中央与地方的制衡机制和相应的法律制度要求较高，否则极易造成地方政府的失控，进而带来社会的动荡不安。而适度集中、相对分散型模式在理论上则兼备上述两种模式的优点，运用得好既能维护中央的统一性又能调动地方的积极性，因此是我国税权改革较为理想的模式。在这种适度集中、相对分散的税权模式下，税权衡平改革的首要任务就是建立相匹配的财权与事权体系，使各地方政府有其稳定的财力完成其发展经济的任务，而不致使政府疲于应对层层集中的财政压力而怠于发展地

① 农业税取消以后，基层政府财政收入严重困难，很多地方政府过着寅吃卯粮的负债运行的生活，在提供农村公共产品方面力不从心，无力为农村经济建设提供更大的促进力，也是导致城乡经济差距扩大的原因之一。

方经济,导致富省越富、穷省越穷的困境。

(三)税负衡平

长期以来,中西部与东部地区价值和税负逆向运行,中西部地区承受着税收牺牲。双重剪刀差的存在使价值转移和税负转移逆向运行,即价值向东部转移,税负向西部转移,中西部地区为东部地区经济发展做出了税收牺牲。[①] 如果说这种情况的出现是国家对全国作为一个整体而进行资源配置、保证经济高速发展做的必要制度安排的话,那么良性地转移支付制度应该对承担着税收牺牲的地区进行额外的补偿才符合实质公平的要求。但是,囿于我国转移支付制度的不完善,西部地区并未获得足够的补偿以反哺初始资源配置的不公平。而且,从某种程度上讲,我国经济的空前发展正是得益于不公平的税负的制度安排,是一种"劫贫济富"的选择。在这种制度安排下,西部地区必将与东部发达地区越拉越远。因此,要防止这种趋势的进一步扩大,就需要改革现行税制安排,通过税负的实质公平来契合当前非均衡经济的发展。

税负衡平的核心内涵就是在非均衡经济模式下按照量能纳税的原则,兼顾东部发达地区和西部欠发达地区,使其税负达到实质公平的要求,以缓解收入悬殊,解决社会分配不公问题。量能课税的原则是以纳税人的纳税能力为依据,纳税能力强的多纳税,纳税能力弱的少纳税。不过,对纳税能力如何评判,理论上存在客观和主观两种标准。客观标准即以纳税人拥有财富的多少为衡量其纳税能力的标准,主观标准则是以纳税人因纳税而感受的牺牲程度的大小作为进一步测定其纳税能力的标准。而牺牲程度的衡量又以纳税人纳税前后从其财富得到的满足(或效用)的差额为基准。若所有纳税人感受的牺牲程度相等,则税负公平,相反则不公平。无论采用何种标准,客观上遏制贫富悬殊、两极分化的态势,发挥税法的调节功能则是不变的主题。

二、衡平税法中流转税法制度构想

(一)进一步完善增值税税收制度

增值税在我国现行税制结构中的地位自不待言,在实行生产型增值税向消费性增值税转型后,增值税在税负均衡方面的功能得到进一步彰显,但在发挥弥补初始权利配置失衡的调控功能时却也有值得进一步完善的地方。第一,需均衡各环节利益分配功能。增值税设计的原理就是有增值才有税负,若无增值便不征税。表现在征税环节上就是链条税,上一个环节缴纳的税负在下一个环节进行抵扣,实现税负的转嫁。任何一产品的流转,增值税的税负是一定的,即按照最后的销售价格乘上适用的税率便是最后的税负。但是,由于企业拥有价格的自主定价权,在确定增值额时有自主决定权,这就可能导致看似公平的税收制度下出现税负向前转移或者向后转移的现象。例如,有的企业将工业产品的出厂价提得很高,基本上与零售价格持平。在另一个区域进行销售时,按照增值税的原理,其在当地缴纳的增值税几乎为零。因为在前一个环节缴纳的增值税可以在计算

① 经庭如:"论促进公平与效率的税收政策",载《当代经济研究》2008 年第 7 期。

增值税时抵扣,这样就在税收的分配上实现了向前转移的功能。同样,当企业的出厂价格很低、通过子公司进一步提高价格时,就会导致税收分配向后转移。但无论是向前转移还是向后转移,最终的结果大都是税收都留在了比较发达的地区,或者留在了大城市。因此,在进行增值税改革时,需要重视增值税税收利益各环节的分配功能,设计出更加公平的利益分配机制,使各环节的税收利益分配均衡。第二,需调整一般纳税人的认定标准。我国增值税在征管模式上按照营业额和会计制度是否健全双重标准将纳税人分为一般纳税人和小规模纳税人。对于一般纳税人实行允许抵扣进项税额的征收方式,而对于小规模纳税人则不能够抵扣进项税额。研究显示,一般纳税人的税负水平比小规模纳税人的税负轻。因此,在税负上,小规模纳税人实际上受到了不公平的待遇。虽然税法规定并不排除每一个纳税人成为一般纳税人的可能性,但限于上述两个标准,并非每个纳税人都可以事实上成为一般纳税人。因此,在增值税的改革中,需要在现有基础上逐步取消一般纳税人营业额认定标准的限制,只要纳税人可以准确计算应纳税额和报送纳税资料,就应该给予一般纳税人的待遇,以均衡纳税人之间的税负。第三,提高增值税的起征点。对于从事增值税业务的个人或者个体工商户,我国增值税适用起征点的规定。对于未达到起征点的个人和个体工商户,不征收增值税;对于到达起征点的个人和个体工商户,则需要征收增值税。这种制度的设计使得处于临界点的纳税人之间的税负存在严重的差异,有违税收公平的原则。而且,由于现行税法对起征点做出了最高额的限制,各省在制定起征点标准时都不能够突破这个限制。而随着物价的上涨,目前各省无论经济差距如何都几乎适用最高限规定的现实便足以证明需要提高增值税起征点的科学性和必要性。

(二)进一步完善消费税法

消费税由于其征税对象的可选择性,在调节贫富差距、促进财富的公平分配方面起着举足轻重的作用。但笔者认为,现行消费税在发挥调节贫富差距作用方面的功能仍存在一定的缺陷,有待进一步完善。具体而言:第一,急需调整消费税的征税范围。我国现行消费税征税范围存在缺位与越位并存的缺陷。[①] 缺位是指有些按照消费税的原理本应该属于消费税的征税范围的消费品尚未纳入消费税的征税范围。越位是指有些按照消费税的原理本不属于消费税的征税范围的消费品却出现在消费税的征税范围中,使得消费这些产品时承担着消费税负。这种缺位和越位的客观现状的存在使得消费税在调节收入差距、促进社会分配公平方面的功能被弱化。因此,要进一步发挥消费税在调节收入差距方面的功能,就需要调整消费税的征税范围,避免这种缺位和越位状态的出现。第二,改革征税环节。我国除了黄金首饰以外,全部在生产环节征收消费税。这就导致了消费税与应税消费品的分布以及应税消费品的消费不均衡的状态,而且也弱化了人们在消费这些商品时承担税负的效果,使这些税负在潜移默化中被人们承担。因此,要逐

① 李林木、黄茜:“借鉴国际经验完善我国消费税政策”,载《涉外税务》2010 年第 5 期。

步将消费税的征税环节改到零售环节,充分发挥消费税调节收入差距的功能。第三,加强消费税的监管。消费税税收的漏出已经被各界加以关注,早些时候烟酒行业征管方式改革的目的就是应对烟酒行业消费税的大量漏出。但是,这只是对消费税法中个别项目的加强监管,效果毕竟有限。如果对税收的漏出不加以封堵,则消费税就被有些人"草船借箭"地窃取,而这种"搭便车"的现实客观上对贫富差距、社会财富分配不公的态势起到了推波助澜的作用。

(三)取消营业税法

营业税作为我国现行税法体制下流转税法中的主体税种,也是地方税中较大的税种。然而,笔者认为,在非均衡经济制度下,这个税种的设置实属多余,取消营业税更有利于社会财富的公平分配。理由如下:第一,营业税区分行业设计的税率并不能够调整行业利润的差距。营业税按照不同的行业设计不同的税率,有3%、5%两档税率,对于娱乐业最高可以征收5%~20%不等的营业税。然而,这些税率的等级梯度并不大,行业之间的税负与其行业的利润差距不成正比。在这种税制运行的结果下,行业收入的差距将越来越大。而且,在普遍允许余额计税的税法机理下,这种单纯区分行业而适用不同税率的做法到底有多大合理性、在多大程度上可以调节收入差距仍值得质疑。第二,现行营业税法造成了税收收入的不均衡。我国现行的营业税法中确定纳税义务的标准为应税劳务发生地与企业注册地双重标准。如果说应税劳务发生地标准还算合理,那么企业注册地标准则是导致税收收入不合理的重要因素之一。在这种税制下,当涉及跨越数省的营业税应税劳务时,按照注册地交税往往就把税基本来是发生在各个地区的营业税都交到其中的某一个地区。甚至这个地区不是劳务发生地,只不过是公司的注册地区,而劳务的发生却跟这个地区没有什么关系。这就导致了在初始权利上的不均等,进而会导致社会财富分配的不公平。第三,营业税取消后,地方政府的财政收入不会遭受到大规模的削减。现行营业税的确是地方政府筹集财政收入的主要来源,如果取消了营业税,则地方政府的财政收入会受到一定的影响。但是,我们可以通过增值税中共享比例的调节来弥补地方政府的财政收入差距。将现行的共享比例调整为1:1,这样可以保证地方政府的财政收入不受影响,还能够减轻地方政府征收营业税的成本。综上,营业税可以取消,而且取消后对于社会财富的分配能够起到积极的促进作用。

三、衡平税法中所得税法制度构想

(一)进一步完善个人所得税法

近年来,个人所得税免征额几度提高。但事实上,单纯地提高个人所得税的免征额并没有触及贫富悬殊的根源。我国个人所得税制设计的缺陷使得个人所得税的税负大多由工薪阶层承担,而对于真正富有的群体个人所得税法的调节却显得力不从心,甚至起着一种逆向调节作用。① 要改变这种逆向调节作用,就需要通过改革所得税法,实现税

① 李波:"公平分配视角下的个人所得税模式选择",载《税务研究》2009年第3期。

负的公平。笔者认为,可从以下几个方面进行完善:第一,改分类所得税制为综合所得税制为主、分类所得税为辅的所得税模式。现行个人所得税法是在1994年税制改革过程中确立的,其主要特点是采用分类所得税制。所谓分类所得税制,是指将个人所得按照来源不同分成11类,然后对每一类所得均采用不同的计税办法。采用分类所得税制就会出现纳税人收入总额相同而税负水平大不一样的情形。虽然人们收入来源不尽相同,但任何一种收入来源对于其家庭生活的意义来说都是均等的,即同样多的收入可以增加家庭同样多的购买力。更为重要的是,在市场经济条件下,并非每个人创造财富的能力都是均等的,而且所有个人所得税法中所列举的类型也不可能都穷尽收入的来源种类,这就进一步加剧了个人所得税负不公平的现象。因此,需要将分类所得税制进行改革,取消这些分类,将纳税人可期待的收入归为一个整体,适用相同的税率,使得同样的财产收入承担同样的税负。而对于一些常人所不能够或不容易取得的收入,则采用列举的方式,实行分类所得税制,适用不同的税率,以在个人所得上均衡税负,遏制贫富差距扩大的趋势。第二,加强个人所得税的监管。要均衡社会财富、缩小贫富差距,重点不是如何对穷人进行征税,而是要规制富人的税收漏出。[①] 而囿于我国现行个人所得税制度,个税监管方面存在严重的漏洞,使得富人游离于监管之外。况且个人财产申报制度的推行并未取得预期效果。因此,加强对富人的监管才是均衡所得税负、缩小贫富差距的有效途径。第三,调整税前扣除的标准,[②]下放税收立法权。在现行分类所得税制下,各项所得的税前扣除标准不统一,这就造成了税负不公平的现象。而且,随着经济的非均衡发展,各地税前扣除的标准存在一定的差异性,如果使用"一刀切"的做法,将会在区域间造成税负不均的结果。因此,在调整个人所得税税前扣除标准时,将税收立法权下放给各地方,各地方综合其特殊性,便宜行事,有利于社会财富的公平分配。

(二)进一步完善企业所得税法

企业所得税是我国较大的税种,在筹集财政收入、调节收入差距方面发挥着重要作用。在统一内外资企业所得税法以后,企业所得税税负公平的改革迈出了坚实的一步,但仍存在值得进一步完善的地方。第一,完善现行企业所得税的汇缴方式。[③] 随着经济的发展,通过市场竞争机制的运行,现代企业发展的规模日益扩大,不乏大公司大集团,往往在这些大公司大集团下面分设若干子公司。现行《企业所得税法》规定,经国务院批准,即使有些子公司是独立法人,但可以批准它汇总纳税,即把全国很多子公司的所得税

---

① 有学者研究认为,个人所得税制的调整如果是以收入的再分配为政策目标,那么就应该把征收的对象确定为高收入群体,将其他收入群体全部纳入免征范围。参见潘雷驰:"我国个人所得税调节收入差距效用",载《税务研究》2009年第3期。

② 石坚:"关于改革个人所得税费用扣除标准的建议",载《财政研究》2010年第7期。

③ 《企业所得税法》实施两年多来,由于汇总纳税相关政策尚未明确,总分机构企业及总分机构所在地主管税务机关面临诸多税收执行的问题。参见孙隆英:"关于企业所得税框架下总分机构汇总纳税的思考",载《涉外税务》2010年第9期。

放到集团公司来汇总缴纳。这种汇总缴税制度对于企业发展有促进作用,汇总以后可以盈亏相抵。但我国目前并不允许所有企业都以汇总缴纳的方式缴纳企业所得税,而只允许不是独立法人的公司汇总纳税,对于子公司是独立法人的企业按照现行税法规定在当地交税。这样使得税收的分布和利润的分布是不对应的,造成了税负不公平的现象,不利于区域经济的均衡发展。第二,企业所得税税收优惠有待规范。由于税法具有导向作用,各地方政府经常利用税收优惠来吸引外来投资。在众多税收优惠中,企业所得税的税收优惠尤为突出,不但规定多而且力度大。一方面,要承认这些税收优惠的规定对当地的经济发展起到了一定的作用;另一方面,也要看到,在这些数目巨大的企业所得税税收优惠中,实质上造成了外地企业与本地企业之间的不公平竞争,有违税收公平的原则。更重要的是,在这种税收优惠的刺激下,企业的发展依然是依赖"铺摊子"的发展模式,而并没有促进企业优质发展。在税收优惠期间届满后,企业便失去了竞争力,最终将退出市场竞争。从长远来看,这些税收优惠并未对地方经济发展起到应有的作用,反而会使得各地方在争夺外来投资时进行税收优惠的恶性竞争,不利于经济的发展。

四、衡平税法中财产税法的重构

(一)改革房产税

在某种程度上讲,房产占有量上的失衡是当下社会财富分配失衡的主要表现。现行房产税是以房屋为征税对象,以房屋的计税余值或租金收入为计税依据,向产权所有人征收的一种财产税,[①]是对存量房屋的占有课以的经济负担。而在这种低税率、窄税基、多优惠的税收制度安排下,更兼特殊利益的推波助澜和"土地财政"的积重难返,房价一直处于高位运行的状态,成为人们日益诟病的社会疾患。在解决这种社会疾患的过程中,现行房产税囿于其税制设计的缺陷无力为解决房价明显偏高、房产占有明显失衡的局面提供更有力的制度资源,使财富流向房产保有者,房产升值越多的业主受到的保护越多,导致了炒楼盛行,贫富差距进一步拉大。[②] 于是,实务界和学界都对此深切关注,甚至将目光转向了物业税的开征,企图将物业税作为调控房价的"救命稻草"推而广之。学界对物业税的设计主要有两种意见:有的学者主张取消土地出让金;[③]也有学者反对取消土地出让金,主张物业税与土地出让金不可替代。[④]

这种局面的出现反映了现行房产税在调节收入差距方面的功能不尽如人意,人们期望出台更加公平的税收制度的强烈愿望;但笔者认为,开征一个新的税种从来都不是轻而易举的事情,会出现一系列问题。且不论科学配置物业税的课税要素,包括纳税人、征税对象、税目、税率、税收优惠等各方面的具体规定,也不去设想如何严格保证立法过程

① 张怡主编:《税法学》,法律出版社 2010 年版,第 209 页。

② 张富强:"关于我国物业税立法的基本构想",载《法学家》2009 年第 1 期。

③ 万婷:"对我国开征物业税的理性思考",载《中国房地信息月刊》2004 年第 6 期。

④ 何振一:"物业税与土地出让金不可替代性简论",载《中国国土资源经济》2004 年第 7 期。

的公开透明与民主公正，单就物业税存在的前提就会出现很大的问题。“土地私有化、百分之百明晰物业产权、老百姓的纳税意识”[①]等都会成为物业税出台的“拦路虎”。但跳出物业税开征与否的囹圄反思现行房产税制度安排，改革房产税则是必然的趋势。在我国社会主义公有制的制度下，按照《物权法》的规定房产只有70年的产权，这意味着房屋的所有人并不能够拥有土地的所有权。但随着土地价格的上涨，房产一直处于增值状态。由于现行房产税是在土地出让金一次收取后进行的制度安排，使得土地涨价后的财富全部流入了房产所有者的手中。从理论上讲，一方面，土地资源属于公有而非私人所有，因此基于土地增值的价值部分便不能够全部归个人所有；另一方面，我国房产税又无力解决这种基于房产初始占有而形成的财富流向问题，使得地价上涨越快，贫富悬殊则越大。因此，要改变这种分配状态就需要扭转这种财富流向的趋势。笔者认为，唯有将“涨价归公”[②]的思想置于房产税的改革中，即将地价上涨的部分从个体手中流入国家手中，然后通过这部分财富的支出返还给全体社会，才会取得更加突出的成就。而在这个过程中，用税收的方式使土地增值的部分流入国家手中当是上上策。因此，房产税的改革需要着重解决两方面的问题：一方面，通过房产税的方式使得土地增值的财富流向国家，而不致使急增的财富集中在房产占有者手中，导致贫富差距的扩大。另一方面，房产税改革的目的不能够仅仅限于将土地增值的部分从私人手中移转给国家，而是需要将这部分增值的财富返还于人民，充分体现税收取之于民、用之于民的本质。

（二）开征遗产税

从理论上来看，遗产的取得是由于遗产继承关系这种源于继承人与被继承人的血缘关系或其他情谊关系的存在。但这并不意味着有了这种关系就等于拥有了继承权。遗产继承权并非天赋人权，而是由国家法律所承认和保护的权利。就经济关系来看，遗产的取得不同于其他所得，是一种不劳而获的所得。因此，从遗产继承权的存在和遗产继承所得的非生产性这两方面来说，学术界都主张对遗产课税，形成了对遗产课税的理论依据。而且，随着人们生活水平的不断提高，个人收入、财富的分配差距也不断扩大，贫富悬殊的矛盾日益突出，并已成为政府宏观调控的重要目标之一。[③] 通过开征遗产税，则可以适当限制公民的非劳动所得，防止私人财产由于非劳动而过度集中，从而在一定程度上缓和收入分配不公的矛盾。而且，当下开征遗产税的条件均已成熟。随着经济总量的增加，人们的财富积累量已经达到一定程度，有可靠的税源。其实，早在1997年党的十五大报告中就提出，“调节过高收入，完善个人所得税，开征遗产税等新税种”，因此开

---

① 庞凤喜：“物业税九大问题浅议”，载《税务研究》2008年第4期。

② “涨价归公”思想是孙中山批判性地借鉴西方经济思想的成果，主张渐进实现平均地权，并设想以土地增值税作为制度依托来解决中国近代的土地问题。参见孙中山研究会编：《孙中山文集》，团结出版社1997年版，第341页，转引自王昉、熊金武：“从‘涨价归公’思想到土地增值税制度———兼论近代社会转型时期经济思想与经济制度的关系”，载《财经研究》2010年第1期。

③ 王熙、胡玄能：“我国开征遗产税的若干问题思考”，载《经济论坛》2009年第8期。

征遗产税早就引起了广大部门的关注。加之近年来随着税法宣传的加强,人们思想上已逐渐认识到依法纳税是每一个公民应尽的义务,纳税意识普遍提高。而且,在目前我国收入分配不公、贫富差距日益拉大的情况下,遗产税将会因其具有的调节再分配和实现社会公平的功能而受到社会公众的欢迎。①

(三)开征社会保障税

一种成熟的社会分配制度的构建,不仅需要功能完备的税收制度发挥宏观调控的作用,也需要作为底线支撑的社会保障制度的鼎力支持。当税收制度在调节社会财富公平失灵的范围内,社会保障制度填补税制功能的缺失,消解社会矛盾,维护社会安定。而我国城乡二元结构的格局将长期存在的局面以及短期内难以得到改观的各地方各自为政的社会保障体制,使得社会保障制度的功能向城市倾斜,导致了农村原本缺失的公共产品更加匮乏,也造成了城乡贫富差距的进一步扩大。更加之我国社会保障制度本身的缺陷,社会保障的待遇差别甚远,不利于形成公平的竞争环境。基于此,笔者认为,为了弥补初始权利配置方面的缺失,保障公平的竞争环境进而实现财富的公平分配,及时开征社会保障税不失为一种求解的正当途径。随着理论研究的进一步深入,开征社会保障税的必要性在学界基本上已经达成了一致的认同。② 现代各国的社会保障税制度形式多样,根据承保对象和承保项目设置方式的不同,可以将各国的社会保障税分为项目型社会保障税、对象型社会保障税和混合型社会保障税三种模式。项目型社会保障税模式能显现社会保障税返还性和专款专用的特点,但各个项目之间财力调剂余地较小。对象型社会保障税模式可以根据不同就业人员或非就业人员的特点便于执行,但征收与承保项目没有明确挂钩,返还性不能得到充分体现。混合型社会保障税模式适应性较强,可在适应一般社会保险需要的基础上针对某个或某几个特定行业实行与行业工作特点相联系的加强式社会保险,但统一性较差,不便管理,返还性的表现不明显,再分配的效应受到抑制,社会保障税的社会公平功能趋于减弱。立足于我国的国情,在我国可以采取项目型社会保障税模式。而且,随着社会的发展,开征社会保障税的条件也已经成熟。③ 因此,我国应当及时开征社会保障税,以此改革我国的社会保障筹资方法,促进社会保障制度的完善与发展。这对于缩小贫富差别、实现居民收入分配公平具有重要的意义。

---

① 汪振江:"遗产税立法的社会经济条件分析及其制度构想",载《甘肃政法学院学报》2007 年第 5 期。

② 倪才龙、焦音凯:"建立我国社会保障税的法律思考",载《上海大学学报》(社会科学版)2009 年第 3 期。

③ 胡德忠:"我国开征社会保障税的可行性",载《当代财经》2004 年第 7 期。

社会政策目的之租税优惠

——以社会保险、老年化、住房面向为例

林雅琪*

一、问题概说

近代以来社会法治国介入社会生活领域，扶助弱者，进行社会资源重分配。诸如“全民健康医疗”问题、高龄化社会的老年人口问题、房价居高不下的住房问题等，均涉及普遍性、全民性的社会福利问题。租税国家与社会国之关系为何？如何运用租税推行社会福利？何以租税优惠得对特定人为之，对另一群人是否违反量能平等原则？其审查基准为何？本文就此相关议题分述之，末再以“全民”健康保险等社会保险、老年化及住房面向为例，展现社会政策目的租税优惠。

二、社会(福利)国与租税国

(一)社会(福利)国之发展及理念展现

1. 社会(福利)国之发展背景——从自由法治国到社会国

在自由法治国时期，国家相信人民得依其自由在社会上自由竞争。但工业革命以降，工业化后造成资本集中、贫富差距剧增等社会问题，因此社会(福利)国理念就在19世纪中叶此背景下的欧陆开始萌芽。[①] 其后两次世界大战通货膨胀及战争损害等也产生严重的民生问题。各国开始强调国家亦应介入社会生活领域，扶助弱者，分配经济资源，维护社会正义。

2. 宪法中之社会国理念

德国《基本法》第20条第1项规定：“德意志联邦共和国为民主与社会的联邦国。”明示其为社会国。而中国台湾地区“宪法”中是否有明文揭示社会国原则，有认为其第1条

---

* 律师，台湾大学法律学院财税法组硕士生。

① 许育典：“社会国”，载《月旦法学教室》2003年第12期；詹镇荣：“社会国原则——起源、内涵及规范效力”，载《月旦法学教室》2006年第41期；蔡维音：“社会福利制度之基础理念及结构——以德国法制为中心”，载《月旦法学杂志》1997年第28期。

即表现出“社会国”之基本决定,“基本国策”章[①]及增修条文更具体落实社会国理念[②];亦有认为其虽未明文揭示其为社会国,但“基本国策”章及增修条文第10条中即就社会福利事项多有规定,如第155条及增修条文第10条第8项均规定应实施及重视社会保险;第157条、增修条文第10条第5项及第8项则就医疗保健制度予以规范;增修条文第10条第7项亦规定“国家”对于身心障碍者之生活应予保障等,综合观察其条文规范内容,应肯认台湾地区即采社会国原则。[③]

不论采取何种见解,中国台湾地区“宪法”中均体现出社会国理念,台湾地区“司法院”解释释字第485号亦阐明:“促进民生福祉乃‘宪法’基本原则之一,此观‘宪法’前言、第一条、‘基本国策’及‘宪法’增修条文第十条之规定自明。”国家不论立法、[④]行政、司法均应有实现社会国原则之义务。立法者有义务实现社会国条款,透过制定法律之方式转换,而此种立法转换不限于社会法领域,亦可扩及民法、诉讼法及税法等其他法领域。

(二)社会福利国与租税国之关系

租税国家,以税收为主要收入来源,并非由国家自行从事经济活动以之为国家主要财源,乃承认私有财产权之市场经济,且人民之纳税义务并无直接、具体之对待给付。[⑤]国家依负担能力向人民课税(量能平等原则),非依国家对人民之利益课税(受益原则),既创设出国家与纳税人之间的距离,确保国家对人民之给付为平等;亦创立国家收入支用与纳税行为间之距离,使国家得以对于支出政策进行长期的规划。[⑥]

社会国为推行社会福利须有源源不绝稳定的租税作为其财源,因此多以租税国作为社会国之前提。补充性原则原为天主教之社会学教义论,其立基于国家社会二元论及自由主义之思想,为解决不同社会层级事务分工问题,所发展出权限分配之基准,即个人或较低位阶的社会团体在整体国家、社会结构中具有行为优先权。法学界 J. Isensee 则认为

---

① 对于此类社会国条款其性质为何多有争论,应先于此予以厘清。在德国学说上多认为其属“国家目标条款”,具有法律拘束力,须持续尊重与满足社会国条款所揭明之国家任务,以此为国家行为与法令解释之指标,而非无法律拘束力之方针条款,请参见许育典:“社会国”,载《月旦法学教室》2003年第12期。亦有认为台湾地区“宪法”之社会国条款在增修条文中更进一步对“基本国策”规定为增补,修宪者有意更具体化社会政策方向,不愿全数委由“立法者”形成。应进一步就具体个别条文判别其性质,如推行“全民”健康保险,应属“宪法委托”,请参见詹镇荣:“社会国原则——起源、内涵及规范效力”,载《月旦法学教室》。“国家”目标条款与“宪法”委托之异同,请参见林明昕:“原住民地位之保障作为‘基本权利’或‘基本国策’?”,载《宪政时代》2004年第3期。

② 许育典:“社会国”,载《月旦法学教室》2003年第12期。

③ 詹镇荣:“社会国原则——起源、内涵及规范效力”,载《月旦法学教室》2006年第41期。

④ 许育典:“社会国”,载《月旦法学教室》2003年第12期;詹镇荣:“社会国原则——起源、内涵及规范效力”,载《月旦法学教室》2006年第41期。

⑤ 葛克昌:“宪法国体——租税国”,载葛克昌著:《国家学与国家法》,台湾元照出版有限公司1996年版,第139页以下。

⑥ 葛克昌:“量能原则与所得税法”,载葛克昌著:《税法基本问题》,台湾元照出版有限公司2005年增订版,第161~163页。

补充性原则为一般法律原则，并认为补充性原则主要可从宪法对基本权之保障及法治国原则导出。[①] 故补充性原则亦基于国家职权划分的观点，避免国家职权扩张，国家不能仅以具公共利益为由即介入社会而干预人民基本权。仍须就比例原则予以衡量，[②]尤其是必要性原则[③]及狭义比例性原则。以推行社会救助为例，个人、家庭所为之救助质量通常较佳，亦更为个别化及人性化，且由国家给予救助，通常人民须符合一定要件或须让渡部分的自由。例如，我国台湾地区"社会救助法"中低收入户的生活扶助，其第 4 条规定，低收入户须经主管机关审核认定"符合家庭总收入平均分配全家人口，每人每月在最低生活费以下，且家庭财产未超过'中央'、'直辖市'主管机关公告之当年度一定金额者"。[④]第 14 条及第 15 条规定，主管机关应经常派员访问受生活扶助者之生活情形，且低收入户中有工作能力者，主管机关应协助其接受职业训练、就业服务、创业辅导等，不愿接受训练或不愿工作者，不予扶助。家庭之总收入及总财产须符合一定要件，在申请过程中，亦牺牲个人及家庭之隐私权；接受生活扶助期间，又须接受主管机关之访问，更甚者须接受职业训练等，虽目的为使其自立，但某程度上而言即干预受生活扶助者之职业选择自由。因此，当个人、家庭能自为救助维持最低生活时，国家即不应介入而应遵守补充性原则。

租税国家中，国家推行其社会福利政策，亦得利用租税以间接给付之方式为之。一方面，基于立法者形成自由，社会法与税法之相互配合；另一方面，则是基于国家之补充性原则，在非个人及家庭能自我救助时，国家介入推行社会福利政策，干预人民基本权，应采取侵害最小之手段，相对于风险预付之社会保险或直接给付的社会补偿、社会救助，以社会政策目的之租税优惠推行对人民基本权侵害实属最小。以对老年照护为例，中国台湾地区"所得税法"第 17 条第 1 项第 1 款第 1 目免税额之规定："纳税义务人及其配偶之直系尊亲属，年满六十岁，或无谋生能力，受纳税义务人扶养者。其年满七十岁受纳税义务人扶养者，免税额增加百分之五十。"将老年人口之照护，先由家庭为之，结合"所得税法"免税额之规定，更得衡量个人及家庭整体负担能力而予以租税优惠。较之直接给

---

① 但亦有学者认为补充性原则之内涵过于空洞，不符合明确性之要求，在法学界无法适用，以 R. Herzog 为代表，请参见詹镇荣："补充性原则"，载《月旦法学教室》2003 年第 12 期；詹镇荣："社会国原则——责任主体、类型及界限"，载《月旦法学教室》2006 年第 42 期。

② 葛克昌："国家与社会二元论及其宪法意义"，载《国家学与国家法》，台湾元照出版有限公司 1996 年版，第 38 ~ 39 页。

③ 有认为中国台湾地区"宪法"第 23 条规定"以上各条列举之自由权利，除为防止妨碍他人自由、避免紧急危难、维持社会秩序，或增进公共利益所必要者外，不得以'法律'限制之"除为比例原则之体现外，亦同时蕴涵有补充性原则之精神，即限缩国家以公益介入人民自由权领域至最小范围之补充特性。参见詹镇荣："补充性原则"，载《月旦法学教室》2003 年第 12 期。

④ 以台北市 2010 年低收入户家庭生活扶助标准表为例，参照台北市政府 2010 年 2 月 8 日府社助字第 09931251000 号函："……本市 99 年度最低生活费标准定为每人每月新台币 14,614 元整，家庭财产之动产金额定为全家人口之存款投资平均每人不超过 15 万元，家庭财产之不动产金额定为全家人口之土地房屋价值不超过 550 万元。"

付的社会救助,如中国台湾地区"老年农民福利津贴暂行条例"第3条[①]即规定老年农民须年满65岁,并参加农民健康保险,然农民健康保险须透过先行给付(缴纳保费)始能取得保障,因而老年农民福利津贴仍须一手收益、一手给付,干涉人民之经济自由,且对于老年人口之照顾成效亦有限。

然而,国家不得以补充性原则为借口,断言某社会福利事项属个人、家庭仍得自我救助者,其即无推行社会福利之责任。在社会福利国家,基于其法规范中体现之社会国原则,[②]职权划分下国家立法者不宜仅消极自居补充性地位,应有其积极促进、推行社会福利之责任。[③] 个人、家庭之所以具有先位性,乃基于社会福利执行方法上强制性低、质量高,且较尊重个人人性尊严及基本权(如财产权、工作权、隐私权、经济自由)。国家应具体衡量何社会福利事项属个人、家庭不宜或难以为之者,[④]例如住房问题则牵涉面向较广,特别是市场上房价过高的问题,难以或甚至无法由个人或家庭自我救助而改善,此时国家应责无旁贷负起推行之责,并解决其财务问题。

三、社会政策目的租税优惠之展现

"租税优惠"乃基于财政收入以外之社会、经济、环境等政策目的所为之税捐减免优惠。相对的管制诱导租税规范为"租税特别负担",其则系对特定范围纳税人加重租税负担,作为管制诱导工具,如环境税。[⑤] 在20世纪70年代以降,渐承认租税之财政收入目的可仅为附带目的,而得以社会、经济、环境政策等为主要目的。以租税间接诱导人民之经济行为等,作为国家任务之工具。[⑥]

---

① 中国台湾地区"老年农民福利津贴暂行条例"第3条规定:"本条例所称老年农民,应符合下列各款资格条件:一、年满六十五岁。二、申领时参加农民健康保险之农民且加保年资合计六个月以上者或已领取劳工保险老年给付之渔会甲类会员,且会员年资合计六个月以上者。"

② 有从社会国原则性质上属"国家目标规定"观点出发,国家对于公平正义社会秩序之目标追求须恒有宪法上整体保障责任。国家社会二元论亦不在正当化国家得以从社会国责任抽身,而推诿由社会自行全部担负,只是容许国家负担之社会国责任强弱不同。请参见詹镇荣:"社会国原则——责任主体、类型及界限",载《月旦法学教室》2006年第42期。

③ 有从补充性原则之内涵阐明者,其消极意义之内涵为"权限防堵",当个人或社会对某任务处理足以胜任时,国家则不再具备该任务之事务管辖权;其积极意义之内涵为"国家之援助功能",即当个人或社会对某任务无法胜任时,国家不得再消极不作为,负有积极支持与协助之义务,必要时亦应将相关任务移转于自己。请参见詹镇荣:"补充性原则",载《月旦法学教室》2003年第12期。

④ 通常较适宜或易于由个人、家庭自我救助者,倾向为劳务性、服务性之给付,如老年照护、身心障碍者照护(但不代表全部个人或家庭均得自我救助)。

⑤ 黄茂荣:"论税捐优惠",载黄茂荣著:《税法总论》(第3册),台湾植根法学丛书编辑室2008年版,第341~343页;陈清秀著:《税法总论》,台湾元照出版有限公司2006年第4版,第354页;葛克昌:"租税优惠、平等原则与违宪审查——大法官释字第五六五号解释评析",载葛克昌著:《税法基本问题》,台湾元照出版有限公司2005年版,第295页。

⑥ 葛克昌:"租税优惠、平等原则与违宪审查——大法官释字第五六五号解释评析",载葛克昌著:《税法基本问题》,台湾元照出版有限公司2005年版,第286~287页。

由于租税并无对待给付，对人民课税应受严格平等原则拘束，衡量人民之负担能力而平等课税。租税优惠乃因特定政策目的对特定范围纳税人给予租税减免，即违反量能平等原则。过于浮滥且多数为经济政策目的之租税优惠会使人民租税负担越重，不公平之税捐负担将随不合理租税优惠而侵及租税正义。因此，须审查该租税优惠是否违反平等原则，是否有差别待遇之正当合理事由，是否符合比例原则；并就租税优惠之形成效果审查，不得侵害纳税人或第三人之财产权、工作权、经济自由权等基本权核心；再利益衡量量能平等原则之牺牲与租税优惠之政策目的，是否该政策目的更具优先性。[①] 以增加老年人口所得税免税额为例，其对老年者之所得税免税额增加 50%，而对其他年龄者则无，二者间有差别待遇，但其为促进老年生活之照顾，系以老年社会政策为主要目的之租税优惠，具有公共利益。利用免税额增加之租税优惠，得使家庭扶养、照护老年者之意愿提高，达促进老年生活照顾之目的，具适当性原则。采用免税额增加此种租税上间接给付之手段，较之直接的生活补助等对于人民隐私权、经济自由等基本权已属侵害最小，且为最保有人性尊严之手段，符合必要性原则。量能平等原则之牺牲与老年生活照护二者利益权衡下，老年生活照护具有更重大之公益性。并且，由于以老年者与非老年者为区别标准，又以增加免税额为手段，影响人民之财产权、经济自由权等基本权均十分有限，为大多数人（家庭）均有利之租税优惠措施，具有正当合理性。

国家给予人民社会政策目的之租税优惠，即间接给付，其与直接给付之最大差别即在于国家对人民基本权介入之程度高低不同，如财产权、经济自由、隐私权。一则透过社会政策目的之租税优惠，得给予人民更多实现社会福利措施之自由；二则免了国家给予人民直接给付，同时又对其课税，此种一给一取减损社会福利之成效，并未违反原先推行社会政策之目的。

（一）“全民”健康保险等社会保险面向

1.“全民”健康保险等社会保险制度

社会保险乃国家强制人民就共同风险投保之保险契约制度，保费费率非依风险之程度而定，系依被保险人负担能力高低决定。[②] 联合国《经济社会与文化权利国际公约》第 9 条规定：“本公约缔约国确认人人有权享受社会保障，包括社会保险。”中国台湾地区“宪法”第 155 条前段亦有规定，“国家为谋社会福利，应实施社会保险制度”。台湾地区社会保险制度，如起初“军人保险条例”于 1953 年即已制定，后有公务人员保险、劳工保险等，在 1995 年 3 月 1 日“全民”健康保险开办后，方有以“全体人民”为保险对象，且属

---

① 葛克昌：“租税优惠、平等原则与违宪审查——大法官释字第五六五号解释评析”，载葛克昌著：《税法基本问题》，台湾元照出版有限公司 2005 年版，第 292 ~ 304 页；葛克昌：“管制诱导性租税与违宪审查”，载葛克昌著：《行政程序与纳税人基本权》，第 122 ~ 132 页。

② 江朝国：“社会保险、商业保险在福利社会中的角色——以健康安全及老年经济安全为中心”，载《月旦法学杂志》2010 年第 179 期；谢荣堂：“社会法治国之社会安全法制”，载《月旦法学教室》2003 年第 10 期。

单一性之社会保险(仅提供医疗保障)。[1] 2008 年始又有“国民年金保险”。

以“全民”健康保险为例，其以增进“全体国民”健康为目的，保费计算非依被保险人风险高低，系以负担能力高低而定，[2]在承保范围以及保险给付方式上每人均同，具有强烈的重分配色彩。国家不能全将责任交由人民个人，个人纵有保险或储蓄，面临经济情势变迁等，自我救助预估能力仍可能失灵或不足，[3]面临健康威胁，国家应予以保障不使人民“因病而贫”。强制人民投保之法理基础，“司法院”解释释字第 472 号表明：“强制纳保、缴纳保费，系基于社会互助、危险分摊及公共利益之考虑，[4]符合‘宪法’推行‘全民’健康保险之意旨”，其解释理由书并认“强制全民参加‘全民’健康保险之规定，系国家为达成‘全民’纳入健康保险，以履行对‘全体’国民提供健康照护之责任所必要，符合‘宪法’推行‘全民’健康保险之意旨”。[5]

2. “所得税法”与“全民”健康保险

中国台湾地区“‘全民’健康保险法”第 27 条规定各类被保险人、政府或雇主保险费之负担比例，[6]以第一类中公、民营事业、机构等有一定雇主的受雇者之保险费负担比例为例，被保险人及其眷属自付 30%，投保单位负担 60%，其余 10% 由政府补助。投保单

① 蔡茂寅：“‘全民’健康保险现行制度分析与探讨”，载《月旦法学杂志》2008 年第 153 期；江朝国：“社会保险、商业保险在福利社会中的角色——以健康安全及老年经济安全为中心”，载《月旦法学杂志》2010 年第 179 期。

② 台湾地区“司法院”解释释字第 473 号解释：“鉴于‘全民’健康保险为社会保险，对于不同所得者，收取不同保险费，以符量能负担之公平性……”

③ 葛克昌：“社会福利给付与租税正义”，载葛克昌著：《国家学与国家法》，台湾月旦出版社股份有限公司 1996 年版，第 59～60、89～90 页。

④ 有认为系出于国家资源共享与所得重分配之理念及“宪法基本国策”而施加于人民之福利，非基于危险分摊，见释字第 472 号施文森大法官部分不同意见书。

⑤ 不同意见则认为强制纳保干预人民基本权，应受比例原则检视，若大多数人得自我承担风险时，应许其投保对其较有利的商业保险或是单纯风险自留，不采取其他侵害较小的手段，欠缺必要性。参见江朝国：“社会保险、商业保险在福利社会中的角色——以健康安全及老年经济安全为中心”，载《月旦法学杂志》2010 年第 179 期。

⑥ 仅就其中几类别被保险人之规定列表如下：

保险对象类别			负担比例(单位：%)		
			被保险人	投保单位	政府
第一类	公务人员、公职人员	本人及眷属	30	70	0
	私校教职员	本人及眷属	30	35	35
	公、民营事业、机构等有一定雇主的受雇者	本人及眷属	30	60	10
	雇主、自营业主、专门职业及技术人员自行执业者	本人及眷属	100	0	0
第二类	职业工会会员、外雇船员	本人及眷属	60	0	40
第五类	低收入户	本人	0	0	100
第六类	荣民、荣民遗眷家户代表	本人	0	0	100
		眷属	30	0	70
	其他地区人口	本人及眷属	60	0	40

资料载 http://www.nhi.gov.tw/webdata/webdata.asp? menu = 1&menu_id = 5&webdata_id = 133&WD_ID。

位雇主所负担之保险费,“营利事业所得税查核准则”第83条第4款即规定:“劳工保险及‘全民’健康保险,其由营利事业负担之保险费,应予核实认定,并不视为被保险员工之薪资。”许营利事业雇主将其所负担之保险费作为费用扣除。另一方面,营利事业雇主所负担之保险费不视为被保险员工之薪资。《个人所得税法实施条例》第25条亦有相似规定,“按照国家规定,单位为个人缴付和个人缴付的基本养老保险费、基本医疗保险费、失业保险费、住房公积金,从纳税义务人的应纳税所得额中扣除”。①

雇主所给付的“全民”健康保险费是在员工正式薪资以外对员工给付的其他福利,因“全民”健康保险之受益人本即为员工,属于福利性所得,为员工之薪资所得应予课税,但国家在租税上予以租税优惠,就此部分不视为所得,系为增进“全民”健康保险之推行,更完善地实现全民健康之社会福利目的。唯应注意者为,由于全民健保之保险费负担比例系依被保险人所属类别而定,当被保险人实际上负担能力与其他类别被保险人同等,但因所属类别不同自行负担保费比例较高,又无法享受到上述租税优惠,可能生违反平等原则及比例原则疑义,应进一步审视被保险人类别及保费负担比例之规定。

(二)老年化面向

联合国世界卫生组织所定义的高龄化社会为老年人口比率占7%。我国台湾地区65岁以上老年人口截至2009年年底占人口比例的10.6%,早已成为高龄化社会。目前的扶养比亦达到37%,即幼年人口及老年人口对青壮年人口的比率,指每一百个有工作能力人口应扶养37个依赖人口。② 高龄化社会加上家庭结构及经济形态改变,首先面对的即是老年经济安全及健康安全问题,已无法完全由家庭、个人独立负担。

1. 所得税免税额之增加——家庭扶养

台湾地区“所得税法”第17条第1项第1款“免税额”规定,纳税人及配偶本身年满70岁者,免税额可增加50%。③ 纳税义务人及其配偶之直系尊亲属,其年满70岁受纳税义务人扶养者,免税额亦增加50%。免税额及扣除额原是“所得税法”中主观生存保障净所得原则之呈现,斟酌个人主观的负担能力及家庭扶养负担,贯彻量能原则及生存权

---

① 中国台湾地区被保险人个人所负担之“全民”健康保险费,在台湾地区“所得税法”第17条之保险费列举扣除额中规定其保险费可全部列举扣除,不受金额限制。财政部、国家税务总局《关于基本养老保险费　基本医疗保险费　失业保险费　住房公积金有关个人所得税政策的通知》(财税字〔2006〕10号)规定,单位和个人分别在不超过职工本人上一年度月平均工资12%的幅度内,其实际缴存的住房公积金,允许在个人应纳税所得额中扣除。单位和职工个人缴存住房公积金的月平均工资不得超过职工工作地所在设区城市上一年度职工月平均工资的3倍,具体标准按照各地有关规定执行。单位和个人超过上述规定比例和标准缴付的住房公积金,应将超过部分并入个人当期的工资、薪金收入,计征个人所得税。个人实际领(支)取原提存的基本养老保险金、基本医疗保险金、失业保险金和住房公积金时,免征个人所得税。

② 户籍人口统计年报之“各县市年底人口数按三阶段年龄百分比分”,载 http://www.ris.gov.tw/version96/stpeqr_01_03.html。

③ 其修正理由:“为落实照顾老人之社会福利政策,爰修正第一项第一款,将纳税义务人本人及其配偶年满七十岁者纳入适用免税额增加百分之五十之范围。”

保障原则。借由社会政策目的的租税优惠增加老年者免税额,使家庭自我救助、扶养及照护老年人口,将社会福利政策与“所得税法”免税额结合,可考虑个人及家庭整体状况,衡量其负担能力而课税。但是,老年后通常经济收入减少、医疗费用增加,纳税人本身或是扶养者的支出相对增多,免税额的增加某种程度上也是实际衡量其负担能力的结果,不全然为租税优惠。

2. 退休金之定额免税——所得替代

老年经济安全中除劳工保险及公教人员保险等社会保险的老年给付或养老给付外,退休金制度亦扮演重要的角色。以中国台湾地区“劳工退休金条例”的退休金为例,台湾地区“所得税法”第 14 条第 1 项第 3 类规定,劳工依“劳工退休金条例”规定自愿提缴之退休金[①]或年金保险费,合计在每月工资 6% 范围内,不计入提缴年度薪资所得课税。劳工年满 60 岁即得请领退休金,提缴退休金年资满 15 年以上者,应请领月退休金,提缴退休金年资未满 15 年者,应请领一次退休金。退休金给付可分为一次给付及分期给付,由于老年为长期性的风险,经济安全保障除在量上发挥所得替代功能,时间上亦须长期的持续性给付,因此推行分期给付的年金制度实为不可或缺。[②]

按台湾地区“所得税法”第 14 条第 1 项第 9 类规定,凡个人领取之退休金均属退职所得,原则上应予课税,但个人已提缴之储金或年金保险费该年度已计入薪资所得课税部分及其孳息,不在此限。盖退休金通常被认为是过去长时间劳动对价的累积延后支付,性质上主要是薪资所得,另一部分亦有储蓄之性质,因此不宜全额免税仍应课税。[③]唯考虑老年退休后经济收入减少、医疗费用增加等,且为实现“社会国”原则老年经济安全之照护,台湾地区“所得税法”采取定额免税之租税优惠,[④]使人民退休后拥有所得替代维持基本生活,以间接给付方式减少直接的生活津贴或补助,降低国家对人民基本权之干预,并维护老年者之人性尊严。

---

① 台湾地区“劳工退休金条例”第 14 条第 1 项规定:“雇主每月负担之劳工退休金提缴率,不得低于劳工每月工资 6%。”第 3 项规定:“劳工得在其每月工资 6% 范围内,自愿另行提缴退休金。劳工自愿提缴部分,得自当年度个人综合所得总额中全数扣除。”

② 台湾地区“国民年金保险”之相关探讨,请参见钟秉正:“从‘老年安全’看国民年金保险之实施”,载钟秉正著:《社会福利之法制化》,台湾元照出版有限公司 2008 年版,第 64 ~ 70 页。

③ 葛克昌:“社会福利给付与租税正义”,载葛克昌著:《国家学与国家法》,台湾月旦出版社股份有限公司 1996 年版,第 82 页;陈清秀:“劳工退休金应否课税?”,载《月旦法学杂志》1997 年第 22 期。

④ 台湾地区“所得税法”第 14 条第 1 项第 9 类规定:“一、一次领取者,其所得额之计算方式如下:(一)一次领取总额在十五万元乘以退职服务年资之金额以下者,所得额为零。(二)超过十五万元乘以退职服务年资之金额,未达三十万元乘以退职服务年资之金额部分,以其半数为所得额。(三)超过三十万元乘以退职服务年资之金额部分,全数为所得额。退职服务年资之尾数未满六个月者,以半年计;满六个月者,以一年计。二、分期领取者,以全年领取总额,减除六十五万元后之余额为所得额。”

（三）住房面向

1. 住房社会福利措施

住房乃人民“家”的具体所在，传统中国也有“安居乐业”的成语，说明住房、居所对人民的重要性。在工业化、商业社会来临后，因工作需要人民往城市迁徙，随工作而居，使得家庭原本可提供住所的功能趋弱。渐而在近代产生房价过高、人民居住质量不佳等住房之社会问题。

20 世纪 80 年代左右“无壳蜗牛”这样的名词出现，代称没有能力购买住房的人民。在 1989 年发生了台湾地区第一次的无住屋运动，又称“无壳蜗牛运动”，选择在台北市最精华路段——忠孝东路号召万人夜宿，为台湾地区有史以来首次以都市改革为议题的社会动员。[①] 后续在 20 世纪 90 年代末期因亚洲金融风暴等影响，政府提出“振兴建筑投资业措施方案”，使得房价持续攀高，因而爆发第二次无住屋运动。在这一连串“无壳蜗牛运动”下，也促成了修正台湾地区“所得税法”第 17 条，将购屋借款利息扣除额从每户每年 10 万元提高为 30 万元，[②]且亦增列房屋租金支出扣除额每年 12 万之规定。[③]

各国对于住房社会问题采取不同的政策以及方式，但方式、手段上仍大略可分为实物给付、现金给付、社会保险、社会政策目的租税优惠等。例如，我国有提供实物给付租赁的廉租住房、公共租赁住房，[④]出售的经济适用住房；现金给付如租金补贴等；[⑤]社会保险如现行的住房公积金制度；社会政策目的租税优惠，如《美国联邦所得税法》有购屋贷

① 当时的背景为 1987 年中国台湾地区“国产局”标售华航附近土地创下当时天价，引发了我国台湾地区严重的房价狂飙，以台北市为例，房价在 1989 年、1990 年两年内上涨为 1988 年之三倍之多。当时民众所得并无明显提高，但房价却在短期内高速上涨，社会不满情绪高涨，产生了第一次无住屋运动。载 http://www.tmm.org.tw/snail/snail_02.htm 及 http://bbs.nsysu.edu.tw/txtVersion/treasure/tmm/M.915390111.A/M.931778036.A/M.935130818.A/M.935350037.A.html。

② 原先在 1987 年为鼓励一般“国民”购置自用住宅，台湾地区“所得税法”中增列纳税义务人购买自用住宅，向金融机构所支付之利息作为列举扣除，并以 2 万元为限。后于 1989 年、1995 年分别提高至 8 万元及 10 万元。直到 1999 年受到“无壳蜗牛”运动影响，再将每年扣除数额上限提高到 30 万元。其理由如下：“现行最高为十万元之购屋借款利息，可申报综合所得税自用住宅贷款利息列举扣除额，与实际贷款利息支出差距甚远，已不符实际，为减轻购置自用住宅者税负，应将此一列举扣除额，提高为三十万元。”

③ 2000 年年底在台湾地区“所得税法”第 17 条列举扣除额中增列房屋租金支出扣除额，纳税义务人及其配偶与受扶养直系亲属在“中华民国”境内租屋供自住且非供营业或执行业务使用者，其所支付之租金，每一申报户每年扣除数额以 12 万元为限。但申报有购屋借款利息者，不得扣除。其“立法”理由为适度减轻中、低收入者之税负。

④ 公共租赁住房乃提供给不符合申请廉租房资格但又无法自行负担购屋的“夹心层”人民，如新生代城市居民、大学毕业生、外来工作人员等，价格约仅在同类型住房的 60%。目前我国大陆正大力推行，也给予相当多租税优惠，详见财政部、国家税务总局《关于支持公共租赁住房建设和运营有关税收优惠政策的通知》（财税字〔2010〕88 号）。

⑤ 中国台湾地区为了协助没有能力购屋的家庭居住于合适的住宅，提供“租金补贴”。2010 年年度预计办理户数为 24,000 户。申请人须先向政府提出申请，经政府审查核定后，有租赁住宅事实者，政府按月补贴租金最高 3600 元，补贴期间为 1 年。载 http://ehi.cpami.gov.tw/Net/news/newsview.aspx? id=206。

款利息扣除额之规定,以及用房产作为抵押标的物之借款利息亦有扣除额。[①]

2. 以租税优惠实现人人有住房

直接给付与间接给付其最大差别即在于人民的选择自由以及国家对人民基本权介入之程度高低。政策目的同样在提供人民住房问题社会福利,直接给付虽给予人民较实体、较直接的补助,但可能潜在地干预人民之经济自由(选择住在何地区、居住于何种房型等),隐私权(须提供自身及家庭财产资料、婚姻状况与健康状况等),甚至是婚姻自由权,因为多半提供国宅、租屋津贴、购屋优惠贷款等住房社会福利措施均以已婚有配偶者为条件。国家在推行住房社会福利政策时仍应选择侵害最小之方式,始符比例原则之法治国要求。采取间接给付租税优惠的方式,即给予人们更多选择自由,以更有人性尊严的方式接受政府之社会福利。[②]

中国台湾地区现行住房社会福利目的之租税优惠,以"所得税法"列举扣除额为例,其中有购屋借款利息扣除额及房屋租金支出扣除额,依其"立法"理由"为鼓励一般'国民'购置自用住宅"及"适度减轻中、低收入者之税负",系基于推行住房社会政策目的而为者。在《美国联邦所得税法》则无房屋租金支出扣除额,产生对房屋购买者与租屋者间之差别待遇,且仅针对"房屋"借款利息可扣除,对于其他标的物的投资人亦有差别待遇,并欠缺合理的理由。[③] 我国台湾地区目前对于推行租屋者的社会补助呼声渐大,盖租屋者较购屋者通常乃经济能力更为弱势或是有其他须经常迁徙之需求者,但在"住"的需求上并无不同,甚至更需要社会补助。[④] 唯此种扣除额在采取累进税率的个人综合所得税中会造成因税率高低而影响实质减免效果大小,[⑤]甚至许多无个人综合课税所得净额(个人综合所得净额减除免税额及扣除额)的低收入者根本无法享受此租税优惠。就此,改采扣抵(即就税捐债务减除)方式或是引入负所得税制度,[⑥]将使得适用税率较低或是个人综合课税所得实际上为负数者亦可充分享受到此租税优惠。

妥善地透过税法整合住房之社会福利,运用租税优惠此种间接给付方式将使人民得

---

① 美国 Internal Revenue Code Section 163(h)(3)(c);陈薇芸著:《社会福利与所得税法》,台湾翰芦图书出版有限公司 2009 年版,第 248~253 页。

② 直接给付的社会补助较易给人"政府的施舍"的感受,透过税式支出,以所得税中扣除额或抵免额、地价税或房屋税之优惠税率等方式为之,此种情形则不明显,使人民可更有人性尊严地接受社会补助。

③ 在美国对于购屋借款利息扣除限制极少之情况下,扭曲纳税人的投资行为反而变相鼓励纳税人购买豪宅及大房子,请参见陈薇芸著:《社会福利与所得税法》,台湾翰芦图书出版有限公司 2009 年版,第 256~261 页。

④ 若仅从容身之处角度谈"住"的问题,可能已属主观生存权保障的问题,系生存所必需者,已为课税禁区。但至于自有住宅(自己拥有住房之所有权)尚无法全认为系生存权保障。

⑤ 黄茂荣:"论税捐优惠",载黄茂荣著:《税法总论》(第 3 册),台湾植根法学丛书编辑室 2008 年版,第 455 页;陈清秀:《税法总论》,台湾元照出版有限公司 2006 年版,第 356 页;陈薇芸著:《社会福利与所得税法》,台湾翰芦图书出版有限公司 2009 年版,第 260~261 页。

⑥ 负所得税制度系指纳税人之课税所得额为负数时就此数额可依规定的负税率领取救助款,请参见王建煊著:《租税法》,华泰出版社 2008 年第 31 版,第 102~103 页。

以拥有更多住房的选择自由，保有人性尊严，实现住房之社会福利政策。

四、结论

社会国原则下，国家不论立法、行政、司法均应有实现社会国原则之义务。

国家在非个人及家庭能自我救助时方能介入推行社会福利政策，不能仅以具公共利益为由即介入社会而干预人民基本权，仍须就比例原则予以衡量，尤其是必要性原则及狭义比例性原则予以衡量。国家推行社会福利政策应采取侵害最小之手段，相对于风险预付之社会保险或直接给付的社会补偿、社会救助，以社会政策目的之租税优惠推行对人民基本权侵害实属最小。

另一方面，国家应具体衡量何社会福利事项属个人、家庭不宜或难以为之者，国家不得以补充性原则为借口，断言某社会福利事项属个人、家庭仍得自我救助者，其即无推行社会福利之责任。

在社会政策目的租税优惠之展现上，在社会保险面向，以"全民"健康保险雇主所给付的保险费、福利性所得免税为例；老年人口问题，以免税额及退休金定额免税为例；住房社会福利目的租税优惠，以"所得税法"列举扣除额为例。妥善地透过税法整合社会福利，运用租税优惠此种间接给付方式将避免人民须让渡其自由权而换取社会福利，使其得以拥有更多的选择自由，更能保有人性尊严，而实现社会福利政策，使弱势人民重新恢复经济生产能力、缴纳租税，在社会国与租税国交错间纳税人能实现自我。

论税收政策的传导机制

翟继光*

税收政策的制定应当在科学的税收政策目标的指导下,选择适当的税收政策工具。选择适当税收政策工具的前提是对各项税收政策工具传导机制的深入研究。现实生活中经常出现税收政策工具无法实现税收政策目标,甚至导致相反税收政策目标的现象,其根本原因是对税收政策工具的传导机制认识不清。

一、税收政策传导机制的含义与构成要素

税收政策的传导机制是税收政策工具发挥作用的基本方式及其达到税收政策目标的过程与作用原理。有学者将税收政策传导机制界定为"税收政策影响经济增长的方式、途径和过程"以及"联系税收政策与国民经济的桥梁"。① 这一界定方式与本文界定方式的思路是相同的;但在具体表述上,上述定义中没有突出税收政策工具和税收政策目标两个连接点,没有强调传导机制所内在包含的作用原理。

从上述定义中可以看出,税收政策传导机制的构成要素中包括两个连接点、一个作用原理、一个传导过程和一个因果关系。税收政策传导机制的出发点是税收政策工具,而传导机制实际上研究的也是税收政策工具本身的传导机制。税收政策目标是税收政策传导机制的终点,一旦税收政策目标实现了,税收政策的传导过程也就顺利完成了。传导机制研究的正是从税收政策工具到税收政策目标之间的传导过程和作用原理。作用原理是从宏观的角度来研究税收政策工具发挥作用的基本方式,传导过程是从微观的角度来研究税收政策工具到达税收政策目标所经过的基本阶段及其所涉及的基本主体。因果关系是税收政策工具与税收政策目标之间的内在联系,也是税收政策工具能否实现税收政策目标的前提条件。

二、税收政策的作用原理

税收政策的作用原理是税收政策能否发挥作用以及发挥作用程度的基本原则和推

---

* 中国政法大学民商经济法学院副教授、硕士生导师,法学博士。本文为北京市法学会2011年度法学研究重点课题《法治视野下的中国房产税制改革》的中期成果之一,课题编号:BLS(2011)B006。

① 孙立东:"关于税收政策传导机制和政策时差关系的思考",载《税务研究》1996年第8期。

理过程。从宏观的角度来看,税收政策工具都是经济调节工具,其内容无非是征税与否以及征税多少,其作用的基本方式无非是通过增加或者降低纳税人的生产经营成本从而达到调节纳税人的经济行为的目的。因此,从本质上来看,税收政策工具依靠的仍然是市场经济中价格杠杆的作用原理。税收政策工具的使用无非是进一步增强或者削弱价格杠杆的作用而已。

认清了这一点,我们就会明白为什么在价格杠杆失灵的时候税收政策工具也会失灵,因为它们在本质上具有相同的作用原理。例如,当价格无法调节商品房的供需矛盾时,税收政策工具实际上也是无能为力的。而且,由于税收政策工具会进一步加强价格杠杆的作用,税收政策工具的运用会导致价格以更快的速度上涨或者下跌。例如,为了控制房价过快增长,我们会想到增加开发商的税收负担、增加炒房者的税收负担,由于税收负担是可以转嫁的,在商品房供需的基本态势不变的情况下,开发商和炒房者可以轻松将增加的税收成本转嫁到房价上,这样反而进一步促进了房价的上涨。①

三、税收政策的传导过程

税收政策的传导过程是税收政策工具到达税收政策目标所经过的基本阶段及其所涉及的基本主体。从微观的角度来看,税收政策工具实现税收政策目标需要经过一系列的阶段,包括立法、执法、司法和守法等,只有税务机关严格执法、纳税人严格守法才有可能发挥税收政策工具的作用,实现税收政策目标;否则,税收政策在运行中就会出现“变异”,使其无法实现税收政策目标或者无法充分实现税收政策目标。例如,对于小型微利企业的低税率优惠政策,其税收政策目标是降低小型微利企业的税收负担,从而促进小型微利企业的发展。由于小型微利企业的财务会计制度大多不健全,不能准确核算收入或者费用支出,此时,税务机关很可能对小型微利企业实行核定征税。由于核定征税的弹性较大,税务机关在核定应税所得率或者核定应纳税额时应当从小型微利企业低税率优惠政策所要实现的政策目标出发,以减轻小型微利企业的税收负担为指导思想来核定征税;否则,核定征税制度就成为小型微利企业低税率优惠政策发挥作用的障碍,使其无法实现政策目标。再如,根据财政部、国家税务总局《关于执行企业所得税优惠政策若干问题的通知》(财税〔2009〕69 号)的规定,《企业所得税法》第 28 条规定的小型微利企业待遇,应适用于具备建账核算自身应纳税所得额条件的企业,按照《企业所得税核定征收办法》(国税发〔2008〕30 号)缴纳企业所得税的企业,在不具备准确核算应纳税所得额条件前,暂不适用小型微利企业适用税率。这种解释有一定合理性,但我们应当综合考虑国家对小型微利企业的税收政策,由于专门针对小型微利企业的税收优惠政策只有低税率优惠这一项,我们在通过税法解释而拒绝给予核定征税的小型微利企业低税率优惠时

---

① 感兴趣的读者可以去研究我国最近两年房地产税收政策的变动与房价之间的关系,国家每次上调房地产税率(即增税)都会导致房价的一次迅速上涨(随之相联系的是短期销量的小幅回落),而每次下调房地产税率(即减税)都会导致商品房销量出现明显上涨(随之相联系的是短期价格的稳定)。

应当充分考虑小型微利企业的实际状况,并在核定征税时尽量往低核定,以免大多数小型微利企业都难以享受到小型微利企业的低税率优惠政策。

税收政策传导过程中还涉及一系列的主体,只有这些主体不折不扣地执行税收政策,税收政策工具才能顺利实现税收政策目标。由于每个主体都在追求自身利益,如果执行税收政策有利于实现其利益,相关主体就会严格执行或者遵守税收政策,反之,相关主体就会抵制税收政策的执行或者不遵守税收政策,由此会导致税收政策工具无法实现税收政策目标。例如,2010 年 1 月 26 日,国家税务总局发布《关于建筑企业所得税征管有关问题的通知》(国税函〔2010〕39 号),其中规定:建筑企业跨地区设立的不符合二级分支机构条件的项目经理部(包括与项目经理部性质相同的工程指挥部、合同段等),应汇总到总机构或二级分支机构统一计算,按照国税发〔2008〕28 号文件规定的办法计算缴纳企业所得税。由于项目部不就地预缴企业所得税,而是回其设立机构(即总部或者二级分支机构)缴纳企业所得税,这就损害了项目部所在地的税收利益,由此,很多地方税务局则违法要求项目部必须就地预缴企业所得税。针对这一普遍现象,国税函〔2010〕39 号通知同时要求各地税务机关自行制定的与该通知相抵触的征管文件一律停止执行并予以纠正;对按照规定不应就地预缴而征收了企业所得税的,要及时将税款返还给企业。未按该通知要求进行纠正的,税务总局将按照执法责任制的有关规定严肃处理。税务总局的严厉态度只会导致各地税务局变相追求自身利益,而不可能禁止其追求自身利益。很多地方的税务局均禁止外地企业在本地设立"项目部",只能设立"二级分支机构",这样就既符合税务总局文件的规定,又能实现地方保留税源的目的。最终,国家税务总局的政策工具无法实现其政策目标。仅仅 3 个月以后,国家税务总局便向地方妥协了,于 2010 年 4 月 19 日又发布了《关于跨地区经营建筑企业所得税征收管理问题的通知》(国税函〔2010〕156 号),其中规定,建筑企业所属二级或二级以下分支机构直接管理的项目部不就地预缴企业所得税,但总机构直接管理的跨地区设立的项目部应按项目实际经营收入的 0.2% 按月或按季由总机构向项目所在地预分企业所得税,并由项目部向所在地主管税务机关预缴。即便如此,由于 0.2% 的预缴率远低于二级分支机构的预缴率,很多地方税务局仍然要求外地建筑企业必须在本地设立"二级分支机构"。

因此,税收政策的制定必须充分考虑执法机关和相关利益主体的利益诉求;否则,税收政策一旦进入执行领域就会由于税法的解释和具体执行方式的改变而发生变异。

四、政策工具和政策目标的因果关系

税收政策传导机制必须充分研究税收政策工具和税收政策目标之间的因果关系,只有二者具备真实而非臆测的因果关系时,税收政策工具才有可能实现税收政策目标;否则,税收政策工具出台的那一天就注定无法实现税收政策目标,甚至会出现南辕北辙的现象。

例如,2009 年 12 月 22 日,财政部和国家税务总局联合发布了《关于调整个人住房转让营业税政策的通知》[财税〔2009〕157 号,该通知已因财政部、国家税务总局发布的《关于调整个人住房转让营业税政策的通知》(财税〔2011〕12 号)的颁布而失效〕,将财税〔2008〕174 号通知所规定的普通住房持有满 2 年对外销售即可免征营业税的政策延长到 5 年,目的是“促进房地产市场健康发展”,实质也就是打击炒房者。这一政策一出台就直接导致 2009 年年底二手房价格的新一轮上涨,各地房地产交易大厅人满为患,而一旦进入 2010 年,二手房交易市场立即冷淡下来。[①] 税收新政无非是加大了炒房者的时间成本和资金成本,而这些成本都可以被炒房者转嫁到购房者的身上。因此,受税收新政影响最大的不是炒房者,而是购房者。2010 年上半年国家对于房价的宏观调控效果不明显的原因很多,而一些政策的南辕北辙是难辞其咎的。

如果税收政策的目标是抑制房价过快增长,那么,增加炒房者的税收成本与抑制房价之间有因果关系吗? 在其他条件不变的情况下,炒房者的税收成本增加自然会转嫁给购房者,而这就相当于提高了房价。因此,增加炒房者的税收成本与提高房价之间具有因果关系,与抑制房价之间没有因果关系。进一步分析,房价的提高一方面会削弱购房者的购买力,从而降低销量;但另一方面,也会激发更多的购房者加入到炒房者的大军中,从而提高销量。所以,房价提高之后,销量是增还是减还受到很多因素的影响。

政策工具和政策目标的因果关系还要求各项税收政策互相配合、互相协作。因为各项税收政策工具的最终目标是一致的,即在保证国家财政收入的前提下促进经济快速稳定增长。如果税收政策工具之间互相掣肘,就难以发挥税收政策工具的综合作用,各个税收政策的传导机制就会出现问题。例如,对于“买一赠一”的行为,在企业所得税政策方面已经明确不属于赠与,不视同销售;[②]但在增值税政策上,由于尚未有相关解释出台,实务界和学界一般还是将其界定为赠与并按照视同销售征收增值税。这种政策之间的不协调会导致纳税人在账务处理上不敢采取“买一赠一”的方式,而是转变为“捆绑销售”。再如,对于劳务而言,我们根据劳务的提供者和接受者是否在境内来判断营业税纳税义务发生地,[③]根据劳务发生地来判断企业所得税纳税义务发生地,[④]这样就会出现同一个劳务需要在中国缴纳营业税但不需要在中国缴纳企业所得税的现象。这种政策差异也不利于企业正常生产经营活动的开展,阻碍了税收政策目标的充分实现。

---

① 载“直击二手房营业税新政 沪房产交易中心门可罗雀”,载 http://sh. sohu. com/20100106/n269404476. shtml。

② 根据国家税务总局《关于确认企业所得税收入若干问题的通知》(国税函〔2008〕875 号)的规定,企业以买一赠一等方式组合销售本企业商品的,不属于捐赠,应将总的销售金额按各项商品的公允价值的比例来分摊确认各项的销售收入。

③ 《营业税暂行条例实施细则》(财政部、国家税务总局令第 52 号)第 4 条规定:“条例第一条所称在中华人民共和国境内(以下简称境内)提供条例规定的劳务、转让无形资产或者销售不动产,是指:(一)提供或者接受条例规定劳务的单位或者个人在境内……”

④ 《企业所得税法实施条例》(国务院令第 512 号)第 7 条规定:“企业所得税法第三条所称来源于中国境内、境外的所得,按照以下原则确定……(二)提供劳务所得,按照劳务发生地确定……”

信托行为遗产赠与税与租税规划之研究

李礼仲[*] 杨恩沛[**]

一、前言

信托乃委托人(trustor,grantor)移转其财产的法定所有权予受托人(trustee),由受托人管理与处理信托财产,将其收益之享有权移转予受益人(beneficiary or beneficiaries)的一种财产管理的法律安排。我国台湾地区"信托法"第1条规定:"称信托者,谓委托人将财产权移转或为其他处分,使受托人依信托本旨,为受益人之利益或为特定之目的,管理或处分信托财产之法律关系。"其内容显示几点意义:信托系一种以财产权为中心的法律关系;信托必须委托人将其财产权移转或处分给受托人,信托之受托人必须依委托人设立信托的意旨即信托本旨管理或处分信托财产。①

信托乃当事人间之一种信任关系(fiduciary relationship),②持有财产权之一方(受托人),负有为他方(受益人)之利益管理或处分该财产之衡平法上义务(equitable obligation)。说明了信托乃受托人为受益人管理信托财产之信托关系。③

信托在成立时,委托人应将财产移转为受托人之名义,同时将享受信托利益之受益权自留(自益)或授予他人(他益)。因此,信托成立随即发生"所有权移转"及"授予受益人利益"之行为。前者在信托观念上为财产权之移转,后者为受益人取得信托利益享受权。在现行税法上之处理,前者财产权之移转,因使受托人管理或处分财产所为之名义上移转,故与现行税法之财产交易或不动产之移转不甚相同,唯税法在所有权移转时并不考虑其原因皆应课税,对信托行为只有形式移转因此并无课税之事实,因此有必要特别规定加以排除。

至于授予受益人利益,如该受益人为委托人(即信托当事人)自己,于信托行为时固

---

* 台湾亚洲大学财经法律学系兼任副教授,美国威斯康星州立大学法学博士(S. J. D.)。

** 台北市政府岁捐处法务处处长,铭传大学财金系硕士。

① 蔡小泓:"浅谈信托课税"(上),载《律师杂志》1998年第229期。

② George G. Bogert, *The Restatement of Law*, Second, Trust, 1952, p. 1.

③ 《日本信托法》第1条明文规定,"信托谓移转财产权或为其他处分,使他人依一定之目的,为财产权之管理或处分",重视委托人成立信托,并以信托目的约束受托人之信托行为。

无课税问题；但如受益人为第三人时，不无利他契约或行为之性质，在信托之观念上，受益人为第三人时，视为该第三人无偿取得信托利益，与赠与税之受赠权利无异，各国均明定课税，我国台湾地区也从之。

由于信托成立后必须将信托财产移转受托人，使其成为名义上之所有权人。因认为如此便于达成信托之目的，使受益人方便处理信托财产。此种移转纯为形式上之移转，将信托视为委托人为使受益人（包括自益时之自己）享有信托利益形成之"导管"所致。受托人仅取得者为信托财产为名义上所有权，与实际移转之结果全然不同，自应将该行为排除于课税范围之外。唯于受益人取得信托财产或取得信托财产新产生之所得享有经济上实质买卖利益，课税时原则上应以其为对象，以符合实质所得者课税原则。

信托之运作与租税课征息息相关。因为信托成立时，委托人将其财产移转或为其他处分予受托人；信托存续期间，受托人依信托本旨管理或处分信托财产、交付信托利益予受益人或信托关系人；信托关系消灭时，信托财产移转予归属权利人。凡此皆涉及财产权之移转、处分产生应否课税之问题。①

信托成立，委托人有将信托财产移转为受托人名义所有之义务。然而，此移转行为在税法上产生三个课税关系：(1)财产移转之流通税课征问题，包括契税、证券交易税、营业税。② (2)财产移持之所课征问题，包括财产交易所得、土地增值税问题。③ (3)财产移转之无偿取得受益权课税问题。如何征免，颇值研究。④

租税为国家法律行使公权力之一种。依课税合法性原则，不仅课税构成要件而且法律效果也必须从法律产生。因此，倘若有法律给予纳税义务人数个法律效果可以选择，

---

① 黄志文："信托相关'税法'修正条文介绍"，载《趋势产业法律实用》，2002 年版，第 140 页。

② 流通税课征问题乃为信托成立，委托人之移转信托财产予受托人，属形式上移转。因此，信托财产为房屋、有价证券移转所生知契税、证券交易税及委托人为营业人所生之营业税，均免征。

③ 所得税及土地增值税课征问题为委托人原持有之财产，于信托成立移转财产时，该财产之增值因移转而实现。唯委托人（信托财产原持有人）并未就该部分增值而受益。因此，因信托成立移转信托财产所产生之财产交易所得或证券交易所得，均免征所得税。仅课征赠与税（他益信托）或遗产税（遗嘱信托）时课征赠与税或遗产税即可。

至于以土地为信托财产之他益倍托，于信托成立移转土地所生之土地增值税，受益人享有该项增值利益依台湾地区"土地税法"第 5 条规定应为土地增值税之纳税义务人。唯受益人所取得之受益权属债权信托，而非物权，尚无权自由管理处分该财产，自与该"法条"规定受赠取得物权（所有权）之情况不同，此际对受益人课征土地增值税并不妥当。似可将该委托人持有期间土地增值之土地增值税暂予记存，由受托人于信托存续中有偿移转或信托终了时移转予委托人以外之归属权利人时一并课征。信托课税相关"土地税草案"规定，土地信托于成立时移转土地所生之土地增值税免征，于信托期间有偿移转或信托终了移转给委托以外之归属权利人时，才以该归属权利人为纳税义务人课征土地增值税。此一规定将产生信托成立前之增值（所有权人为委托人）与成立后之合并计算课税之不合理逻辑情况，纳税义务人也因增值之提高适用较高税率而增加负担。

④ 又信托成立时，委托人将财产权移转为受托人名义所有，但受托人并未给付委托人任何代价，亦未实际取得所有权，形式上与无偿移转相同，故因财产移转所生的纳税义务似不应发生在受托人身上，此为形式上移转不课征税捐之原则。

则为例外。[①] 税法承认税捐义务人享有选择权责会导致税捐义务人租税规划(tax planning)。[②] 缴税租税规划其目的乃为"节税",是纳税义务人利用政府在租税法中赋予纳税义务人的租税减免之奖励或选择机会,经由最适当的安排与抉择而发挥减轻税负的效益。由上可知,信托相较传统上租税规划有租税规划上之弹性与优势,可预见的信托将来亦将为未来公民选择租税规划中之重要选项之一。

租税措施对信托制度之推行影响甚巨,实为发展信托制度最重要之课题。台湾地区"立法院"于2001年5月29日信托相关七项税法规定陆续通过,[③]并于同年7月1日施行,使台湾地区信托制度始臻完备。然而,目前信托相关税制定实务上之信托多以他益信托为主体,并以金钱或一般土地信托为客体,租税问题尚属简单。但若由其他为客体如公共设施保留地、农业用地其衍生租税究为信托财产标的本身或受益权上,则有争议。因此,为使信托能更为大众所接受或认同,则信托租税问题有必要一一加以探讨。

本文之研究目的乃将信托原理及信托导管理论配合台湾地区现行信托税制之规定,针对遗产赠与税按信托行为之成立、存续、消灭三方面探讨目前信托行为遗产赠与税相关租税规划之相关问题,冀能提供信托税制修正改进之方向,使台湾地区之信托制度更为健全。

二、遗产赠与税之租税规划

美国联邦最高法院大法官 Learned Hand 曾言:"安排减轻税负绝非恶事。不论穷人富人任何人都可以如此做;因为没有人有义务去缴付比法律所课征还要多的租税;租税是国家强制性的索取私人财务,不是自愿的奉献。任何假道德之名要求纳税义务人不可寻求合法减轻税负的言论都只是伪善之词而已。"[④]此说明了租税规划之合理性与适法性。[⑤]

依据我国台湾地区"宪法"第19条的规定:"人民有依'法律'纳税之义务。"可知人民有依法律纳税之义务,但对于人民通过租税规划达到节税之目的,在法律许可的范围内是未被禁止的。由此可知,"节税乃为'宪法'所保障的基本权利之一",即任何人在"宪法"上皆有合法减轻或免除其租税负担的租税规划权利,此一基本权利绝不容许行政机关恣意的剥夺。相对于节税,避税(tax avoidance)乃纳税义务人为达到少缴交赋税之

---

① 颜庆章著:《租税法》,台湾月旦出版有限公司1998年版,第71页。

② 陈清秀著:《税法总论》,台湾翰芦图书出版有限公司2001年版,第42~43页。

③ 依台湾地区"立法院"院总第二二五号、台湾地区"政府提案"第六七九六号之一所提案审议之"信托相关税法修正法案",包括了台湾地区"所得税法"、"遗产及赠与税法"、"土地税法"、"房屋税条例"、"平均地权条例"、"营业税法"和"契税条例"部分条文修正案。

④ There is nothing sinister in so arranging one's affairs to keep taxes as low as possible. Everybody does so, rich and poor; and all do right, for nobody owes any public duty to pay more than the law demands; taxes are enforced, not voluntary contributions. To demand more in the name of morals is mere cant.

⑤ Commissioner v. Newman, 159 F. 2d 848(2d Cir. 1947).

目的利用合法的管道逃税，虽然形式合法，但仍得要探究实质。

由于纳税义务只在于法律范围的纳税，并得于法律许可之范围内选择纳税方式，以减轻赋税，此即为租税规划。本段即以探讨纳税义务人常用租税规范之工具与信托租税做一比较探讨。

（一）租税规划之探讨

租税的课征，本质上蕴涵着国家基于其本身生存的必要性而对人民财产权的适度侵害。人民为了防范国家对其财产权的侵害逾越了“适度”的范围，故而在宪法上明文规定人民只有依法律之规定才有纳税的义务，借以遏制行政机关“恣意”以行政命令或行政处分侵犯人民的财产权，[①]此即为台湾地区“宪法”第19条“租税法定主义”之立法目的与宗旨。因此，任何人对法律规定以外由行政机关所加诸之纳税义务皆可拒绝履行。同时，任何人皆可在法律规定的容许之下，尽其所能地减轻其租税的负担，此即所谓的租税规划。

至于所谓的避税，则是指纳税义务人虽在不违反法律规定的范围之内，以各种法律形式的安排来达到减轻或免除其租税负担的目的，唯其结果却常与租税法的立法规范有所违背。由于避税与节税之间往往只有一线之隔，有时根本很难加以区分。“脱法避税”行为调整经经济判断（实质认定）之事实，符合经济解释（实质解释）之法定课税要件，即产生纳税义务（税捐债务）。反之，其事实不具备课税要件，即无税捐债务；纳税义务人利用私法自治法在符合税法立法意旨下取得租税利益，为“合法节税”。[②]

唯纳税义务人所选择之法律事实（以契约为主），系滥用法律事实之形成自由，亦即以非常规方式规避税法之强制规定，则违反税法之立法意旨。此时，行政机关依相当之事实适用课税要件，产生与常规行为之课税效果，此为脱法避税之调整。其得以调整之理由为，在税法依量能课税原则平等负担之强行法不容规避。脱法避税行为之调整，只在税法上法律效果依常规行为予以相同课税，但在私法效果方面不受此调整之影响；脱法避税行为在税法上得以调整，但不得予以处罚，因其并非违法逃税行为。兹就税法之经济解释、事实之经济判断及脱法避税之调整，如图1所示：[③]

则诚如大法官会议解释字二一七号解释文所言，人民“仅”依“法律”，而非“判决”、“行政命令”或者是“行政处分”，所规定之纳税主体、税目、税率、纳税方法及纳税期间等项而负纳税之义务。因此，每一个纳税义务人皆可尽其所能的，在不违反相关规定明文的禁止规定的情况下，减轻甚或免除其纳税义务。任何假道德之名来驳斥纳税义务人合法的租税减轻或免除行为的做法，本质上皆属不当之“非难”。

---

① Brison v. Commissioner, 45 TCM 784 (1983).

② 葛克昌：“信托行为与实质课税原则”，载《月旦法学杂志》第80期。

③ 同上。

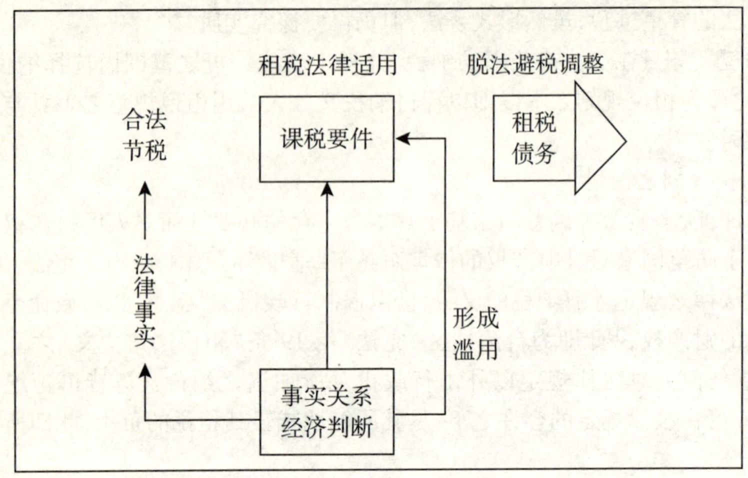

图1　税法经济解释、事实判断及脱法避税调整

此图摘自葛克昌："信托行为与事实课税原则"，载《月旦法学杂志》第80期。

由此可知，在实务中，我国台湾地区"司法院"大法官会议、"行政法院"以及行政机关常以"实质课税原则"来限缩有违"立法本旨"之租税减轻行为。① 诚然，"实质课税原则"乃税制基本指导原则之一，然而如果以"实质课税原则"作为"恣意"侵犯人民财产权正当化手段，则又扩大了行政权与司法权而又恐将陷"租税法定主义"于空洞化。

依台湾地区"宪法"第19条的规定，纳税为"国民"应尽之义务，除了可应用"税法"上合"法"之优惠规定为节税规划外，如果以违"法"之方式来逃漏税捐或规避租税，即非所谓租税规划，②而构成非"法"逃避税捐，将会遭受"法律"处罚。③

租税规划，乃指对同一经济行为有不同课税规定可选择时，纳税义务人就本身情况，依据税法规定，经由周密安排，选择最有利之纳税途径，使其经济行为所应负担之租税达到最低之赋税负担事前设计。也就是说，纳税义务人利用政府在租税法中赋予纳税义务人的租税减免之奖励或选择机会，经由最适当的租税规划设计而发挥减轻税负的效益。因此，从事租税规划，必须符合下列几个原则：

第一，租税规划必须在法律规范内为之：租税规划乃依据税法之规定，利用其赋予纳

① 大法官第420号解释文指出，解释涉及租税事项的法律时，应该本于租税法律主义精神。也就是需依据法律的立法目的衡量经济上的意义，以及依实质课税原则核实认定。

② 所谓逃漏税捐(tax evasion)或规避租税(tax avoidance)之方法，系指纳税义务人积极的以非法之方法逃税，或者以消极隐匿方式漏报税捐而言。至于规避租税，则是指纳税人、企业，以钻税法规定之漏洞，选择原先不具备课税要件之途径，借以达到少缴或免缴租税之目的。

③ 例如，台湾地区"遗产及赠与税法"第45条规定，可以处一倍至二倍之罚锾外，如有故意或诈欺或其他不正当方法逃漏时，则可以处罚一倍至三倍之罚锾。另外，依照台湾地区"税捐稽征法"第41条之规定，则可处五年以下的有期徒刑，拘役或科或并科新台币六万元以下罚金。

税义务人的租税减免之奖励，使纳税义务人之税赋达到最低。因此，租税规划方法必须为法律所明文规定。①

第二，租税规划为一事前周密之设计：由于税法所赋予每一纳税义务人之租税减免方式不一，可以运用之时机及方法亦各有不同，如未有一事前周密之设计，往往无法达到合法之节税目的。因此，租税规划必须有事前长期之周密设计，如此才能达到最大的租税规划效益。②

第三，租税规划必须基于专业的知识：由于税法之规定细密庞杂，且经常同时牵涉不同之法律规定，必须有赖精研税务方面之专家，熟稔所有税法之相关规定，为每一不同之个案，依照不同之主、客观因素，做出最大节税效果的节税规划。③

（二）传统租税规划与信托之租税规划

台湾地区遗产及赠与税乃采累进之税率制度，传统租税规划与信托之租税规划之税率最高均达到课税净额之50%，不可谓低，④因此给予纳税人寻求租税规划方法之诱因。本部分即针对传统遗产及赠与税之租税规划原理、遗产税之租税规划方法、赠与税之租税规划方法和信托之比较进行论述。

由于租税规范为中国台湾地区所许，故台湾地区纳税义务人可利用租税相关规定之优惠享受因租税规划得来之利益，下面仅就目前一般纳税义务人所实行之传统租税规划方式探讨。

1. 保险

长久以来保险为一般民众常用之租税规划，因其节税之效益非常高，若以寿险保单之要保人为子女（子女满14岁之后），⑤只要每年保险费在赠与免税额之下（每年赠与税额之免税额100万元），⑥即可享受免课征赠与税之好处。因为以子女为要保人，依“保险法”的规定要保人负有给付保险费之责，所以在子女为要保人的情形下，父母所赠与之标的物是保险费，所以只要保险费未超过100万元，即享有免赠与税之优惠。⑦

依据台湾地区“遗产及赠与税法”第16条第9款的规定，被继承人之人寿保险及军、

---

① 陈恩民：“‘我国’遗产及赠与税租税规划之研究”，“国立”交通大学硕士班2002年硕士学位论文。

② 同上。

③ 同上。

④ 遗产税之课税遗产净额，超过1亿元新台币者，就其超过额课征50%；赠与税之课税赠与净额，超过4500万元新台币者，就其超过额课征50%。

⑤ 台湾地区“保险法”第107条规定：“订立人寿保险契约时，以未满十四岁之未成年人，或心神丧失或精神耗弱之人为被保险人，除丧葬费用之给付外，其余死亡给付部分无效。前项丧葬费用之保险金额，不得超过主管机关所规定之金额。”

⑥ 台湾地区“遗产及赠与税法”第22条规定：“赠与税纳税义务人，每年得自赠与总额中减除免税额一百万元。”

⑦ 罗友三、罗友朋、黄雯靖著：《赠与税遗产税节税规划》（下），1998年版，第238页。

公教人员、劳工及农民之互助金若给付指定受益人,则可不计入遗产总额。[①] 因此,在做遗产税规划时,人寿险保单以父母为要保人、被保险人,而子女为受益人的终身人寿险。一旦父母死亡时,子女可取得免计入遗产总额之保险理赔金。[②]

2. 生前分年赠与财产

依照台湾地区"遗产及赠与税法"第13条的规定,遗产税之税率乃采累进之方式,故课税净额越高,则所适用之课征税率亦相对提高。因此,能利用"生前赠与",降低将来遗产总额之方式,一方面可降低课税净额,另一面也可适用较低之税率。[③]

依据台湾地区"遗产及赠与税法"第22条的规定:"赠与税纳税义务人,每年得自赠与总额中减除免税额一百万元。"纳税义务人可擅用此一租税规划,分年移转财产,只要每年移转之财产总额未超过100万元,即可免课征赠与税。[④]

3. 子女婚嫁时赠与

依据台湾地区"遗产及赠与税法"第20条第7款的规定,父母于子女婚嫁时所赠与之财务,金额不超过100万元不计入赠与总额。所以,父母在做分次赠与时,可把握子女结婚时,各赠与100万元给结婚之子女,即可免征赠与税。实务中,儿女结婚时前后半年皆可适用此规定。因此,一个结婚的子女,在结婚当年可获得200万元免税之赠与。[⑤]

4. 提早赠与未上市(柜)股票——适用赠与税

依据台湾地区"遗产及赠与税法施行细则"第29条第1项的规定,未上市(柜)股票以赠与日该公司之资产净值估定之[⑥],通常与市价相比仍有相当的差距。因此,未上市上柜公司之股票持有人通常可以考虑于生前分年赠与之方式,乃在于利用其评价方式以估算公司净值,在税赋上较为有利,避免将来股票上市上柜后改采以收盘价估算。[⑦] 但此一租税差价(收盘价——资产净值)做租税规划只可节省巨额赠与税,[⑧]而无法适用于遗产税。

---

① 台湾地区"遗产及赠与税法"第16条第9款规定:"约定于被继承人死亡时,给付其所指定受益人之人寿保险金额、军、公教人员、劳工或农民保险之保险金额及互助金。"

② 罗友三、罗友朋、黄雯靖著:《赠与税遗产税节税规划》(上),1998年版,第25页、第239页。

③ 陈恩民"'我国'遗产及赠与税租税规划之研究","国立"交通大学硕士班2002年硕士学位论文。

④ 罗友三、罗友朋、黄雯靖著:《赠与税遗产税节税规划》(上),1998年版,第73页。

⑤ "财政部"2000年6月22日"台财税第0890453944号函释"规定,"遗产及赠与税法"第20条第7款不计入赠与总额,应以子女婚嫁时父母所赠与之财物为其适用范围,至所称"婚嫁时"一语如何认定,系属稽征实务,应由稽征机关本诸职权,就个案事实分别认定。

⑥ 台湾地区"遗产及赠与税法施行细则"第29条第1款规定:"未上市或上柜之股份有限公司股票,除前条第二项规定情形外,应以继承开始日或赠与日该公司之资产净值估定之。"

⑦ 台湾地区"遗产及赠与税法施行细则"第28条第1款规定:"凡已在证券交易所上市(以下称上市)或证券商营业处所买卖(以下称上柜)之有价证券,依继承开始日或赠与日该项证券之收盘价估定之。但当日无买卖价格者,依继承开始日或赠与日前最后一日收盘价估定之,其价格有剧烈变动者,则依其继承开始日或赠与日前一个月内各日收盘价格之平均价格估定之。"

⑧ 简清源:"个人信托理财与节税策略之研究",义守大学管理研究所2002年硕士学位论文。

5. 购置农业用地

台湾地区"遗产及赠与税法"第 4 条规定，举凡动产、不动产及其他一切有财产价值之权利，皆属遗产及赠与税之课征范围。① 唯不动产中有关农业用地部分，在遗产税部分，其供作农业使用之农业用地及其地上农作物由继承人或受遗赠人承受者，可扣除其土地及地上农作物价值之全数作为免征。② 在赠与税部分其作农业使用之农业用地及其地上农作物，赠与台湾地区"民法"第 1138 条中所定继承人者，③不计入其土地及地上农作物价值之全数；故不计入赠与总额。④

依据上述"税法"的规定，于租税规划中被继承人或赠与人可尽量利用现金或将易变现之财产变现以购置农业用地再继承给继承人或赠与遗赠人，可以达到免除或降低课征遗产及赠与税之租税规划效益。唯承受人（继承人或受赠人）自承受之日起 5 年内，未将该土地继续作农业使用，且未在有关机关所令期限内恢复为农业使用，或虽在有关机关所令期限内已恢复农业使用而再有未做农业使用情事者，仍应追缴应纳之税赋，⑤则为此项租税规划必须注意之处。⑥

6. 公共设施保留地

公共设施保留地因继承取得免征遗产税，因赠与配偶或直系血亲免征赠与税。其遗产税或赠与税应纳税额在 30 万元以上可向稽征机关申请实物抵缴。⑦

台湾地区"都市计划法"第 50 条之 1 规定公共设施保留地，因继承或因配偶、直系血亲间之赠与而移转者，免征遗产税或土地增值税。⑧ 另依台湾地区"遗产及赠与税法施行细则"第 44 条的规定，⑨被继承人之遗产中属于依"都市计划法"第 50 条之 1 免征遗产税之公共设施保留地者，纳税义务人得以之申请抵缴遗产税；以受赠人为纳税义务人时，

---

① 台湾地区"遗产及赠与税法"第 4 条第 1 项、第 2 项规定："本法称财产，指动产、不动产及其它一切有财产价值之权利。""本法称赠与，指财产所有人以自己之财产无偿给予他人，经他人允受而生效力之行为。"

② 台湾地区"遗产及赠与税法"第 17 条第 1 项第 6 款规定。

③ 台湾地区"民法"第 1138 条规定："遗产继承人，除配偶外，依左列顺序定之：一、直系血亲卑亲属。二、父母。三、兄弟姊妹。四、祖父母。"

④ 台湾地区"遗产及赠与税法"第 20 条第 1 项第 5 款规定。

⑤ 台湾地区"遗产及赠与税法"第 17 条第 1 项第 6 款及第 20 条第 1 项第 5 款规定。

⑥ 简清源："个人信托理财与节税策略之研究"，义守大学管理研究所 2002 年硕士学位论文。

⑦ 台湾地区"遗产及赠与税法"第 30 条第 2 项规定："遗产税或赠与税应纳税额在三十万元以上，纳税义务人确有困难，不能一次缴纳现金时，得于前项规定纳税期限内，向该管稽征机关申请，分十二期以内缴纳；每期间隔以不超过二个月为限，并准以课征标的物或其它易于变价或保管之实物一次抵缴。"

⑧ 台湾地区"都市计划法"第 50 条之 1 规定："公共设施保留地因依本法第四十九条第一项征收取得之加成补偿，免征所得税；因继承或因配偶、直系血亲间之赠与而移转者，免征遗产税或赠与税。"

⑨ 台湾地区"遗产及赠与税法施行细则"第 44 条第 1 款规定："被继承人遗产中依都市计划法第五十条之一免征遗产税之公共设施保留地，纳税义务人得以该项财产申请抵缴遗产税款。依本法第七条第一项之规定，以受赠人为纳税义务人时，得以受赠财产中依都市计划法第五十条之一免征赠与税之公共设施保留地申请抵缴赠与税款。"

得以受赠财产中依“都市计划法”第50条之1免征赠与税之公共设施保留地申请抵缴赠与税。①

又依台湾地区“公共设施保留地免征遗产税或赠与税之调查及认定作业要点”第4条第5项的规定。② 公共设施保留地于核课遗产税时仍应列入遗产总额中，递以同额列为扣除额自遗产总额中扣除；其属于赠与税之部分，则可径行认列为不计入赠与总额之财产中。③

依据以上规定，被继承人之财产中属公共设施保留地者，得于其遗产总额中减除，继承人在缴纳遗产税时亦可将遗产中之公共设施保留地用以抵缴遗产税。又因公共设施保留地其购买价值远低于公告现值，在办理实物抵缴时系以公告现值为基准，故享受“双重”的节税效益。

7. 夫妻剩余财产请求权（仅适用遗产税）

夫妻财产制采法定财产制（即联合财产制）时，夫或妻的原有财产由夫或妻各自保有其所有权；④夫或妻之一方死亡时，被继承人名下的财产应列入遗产总额中，课征遗产税。⑤

又台湾地区“民法”第1030之1条规定之法定财产制（即联合财产制）关系消灭时，夫或妻现存之婚后财产，扣除婚姻关系存续中所负债务后，如有剩余，其双方剩余财产之差额应平均分配。⑥ 故被继承人死亡时，如果配偶资产较少时，则其配偶可选择行使剩余财产请求权，将该项请求权之价值从遗产总额中扣除，以达到节税的目的。唯当夫与妻同时死亡时或配偶之财产较被继承人为多时，此一租税规划将无法享受租税优惠。⑦

8. 金融机构举债（仅适用遗产税）

被继承人死亡前未清偿之债务，具有确实之证明者，可自遗产总额中扣除，因此被继承人在生前可以向外举债，以达免征遗产税之目的，此为台湾地区“遗产及赠与税法”第17条第1项第9款所明订，⑧故亦成为常用之租税规划之一。

此项租税规划亦可与购买保险、购买农业用地或购买公共设施保留地相搭配，达到

---

① 苏建荣：“公设保留地节税利用及风险”（上），载《实用月刊》2002年9月。

② 台湾地区“公共设施保留地免征遗产税或赠与税之调查及认定作业要点”规定，“土地经认定符合‘都市计划法’第五十条之一规定，属于继承事实发生日或赠与日尚未征收之公共设施保留地，核课遗产税时仍应列遗遗产总额，递以同额列为扣除额自遗产总额中扣除。属于赠与税则径核列为不计入赠与总额之财产。”

③ 苏建荣：“公设保留地节税利用及风险”（上），载《实用月刊》2002年9月。

④ 台湾地区“民法”第1030之1条规定：“夫或妻之财产分为婚前财产与婚后财产，由夫妻各自所有。”

⑤ 吴明真：“夫妻财产制与遗产税之节税规划”，载《“中国”税务旬刊》2001年第1804期。

⑥ 台湾地区“民法”第1030之1条规定。

⑦ 罗友三、罗友朋、黄雯靖著：《赠与税遗产税节税规划》（上），1998年版，第25页、第27页。

⑧ 台湾地区“遗产及赠与税法”第17条第1项第9款：“左列各款，应自遗产总额中扣除，免征遗产税：……九、被继承人死亡前，未偿之债务，具有确实之证明者。”

双重的节税效益。其方式如下：[①]

第一，举债购买保险：保险之理赔金不计入遗产总额，未清偿债务又可自遗产总额中扣除，可达到双重节税效益。[②]

第二，举债购买农业用地：农业用地与未清偿之债务皆可自遗产总额中扣除，亦可达到双重节税效益。[③]

第三，举债购买公共设施保留地：公共设施保留地具有比市价低、免征遗产税及可办理实物抵缴（依公告现值抵缴）的优点；未清偿债务并可从遗产总额中扣除，故举债购买公共设施保留地亦可达到多重节税效益。[④]

（三）信托行为之租税规划

信托关系之特殊性在于信托成立后需将财产管理与处分权移转给受托人，但实质所有权仍属委托人，此一移转呈现了所有权"形式移转"但并未有"实质移转"。因此，与传统民事行为一移转产生之利得部分需缴税之概念有所不同。为此，中国台湾地区"信托法"于1996年1月26日公布，"信托业法"于2000年12月12日公布实施后，2001年1月13日"总统"公布与信托行为之相关"税法"制包括所得税、遗产税与赠与、土地税、地价税、契税、营业税和房屋税七项"税法"修正，即针对信托特有性质所加以规划之租税配套法制，以免因租税不便或重复课税抑制了信托业之发展。

由于信托规划含有节省税赋之用益设计，规避税赋为其用益设计功能之一，目前实务运用上节省税赋之用益设计常与下列租税原则配合使用获取最大之租税规划效益。

1. 避免法律上所有权变动

按税捐公平正义原则，对于以掩饰真实所有之伪装行为、虚伪表示、事实之隐藏及其他各种税捐规避行为等均应加以防止，[⑤]此即为"反租税规避条款"（anti-avoidance provisions）之制定，判别成为租税规划与逃税之准则。[⑥] 虽使信托节省税赋之功能可能因而减弱；但由于信托设计之隐匿性，及简便性技巧，增加了税捐单位稽征之困难，而多样性技巧更使豪门巨富得以游走于法律边缘，达到合法"节税"。例如，以资产移转为课税基准之税制，倘"移转"系为"名义上所有权"之变动，则信托可维持"名义上所有权"不变，而仅更动"实质上所有权"，即可规避此类税赋，合法达到节税目的。[⑦]

---

① 简清源："个人信托理财与节税策略之研究"，义守大学管理研究所2002年硕士学位论文。

② 同上。

③ 同上。

④ 同上。

⑤ 黄俊杰、邹岳桦："信托课税之立法评估"，载《月旦法学杂志》第80期。

⑥ CIR v. challeage corporation Ltd.（1986）STC 548. 参阅 G. T. Pagone, Tax Planning or Tax Avoidance, in *Report of Proceedings of the First World Tax Conference*; *Tax without Borders*, 2000。

⑦ 谢钊益："信托课税问题之探讨"，载《财税研究》第30卷第3期。

2. 分散所得降低累进级距

信托因具轻松移转所得之功能，因此可将高税率之委托人所得移转给低税率之受益人，而降低所得税之课征。另外，信托可利用低税率累积财富之优势，则因“溯往原则”(throwback rule)而大为削弱。①

3. 隔代信托降低遗产税税赋

遗产税之课征以被继承人死亡时所拥有之财产价值为限，故若因被继承人死亡而终止之权益，通常不计入遗产总额。所以，便可借由信托方式将财产移转于受托人，而将同一财产上之权益转让予其一代以上之子孙，终致达到将财产在无任何税负之情况下移转予下一代之目的。②

4. 税赋优惠与保留支配权之结合

近代国家为鼓励国民从事特定行为，乃针对特定活动给予税赋优惠。信托的优点之一即在委托人可就信托财产之运用保留相当控制权，故许多享受租税优惠之活动莫不采用信托方式为之，以结合租税优惠与支配权二者。③

三、信托税制之原则

信托税制系指广泛的信托交易相关税制之谓。信托系委托人将财产权移转予受托人，使受托人依信托本旨为受益人之利益而为管理或处分信托财产者。④ 从税捐角度来看，信托成立时，委托人须移转财产权于受托人；使受托人于存续期间，受托人之管理处分财产，受益人享受信托利益和信托关系人之死或更换；信托消灭时，信托财产之归属等各个阶段，均发生课税关系。⑤

故自信托之结构来探讨有关课税问题，可分为三个阶段发生课税关系时点：

第一阶段为信托成立阶段之课税关系，包括：(1)信托成立时，委托人将财产权移转为受托人之形式上所有权移转之税务处理。(2)他益信托下，受益人无偿取得信托利益课征赠与税之问题。(3)信托成立时，课征遗产税问题，以公益信托，赠与信托利益与不特定受益人之税捐征免问题等均属之。⑥

第二阶段为信托关系存续阶段之课税问题，包括：(1)信托关系存续中，受托人依信托本旨，信托财产为管理或处分时，持有不动产课征地价税和房屋税问题，以及移转所有权之课税问题。(2)信托财产运用所生利益课税问题。(3)信托关系存续中，受益人死亡课征遗产税或受益人移转信托利益课征赠与税问题。(4)受益人和受托人之课税

① 谢钊益：“信托课税问题之探讨”，载《财税研究》第30卷第3期。

② 同上。

③ 同上。

④ “信托法”第1条规定：“称信托者，谓委托人将财产权移转或为其它处分，使受托人依信托本旨，为受益人之利益或为特定之目的，管理或处分信托财产之关系。”

⑤ 谢钊益：“信托课税问题之探讨”，载《财税研究》第30卷第3期。

⑥ 同上。

问题等。[①]

第三阶段为信托关系消灭时，受托人移转信托财产予归属权利人时[②]的课税问题。[③]

信托所涉及的相关税法包括遗产税、赠与税、土地增值税、所得税、契税、地价税和房屋税税赋，然因信托商品不同、课税方式与时间皆有不同之税赋。在此仅就本文探讨之主题所涉及之遗产税、赠与税两部分来做介绍。

一般而言，信托遗产与赠与税之课征可概略分为下列两种情况：(1)委托人自己本身为受益人(自益信托)：信托委托人与受益人为同一人时，财产没有涉及实质移转他人的问题，所以没有赠与税之课征；但委托人死亡时，信托财产仍是委托人的财产，故要并入委托人遗产内课征遗产税。(2)委托人不等同受益人(他益信托)：当信托委托人和受益人为不同人时，信托财产即涉及实质移转他人的问题，只要信托移转财产超过"遗产及赠与税法"所规定"每人每年一百万元"之赠与免税额的规定，就需课征赠与税。而在遗产税方面，因为信托财产已经于他益信托成立时实质移转他人(受益人)，不再是属于委托人的财产，故当委托人死亡时，并无遗产税的课征。[④]

由于信托行为之形态，有设定、移转、管理、处分等阶段，信托行为课税方式需按信托行为各阶段成立、存续与消灭分别认定，依此构成信托课税制度。唯如何阐明信托与课税之关系仍应视信托本质而定。[⑤] 换言之，信托财产形式上所有权为受托人，但实质上所有权却归属于受益人所有，此种双重所有权之形态下，如何处置方能避免重复课税，如何处置方求其赋税公平，则有赖课税原则加以制约，目前对信托行为课税理论主要有租税中立原则、信托实体理论与信托导管理论。

(一)租税中立原则

此一原则本由于税捐平等原则所诞生，要求对于相同经济上支付能力之纳税义务人应负担相同之税负(水平之平等)，以及对于不同之纳税能力者使其负担不同的税负(垂直的平等)。二者均以量能课税考虑纳税能力为衡量基准。前者如台湾地区"遗产及赠与税法"课征赠与税之对象，原来在第3条明定就其在台湾地区境内或境外之财产为赠与者，应依其规定，课征赠与税。

在第4条第2项对于赠与并规定称赠与者，指财产所有人以自己之财产无偿给予他

---

① 谢钊益："信托课税问题之探讨"，载《财税研究》第30卷第3期。

② 台湾地区"信托法"第65条规定："信托关系消灭时，信托财产之归属，除信托行为另有订定外，依下列顺序定之：一、享有全部信托利益之受益人。二、委托人或其继承人。"

③ 谢钊益："信托课税问题之探讨"，载《财税研究》第30卷第3期。

④ 李雨珊："保险金信托税务问题探讨"，载《"中国"税务旬刊》2001年第1786期。

⑤ 陈清修、陈伟晃、许伟仁、谢介诚："信托课税制度之研究"，载"财政部"研究发展专题报告，1999年，第7页；刘宁添："信托课税问题之研究"，载《财税研究》第25卷第5期。

人,经他人允受而生效力之行为。[①] 似乎仅对赠与契约始规定其纳税义务。但在第5条又规定,财产之移动具有下列各款情形之一者以赠与论,依其规定课征赠与税。[②] 其中包括并非赠与契约行为之无偿免除他人债务或承担债务、以显著不相当代价让与财产、无偿为他人购置财产、以显著不相当代价出资为他人购置财产之行为,及限制行为能力人或无行为能力人所购置财产,视为法定代理人或监护人之赠与。甚至推定二亲等内之亲属间财产之买卖亦为赠与。

换言之,本条虽非赠与行为,但与赠与同样发生无偿给予他人利益之结果,规定课以相同之赠与税负,以求公平。他益信托之委托人给予受益人利益,同样为无偿行为,故而有赠与税课征之规定。垂直的公平表现在立法上,大都以累进税率或超额累进税率方式,依纳税能力设计税负标准。[③]

唯税捐中立原则,除了求取税负公平之目的外,更要求不以税法规定干预纳税人之意向为原则。除非立法之前已有政策性之要求,否则税法之制定应避免造成特定行为之租税利益,引导纳税取向,扭曲经济行为,亦即不以特别行政规定,特定免税或加重税负之条文。其相反之原则有所谓"租税干涉主义"即以税法规定特别奖励,引导纳税人为特定之经济行为。[④]

(二)信托实体理论原则

信托实体理论系将信托财产视为一课税主体。凡信托发生之所得均归信托财产,受益人自信托取得之利益并不课税。信托实体理论主张信托财产本身为独立课税主体,此信托财产衍生之所得应归属于信托财产,并应对信托财产本身课税,而不认为受益人为课税主体。

是故,受益人获得之信托利益免税,由于是项理论系以信托财产为课税之主体,对于信托存续期间衍生之信托收益,不论分配与否或受益人为何,均归属于信托财产而予以课税,就税务行政上而言,易于课税并能顾及形式与外观存在之事实,然却未能顾及经济实质上此项所得之归属,有违实质课税原则理念。[⑤] 此外,此理论下受益人所获信托利益不予课税,势必诱使委托人借由信托行为将信托所得归于信托财产本身,以规避个人租税累进课税之结果,致未能实现量能课税原则及租税公平原则。[⑥]

---

① 台湾地区"遗产及赠与税法"第4条第2项规定:"本法称赠与,指财产所有人以自己之财产无偿给予他人,经他人允受而生效力之行为。"

② 台湾地区"遗产及赠与税法"第5条规定:"财产之移动,具有左列各款情形之一者,以赠与论,依本法规定,课征赠与税"

③ 郑俊仁:"信托税制与实质课税原则",载《月旦法学杂志》2002年第80期。

④ 同上。

⑤ 大法官解释第四二〇、四九六、五〇〇号强调了事实之认定。

⑥ 戴秀莲:"信托课税之研究——兼论年金信托相关问题","国立"政治大学财政研究所1995年硕士学位论文。

（三）信托导管理论

信托导管理论认为信托系当事人间约定目的下之一种导管。系信托委托人为谋受益人之利益将信托所得分配、转让予受益人之一种手段而已。由于导管理论重视实质所得者为何，较符合经济及赋税公平原则，故目前施行信托之国家多以此为课税之依据，①我国台湾地区也采用此一原则制定信托租税原则。

信托导管理论主张信托乃为谋受益人之利益，由受托人将信托所得分配、转让给受益人之导管或手段；易言之，由于信托乃委托人为使利益能归属于受益人之手段，故信托财产衍生利益或所得应属于受益人所有而对其课税，至于信托财产本身则不应课税。揆诸信托行为中信托财产之移转仅属形式上移转，受托人仅取得名义上之所有权，故应将受托人排除于课税范围之外；至于受益人因取得信托财产及其孳息而享有经济上之实际利益，依据实质课税原则及租税公平原则应以受益人为课税对象。②

由于信托导管理论非囿于形式、名义上或外观上存在之事实，而重视经济实质及实质所得之归属，故较符合信托行为之实态并可实现依个人负担能力课税之租税公平原则，从而多数先进国家对于信托课税制度及原则上多采信托导管理论。此一理论下，实质所得课税、受益者课税、发生时课税等诸多原则便为基本上判断信托行为课税关系之基准。③

此为信托及信托财产之定位，究认其为委托人与受益人间单纯之财产输送导管，或除输送作用之外尚包含其得为财产累积或增减之功能，因定位之不同，对于信托存续中信托财产之取得或增减可能做不同方式之处理。信托税制如实行导管理论，于信托中增加之利益，认为直接已由受益人享有。受托人所为之信托运作，不过为信托利益输送之媒介，信托所产生之所得类别，应为受益人取得之所得类别。

信托财产取得之利息，为受益取得之利息所得，受托人只居间转交，无应否交付或何时交付之问题。如不采信托导管理论而采信托实体理论，则会将信托财产视为一实体，除作为委托人与受益人财产输送之导管之外，并得容许信托所增加之利益在信托财产累积及储存，受托人得依信托行为对信托财产做交付或再利用行为。

---

① A simple trust (one that does not accumulate income) is entitled to deduct all income distributed to beneficiaries, who are then subject to tax. Thus, the trust has zero income and is not taxed. A complex trust, one that can accumulate income, is a taxable entity. To the extent the income is distributed, it is deductible. Thus, the taxable income of a complex trust is the accumulated income. The distributed income is taxed to the beneficiaries. 参见 Deborah H. Schenk, Taxation, at Fundamentals of American Law, edited by Alan B. Morrison, 1996. at 611, 637。

② 戴秀莲："信托课税之研究——兼论年金信托相关问题"，"国立"政治大学财政研究所 1995 年硕士学位论文。

③ 台湾地区"财政部"1981 年 1 月 7 日"台财税第三〇一二〇号函"曾明释当事人间于法院成立和解承认双方有信托关系存在，在未经利害关系人依法定其存在前，尚难认系赠与，不发生课征赠与税问题，唯该函经台湾地区"行政法院"1983 年度"判字第七七〇号判决"指出，租税法律有其本身之法律关系，且多具有技术性之规定，从而民事法律关系中之种种概念，并非一律适用于租税法，并举信托行为为例，略谓该行为在民事法上固属有效，唯就对外关系而言，受托人取得财产，未支付对价，不失为无偿，仍应核课赠与税。

比较而言,采用实体理论者,因信托财产得累积或延缓交付,受益人可利用此期间,以调节所得年度,容易产生租税规避行为。因此,应作防止不当租税规避之设计。采用导管理论者,处理方式较为简便,直接以信托财产之取得年度之所得作为受益人之年度所得。无防止延缓税负之必要。台湾地区信托税制之设计,由于草拟时时间仓促,为避免课征程序过于复杂,参照日本制度,亦实行信托导管理论。①

1. 实质所得者课税原则

税法上基本原则之租税平等主义,理论上遵循量能课税主义,因此要求租税防止回避主义。为确保量能课税及租税回避防止主义,其有效之手段,理论上为实质主义或实质课税主义(或原则)。因此,实质课税主义虽非税法上之基本原则,但属极为重要之课税原则。②

2. 发生时课税原则

信托财产所生之收益,既为受益人所享有,则按一般所得课税时点之认定,原则上,收益发生时即视为受益人之所得而予以课税,此即所谓发生时课税原则。③

发生时课税原则相对应之观念为实现主义课税原则。实行所得或信托财产增益发生时即纳税义务成立者,为发生主义。实行所得或信托财产增益发生时尚无纳税义务,应俟所得实现时,受益人真正取得信托利益时始成立纳税义务者,为实现主义,此原则之实行与上述导管理论或实体理论互为呼应。

如采实体主义,即所得发生时不认为受益人取得利益,但发现时课税原则,则应等待受益人真正取得利益时为所得实现,依法由其负起纳税责任。台湾地区"信托法"课税制度采信托导管理论为原则,则受益人纳税义务之发生时点应配以所得发生主义为课税时点为原则。④

3. 受益者课税原则

受益者课税原则系承继实质所得者课税原则而来。也就是说,在所得归属认定上,信托财产所生利益并不归属形式名义人之受托者所有,不对其课税;反之,受益人即是实际享受利益者应予课税,此称为受益者课税原则。⑤

信托与其他法律关系最大之不同点在于,信托成立后委托人必须将信托财产移转予受托人,使受托人成为名义上之所有权人,受托人承受继承委托人移转之财产权而为名

① 郑俊仁:"信托税制与实质课税原则",载《月旦法学杂志》2002 年第 80 期。

② 同上。

③ 唯此一课税原则亦有例外,如合同运用金钱之集团信托,因其受益人有多数,至所得发生时,不易划分信托财产各自持分,或者因其信托附有条件,于所得发生时无法判断其受益人为何人,此时则可能以分配时为其课税时点。

④ 郑俊仁:"信托税制与实质课税原则",载《月旦法学杂志》2002 年第 80 期。

⑤ 陈清修、陈伟晃、许伟仁、谢介诚:"信托课税制度之研究",载"财政部"研究发展专题报告,1999 年,第 9 页。

义上财产之所有权人,但受益人因受信托利益之分配而为名义上财产之所有权人,但受益人因受信托利益之分配而为实质利益享有者,此种双重所有权状态为信托主要之特色。为避免因此可能产生之重复课税现象,本原则主张,信托财产所生之收益,其法律上之归属者,不应为名义上之所有权人(受托人),因为实际上受托人并未享用有该收益,信托利益实系由受益人享有者。受托人取得名义上之所有权,即仅系形式上之移转,未实际享有信托利益,自应将其行为排除于课税范围之外,而以享有经济上实质利益之受益人为课税对象,此即所谓实质所得者(受益人)课税原则。

四、信托行为遗产税规划探讨

信托行为之遗产税规划仍因遗嘱信托而成立,其生效始于被继承人死亡时。① 依信托利益为遗产税课征之税基,则信托遗产规划应注意信托利益移转时之税率。

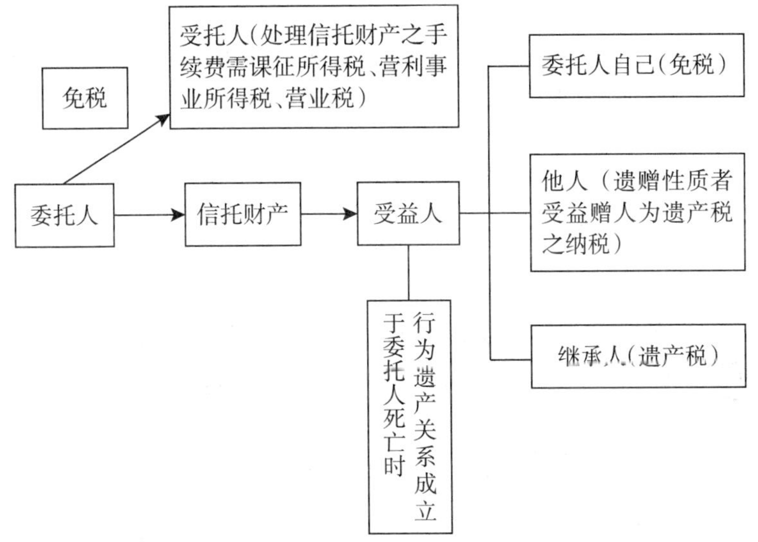

图 2 信托行为遗产税规划

(一)信托行为遗产税之性质

按台湾地区"遗产及赠与税法"第 3 条之 2 针对信托行为课征遗产税者,系将遗嘱信托视为"遗赠",应于被继承人死亡时,遗嘱内容不能违反特留份,②就信托财产课征

① 台湾地区"民法"第 1199 条规定:"遗嘱自遗嘱人死亡时发生效力。"

② 依台湾地区"遗产及赠与税法"第 1223 条乃对特留分之决定加以规范,依下列各款之规定:
"一、直系血亲卑亲属之特留分,为其应继分二分之一。
二、父母之特留分,为其应继分二分之一。
三、配偶之特留分,为其应继分二分之一。
四、兄弟姊妹之特留分,为其应继分三分之一。
五、祖父母之特留分,为其应继分三分之一。"

遗产税。[①] 此外,依台湾地区"遗赠税法"第 4 条第 1 项之规定,财产系指动产、不动产及其他一切有财产价值之权利。按委托人如以遗嘱为信托者,性质上的确近于"遗赠",且按"遗赠税法"第 8 条第 1 项之规定,[②]遗产税未缴清前,不得分割遗产、交付遗赠或办理移转登记,以遗嘱为信托之信托财产在未移转予受托人前,仍属遗产,故第 3 条之 2 第 1 项规定,[③]以遗嘱为信托者应先就遗产缴纳遗产税,应属合理。

然而,台湾地区"遗赠税法"第 3 条之 1 第 2 项则规定受益人死亡时,因其享有信托利益之权利未领受部分,具有财产价值,属受益人之遗产,故应课征遗产税。该项规定虽系为贯彻实质课税原则,然首需确定受益人所得享有信托利益之权利具有财产价值,其次尚应确定受益人于死亡时就其具有财产价值之信托利益,可作为继承之客体,始得作为遗产税之课征客体。[④] 换言之,遗产税之课征客体仅为信托财产。

(二)信托行为遗产税之成立

依据台湾地区"遗产及赠与税法"第 1 条遗产税课税之规定,凡经常居住于中国台湾地区境内之台湾地区居民死亡时遗有财产者,应课征遗产税;不论其遗留之财产系于台湾地区境内或境外。经常居住台湾地区境外之台湾地区居民,及非台湾地区居民,死亡时在台湾地区境内遗有财产者,应就其在台湾地区境内之遗产,依本规定,课征遗产税。因此,原则上信托行为之信托财产亦须缴纳遗产税。除了遗嘱信托之信托财产原本即为委托人之财产外,委托人死亡前两年所立他益信托之信托财产依第 15 条之规定并为被继承人之遗产中;不论其受益人是否为继承人,皆须纳入委托人(被继承人)之遗产中合并申报遗产税。此外,他益信托之受益人死亡时,其所享有之信托财产或收益亦须归入受益人之遗产总额中。唯一无须缴纳遗产税之例外者,则为公益信托之财产。以下针对各种信托遗产情况一一说明(见图 2)。[⑤]

1. 自益信托之遗产税课税问题

委托人生前所设立之自益信托,因其信托利益之受益人为自己,于委托人死亡时,该信托财产自应全数归入委托人之遗产总额之中,与委托人其他财产合并计算其应缴纳之遗产税。

---

① 台湾地区"遗产及赠与税法"第 3 条之 2 第 1 项规定:"因遗嘱成立之信托,于遗嘱人死亡时,其信托财产应依本法规定,课征遗产税。"

② 台湾地区"遗产及赠与税法"第 8 条第 1 项规定:"遗产税未缴清前,不得分割遗产、交付遗赠或办理移转登记。赠与税未缴清前,不得办理赠与移转登记。但依第四十一条规定,于事前申请该管稽征机关核准发给同意移转证明书,或经稽征机关核发免税证明书、不计入遗产总额证明书或不计入赠与总额证明书者,不在此限。"

③ 台湾地区"遗产及赠与税法"第 3 条之 2 第 2 项规定:"信托关系存续中受益人死亡时,应就其享有信托利益之权利未领受部分,依本法规定课征遗产税。"

④ 黄士洲:"信托成立时课税——论'遗赠税法'第 5 条之一之'立法'",载《月旦法学杂志》2002 年第 80 期。

⑤ 黄美嘉:"信托课税之研究暨对'我国'相关税法修订之建议",台湾大学会计研究所 1996 年硕士学位论文。

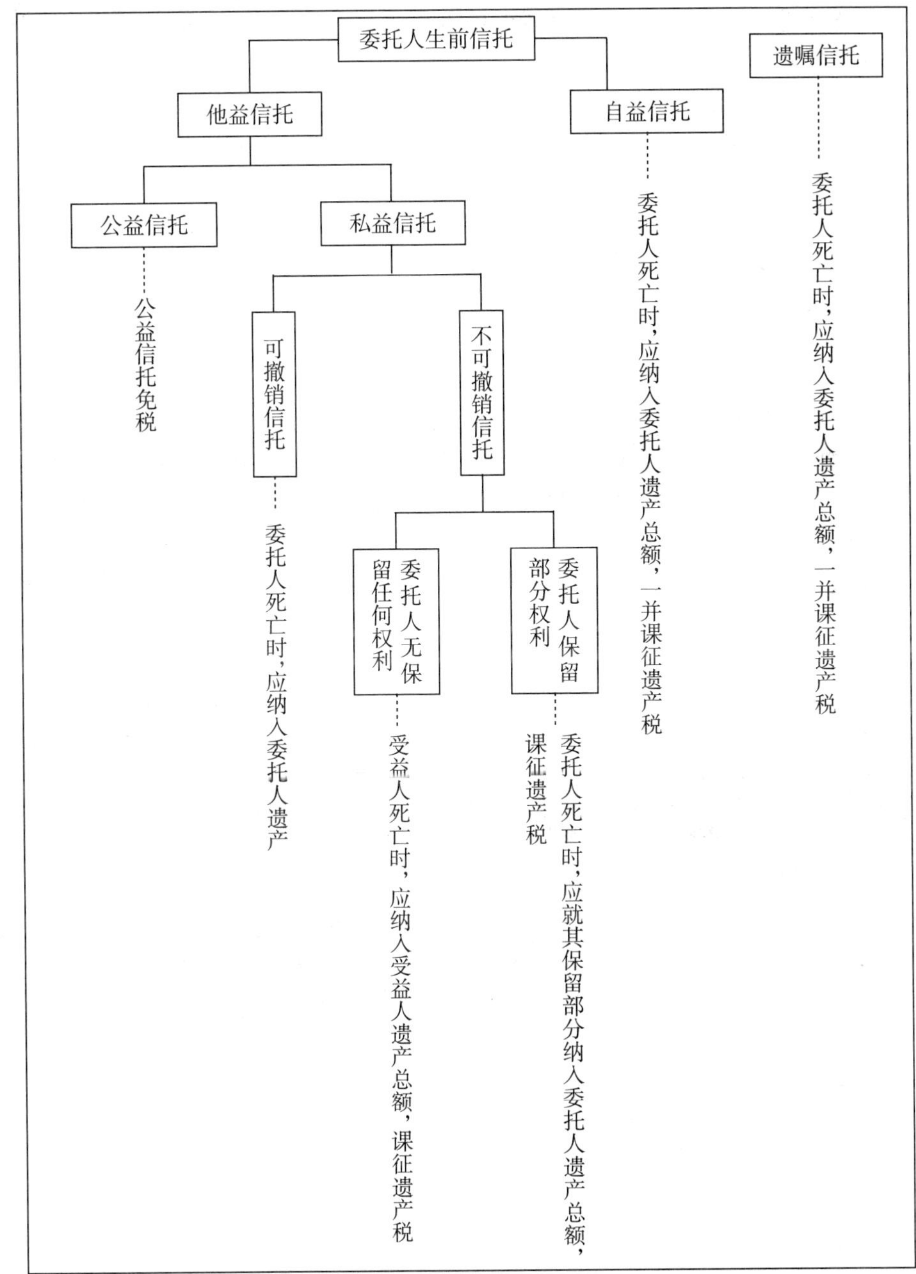

图3　信托行为之遗产税课税规则示意

此图摘自黄美嘉："信托课税之研究暨对我相关税法修订之建议"，台湾大学会计研究所1996年硕士学位论文。

2. 他益信托委托人死亡时之遗产税课税问题

委托人生前所设立之他益信托,因其信托利益之受益人为非委托人本人之受益人,于信托成立时应就其信托利益课征赠与税。虽嗣后被继承人死亡,唯该信托财产已移转于受益人,非属被继承人之财产,故不需计入遗产总额课征遗产税。唯该信托契约于被继承人死亡前两年内所订立者,且受益人系符合台湾地区"遗产及赠与税法"第15条规定者,依该条文之规定该信托财产仍视为被继承人之遗产,应并入其遗产总额中课征遗产税者;唯已纳之赠与税与土地增值税部分,可连同按"邮政储金汇业局"一年期定期存款利率计算之利息,自应纳遗产税额内扣抵。但扣抵额不得超过赠与财产并计遗产总额后增加之应纳税额。①

3. 遗嘱信托之遗产税课征问题

遗嘱信托系遗嘱人将其财产以立遗嘱方式,委托人(遗嘱人)委托受托人本诸其信托意旨,为受益人之利益来管理或处分信托财产而成立之信托。② 遗嘱信托若将信托财产给予继承人以外之第三人(受益赠人),则具有遗赠之性质,于遗嘱人死亡时始发生赠与效力;因信托财产于遗嘱人死亡时仍属遗嘱人之遗产,除有例外之规定③(台湾地区"遗产及赠与税法"第16条不计入遗产之项目),该信托财产仍应并入其遗产总额中课征遗

---

① 台湾地区"遗产及赠与税法"第11条第2项规定:"被继承人死亡前二年内赠与之财产,依第十五条之规定并入遗产课征遗产税者,应将已纳之赠与税与土地增值税连同按'邮政储金汇业局'一年期定期存款利率计算之利息,自应纳遗产税额内扣抵。但扣抵额不得超过赠与财产并计遗产总额后增加之应纳税额。"

② 罗美棋:《'遗赠税法'之导读及'法令'汇编》,台湾永然文化出版有限公司2001年版,第139页。

③ 台湾地区"遗产及赠与税法"第16条规定:"左列各款不计入遗产总额:

一、遗赠人、受遗赠人或继承人捐赠各级政府及公立教育、文化、公益慈善机关之财产。

二、遗赠人、受遗赠人或继承人捐赠公有事业机构或全部公股之公营事业之财产。

三、遗赠人、受遗赠人或继承人捐赠于被继承人死亡时,已依法登记设立为财团法人组织且符合行政院规定标准之教育、文化、公益、慈善、宗教团体及祭祀公业之财产。

四、遗产中有关文化、历史、美术之图书、物品,经继承人向主管稽征机关声明登记者。但继承人将此项图书、物品转让时,仍须自动申报补税。

五、被继承人自己创作之著作权、发明专利权及艺术品。

六、被继承人日常生活必需之器具及用品,其总价值在七十二万元以下部分。

七、被继承人职业上之工具,其总价值在四十万元以下部分。

八、依法禁止或限制采伐之森林。但解禁后仍须自动申报补税。

九、约定于被继承人死亡时,给付其所指定受益人之人寿保险金额、军、公教人员、劳工或农民保险之保险金额及互助金。

一〇、被继承人死亡前五年内,继承之财产已纳遗产税者。

一一、被继承人配偶及子女之原有财产或特有财产,经办理登记或确有证明者。

一二、被继承人遗产中经政府辟为公众通行道路之土地或其它无偿供公众通行之道路土地,经主管机关证明者。但其属建造房屋应保留之法定空地部分,仍应计入遗产总额。

一三、被继承人之债权及其它请求权不能收取或行使确有证明者。"

产税者。[①] 若遗嘱人将信托财产订立遗嘱给其继承人中之一人或数人时，但不可违反“民法”中有关特留份之规定，则于遗嘱人死亡发生效力时，则信托财产仍应并入委托人之遗产总额中课征遗产税。

4. 他益信托受益人于信托关系存续中死亡之遗产税课税问题

他益信托一经成立，受益人即享有信托利益。嗣受益人（包含自益信托之委托人及他益信托之受益人）发生于信托关系存续期间死亡之情事，其已享有信托利益之部分，系属受益人之财产，自应并入其遗产总额中课征遗产税。至受益人应享有信托利益之权利上有未实现之部分，爰于台湾地区“遗产及赠与税法”第 3 条之 2 明定应课征遗产税。[②]

5. 公益信托之遗产税课税问题

公益信托系依台湾地区“信托法”第 69 条规定以慈善、文化、学术、技艺、宗教、祭祀或其他以公共利益为目的之信托；其乃为促进社会公益目的而设立，具有辅助公共支出之作用。[③] 其仍为此基于鼓励民间参与公益活动，并且避免租税奖励措施之滥用，便于税捐稽征之监督管理，确保公益信托运作之公正确实，避免沦为利益输送之工具，确保公益目的之永续运作等原则，明定遗赠人、受遗赠人或继承人，提供财产捐赠、加入于被继承人死亡时已依台湾地区“契约或信托法”第 71 条成立且符合一定标准之公益信托者，该信托财产不计入遗产总额。[④]

故新成立之公益信托、捐赠或加入在继承事实发生后始成立之公益信托，[⑤]并无该法条规定之适用。公益信托成立只要符合下列各项规定，该捐赠或加入之财产不计入遗产总额：[⑥](1)受托人为台湾地区“信托业法”所称之信托业。[⑦] (2)各该公益信托除为其设立目的举办事业而必须支付之费用外，不以任何方式对特定或可得特定之人给予特殊利益。(3)信托行为明定信托关系解除、终止或消灭时信托财产移转于各级政府、有类似目的之公益法人或公益信托。

（三）信托行为遗产税规划之利益

不论其信托成立方式为契约信托或遗嘱信托，受益人享有之信托财产为受益权系财产权之一种毋庸置疑。当受益人发生继承时，对于尚未实现的信托利益，其课税基础及计算方式依台湾地区“遗产及赠与税法”第 10 条之 1 规定，均采现值之概念核计遗

---

① 台湾地区“遗产及赠与税法”第 3 条之 2 第 1 项规定：“因遗嘱成立之信托，于遗嘱人死亡时，其信托财产应依本法规定，课征遗产税。”

② 参见台湾地区“遗产税及赠与税法”第 3 条之 2“立法”理由第四点。

③ 参见台湾地区“遗产税及赠与税法”第 16 条之 1“立法”理由第二点。

④ 参见台湾地区“遗产税及赠与税法”第 16 条之 1“立法”理由。

⑤ 郑俊仁：“信托法概念与税务处理（八）”，载《财税研究》2001 年第 33 卷第 1 期。

⑥ 台湾地区“遗产及赠与税法”第 16 条之 1 规定。

⑦ 台湾地区“信托业法”第 2 条规定：“本法称信托业，谓依本法经主管机关许可，以经营信托为业之机构。”

产税。[①] 一般而言系存在相当大的节税空间,唯仍视应信托契约内容而定。[②]

五、信托行为赠与税规划探讨

信托行为之赠与税规划乃因受托人因信托行为享有信托利益,视为委托人与受益人间有赠与事实发生。[③] 依信托利益为赠与税课征之税基,则信托行为规划应注意信托利益移转时之课税问题。

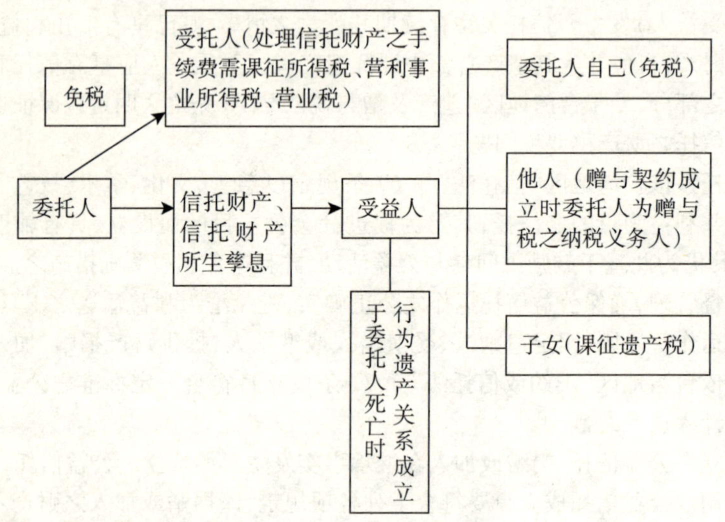

图4 信托行为赠与税规划

① 台湾地区"遗产及赠与税法"第10条之1规定:"依第三条之二第二项规定应课征遗产税之权利,其价值之计算,依左列规定估定之:

一、享有全部信托利益之权利者,该信托利益为金钱时,以信托金额为准,信托利益为金钱以外之财产时,以受益人死亡时信托财产之时价为准。

二、享有孳息以外信托利益之权利者,该信托利益为金钱时,以信托金额按受益人死亡时起至受益时止之期间,依受益人死亡时"邮政储金汇业局"一年期定期储金固定利率复利折算现值计算之;信托利益为金钱以外之财产时,以受益人死亡时信托财产之时价,按受益人死亡时起至受益时止之期间,依受益人死亡时"邮政储金汇业局"一年期定期储金固定利率复利折算现值计算之。

三、享有孳息部分信托利益之权利者,以信托金额或受益人死亡时信托财产之时价,减除依前款规定所计算之价值后之余额为准。但该孳息系给付公债、公司债、金融债券或其它约载之固定利息者,其价值之计算,以每年享有之利息,依受益人死亡时"邮政储金汇业局"一年期定期储金固定利率,按年复利折算现值之总和计算之。

四、享有信托利益之权利为按期定额给付者,其价值之计算,以每年享有信托利益之数额,依受益人死亡时邮政储金汇业局一年期定期储金固定利率,按年复利折算现值之总和计算之;享有信托利益之权利为全部信托利益扣除按期定额给付后之余额者,其价值之计算,以受益人死亡时信托财产之时价减除依前段规定计算之价值后之余额计算之。"

② 罗友三:"信托设计之税务问题",载《月旦法学杂志》2002年第80期。

③ 台湾地区"遗产及赠与税法"第5条之1规定。

（一）信托行为赠与税之性质

通过信托税制的设计，受益人对信托财产享有的形态从所有权转换成为享有信托利益之权利，虽然持有的方式不同，但受益权仍属一种财产价值的权利，依台湾地区“遗产及赠与税法”第4条第1项及第2项的规定，得为赠与税的课税标的。[①] 因此，当委托人（赠与人）将享有信托利益之权利赠与受益人时，受益人（受赠人）就必须对其享有受益权部分课征赠与税。[②]

此外，赠与税之课税客体即系“信托利益”，其涵盖之范围按第5条之1“立法说明”第8点，认为信托利益或享有信托利益之权利包括“信托财产本身”及“信托财产所生之孳息”。然上述定义似不宜作为课征赠与税时认定信托利益范围之判断标准。盖依台湾地区“所得税法”第4条第17款明定课征赠与税之利得者，即非台湾地区“所得税法”之所得，[③]此明白宣示所得税与遗产及赠与税不重复课征之基本原则。并且，关于“信托财产所生之孳息”业依台湾地区“所得税法”第3条之4之规定，[④]应计入受益人之当年度之所得课征所得税。如台湾地区“遗产及赠与税法”仍就信托财产之孳息复视为信托利益而课征赠与税者，即构成重复课税。又按“遗产及赠与税法”本质上系就赠与财产本身之行为课征税捐，其课税客体为信托财产，故遗产或赠与财产之运用而生孳息部分系属所得税之课征范围，故赠与税之课税客体亦仅限于“信托财产本身”。[⑤]

（二）信托行为赠与税之成立

依据台湾地区“遗产及赠与税法”第3条赠与税课税规定，凡经常居住在台湾地区境内之台湾地区居民，就其在台湾地区境内或境外之财产为赠与者，应依本规定，课征赠与税。经常居住台湾地区境外之台湾地区居民及非台湾地区居民，就其台湾地区境内之财产为赠与者，应依本规定，课征赠与税，并由赠与人负缴纳义务。

因此，原则上受益人（受赠人）因信托之成立而享有信托利益者，亦须面临信托利益课征赠与税之情况。除了自益信托因受益人即委托人本人无本法规定之赠与行为发生，不生课征赠与税之问题；公益信托受益人享有信托利益之权利部分，不计入赠与总额。他益信托因受益人非委托人，已有本法规定之赠与行为发生，自生课征赠与税之问题。[⑥]

---

① 台湾地区“遗产移赠与税法”第4条第1项规定：“本法称财产，指动产、不动产及其它一切有财产价值之权利。”

② 台湾地区“遗产及赠与税法”第4条第1项、第2项规定：“本法称财产，指动产、不动产及其它一切有财产价值之权利。本法称赠与，指财产所有人以自己之财产无偿给予他人，经他人允受而生效力之行为。”

③ 台湾地区“所得税法”第4条第17款规定：“下列各种所得，免纳所得税：一七、因继承、遗赠或赠与而取得之财产。但取自营利事业赠与之财产，不在此限。”

④ 台湾地区“所得税法”第3条之4规定：“下列各种所得，免纳所得税：一七、因继承、遗赠或赠与而取得之财产。但取自营利事业赠与之财产，不在此限。”

⑤ 黄士洲：“信托成立时课税——论遗赠税法第五条之一立法”，载《月旦法学杂志》2002年第80期。

⑥ 黄美嘉：“信托课税之研究暨对‘我国’相关税法修订之建议”，台湾大学会计研究所1996年硕士学位论文。

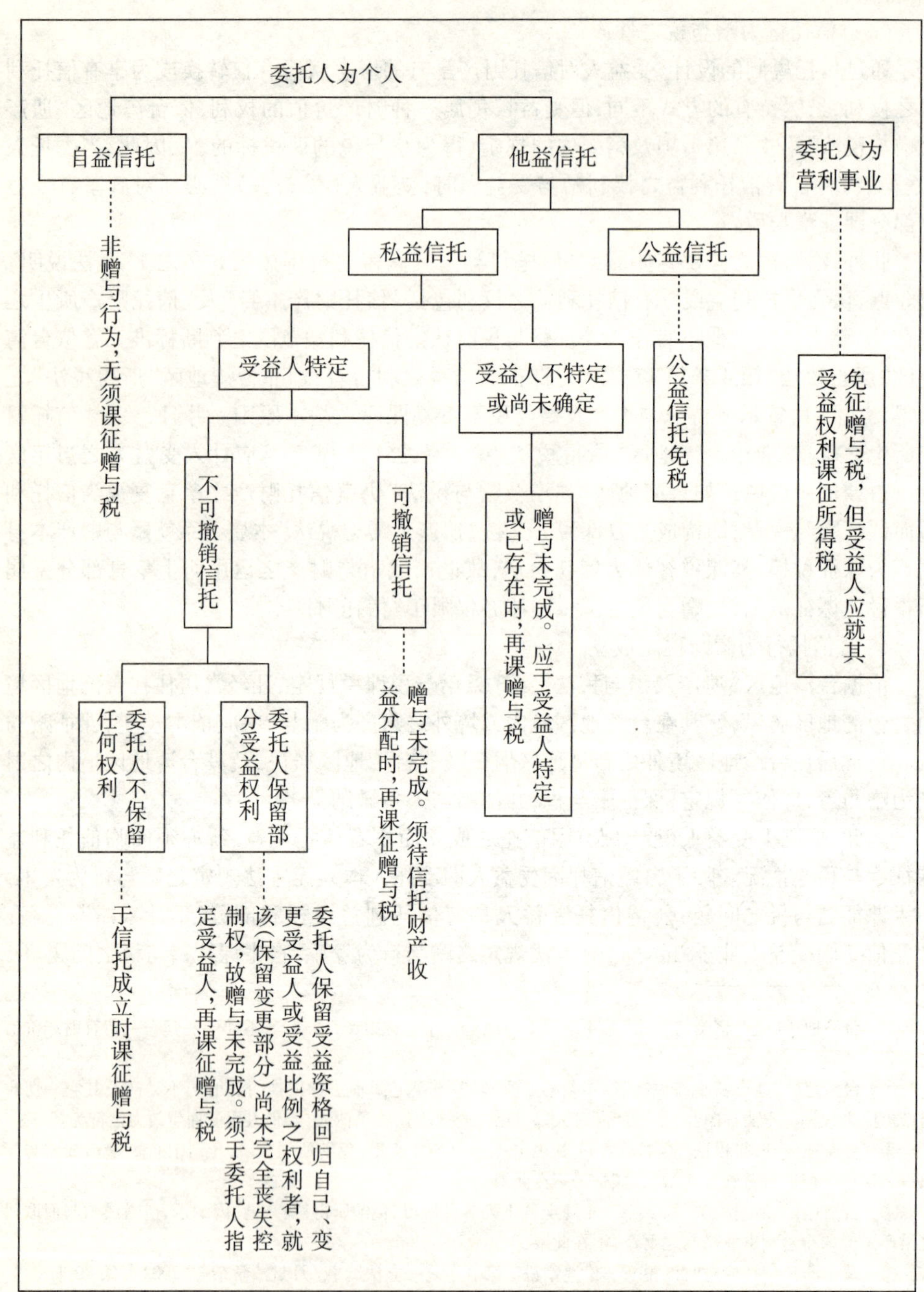

图5 信托行为之赠与税课征规划示意

1. 自益信托之赠与税课税问题

自益信托系委托人将自己之财产交由受托人管理、处分，并由委托人自己享有信托利益；信托利益之受益人为委托人。因此，在信托行为成立时，尚无“遗产及赠与税法”第4条第2项及第5条所述之赠与行为发生，自不生课征赠与税之问题。职故，举凡委托人将信托财产移转给受托人、信托契约内容之追加、新旧任受托人间财产之移转、信托关系消灭时自受托人取回信托财产及信托行为不成立、无效、解除或撤销时受托人返还信托财产时，均不生课征赠与税之问题。[①]

2. 他益信托之赠与税课税问题

他益信托系委托人将自己之财产交由受托人管理、处分，并于信托契约约定受益人为非委托人之第三人；信托利益归属于第三人所有，此为“信托法”第17条所明定。因此，在信托行为成立时，即发生台湾地区“遗产及赠与税法”第4条第2项及第5条所述之赠与行为，自有课征赠与税之问题，[②]依第7条之规定纳税义务人为赠与人。[③] 职故，信托契约成立时、受益人变更时、信托契约内容追加时、委托人行踪不明时或未缴纳税款、委托人与受托人间财产权之移转、受托人变更时及受托人与受益人间财产权之移转等均发生课征赠与税之问题，兹分别探讨如下：

当信托契约订立时，信托契约明定信托利益之全部或一部之受益人为非委托人者，视为委托人将享有信托利益之权利赠与该受益人，依“遗产及赠与税法”第5条之1第1项的规定，应课征赠与税。

信托契约之受益人变更时，信托契约明定信托利益之全部或一部之受益人为委托人，于信托关系存续中，变更为非委托人者，于变更时，委托人已将信托利益赠与非委托人之受益人，适用台湾地区“遗产及赠与税法”第5条之1第2项规定课征赠与税。[④]

信托契约追加时，在信托关系存续中，委托人追加信托之财产，导致增加非委托人享有信托利益之权利者，于追加之时，就其增加部分，适用台湾地区“遗产及赠与税法”第5条之1第3项之规定，课征赠与税。[⑤] 上述三项信托行为依台湾地区“遗产及赠与税法”

---

① 简清源：“个人信托理财与节税策略之研究”，义守大学管理研究所2002年硕士论文。

② 台湾地区“遗产及赠与税法”第5条之1第1项至第3项规定：“信托契约明定信托利益之全部或一部之受益人为非委托人者，视为委托人将享有信托利益之权利赠与该受益人，依本法规定，课征赠与税。信托契约明定信托利益之全部或一部之受益人为委托人，于信托关系存续中，变更为非委托人者，于变更时，适用前项规定课征赠与税。信托关系存续中，委托人追加信托财产，致增加非委托人享有信托利益之权利者，于追加时，就增加部分，适用第一项规定课征赠与税。”

③ 台湾地区“遗产及赠与税法”第7条规定：“赠与税之纳税义务人为赠与人。”

④ 台湾地区“遗产及赠与税法”第5条之1第2项规定：“信托契约明定信托利益之全部或一部之受益人为委托人，于信托关系存续中，变更为非委托人者，于变更时，适用前项规定课征赠与税。”

⑤ 台湾地区“遗产及赠与税法”第5条之1第3项规定：“信托关系存续中，委托人追加信托财产，致增加非委托人享有信托利益之权利者，于追加时，就增加部分，适用第一项规定课征赠与税。”

第7条规定，其纳税义务人皆为委托人（赠与人）。①

委托人有台湾地区“遗产及赠与税法”第7条第1项但书之情形者，例如，赠与人行踪不明者或逾缴纳期限尚未缴纳，且在台湾地区境内无财产可供执行，则以受托人为纳税义务人。②

信托成立时委托人移转或设定财产权予受托人之行为，依信托本旨，受托人取得之财产权原则上非为自己利益所取得，③仅系将信托财产分配、转让给受益人之导管，其信托财产之移转仅为形式上之移转，受托人并未取得任何受益权，亦无实质赠与行为发生，自无须课征赠与税。④

新旧受托人财产之移转与其他处分行为仍依信托关系中之受托人因信托契约另有订定，或经委托人、受益人之同意，或经声请法院许可得以辞任。此外，亦可能因违背职务或其他重大事由，法院得因委托人或受益人之声请解任；辞任、解任后依信托行为或委托人指定或法院因利害关系人或检察官声请选任新受托人。⑤ 受托人因死亡、受破产或禁治产宣告，或者受托人为法人，经解散、破产宣告或撤销设立登记时，受托人之任务终了。此时准用台湾地区“信托法”第36条第3款之规定，指定或选任新受托人，受托人即为变更。⑥ 受托人变更，信托财产视为于原受托人任务终了时移转于新受托人，如共同受托人中之一人任务终了时，信托财产归属于其他受托人。⑦ 此种信托财产移转行为系信托之接续，信托财产如移转予新受托人，仍为形式上之移转，无实质赠与行为发生，故应不予课赠与税。⑧

信托关系存续中受托人依信托本旨交付信托财产予受益人，委托人于信托成立时将财产权移转或设定于受托人为形式上移转外，于信托存续中，受托人依信托本旨所订，将信托财产交还原委托人或受益人，为信托利益之实现。由于在信托成立之初，即以课征

---

① 台湾地区“遗产及赠与税法”第7条第1项规定：“赠与税之纳税义务人为赠与人。”

② 台湾地区“遗产及赠与税法”第7条第1项但书规定：“但赠与人有左列情形之一者，以受赠人为纳税义务人：一、行踪不明者。二、逾本法规定缴纳期限尚未缴纳，且在‘中华民国’境内无财产可供执行者。”

③ 台湾地区“信托法”第34条第1款前段规定：“受托人不得以任何名义，享有信托利益。”

④ 台湾地区“遗产及赠与税法”第5条之2第1项规定：“因信托行为成立，委托人与受托人间。”

⑤ 台湾地区“信托法”第36条规定：“受托人除信托行为另有订定外，非经委托人及受益人之同意，不得辞任。但有不得已之事由时，得声请法院许可其辞任。受托人违背其职务或有其它重大事由时，法院得因委托人或受益人之声请将其解任。前二项情形，除信托行为另有订定外，委托人得指定新受托人，如不能或不为指定者，法院得因利害关系人或检察官之声请选任新受托人，并为必要之处分。”

⑥ 台湾地区“信托法”第45条规定：“受托人之任务，因受托人死亡、受破产或禁治产宣告而终了。其为法人者，经解散、破产宣告或撤销设立登记时，亦同。第三十六条第三项之规定，于前项情形，准用之。新受托人于接任处理信托事务前，原受托人之继承人或其法定代理人、遗产管理人、破产管理人、监护人或清算人应保管信托财产，并为信托事务之移交采取必要之措施。法人合并时，其合并后存续或另立之法人，亦同。”

⑦ 台湾地区“信托法”第47条规定：“受托人变更时，信托财产视为于原受托人任务终了时，移转于新受托人。共同受托人中之一人任务终了时，信托财产归属于其它受托人。”

⑧ 郑俊仁：“信托税制与实质课税原则”，载《月旦法学杂志》2002年第80期。

赠与人赠与税,故无须再课征赠与税。①

信托关系因信托行为所定事由发生,或者因信托目的已完成或不能完成而消灭,谓信托关系消灭。② 信托关系一消灭,其信托财产之归属,除信托行为另有规定外,应依台湾地区"信托法"第65条规定,归于享有全部信托利益之受益人、委托人或继承人。③ 职故,他益信托成立之初,即已依台湾地区"遗产及赠与税法"第5条之1第1项规定课征赠与税,信托关系消灭时,受益人取回信托财产仅为信托利益之实现,自无须再课征赠与税。④

信托行为设立之方式有契约及遗嘱信托。⑤ 唯财产权于移转或设定后,始发现契约行为因意思表示不一致,或者对于必要之点意思一致,非必要之点未经表示意思,被推定契约成立后,另有证据认为非必要之点实已表示不一致时,契约不成立。此外,受托人为未成年人、受禁治产人或破产人、⑥或遗嘱信托之遗嘱无效,其信托行为亦无从成立。⑦信托行为之无效,系指有违反强制或禁止规定、公序良俗,信托财产非积极财产或不确定,以进行诉愿或诉讼为主要目的,或以依法不得受让特定财产权之人为该财产权之受益人。⑧ 信托行为解除,系指委托人解除契约,因而取回信托财产者;信托成立后因信托行为害及委托人之债权人权利,经债权人声请法院撤销者。⑨

职是之故,信托行为不成立、无效、解除或撤销,将使信托行为产生自始无效之效果,自应返还信托财产,不应课征赠与税。⑩

3. 公益信托之赠与税课税问题

基于鼓励民间参与公益活动,并避免滥用租税奖励措施,台湾地区"遗产及赠与税法"第20条之1明定,委托人提供财产成立、捐赠或加入符合第16条之1各款规定之公

① 台湾地区"遗产及赠与税法"第5条之2第3款规定:"信托关系存续中,受托人依信托本旨交付信托财产,受托人与受益人间。"

② 台湾地区"信托法"第62条规定:"信托关系,因信托行为所定事由发生,或因信托目的已完成或不能完成而消灭。"

③ 台湾地区"信托法"第65条规定:"信托关系消灭时,信托财产之归属,除信托行为另有订定外,依下列顺序定之:一、享有全部信托利益之受益人。二、委托人或其继承人。"

④ 台湾地区"遗产及赠与税法"第5条之2第4款规定:"因信托关系消灭,委托人与受托人间或受托人与受益人间。"

⑤ 台湾地区"信托法"第2条规定。

⑥ 台湾地区"信托法"第21条规定:"未成年人、禁治产人及破产人,不得为受托人。"

⑦ 郑俊仁:"信托税制与实质课税原则",载《月旦法学杂志》2002年第80期。

⑧ 台湾地区"信托法"第5条规定:"信托行为,有左列各款情形之一者,无效:一、其目的违反强制或禁止规定者。二、其目的违反公共秩序或善良风俗者。三、以进行诉愿或诉讼为主要目的者。四、以依法不得受让特定财产权之人为该财产权之受益人者。"

⑨ 台湾地区"信托法"第6条规定:"信托行为有害于委托人之债权人权利者,债权人得声请法院撤销之。"

⑩ 台湾地区"遗产及赠与税法"第5条之2第5款规定:"信托财产于左列各款信托关系人间移转或为其它处分者,不课征赠与税:五、因信托行为不成立、无效、解除或撤销,委托人与受托人间。"

益信托时,其受益人得享有信托利益之权利,不计入赠与总额中。[①] 本规定之制定相较于第20条第3款及第16条之1规定为宽;传统的赠与租税规划因其对于捐助而新成立之财团法人及公益信托并无优惠之规定,但本条之规定则有鼓励成立新的公益信托之用意。[②]

公益信托成立只要符合下列各项规定,受益人享有信托利益之权利不计入赠与税总额:(1)受托人为台湾地区“信托业法”称之信托业者。(2)各该公益信托除为其设立目的举办事业而必须支付之费用外,不以任何方式对特定或可得特定之人给予特殊利益。(3)信托行为明定信托关系解除、终止或消灭时,信托财产移转于各政府、有类似目的之公益法人或公益信托。

六、信托行为赠与税之利基

赠与税的课税时点依台湾地区“遗产及赠与税法”第24条之一在于信托契约订立或变更契约时,[③]为赠与行为发生日;并且,依第24条第1项规定应于赠与行为发生后30日内,向主管稽征机关依办理赠与税申报。[④] 唯受益人可能系于在信托存续期间陆续取得信托利益,或是在信托契约终止时才取得信托财产。此时取得信托财产日期时之财产价值可能会相较课税日期之价值为高,则二者间即有价值差距的存在。另台湾地区“遗产及赠与税法”第10条之2规定系以现值的观念计算信托财产之价值,[⑤]则受益人信托

---

① 台湾地区“遗产及赠与税法”第21条之1规定:“因委托人提供财产成立、捐赠或加入符合第十六条之一各款规定之公益信托,受益人得享有信托利益之权利,不计入赠与总额。”

② 郑俊仁:“信托税制与实质课税原则”,载《月旦法学杂志》2002年第80期。

③ 台湾地区“遗产及赠与税法”第24条之1规定:“除第二十条之一所规定之公益信托外,委托人有第五条之一应课征赠与税情形者,应以订定、变更信托契约之日为赠与行为发生日,依前条第一项规定办理。”

④ 台湾地区“遗产及赠与税法”第24条第1项规定:“除第二十条所规定之赠与外,赠与人在一年内赠与他人之财产总值超过赠与税免税额时,应于超过免税额之赠与行为发生后三十日内,向主管稽征机关依本法规定办理赠与税申报。”

⑤ 台湾地区“遗产及赠与税法”第10条之2规定:“依第五条之一规定应课征赠与税之权利,其价值之计算,依左列规定估定之:

一、享有全部信托利益之权利者,该信托利益为金钱时,以信托金额为准;信托利益为金钱以外之财产时,以赠与时信托财产之时价为准。

二、享有孳息以外信托利益之权利者,该信托利益为金钱时,以信托金额按赠与时起至受益时止之期间,依赠与时“邮政储金汇业局”一年期定期储金固定利率复利折算现值计算之;信托利益为金钱以外之财产时,以赠与时信托财产之时价,按赠与时起至受益时止之期间,依赠与时“邮政储金汇业局”一年期定期储金固定利率复利折算现值计算之。

三、享有孳息部分信托利益之权利者,以信托金额或赠与时信托财产之时价,减除依前款规定所计算之价值后之余额为准。但该孳息系给付公债、公司债、金融债券或其它约载之固定利息者,其价值之计算,以每年享有之利息,依赠与时“邮政储金汇业局”一年期定期储金固定利率,按年复利折算现值之总和计算之。

四、享有信托利益之权利为按期定额给付者,其价值之计算,以每年享有信托利益之数额,依赠与时“邮政储金汇业局”一年期定期储金固定利率,按年复利折算现值之总和计算之;享有信托利益之权利为全部信托利益扣除按期定额给付后之余额者,其价值之计算,以赠与时信托财产之时价减除依前段规定计算之价值后之余额计算之。”

存续期间陆续取得信托利益相较于现金而言，以折现之方式估算自可大幅降低赠与总额。[①] 故一般而言信托行为应达到节税之目的，唯其节税效益之多寡仍需视个别租税规划而论。

七、信托行为遗产赠与税之估价原则（受益权之实质计算）

信托税制与信托行为汲汲相关，课税主体及课税起算点成为信托行为遗产及赠与税估价原则两大因素。

信托成立时，委托人约定将享有信托利益之权利给予委托人以外之第三人享有时，系为赠与信托。依台湾地区"遗产及赠与税法"第5条之1规定，视为将享有信托利益之权利赠与他人，应课征赠与税；于信托关系存续中自益信托变为他益信托时或追加他益信托之信托财产时，亦应课征赠与税。[②]

台湾地区"遗产及赠与税法"第10条之1、第10条之2就应课遗产税及赠与税之信托利益之权利其价值计算，依其享有利益之范围计算；受益人死亡时，得继承而列为遗产时之信托利益之计算；遗嘱信托受益权之计算，均就受益人或其继承人实质享有信托利益计算课税。其计算方式依其享有信托利益之权利内容不同分别规定如下：[③]

（一）享有全部信托利益之权利者

享有全部信托利益之权利者，信托利益为金钱时，以信托金额为准；信托利益为金钱以外之财产时，以受益人死亡时及赠与时信托财产之时价为准。[④]

信托利益大致上包括信托成立时或他益信托生效时之原始信托财产，及其后因管理或处分所产生信托财产之孳息两部分。如他益信托之受益人享有之信托利益包括信托财产本身及其产生之孳息，视为将信托财产于他益信托成立或生效时全部赠与该受益人。唯若限制受益人在信托存续期间只能享有部分之信托利益，直至信托消灭时始享有剩余部分之信托利益者，以其成立或生效时全部信托财产作为受益权之价值，以计算其赠与价值。

换言之，依税捐中立性原则，相同之经济利益应课以相同之税负，假设有某一赠与行为（非他益信托视为赠与之行为），赠与人于赠与一定财产时，以附有负担之赠与使受赠人取得之赠与利益，[⑤]则赠与时所定之附带限制在课征赠与税时并无扣减之计算规定，仍以赠与财产之全额作为赠与时之价值计算课税。

---

① 罗友三："信托设计之税务问题"，载《月旦法学杂志》2002年第80期。

② 郑俊仁："信托税制与实质课税原则"，载《月旦法学杂志》2002年第80期。

③ 同上。

④ 台湾地区"遗产及赠与税法"第10条之1第1款及第10条之2第1款规定。

⑤ 信托负担内容指示，受赠人在十年内仅能享有存于某一信托银行财产利息，待第十年始将本金取回。

与他益信托相比,即信托行为明定,信托财产之全部由信托业或信托银行运用,受益人每年只取得运用信托之孳息利益,至十年终了,信托财产之本金始由受益人取回。此一他益信托与上述一般赠与之内容,经济上受益人(受赠人)之利益完全相同,故而其赠与总额应做相同之认定。①

信托利益为金钱时,以信托成立时或生效时之金钱总额为赠与财产课税。唯信托财产为金钱以外之财产,其价值之计算以赠与时之时价为准。时价之规定视各别财产之不同而有不同之方式。②

(二)享有孳息以外信托利益之权利者

信托利益为金钱时,以信托金额按赠与时起至受益时止之期间(遗产税系"按受益人死亡时起至受益时止之期间"),依赠与时(遗产税系"依受益人死亡时")"邮政储金汇业局"一年期定期储金固定利率复利折算现值计算之;信托利益为金钱以外之财产时,以赠与时(受益人死亡时)信托财产之时价,按赠与时(受益人死亡时)起至受益时止之期间,依赠与时(受益人死亡时)"邮政储金汇业局"一年期定期储金固定利率复利折算现值计算。③

本规定之信托利益不包括孳息部分,即孳息为自益,其他部分为他益。如上例,以十年期为信托期间,每年运用之孳息由委托人取得利益,至第十年始将剩余利益由非委托人享有,则存在赠与税或遗产价值如何计算之问题。

他益信托之受益权视为赠与在信托成立时或生效时已发生,但其利益之享有日期在之后一定期间,则此期间中受益人固然取得受益权,但尚未到履行期,因而其利益价值显然非信托成立时或生效时(或死亡时)之财产价值,应扣除到期前之期间利益损失。

在没有更正确之扣除标准之前,乃比照稽征机关退补税款时应加计之利息标准作为计算基准。因此规定以依赠与时(或死亡时)"邮政储金汇业局"一年期定期储金固定利率,以复利折算现值计算。

换言之,以受赠时(或受益人死亡时)之价值为本利和,以"邮政储金汇业局"一年期定期储金固定利率为利率,以信托终了时为期间,依复利公式以求出本金价值即为孳息以外之利益作为他益受益权之价值。

(三)享有孳息部分信托利益之权利者

享有孳息部分信托利息之权利者,为他益信托之受益人享有孳息为其受益权,孳息以外之财产为自益之受益权。此受益权之计算应先按前款规定等计算出孳息以外财产

① 郑俊仁:"信托税制与实质课税原则",载《月旦法学杂志》2002 年第 80 期。

② 例如,信托财产为不动产土地及房屋,则依遗产及赠与税法第 10 条第 3 项规定,土地以公告现值或评定标准价格为准;房屋以评定标准价格为准。

③ 台湾地区"遗产及赠与税法"第 10 条之 1 第 2 款及同"法"第 10 条之 2 第 2 款规定。

后,余额即为孳息之受益权利益。至于信托财产之受益权如为公债、公司债、金钱债券或其他有约载固定利息者,既已明定利息,自可算出利息总额,不宜再以推定方式设定利率,乃就各期利息扣除未到期之期间利益损失(此部分仍属未定利率,故以“邮政储金汇业局”一年期定期储金固定利率推定扣除)。其合计额即为有利息约定债券之利息受益权之计算。①

(四)享有信托利益之权利为按期定额给付者

享有信托利益之权利为按期定额给付者价值之计算,以每年享有信托利益之数额,依赠与时(受益人死亡时)“邮政储金汇业局”一年期定期储金固定利率,按年复利折算现值之总和计算;享有信托利益之权利为全部信托利益扣除按期定额给付后之余额者,其价值之计算,以赠与时(受益人死亡时)信托财产之时价减除依前段规定计算之价值后之余额计算之。② 如定额部分为自益,余额部分为他益,先计算定额利益,再以全部财产与之比较,尚有剩余,此部分为他益利益。如已超过全部财产价值,剩余财产为零,尚无遗产税或赠与税税负。③

八、遗产赠与税之租税规划与信托行为遗产赠与税规划之比较

相关税收方面的规定在台湾地区信托法立法前之课税原则概念为,赠与税依赠与行为发生时(台湾地区“遗产及赠与税法”第3条、第4条),财产所有人(赠与人)以自己财产无偿给予他人(受赠人),经他人允受而生效力之行为。遗产税于被继承人死亡时,遗有财产者(台湾地区“遗产及赠与税法”第1条)。

信托行为所衍生之相关课税原则:赠与税—— 信托契约明定信托利益之全部或一部之受益人为非委托人者,视为委托人将享有信托利益之权利赠与受益人,该权利之价值,依法课赠与税(“遗产及赠与税法”第5条之1),享受部分信托利益之权利,其价值之计算,依固定利率复利折算现值计算之(台湾地区“遗产及赠与税法”第10条之2规定)。

遗产税在下列情况下征收:(1)遗嘱信托,遗嘱人死亡时,课征遗产税(台湾地区“遗产及赠与税法”第3条之2)。(2)信托关系存续中,受益人死亡时,就其享有信托利益之权利未领受部分,课征遗产税。如为享受部分信托利益之权利者,依复利折算现值计算(台湾地区“遗产及赠与税法”第3条之2、第10条之1)。

---

① 郑俊仁:“信托税制与实质课税原则”,载《月旦法学杂志》2002年第80期。

② 台湾地区“遗产及赠与税法”第10条之1第4款及第10条之2第4款规定。

③ 郑俊仁:“信托税制与实质课税原则”,载《月旦法学杂志》2002年第80期。

表 1

税目	课征规定 项目	课征对象	课征时点	例外规定	相关税法条文
赠与税	契约他益信托	委托人 （赠与人）	契约订立日（自始他益） 契约变更日（中途他益，自益 他益） 契约变更日（中途增加他益）	委托人行踪不明或不缴纳且无财产可供执行时，以受托人为纳税义务人。 受托人得依台湾地区“信托法”第39条规定以信托财产充之	台湾地区“遗产及赠与税法”第5条之1、第24条之1、台湾地区“遗产税法”第24条申报期限为30日内
遗产税	遗嘱信托 信托关系存续中受益人死亡	遗嘱执行人 继承人 遗产管理人	遗嘱人死亡时 受益人死亡时		台湾地区“遗产税法”第3条之2规定 台湾地区“遗产税法”第32条申报期限为6个月

表 2

形式移转关系人间	信托行为		不课税之税目 台湾地区“遗产及赠与税法”第5条之2规定
委托人—受托人	(1)成立信托； (2)信托不成立、无效、解除、撤销；		赠与税
	(3)信托关系消灭 →	（自益）	赠与
新旧受托人	变更受托人		赠与
受托人—受益人	(1)依信托本旨交付信托财产		赠与
	(2)信托关系消灭	他益	赠与
	→	自益 遗嘱	

表 3

	分年赠与	他益信托(分年转移)
◆所有权人不同	★赠与后,财产之所有权人为受赠人	★信托财产移转,财产之名义所有权人为受托人所有,实质所有权人为受益人
◆管理方式不同	★由于所有权人为受赠人,故由受赠人自行管理财产,受赠人亦可能挥霍财产	★由名义所有权人即受托人来管理财产,受托人通常为专业之信托公司,可以较专业方式管理财产,避免受益人可能挥霍财产
◆可否避免债权人之追讨不同	★如受赠人积欠他人债务或破产,债权人可针对此受赠财产直接追讨	★受益人之债权人,于受益人尚未实际取得信托财产时,不可就信托财产加以追讨
◆课税时点不同	★于订立赠与契约时尚不课赠与税,必须待受赠与人与受赠与之意思完成,一般系交付财产时,始须课征赠与税	★于订阅信托契约时,即课征赠与税,不需受益人订有允受意思之表示
◆财产权区隔之弹性不同	★实务中很少见将财产之本金及孳息之受赠人订为不同人	★可将信托财产本金及孳息受益人订为不同人
◆财产移转与受赠人(受益人)之时间弹性不同	★财产移转受赠人,赠与行为完成,如尚未移转予受赠人则赠与行为未完成	★财产实际移转予受托人,赠与行为已完成,为可于未来在移转予受益人
◆契约之弹性不同	★较无弹性	★非常弹性
◆“法令”依据不同	★台湾地区“民法”	★台湾地区“信托法”

注:此表摘录于杨聪权著:《错误与成功信托节税》(台湾实用税务出版社股份有限公司 2001 年版,第 68 页)。

表 4

		遗嘱继承	遗嘱信托
差异点	(1)“法令”依据	★台湾地区“民法”	★台湾地区“信托法”
	(2)遗产管理之不同	★由继承人或受遗赠人自行管理，易造成挥霍或经营不当，导致一夕之间财产尽失	★由受托人管理处分使财产受益人更有保障
	(3)遗产分配终止日不同	★遗嘱执行人于缴付相关税捐、费用并交付遗产予继承人后，其责任即已了结	★受托人必须依据信托契约之意旨管理处分财产，直到信托期间届满，其责任始了结
	(4)遗嘱处理方式不同	★亦造成遗产之继承人可能有共有遗产之情形，或协议分割对财产价值认定不同而生纠纷	★可约定由受托人处分财产，转换为现金后再分配，较少分配不公之问题
	(5)受益给付之弹性度不同	★须依遗嘱内容分配，较无弹性	★受益给付内容、方式、时间均较富弹性
相同点	(1)契税及土地增值税之课征	★不课征	★不课征
	(2)遗产税课征	★课征	★课征
	(3)继承土地移转，前次移转公告现值之认定	★继承日之土地公告现值为前次转公告现值	★同左
	(4)遗产特留份之限制	★受台湾地区“民法”第 1223 条遗产特留份之限制	★同左
	(5)订立契约方式	★原则上，以书面定之	★以遗嘱定之（即原则上以书面定之）
	(6)生效日	★继承日生效	★继承日生效

注：此表摘录于杨聪权著：《错误与成功信托节税》，台湾实用税务出版社股份有限公司 2001 年版，第 73 页。

表 5

	赠与税之规划	遗产税之规划	差异
保险	“本法”第 16 条规定，免征赠与税	“本法”第 16 条规定，不计入遗产总额	目前保险信托有关他益信托课征赠与税部分，业界与“政府”看法较不一致
信托	自益信托部分免征赠与税，他益信托部分目前业界与“政府”看法不一致	委托人部分免计入遗产总额，免征遗产税	
子女婚嫁时赠与	“本法”第 20 条第 7 款规定 仅为 100 万元新台币	无	无差异
信托	“本法”第 20 条第 7 款及第 10 条之 2 规定，受益人享有全部信托利益时，与一般租税规划无异	无	
提早赠与上市(柜)股票	“本法”施行细则第 29 条第 1 项规定，其赠与价值之估算，以公司资产净值估计之	无	无差异
信托	“本法”施行细则第 29 条第 1 项规定，其赠与价值之估算，以公司资产净值估计之 “本法”第 10 条之 2 第 1 项规定受益人享有全部信托利益时，与一般租税规划无异	无	
购置农业用地	“本法”第 20 条规定，不计入赠与总额	“本法”第 19 条规定，自遗产总额中扣除，免征遗产税	法条尚未言明在信托行为下所为之所有权移转可否适用，目前有两派见解
信托	目前见解不一致	目前见解不一致	
购置公共设施保留地	台湾地区“都市计划法”第 50 条之 1 以及“本法”施行细则第 44 条规定，免征赠与税。唯赠与对象须符合台湾地区“都市计划法”第 50 条之一配偶及直系血亲之规定	台湾地区“都市计划法”第 50 条之一及“本法”施行细则第 44 条，因继承而移转者免征遗产税 唯受遗赠人非属继承人，故似无免税之优惠	法条尚未言明在信托行为下所为之所有权移转可否适用。目前实务上采两派见解

续表

	赠与税之规划	遗产税之规划	差异
信托	台湾地区“都市计划法”第50条之1规定赠与配偶、直系血亲而移转者免征赠与税,唯并未言明移转之情形是否包含信托行为,是其课税与否法条尚未明定,仍属有争议。注:黄振国《信托税制及节税规划介绍》	(1)受益人为继承人: 台湾地区“都市计划法”第50条之1及“本法”施行细则第44条,免征遗产税。 (2)受益人为非继承人: 台湾地区“都市计划法”第50条之1规定继承而移转者免征遗产税。唯受益人非为继承人时,其信托财产之移转自与该条文规定不符,似应无免征遗产税之适用	

九、信托行为遗产赠与税规划面临问题之探讨

信托行为所为之遗产与赠与于修订时才创立,虽然在信托租税制度有了一个新的开始,但在横向税制整合工作上则尚有继续努力之空间。

(一)信托契约无年限时,赠与权利价值之计算

他益信托成立须课征赠与税,其受益权价值以赠与时起至受益时止之时间为计算期间,以折现之方式计算其价值。唯实务上仍可能有未定契约年限之信托契约存在,如约定信托本旨行为之发生为委托人或受益人死亡时,则于计算其受益权之价值时将无所依循。

美国和英国为了避免一个未定期限之赠与契约引发不必要之争议,制定了违反终止条规(The Rule Against Perpetuities),规定信托存续期间以其被创设时某一重要关系人的最长生存年限另加21年,亦即以某人之寿命为基准,俟其死亡后另加21年。① 该特定人可能是某一个受益人,或是家庭中某一个成员,或是家族中的某一个子孙。后者则是被选来以供计算该家庭中最长信托年限的参考方式。

此一违反终止规则的目的是确保信托未来利益(future interest)于法定规定之终止日期届至时即为信托关系终了。信托财产归属于应当之财产持有人(the property owners' right)或继承人,为确保信托财产能够物尽其用,对于不合理之信托契约存续期间应适时

① “No interest is good unless it must vest, if at all, not later than twenty-one years after some life in being at the creation of the interest.” J. Gray, *The Rule Against Perpetuities*, 191 (4th ed. 1942).

加以终止。①

故台湾地区“信托税法”上似可引用美国之 The Rule Against Perpetuities 对于未定契约年限之契约给予年限上明确之规范，以利稽征实务上受益权价值之计算②和信托财产物尽其利。

（二）台湾地区“遗产及赠与税法”第 5 条之 1 应增订无偿或显著不相当之代价等文字以排除等价交易之可能性

台湾地区“遗产及赠与税法”第 4 条第 2 项及第 5 条规定主要乃在规定某些“无偿”或“以显著不相当之代价”移其财产之行为，于“遗产及赠与税法”上需视之为赠与，而该“无偿”或“以显著不相当之代偿”应为视同赠与之主要条件。

再者，细究其第 5 条之 1 规定内容，信托受益人原为委托人本人，而后变更为委托人外之他人，于变更时即“视同赠与”，需对原委托人课征赠与税。然就信托行为而言，于信托成立时，受托人通常会依信托契约发给受益人表彰受益权之“受益凭证”，而此受益凭证之转让或可以赠与、或可以出售。于赠与场合时，自当依规定对赠与人课征赠与税；但若该受益权之转让系属于“等价”交易之买卖行为者，于受益人变更为非委托人，是否应当“视同赠与”而课赠与税，尚存极大之争议之处。③

本次增订台湾地区“遗产及赠与税法”第 5 条之 1 并未如第 5 条中将“无偿”或“显著不相当之代价”视同赠与之要件，明定其于转让时应课欲赠与税；因此，该等买卖行为之受益权转让应否视同赠与尚需法律明文加以规范。

（三）信托契约虽成立，但尚未生效

信托行为依台湾地区“信托法”第 2 条得以契约为之，故信托当事人得就信托契约基于私法自治原则，约定特别生效要件。换言之，信托契约纵使具备法定成立要件后成立，但仍应进一步实践当事人约定之特别生效要件，始具有拘束当事人之效力。因此，信托契约在特别生效要件未具备前，受益人仍不得依信托契约向受益人请求信托利益，故委托人虽将信托财产转予受托人，委托人之信托财产利益尚未移转于受益人。唯此时若按台湾地区“遗产及赠与税法”第 5 条之 1 第 1 项认定信托行为“成立”并视为赠与，而课征赠与税者似有不妥之处。④

（四）信托财产一部分为不动产，尚未履践公证之要式

按台湾地区“民法”第 166 条之 1 第 1 项的规定，信托契约若约定以负担不动产物权

---

① Chaffin, The Rule Against Perpetuities as Applied to Georgia Wills and Trusts: A Survey and Suggestions for Reform, 16 *Georgia L. Rev.* 235, 242 (1982).

② 丛宏安：“我国信托业会计处理与租税问题之研究”，“国立”政治大学会计学系硕士班 2001 年硕士学位论文。

③ 陈清修、陈伟晃、许伟仁、谢介诚：“信托课税制度之研究”，载“财政部”研究发展专题报告，1999 年，第 14～15 页。

④ 黄士洲：“信托成立时课税——论遗赠税法第五条之一立法”，载《月旦法学杂志》2002 年第 80 期。

之移转、设定或变更之义务为标的者,应履践公证该信托契约之要式。如信托契约未履行前述公证要式者,应认为契约"不成立"或"不生效",受益人仍不得依信托契约向受益人请求信托利益,因为委托人之信托财产上处于委托人控制之下仍未移转于受益人。[①]故此时依台湾地区"遗产及赠与税法"第 24 条之 1 规定,以信托契约订立日为赠与行为发生日据以课征赠与税,似有未妥之处。

(五)受益人于信托行为成立时,尚未特定或存在者

信托契约成立需要有三大确立性:信托宗旨、信托财产和受益人。信托契约与赠与契约虽均为契约行为,但赠与契约仅为双方之关系,即赠与人与受赠人之关系;而信托契约则为三方关系,系委托人、受托人与受益人之三方关系,赠与行为如欠缺受赠人或受赠人尚未确定,即受益人不确,赠与行为因欠缺契约成立要件而无法成立。相反,信托行为中若受益人尚未特定或存在者,信托契约仍得成立,仅受益人得嗣后依信托契约之约定确定即可,纵无法定者亦得以委托人为受益人而加以解决。[②]

台湾地区"信托法"第 52 条明文规定受益人不特定、尚未存在之信托,法院得因利害关系人或检察官之申请选任信托监察人。[③] 因此,台湾地区"信托法"制度并不排斥受益人不特定或尚未存在信托之存在,且因受益人不特定情况之信托多为公益信托,而尚未存在之受益人则多为尚未出生之婴儿,故更应该设定信托监察人加以保护。[④]

他益信托与赠与行为不同,赠与行为之受赠人必须有允受之意思表示使生效力。[⑤]故在赠与行为下,如受赠人不特定,即无法产生赠与之效力,因此即无课征赠与税之问题。唯信托行为之受益人于信托行为成立之时即享有信托利益,不待受益人之允受即发生效力。因此,虽受益人不特定,但已明知有受益人,仅系未明定为某一特定之第三者,依法仍须课征遗产税。

至于受益人尚未存在之情况,乃系尚未达到存在之情况而可存在者。以胎儿为例,凡胎儿出生后非死产者,为保护其利益,视为既已出生有权利能力,故以胎儿为受益人,若非死产者,依法亦须课征赠与税。[⑥]

---

① 黄士洲:"信托成立时课税——论遗赠税法第五条之一立法",载《月旦法学杂志》2002 年第 80 期。

② 同上。

③ 台湾地区"信托法"第 52 条规定:"受益人不特定、尚未存在或其它为保护受益人之利益认有必要时,法院得因利害关系人或检察官之声请,选任一人或数人为信托监察人。但信托行为定有信托监察人或其选任方法者,从其所定。"

④ 黄美嘉:"信托课税之研究暨对'我国'相关税法修订之建设",台湾大学会计研究所 1996 年硕士学位论文。

⑤ 台湾地区"民法"第 406 条规定:"称赠与者,谓当事人约定,一方以自己之财产无偿给与他方,他方允受之契约。"

⑥ 吴玉凤:"保险金信托法律问题之研究","国立"政治大学风险管理与保险学系研究所 2002 年硕士学位论文。

（六）委托人得撤回、终止信托时

依台湾地区“信托法”第3条之规定，委托人得于信托行为保留变更受益人与终止信托之权利，或者经受益人同意而变更或终止信托。① 因此，信托行为成立后，于符合法定要件下，委托人得撤回或终止信托，而信托行为因终止或撤回者，受益人或受托人即可按信托契约或台湾地区“信托法”之规定，负有回复原状或返还所受领利益之义务。②

按委托人如于信托契约中保留随时撤回或终止信托契约之权利者，应视同委托人就信托利益有保留部分受益权，故其课征遗产税与赠与税之问题探讨如下：

第一，遗产税之课征：

其一，可撤销信托之控制权掌握在委托人手中，只要委托人希望撤销信托，信托即可随时终止。因此，可撤销信托之委托人死亡时，应将当时全部信托财产之价值计入遗产总额。

其二，委托人死亡前对于其生前所成立之他益信托，仍保留享用部分信托财产或收益之权利者，于委托人死亡时，应将此部分之委托人保留权利价值，计入遗产总额之中。

其三，委托人尚未指定部分信托财产或收益之特定受益人，而于契约中明定保留指定受益人之权利者，由于该赠与行为尚未完成，故应视该信托为委托人所有，而于委托人死亡时将该部分信托财产或收益之价值计入遗产总额。③

其四，信托契约规定，委托人保留变更受益人之权利者，足可认为委托人仍掌握该部分之信托受益权，随时可变更受益人为自己或第三人，故应就保留权利部分之价值计入遗产总额。

第二，赠与税之课征：委托人得随时撤回或终止信托，从而恢复信托财产之所有权，信托财产可认为尚未脱离委托人之控制，因此委托人之总体财产并未因信托行为之成立而受有任何减损。故如信托契约附有委托人得随时撤回或终止之约定者，纵信托行为成立者，似不应课征赠与税。④

（七）受益人仅得享有信托财产之收益

受益人依信托行为得享有信托利益，信托利益之内容得为信托财产本身、信托财产之收益或包括二者。如委托人于信托行为中约定受益人仅得孳有信托财产之收益，信托终止后信托财产应回复为委托人所有者，委托人虽因信托行为之成立而将信托财产移转为受托人所有，然实际上委托人之总体财产并未有减损。此外，受益人享有信托利益之

---

① 陈荣隆、李礼仲：“从信托委托人之权利义务论可撤销之信托与不可撤销之信托”，信托业法制研讨会2002年论文。

② 台湾地区“信托法”第23条规定：“受托人因管理不当致信托财产发生损害或违反信托本旨处分信托财产时，委托人、受益人或其它受托人得请求以金钱赔偿信托财产所受损害或回复原状，并得请求减免报酬。”

③ 黄美嘉：“信托课税之研究暨对‘我国’相关税法修订之建设”，台湾大学会计研究所1996年硕士学位论文。

④ 黄士洲：“信托成立时课税——论遗赠税法第五条之一立法”，载《月旦法学杂志》2002年第80期。

权利仅及于信托财产之受益者，关于信托财产之收益之课税，属所得税问题，与赠与税无涉。故若信托行为中受益人仅得享有信托财产之受益者，似不应课征赠与税。

（八）受益人享受信托利益系附有期限、停止条件或解除条件

信托契约本于私法自治之原则，信托当事人间得于不违反强行法规与公序良俗之前提下，就信托契约附加各种效力条件，诸如期限、条件，以达成信托之目的，而在所附之期限、条件未到达或发生前，受益人仍无法享有信托利益。

当信托契约中约定受益人享有信托利益系附有停止条件者，是否可认定受益人因信托行为之成立而享有信托利益，致委托人之总体财产而有所减损，从而课征赠与税，按条件系当事人以将来客观上不确定事实的成就或不成就决定法律行为效力的发生或消灭的一种附款，而期限系当事人以将来确定事实的到来决定法律行为之效力。

在条件或期限尚未成就或到来之前，受益人享有信托利益之权利并不确定，故仅能认为属期待权性质，委托人虽因信托行为成立而将信托财产移转予受托人，然委托人之总体财产尚须于信托行为所附之条件或期限成就或到来之后，始有减损可言，故似应待条件成就或期限到来时，始应课征赠与税。①

（九）未满两年赠与信托之受益人与遗产赠与税之纳税义务人竞合

委托人订立一他益信托契约，年限为十年，委托人将其信托财产交由受托人之子管理，且明定受益人为其孙，然而该信托行为并未向“地政机关”办理所有权信托登记。嗣后委托人于订立契约两年内死亡，委托人之继承人以该信托之财产未办理信托登记为由主张不得对抗第三人，该信托契约应归于无效，信托财产应归属于委托人之遗产。唯该信托契约系于委托人死亡前两年内所订立，依台湾地区“遗产及赠与税法”第15条之规定，被继承人死亡前两年内赠与台湾地区“民法”所规定之各顺位继承人之财产应于被继承人死亡时视为被继承人之遗产，并入其遗产总额。依“遗产及赠与法”的规定征收遗产税，且依其第6条第1项第2款规定，遗产税以纳税义务人为继承人，若该等信托契约有效，则继承人并未实际继承委托人之遗产，由其负担遗产税是否合理。

十、结论

信托因具有财产管理上之优势，且有信托财产之独立性，信托财产不易让信托行为成立后之其他债权人追索。再加上信托与台湾地区“民法”上所规定之委托性质不同，信托财产受信托法制之保护，现今的信托税制亦给予受托人代委托人处理信托财产原则上免税。因此，随着社会经济的发展，居民处理财产之需求日盛，信托具有上述之优越性，必成为日后所倚重之理财工具之一。

由于信托行为成立后需交付信托财产于受托人，受托人对于信托财产之处分及对受益人之利益所为之处分皆导致税务问题之发生。由于信托行为乃属私法自治之范畴，难免与租税法定主义偶有未洽之处。因此，信托课税行为与私法上之关系是否一致，租税

① 黄士洲：“信托成立时课税——论遗赠税法第五条之一立法”，载《月旦法学杂志》2002年第80期。

之课征可否调整到私法上之约定，均值得探讨。故对于信托行为约定信托利益，对属于未实现之部分，可否以公法上之强制力而据以认定其利益已于信托成立时实现，尚有疑义。对于无违法逃税之信托行为，应不予处罚，仅得予以补税。若为违法逃漏税之部分，则另当别论。至于发生赠与之效力，而据以课征赠与税，本文仍基于采用实质课税之原则而据以认定其课税时点为宜。

台湾地区"行政法院"常以民法、刑法之传统概念来审理行政诉讼案件。由于台湾地区"行政法院"之法官偶有未具有税法专业素养，对税法案件缺乏信心，不得不多采稽征机关之意见，以行政总论之观点而加以认定形式上之移转即符合租税课征之要件，并未以租税法上之实质课税原则观点来审理案件，不免有时侵犯纳税义务人之权益。

信托税制之设计除应符合实质课税之原则外，其与传统上之租税规划相较，应给予相同之租税效果，不因信托行为而有租税上之差别待遇存在，以符合平等及租税中立原则。

因目前信托税制之相关规定上尚有未尽完善之处，故目前信托业者尚未就信托财产规划出完整之商品。唯税法之制定乃基于大体之原则规范，故对于各案之具体适用上有疑义之处，应视各案之情形加以认定；故此部分仍有待信托业者给予稽征机关建议及改进之方向。信托业者应就"行政法院"之判决内容逐案加以研究，并引进税法上之人才，如专业律师、财税律师。业者应抛弃以吏为师，不要局限于行政机关之行政解释函令，而应超越"法律"表面文字规定之限制，了解每一个税法之立法意旨，持续突破税法与实务之樊篱。

目前税法上对于信托行为遗产及赠与税之规定，其适用上仍有下列疑义，尚需业者与政府共同努力加以解决：信托契约无年限时，赠与权利价值之计算；台湾地区"遗产及赠与税法"第 5 条之 1 应增订无偿或显著不相当之代价等文字以排除等价交易之可能性存在；信托契约虽成立，但尚未生效；信托财产一部分为不动产，尚未履行公证之要式；受益人于信托行为成立时，尚未特定或存在者；委托人得撤回、终止信托时；受益人仅得享有信托财产之收益；受益人享受信托利益系附有期限、停止条件或解除条件；未满两年赠与信托之受益人与遗产赠与税之纳税义务人竞合。

然而，一个制度之建构，非一日即可完成，尚需随时发现问题加以解决。目前台湾地区只有一件与信托相关之租税案件在"国税局"审理中。信托行为所产生之租税规划的节税效果并未显现，相反信托提供较多的财产管理功能。为使税制上能更加健全以利信托推动活络金融市场，带动经济发展，则有必要对信托行为相关税制包含遗产赠与税规划深入研究，规划出最符合纳税义务人利益之信托产品。

电子商务环境下税收流失的法律对策

张富强[*]　林　蔚[**]

一、电子商务环境下税收流失的现状

中国互联网络信息中心发布的《第25次中国互联网络发展状况统计报告》显示,截至2009年年底,中国网民规模达到3.84亿人,网络购物市场交易规模达到2500亿元。[①]根据我国现行税法的相关规定,经营型企业在网上交易应缴17%的增值税;如若店家只是买进卖出,应缴纳4%的增值税。仅以淘宝网为例,2009年的交易额超过2000亿元。[②]姑且按4%的增值税率计算其应缴税额,2009年淘宝网的涉税金额已达800亿元。电子商务的发展大大拓宽了税源,然而遗憾的是大部分卖家表示从不缴税,这800亿元税款在实践中不曾被征收,网上交易成为征税领域的真空地带。

(一)电子商务个体经营者刻意规避税务部门的监管

国家工商行政管理总局2010年7月1日施行的《网络商品交易及有关服务行为管理暂行办法》(国家工商行政管理总局令第49号,以下简称《暂行办法》)规定,通过网络从事商品交易及有关服务行为的自然人,应当向提供网络交易平台服务的经营者提出申请,提交其姓名和地址等真实身份信息;具备登记注册条件的,依法办理工商登记注册。但是,《暂行办法》刚实施不久,何谓"具备登记注册条件"、是否对其征收税款,《暂行办法》也没有具体规定。在C2C(个人对个人)贸易模式中,网购市场的个体商户很少会自觉地进行工商登记,更不用说将其收入上报给税务部门。例如,在淘宝网销售商品,卖家只需注册一个实名用户,即可与消费者进行互联网的商品交易。为了降低成本,卖家往往拒绝进行工商登记,从而躲避税务部门的监管,逃避税收缴纳。

(二)电子商务经营者故意不向消费者提供发票

在B2C(企业对个人)、C2C(个人对个人)交易过程中,消费者以个人名义在互联网

---

* 华南理工大学财经法研究所所长,华南理工大学法学院教授。

** 华南理工大学财经法研究所研究人员。

① 中国互联网络信息中心:"第25次中国互联网络发展状况统计报告",2010年1月15日。

② 艾福梅:"朱奕龙建议制定《电子商务税收法》",载http://news.xinhuanet.com/politics/2010-03/09/content_13134819.htm。

上购买商品或服务。由于我国公民的纳税意识普遍比较薄弱，发票于大多数个体消费者而言是可有可无的。另外，有些卖家甚至规定，若买家需要发票，则必须额外缴纳费用；因此，个体消费者很少主动要求卖方提供发票。如若消费者没有索要发票，卖方为了追求利润最大化，即使已经进行了工商登记，也不会积极主动地向消费者提供发票。没有发票作为交易凭证，税务部门仍然难以确认电子商务贸易的税基，无法对互联网上的交易行为进行及时有效的税收监管。

（三）外资企业试图利用互联网交易逃避税收

随着科学技术的发展，许多商品的交易对象得以被转化为数字化资讯，以电子信息的形式在国际互联网中相互传递。一些外资企业向中国出口软件时，不是通过海关，而是利用海外的中央服务器，通过互联网向其在中国的分支机构分发安装，整个过程不使用任何有形介质。这些具有较高市场价值的软件商品在互联网上完成了复制和传播任务，但这些外资企业并没有依法申报海关关税和销售增值税，在此环境下，税务机关很难确定商品交易的内容，税款流失会随着互联网在贸易中运用的扩大而增大。据报道，仅2000 年我国的新批外商投资企业已达 22, 532 家，按照外资企业实际开业数量 20 万家，每家企业每年安装、升级软件产品价值平均 10 万元人民币估算，外资企业每年进口软件产品近 200 亿元人民币，依据软件产品进口关税 9%、销售增值税 17% 的规定，这部分税款收入可能高达 52 亿元人民币。[①]

二、我国电子商务税收立法的缺陷

导致电子商务税收流失的原因是相当复杂的，但其中一重要因素则是我国商务电子税收立法的欠缺。2007 年，被称为“网店偷税第一案”的“彤彤屋”案在上海市普陀区法院进行了宣判，法院认定被告偷逃国家税款，构成偷税罪。此案的有罪宣判给电子商务经营者敲响了警钟，更引起人们对电子商务税收立法的关注。电子商务作为一种新兴的商业模式，具有交易隐蔽性、快速性以及交易主体跨地域、全球性等特点，使得电子商务税收问题与传统交易的税收有颇多不同之处。现行的税收法律制度在电子商务主体、税收管辖权归属、课征税种的确定等方面都与新兴的电子商务活动存在很多无法协调的难点。

（一）难以适用日渐复杂的电子商务纳税主体

纳税主体是指税法上规定的直接负有纳税义务的单位和个人。纳税主体的规定解决了对谁征税，谁应该纳税的问题。[②] 我国的现行税制规定根据法律、行政法规来确定纳税主体，其特点是纳税主体与管辖权区域在物理空间上存在充分、相对稳定的联系。然而，电子商务的匿名性、全球性等特征给查明其纳税主体带来了新的难题。尤其在直接

---

① 高赛：“网上进口软件存在漏税‘黑洞’”，载 http://www. people. com. cn/GB/it/48/299/20010314/416700. html。

② 张富强主编：《税法学》，法律出版社 2007 年版，第 156 页。

电子商务交易模式下,税务机关依据现有的技术支持能直接搜集的信息只有交易主体的网址,但是网址与纳税主体之间并不存在必然的直接联系,纳税主体可以在网络上注册虚拟的名称,可以频繁地修改名称或者更换 IP,因而如何确立纳税主体的认定依据也成为一道难以逾越的障碍,加大了电子商务税收的难度。另外,网站的拥有者或者网络服务提供者也有相应的收益,他是否也应当成为纳税主体呢?我国的现行税制对此并没有相关的立法规定。电子商务下的纳税主体呈现多样化、模糊化和边缘化的特征,既有的税收法律制度已无法与其接轨。

(二)难以确认电子商务税收管辖权之归属

我国实行以地域管辖权为主、居民管辖权为辅的税收管辖权原则。地域管辖权以纳税人的收入来源地或其经济活动所在地为征税标准,居民管辖权以纳税人是否与自己的领土主权存在所属关系为征税依据。因此,该原则得以运用的前提是,收入来源地和居民身份能够得到有效的确认,即通过经营场所、常设机构、居住地等具有物理意义的概念来判断。而电子商务环境下的交易发生在虚拟的数字化空间,任何个人或企业,无论其居住地、经营场所位于何处,均可以在任何税收管辖权范围内设立网站从事电子商务活动。当消费者通过网络购买商品时,其交易行为可能发生在两个税收管辖区域内,甚至出现消费者、经营者、网络服务提供商、服务器及商品交付地分别处于五个不同地点的情况,显然,现行税法中以物理意义为基础的概念已然难以确定其税收管辖权的归属。税收管辖权的归属无法认定,对税务机关课征电子商务税收造成相当大的困难。

(三)难以判断某些交易标的物或行为适课何税种

电子商务通过互联网进行交易,可能涉及的税种主要有增值税、所得税、关税、印花税等。虽然根据财政部、国家税务总局公布的《关于印花税若干政策的通知》(财税〔2006〕162 号)纳税人以电子形式签订的各类应税凭证按规定缴纳印花税,但其他税种的征收与否及如何征收均未有相关法律进行界定。

电子商务按照物流、资金流、信息流在网络中完成环节的不同,可以分为间接电子商务和直接电子商务。① 间接电子商务并未脱离传统的交易模式,只是利用网络帮助其完成部分交易过程,因而该模式下交易的商品仍然属于增值税的课税对象。然而,在直接电子商务模式下,物流、资金流、信息流三者合为一体,在网络中同步完成,交易过程实现了完全的网络化。例如,在电子商务中,消费者只需要购买网上的数据权,就可以通过下载功能以数字化的形式进行转载,而且可以随时复制。那么,这种下载是属于销售还是属于提供特许使用权呢?② 数字化产品的定性滋生疑义,我们亦无法判断应当对其课征

① 间接电子商务,是指在网上进行的交易环节只能是订货、支付和部分的售后服务,而商品的配送还需交由现代物流配送公司或专业的服务机构去完成。直接电子商务,是指商家将无形商品和服务产品内容数字化,不需要某种物质形式和特定的包装,直接在网上以电子形式传送给消费者,收取费用的交易活动。

② 王利明主编:《电子商务法律制度:冲击与因应》,人民法院出版社 2005 年版,第 293 页。

何税种：应当将其认定为有形商品销售而课征增值税，还是将其认定为无形产品而基于著作权转让课征营业税？以电子书籍的下载为例，究竟是按销售货物征收17%的增值税，还是按无形资产征收5%的营业税呢？

显然，在电子商务迅速发展的情境下，现行税法关于商品、劳务、特许权的定性已无法适用于新型的电子商务活动，税务机关也难以判断应当对这些电子商务交易的标的物或行为课征何种税，在实践中导致税务处理的混乱。课税对象的模糊化及不确定性给税收征管带来了困难，甚至难以对电子商务中的数字化信息产品与劳务实施有效的课税。

三、国外电子商务税收立法经验及其借鉴

电子商务的飞速发展引起了区域性组织和各国政府的高度重视。国际组织和一些发达国家在电子商务税收方面纷纷制定了相应的法律规范，或者通过签订双边或多边国际协议以规范电子商务税收活动。基于各自利益的不同，经济合作与发展组织（以下简称经合组织，OECD）、欧盟、美国以及新加坡针对电子商务的税收立法不尽相同，但对于推动我国电子商务税收立法无疑都具有积极的参考和借鉴意义。

（一）关于纳税主体的认定

纳税主体的认定是税务征收得以有效执行的基础。唯有确认纳税主体之后，税务机关才得以对其课征税收。在完全开放的互联网环境下确认使用者的身份并非易事，因此，经合组织和美国分别提出了关于电子商务环境下常设机构的认定标准，分别就网址、服务器或者网络服务提供商能否构成纳税主体加以具体的阐述。

1. 经合组织关于常设机构的具体认定

2000年，经合组织对《关于对所得和财产避免双重征税的协定范本》第5条进行注释修订，分别对网址、服务器、网络服务提供商是否构成常设机构做出详尽的阐述。（1）网址不能构成常设机构。因为网址仅仅是电子数据、计算机软件和网站信息的结合，其本身并不构成一项有形资产，也没有固定经营场地、机器或设备等设施，因此网址没有一个可以构成营业场所的地点，不能构成常设机构。（2）服务器可以构成常设机构，但必须满足一定的条件：第一，该企业能够支配服务器，如果企业仅仅根据与服务器提供商的协议在其服务器上建立网站，并提供访问安排，则不应该认为该企业支配了服务器；第二，企业网站的营运应该至少有一部分主要的或重要的活动是通过该服务器进行的；第三，服务器应该相对固定，判断其固定的标准是服务器在该地点已经存在一定的时间，而不是将要存在的时间。（3）网络服务提供商通常不构成常设机构，除非其服务超出营业常规，有权以他人的名义对外签订协议。服务器或网络服务提供商如若构成某国的常设机构，则成为该国的纳税义务人，应当依法缴纳电子商务税收。①

---

① OEDC, *Changes to the Commentary on the Model Tax Convention on Article* 5, December 22, 2000；杨斌："国际税收协定范本最新进展和差异"（上），载《涉外税务》2004年第11期。

2. 美国关于常设机构定义的修正

虽然美国通过《互联网税收非歧视法案》及其修正案于 2014 年 11 月 1 日之前禁止州或地方对网际网络课予歧视性税负,①但是美国电子商务咨询委员会的相关建议对于我们了解发达国家电子商务税收立法的态度还是具有较大的借鉴意义的。美国电子商务咨询委员会于 2000 年提出《电子商务咨询委员会报告》,报告对常设机构的定义进行了修正,认为具有以下特征的电子商务企业不具有销售暨使用税法上的课税连接亦即不负有销售暨使用税法上申报与缴纳税捐的义务:(1)企业使用互联网服务提供商(ISP)提供的服务从事线上销售行为,虽然 ISP 在某一州有固定营业场所,但不能视为企业在该州设有固定营业场所;(2)企业将其销售的数字资料存放在某一州境内的网络服务器(server),不能视为企业在该州有固定营业场所;(3)企业使用通信服务提供者所提供的服务从事线上交易行为的,虽然通信服务提供者在某一州有实体上的固定营业场所,但不能视为企业在该州设有固定营业场所;(4)企业无形资产的使用地与登记地不能视为企业的固定营业场所。② 该报告缩小了常设机构的认定范围,以便使美国企业在国外设立的网站、服务器尽可能地被排除在他国的常设机构之外,免予成为他国的纳税义务人,从而逃避收入来源国的征税。

(二)关于税收管辖权归属的认定

经合组织是由 30 个市场经济国家组成的政府间国际经济组织,在国际税收立法方面处于领先地位,具有制定国际税收法律规范的丰富经验;欧盟是世界第二大经济体,其区域经济具有高度一体化的特点,也是世界上最早对电子商务采取策略的经济体之一;新加坡是世界上最早推广互联网和网络普及率最高的国家之一,虽然还未专门针对电子商务制定相关的法律文件,但也通过本国税收总署解决了诸多电子商务的涉税问题。关于电子商务税收管辖原则的归属问题,两个国际区域性组织的看法大致相同,均认为消费地国家拥有电子商务征税权;新加坡则坚持本国税法的基本原则——属地管辖原则。

1. 经合组织认为税收管辖权属于消费发生地之国家

经合组织在渥太华会议上提出一个重要结论,即电子商务的税收管辖权属于消费发生地的国家。经合组织财政委员会的电子商务消费税的第九工作小组在《电子商务课征消费税意见》中提出对 B2B 模式及 B2C 模式下的税收管辖权进行分别认定的建议:在 B2B 模式下,原则上应以服务收受人的营业场所为消费地,如公司总部、分支机构;如果出现公司总部在一个国家分支机构在另一个国家的那种有地点可选择的情况,营业场所的认定应以接受服务的机构的地点为准。在 B2C 模式下,应以消费者的通常居住地为消费地。当个人在很多进行消费活动的国家都有居住地时,应当以居住时间较长的国家

---

① U. S. House of Representatives, Internet Tax Nondiscrimination Act of 2003, § 1011(a), December 3, 2004; U. S. House of Representatives, Internet Tax Freeclom Act Amendments Act of 2007 October 31, 2007.

② 邱祥荣著:《电子商务课征加值型营业税之法律探析》,北京大学出版社 2005 年版,第 56 ~ 57 页。

为消费地。[①]

2. 欧盟确定消费地税收管辖权原则

2002 年，欧盟颁布了有关电子商务增值税的指令，确立了消费地税收管辖权原则，即消费地的国家政府拥有征税权，不管经营者的机构所在地在哪里，电子商务的纳税地点都是商品的消费地。具体而言，欧盟境内的企业若向境外提供电子商务消费，则欧盟不需对其征税；而非欧盟企业若向欧盟国家提供电子商务产品或服务，则欧盟国家可对境内的消费者征税。这也解决了原来电子商务增值税制度有利于非欧盟企业而威胁欧盟成员国增值税税基的问题。

3. 新加坡坚持属地征税管辖权原则

新加坡没有针对电子商务制定专门的法律文件，而是明确规定电子商务交易行为适用现行税法的基本原则——属地管辖原则。2000 年，新加坡税收总署公布了两项与电子商务发展相关的税收政策——《电子商务所得税指南》和《电子商务货物和服务税指南》。《电子商务所得税指南》进一步明确了属地税制，该指南具体规定电子商务以下三种普遍商业模式的税收管辖权均归属新加坡：(1)公司在新加坡营业，通过主机在新加坡的网站开展电子商务活动，产生其所得；(2)公司在新加坡营业，通过在新加坡之外的网站和分支机构开展电子商务活动，产生其所得；(3)公司不在新加坡营业，通过在新加坡的网站和分支机构开展电子商务活动，产生其所得。另外，针对服务器出现在新加坡境内是否认定为在其国内交易的问题，税收总署认为要综合考虑其活动情况，如果在新加坡有常设机构，其通过常设机构开展部分或者全部营业活动将被视同在新加坡交易；单独的服务器则不构成常设机构。[②]

(三)明确电子商务的应税行为、征税对象及课征的税种

美国明确禁止州或地方对网际网络课征歧视性税负，但有的国际经济组织或国家出于增加本地区或本国财政收入的考虑，多赞成对电子商务课征税负，同时，基于税收公平原则的考虑，他们反对开征新的税种。关于电子商务交易标的物及行为的法律性质及其课征税种的认定，欧盟和经合组织相关立法尤其具有参考价值。

1. 明确对网络商品及服务交易征收增值税

欧盟是世界上第一个对电子商务征收增值税的地区，开创了对电子商务征收增值税的先河。1998 年 6 月 8 日，欧盟发表了《关于保护增值税收入和促进电子商务发展》的报告，决定对成员国居民通过网络购进的商品或劳务一律征收 20% 的增值税，并由购买者负责扣缴，不论其供应者是欧盟网站或外国网站。2000 年，欧盟委员会发布了《增值税修改法案》，规定对线上交易征收增值税主要适用于以电子方式提供的服务，以及提供使用这些服务的权利；另外，该法案针对电子商务确立了新的增值税规则，即以电子商务方

---

① 黄美荣："浅析电子商务下税收管辖权之冲突及其对策"，载《重庆邮电大学学报》2008 年第 2 期。

② "新加坡发布电子商务税收方针"，载 http://www.zgtax.net/plus/view.php? aid =126704。

式提供的应税劳务应当以消费地原则确定增值税的纳税地。2002年,欧盟针对现行增值税法出台了一项修正案,规定对境外公司通过互联网向其成员国出售计算机软件、游戏软件等商品和提供网上下载音乐等服务征收增值税;非欧盟居民在向欧盟居民销售数字产品时,则可以享受免征增值税的待遇。①

2. 区分特许权和营业利润,明确课税对象

经合组织的财政事务委员会于2001年发布《电子商务引发的协定问题——关于OECD财政事务委员会提交的第一号工作报告》,该报告对营业利润和特许权使用费所得的区分进行了详细的阐述。简而言之,如果顾客购买的是软件及其他电子商品本身,其所支付的费用就是营业利润;如果顾客是购买存在于软件或其他电子产品之中的权利而支出的费用,即被认为是特许权使用费所得。经合组织技术小组认为,在下载的数字产品中,为得到使用版权的权利而支付的费用就可以构成特许权使用费所得。另外,经合组织认为,对数字化产品征收增值税时不应将其作为商品,而应作为劳务课征。②

3. 明确对数字产品免征关税

为了扶持电子商务企业的发展,美国和欧盟均明确反对对互联网交易课征关税。作为电子商务主导者,美国从1996年就开始有步骤地推行网络贸易的国内交易零税率和国际交易零关税方案。1998年,美国国会通过的《互联网免税法案》明确反对向互联网征收关税。③ 同年,欧盟与美国在免征电子商务(在因特网上销售电子数字化产品)关税问题上达成一致意见。④

四、完善我国电子商务税收立法的几点建议

电子商务本身的特点使传统的税收法律法规无法包含其全部内容,现行的税收法律、法规对新兴的网络贸易已显得力不从心。为了使电子商务有法可依,以更好地适应法治社会依法治税的要求,我国应该未雨绸缪,在借鉴国外经验的前提下,结合本国具体国情,有针对性地进行现行税法条款的修订和完善,明确电子商务主体的认定、确立税收管辖权原则、完善课征的税种设置,以确保建立公平的税收法制环境,保证电子商务的税收征管有法可依,以促进我国电子商务的发展。

(一)明确境外企业构成电子商务纳税主体的标准

当境外企业向我国提供电子商务商品或服务时,应当以其是否在我国境内设立常设机构作为是否纳税的衡量标准,因此,常设机构的认定则显得尤为重要。美国电子商务咨询委员会认为服务器的存在并不必然构成常设机构,因为它只是一个类似于仓库,或

---

① 张明娥:"电子商务税收对策的国际借鉴研究及启示",载《专题论坛》2001年第11期;郡明均、梁友平:"网上贸易和服务及其税收对策研究",载《专题论坛》2000年第9期。

② 周主俭:"国际经合组织电子商务与税收研究情况简介",载《重庆税务》2002年第2期。

③ U. S. House of Representatives, The Internet Tax Freedom Act of 1998, §1203(b)(1)(A), October 10, 1998.

④ 苏惠香:"国际电子商务税收政策比较分析",载《中共长春市委党校学报》2004年第5期。

者是取得附属所得的经营场所。但美国是一个信息输出大国,为了使其国内企业在国外设立的网站、服务器尽可能地被排除在常设机构之外,其态度必然倾向于尽量缩小常设机构的认定范围,以逃避在税收来源国纳税。而我国是一个发展中国家,亦属于电子商务发展的信息输入国,美国关于常设机构的认定显然不符合我国的利益需求。经合组织站在一个比较中立的立场,其制定税收法律规范的初衷是希望各国政府在保持税收的稳定和促进电子商务发展之间找到一个平衡。相比较而言,经合组织关于常设机构的认定对我国更具借鉴意义,然而我们也不能简单地将经合组织的相关规定照搬照抄,而应根据我国的实际经济和社会情况来认定常设机构的标准。一般而言,以服务器所在地作为判断常设机构的依据,但当网络服务提供商符合特定条件时,则可以后者作为常设机构的认定标准。

1. 认定常设机构的一般标准

纵观国外关于常设机构的认定标准,主要以服务器所在地、网络服务提供商、网址为判定标准。相比灵活的网址,服务器所在地更具稳定性;而通常情况下,网络服务提供商往往只是网络服务的提供者,主要为电子商务主体维持、管理网站的正常运作,并非电子商务交易的利益既得者,不构成电子商务纳税的主体资格。因此,我国应当以服务器所在地作为常设机构的一般认定标准,具体而言:(1)服务器是固定的,必须和一定的地理位置相联系;(2)不管拥有还是租借,服务器必须处于企业的支配下,并由该企业进行操作;(3)如果是境外企业,那么该企业应当在服务器所属的税收管辖范围内开展全部或部分业务;(4)境外企业运用服务器开展业务必须满足足够长的时间;(5)对于境外企业的业务而言,该服务器的作用是根本的、关键的,而不仅仅是辅助性的或准备性的。

2. 认定常设机构的例外标准

一般而言,我国当以服务器所在地作为判断常设机构的标准,特殊情况下,当网络服务提供商满足下列特征时,也可以其作为认定常设机构的标准:(1)网络服务提供商有权代表该电子商务企业对外签署电子商务交易的相关合同;(2)网络服务提供商经常代表该电子商务企业从事实质性经营活动;(3)网络服务提供商的全部或绝大部分服务内容是为该电子商务企业提供的。

3. 认定常设机构的消极标准

我国应当明确常设机构的消极标准,不得以网址作为认定常设机构的依据。网址本身是软件与电子资料的结合,不属于有形资产,更不具备固定的经营场地、机器或设备等任何实体设备,具有较强的隐蔽性和活动性,将其认定为常设机构实为不妥。如果将其作为认定常设机构的标准,那么境外企业将会选择在其他国家申请注册网站,以其常设机构不在中国为由躲避电子商务税收的缴纳。

(二)确立电子商务的税收管辖原则

欧盟与经合组织均确立了消费地税收管辖权原则,以确保成员国的税收收入;新加坡坚持本国的税收属地管辖权原则,维护本国的税收主权。而按照上文常设机构的认定标准、销售商品或服务的认定标准等,无论中国企业在境内销售电子商务商品或服务,还是境外企业向我国境内输入有形商品、转让无形商品、提供服务,依据我国现行的以地域管辖权为主、居民管辖权为辅的税收管辖权原则,我国享有向相关主体征纳税收的管辖权,其结果与实施消费地税收管辖权原则的结果相同,同样达到维护本国税收收入的效果。因此,继续坚持现有的税收管辖原则依然可以维护我国电子商务税收的管辖权。

1. 中国企业境内交易的税收管辖

关于中国电子商务企业的交易行为,根据其行为发生地分为境内交易和境外交易。当中国企业位于我国境内销售商品或服务时,无论其购买者是国内的企业还是个体消费者,根据地域管辖权原则,其税收管辖权自然归属我国。但是,当中国企业向境外销售商品时,其销售行为并不发生在我国,非我国税收管辖权所能及之范围,《增值税暂行条例》第 2 条第 3 款也明确出口货物的税率为零;中国企业向境外提供的服务或转让的无形资产,无论根据何种原则,均不在我国税收管辖权的管辖范围内。因此,依据现行的税收管辖原则,我国依然享有中国企业在境内从事电子商务交易的税收管辖权。

2. 境外企业境内交易的税收管辖

境外企业在我国境内从事电子商务交易,根据其交易内容的不同,主要分为销售有形商品、转让无形资产、提供服务。当境外企业向我国境内销售有形商品时,根据 2008 年修订的《增值税暂行条例》第 1 条"在中华人民共和国境内销售货物或者提供加工、修理修配劳务以及进口货物的单位和个人,为增值税的纳税人。"我国依法应对该境外企业征收增值税(下文将具体阐述),因此,其税收管辖权当归属我国。当境外企业向我国境内提供服务或转让无形资产时,根据 2008 年修订的《营业税暂行条例》第 1 条规定,"在中华人民共和国境内提供本条例规定的劳务、转让无形资产或者销售不动产的单位和个人,为营业税的纳税人"。我国应当依法对其征收营业税(下文将具体阐述),因此,其税收管辖权仍属于我国。同样,依据现行税收管辖原则,我国依然享有境外企业在我国境内进行电子商务交易的税收管辖权。

(三)明确电子商务的应税行为及相应的税种

我国税收实体法包括流转税法、所得税法、财产税法、资源税法和行为税法。[①] 而在电子商务环境下,哪些商品或服务交易行为属于应税行为,应当对其课征何种税,我国现行税收立法暂付阙如。笔者认为,根据税收公平原则,不应对电子商务课征新的税种。在这种情况下,我国应结合电子商务的交易特征,规定应税行为的范围,并根据交易标的物或行为的不同明确对其课征相应的税种。

1. 明确规定对数字产品免征关税

美国与欧盟均已达成协议,对于数字产品的互联网交易免予征收关税。互联网是一个对全世界开发的虚拟空间,无国界之分,而数字产品并不以实体形式出现,它可以在网

① 张富强主编:《税法学》,法律出版社 2007 年版,第 47 页。

络这个虚拟空间内自由地流传，无须经过任何具有物理形式的地域。加之顺应发达国家、国际组织反对征收数字产品关税之大潮，我国也应明确规定，对电子商务环境下的数字产品交易免予征收关税。

2. 确定课征的具体税种

借鉴欧盟和经合组织税收立法的经验，结合我国的具体国情，明确电子商务的不同交易标的物或行为的法律性质，并具体规定其应课征的税种：(1) 利用网络平台购买实体商品（包括承载数字产品的有形物体，如储存电子书的光盘），并通过邮寄、快递等方式实际交付于消费者，亦被欧盟称为"离线交易"，由于该情形与传统贸易模式下的货物交易并无实质上的不同，只是利用了互联网作为通讯媒介，并非通过网络完成交付义务，宜按"销售货物"征收增值税。(2) 直接通过网络交易数字产品，亦被欧盟称为"线上交易"，由于交易客体并无形体，其交易过程是数字数据信息的传递，对该交易行为中的数字产品宜按"转让无形资产"税目征收营业税。(3) 对于通过因特网提供网上教学、医疗咨询等业务，则应属于服务业，宜按"服务业"税目征收营业税。相应地，我国应在增值税法中增加离线交易的征税规定，明确货物销售包括一切有形动产，而不论这种有形动产是通过什么交易方式实现的。另外，应在营业税法中增加网上服务和在线交易的征税规定，将在线交易明确为"特许权转让"，按"转让无形资产"税目征税，将网上服务等同于一般服务，按"服务业"征税。①

① 姚国章、王秀明："制定我国电子商务税收政策的思考"，载《税务与经济》2001 年第 3 期。

我国出口退税立法中存在的问题及完善对策

薛建兰*

一、我国出口退税法律制度现状

出口退税法律制度作为我国财政税收法律制度的重要内容之一,有其产生、发展和不断变化的过程,这变化的过程是与国家宏观调控的走向变化密切相关的。

改革开放前,在计划经济体制下,进出口产品的征免退税尚未形成比较完整系统的专项制度。加之新中国成立后百废待兴,我国的法律制度并不健全完善,立法的重点在于对基本法律制度的建立与完善,出口退税法律制度并未引起立法者的足够重视。

改革开放后,国内有效需求不足,为了拉动国内生产总值,必须扩大对外贸易规模,以国外市场拉动国内需求。1985 年 3 月,国务院〔1985〕43 号文件正式批准了财政部《关于对进出口产品征、退产品税或增值税的规定》,决定从 1985 年 4 月 1 日起实行对进口产品征税、对出口产品退免税的办法。这个文件的出台标志着我国现行出口退税法律制度的基本建立。1985 ~ 1992 年先后做出一系列补充规定,形成了一个比较完整系统的出口退税法律制度。1994 年我国实行分税制改革,规定对出口货物实行零税率的政策,即货物在出口时的整体税负为零,即实行“征多少、退多少、应退尽退”的原则。1994 年国家税务总局出台了《出口货物退(免)税管理办法》,具体规定了出口货物退(免)税的范围、出口货物退税率、出口退税的税额计算方法、出口退(免)税办理程序以及对出口退(免)税的审核和管理,而它也作为我国出口退税法律制度中唯一的部门规章被沿用至今。但由于当时处于新旧税制过渡阶段,我国的税收征收手段相对落后、管理水平不高等原因,造成出口退税负担过高的现象。1995 年出口持续高速增长更增加了这一矛盾,我国第一次出现了欠退税现象,为此国务院曾两次下调出口退税率。

1997 年亚洲爆发金融危机,为了应对危机,增加出口,发展对外贸易,1998 年 1 月 1 日,国务院决定将纺织品的出口退税率提高了两个百分点,其出口退税率从 9% 增加到 11%,并连续三次提高出口退税率,变为 5%、13%、15% 和 17% 四档,使综合退税率达到 15.5%,几乎接近征税水平。三次提高出口退税率使得出口企业积极性大为提高,在外

* 山西财经大学法学院教授、硕士生导师,法学博士。

需萎缩的条件下，我国对外贸易保持稳定增长。

进入21世纪以来，特别是我国加入WTO之后，我国对外贸易持续增长，但出口退税欠税问题却日益严重。2003年10月13日酝酿已久的《关于改革现行出口退税机制的决定》终于浮出水面，主要内容从2004年1月1日起执行，故这次改革被称为“2004年出口退税新政”。这次改革本着“新账不欠、老账要还、完善机制、共同负担、推动改革、促进发展”的原则对原有的出口退税法律制度进行了较大调整。① 2005年8月1日，国务院发出《关于完善中央与地方出口退税负担机制的通知》，决定“在坚持中央与地方共同负担出口退税的前提下完善现有机制”。② 以“调整、规范、改进”六字为宗旨的出口退税新政折射出改革精神和求实理念，受到普遍欢迎。随着我国对外出口的不断发展，国家之间的贸易摩擦不断增加，许多国家纷纷以反倾销、反补贴为名限制我国产品出口，国际贸易环境恶化。由于我国出口的产品中有相当一部分是初级产品和资源依赖性产品，科技含量低，附加值不高，改变和优化出口产品结构一直是对外贸易发展所需要重点解决的问题。我国从2007年7月1日起调整2831项商品的出口退税政策，进一步取消了“高耗能、高污染、资源性”产品的出口退税，降低了部分容易引起贸易摩擦的商品的出口退税，将部分商品的出口退税改为出口免税。此次出口退税制度调整后，出口退税率结构由原来的17%、13%、11%、8%和5%五档调整成为17%、13%、11%、9%和5%五档。此次出口退税制度的调整采取了“有保有压”的区别态度，表明了国家优化产业结构、调整出口商品结构的立场和信心，有利于引导企业减少“高耗能、高污染、资源性”产品的出口，减少低附加值、低技术含量产品的出口，加大高附加值、高技术含量产品的出口，从而引导企业调整投资方向，避免盲目投资和产能过剩。

2008年以来，随着美国次贷危机引发的全球金融危机的蔓延，我国的对外贸易受到严重冲击。在众多应对危机的制度中，出口退税法律制度发挥了积极的作用。从2008年8月起，我国先后对不同商品的出口退税率进行了频繁的调整。从2008年7月到2009年3月短短10个月的时间里，国务院先后六次决定对部分商品的出口退税率进行调整，如此频繁的调整不仅在我国出口退税法律制度历史上尚属首次，在世界出口退税

① 2004年出口退税新政的主要内容包括五个方面：一是适当降低出口退税率。也就是说，区别不同产品调整退税率，对国家鼓励的出口产品不降或少降，对一般性的出口产品适当降低，对国家限制出口产品和一些资源性产品采取多缴或不予退税的政策。二是加大中央财政对出口退税的支持力度。三是建立中央和地方共同负担出口退税新机制，从2004年起，以2003年出口退税实退指标为基数，对超过基数部分的应退税额由中央财政和地方财政按照3:1比例进行负担。四是推进外贸体制改革，调整出口产品结构。五是累计欠退税由中央财政负担，对截至2003年年底累计欠企业的出口退税款和按增值税分享体制影响地方的财政收入，全部由中央财政负担，其中对欠企业的出口退税款，中央财政将从2004年起采用金额贴息办法予以解决。

② 此次国务院出口退税新政的主要精神有三点：一是调整中央与地方出口的退税比例。国务院批准核定的各地出口基数不变，超基数部分中央与地方按照37:3的比例共同负担。二是规范地方出口退税负担办法。重申不得将出口退税负担分解到乡镇和企业，不得采取限制外购产品出口等干预外贸正常发展的措施。三是改进退税退库办法。

制度历史上也并不多见。这六次出口退税法律制度的调整,既涉及"两高一资"①等产品出口退税率的降低,体现了国家在金融危机的紧要关头仍然强调出口结构调整的决心;同时涉及一系列其他出口产品,体现了国家宏观调控的方向和出口退税法律制度在整个国家对外贸易中发挥的强大作用。

二、我国出口退税立法存在的问题

(一)现行出口退税立法层级较低

中国现行的出口退税法律制度是在1994年国家税务总局出台的《出口货物退(免)税管理办法》的基础上辅以由财政部和国家税务总局以"通知"的形式频繁地变动和修改建立起来的,即现行出口退税制度在立法上的最高层次仅为部门规章。这样的立法模式的选择,虽然赋予出口退税法律制度更大的灵活性,也使得出口退税法律制度更符合宏观调控政策的需要。但是,立法层级太低,使得税法缺乏透明度和稳定性,严重影响了税法的权威性和执法效率,有悖于税收的公平和效率原则,也不符合WTO的透明度原则,WTO的透明度原则要求WTO成员方对其与贸易有关的法律、规章、政策和裁决等均应以文字公布,并具有相对稳定性。从我国出口退税制度看,其透明的程度还相当不足,主要表现在出口退税政策的变化频率高,1994年以后对出口货物的退税政策进行了多次补充、修改和调整:一方面,使得出口退税的企业无法按照自己的实际出口的情况预见其实际退税的数额,以便进行财务管理与成本核算,难以更好地发展出口贸易,增加了企业经营的风险。另一方面,使得退税机关在执行退税时难以把握。同时,使得对制度的调整不需要经过全国人大和国务院批准,财政部门可以按财政状况决定退税率和退税时间,带有很大的随意性,不利于出口退税法律制度作用的发挥。

(二)出口退税法律制度调整范围较窄

目前,中国出口货物退税仅限于增值税和消费税,并未涵盖所有的间接税,与WTO规则和国际惯例仍有较大差距。一方面,中国增值税虽已实行消费型增值税,但实行之前固定资产所含的进项税额不能全部抵扣,造成出口企业的成本费用增加,必然对出口企业产品出口和退税带来许多负面影响,影响中国产品在国际市场上的竞争力。另一方面,中国实行间接税为主体的税制结构,间接税除增值税、消费税以外,还有营业税以及随同增值税、消费税、营业税附征的相关税费。目前,中国对劳务征收营业税,而出口产品退税只限增值税、消费税,从而造成劳务出口(修理、修配劳务除外)无法实行退税。另外,根据出口退税属地管理的原则,只要产品的消费地在国外,则相应产品报关出口时可

---

① 2005年,《国民经济和社会发展第十一个五年规划纲要》明确提出:"控制高耗能、高污染和资源性产品出口……促进国内产业升级。"在产业经济、商品贸易等领域,开始将"高耗能、高污染和资源性"称为"两高一资",将具有这三种特点的行业称为"两高一资"行业,生产过程中具有这三种特点的产品称为"两高一资"产品。中国对"两高一资"行业有了明确的规定,限制或禁止高污染、高能耗、消耗资源性外资项目准入,而对于能够缓解中国"两高一资"发展的,比如发展循环经济、可再生能源和生态环境保护等方面的项目,则明确鼓励。

给予退税。目前,中国只是对事先登记备案的出口商产品出口实行退税,而对自然人携带产品出境并未实行退税。目前,世界上许多实行增值税的国家,其出口退还增值税的范围涵盖生产和销售过程的所有阶段,甚至还包括大多数的劳务活动。而且,其出口退税还包括了国内间接税的退还,其退税承受人没有条件限制,只要是本国纳税人发生的出口贸易行为就给予退税。而中国的出口退税政策却限制颇多,不利于中国产品的国际竞争。

(三)出口退税办法不统一

我国现行的出口退税制度对不同类型企业和不同贸易方式采取不同的退税制度,造成实际税负不公的现象。以增值税为例,主要有:有进出口经营权的内资生产企业和"新三资企业"的"免、抵、退"办法,适用于一般外贸企业的先征后退办法,适用于"老三资企业"的免征最终环节增值税的办法,适用于没有进出口经营权的内资生产企业先征后退的办法,适用于特殊小规模纳税人的简易退税办法等。其结果,首先是造成外贸企业与生产企业的矛盾,造成生产企业的税负重于外贸企业,生产企业无论执行"免、抵、退"还是"先征后退"办法,其出口货物按增值税退税率与征收率之差计算并转入出口成本的进项税额是以出口货物离岸价为计税依据的,而外贸企业收购并出口的货物转入出口成本的增值税进项税额是以购进价格为计税依据计算的,显然生产企业出口环节实际税负重于外贸企业。其次是造成产品全部出口企业与产品不完全出口企业之间的矛盾。相当一部分外资企业的产品100%外销,其产品享受出口生产环节免增值税政策,但是生产企业自产货物所耗用的原材料、零部件、燃料、动力等所含应予退还的进项税额,不能够抵顶(将"顶"改为"扣")内销货物(没有内销货物)的应纳税额,只能等待退税,而在退税不及时的情况下会影响企业的资金周转。最后是不同贸易方式下的来料加工与进料加工税负不同。进料加工原材料免税,其耗用的国内原材料,加工费按出口货物退税率退税,而来料加工只对工缴费进行免税,其耗用的国内原材料不能办理出口退税。这显然对使用国产原料形成歧视,不利于用国产原材料进行加工贸易。

(四)出口退税程序过于复杂

中国原先的出口退税程序是中央财政根据各地出口情况将出口退税指标下放到各地,由出口企业向主管的税务机关申请,各个出口退税机关在指标范围内根据实际情况和相应程序来进行退税。而在实施分担制的情况下,可以存在如下几种情况,但是每种情况都是有其必然的缺陷:出口企业可以向国家和地方两个税务机关分别申请并由其分别退还税款;或者只向国家税务机关申请,中央与地方分别退付;或者分别申请,中央代地方一并退付;或者完全由国税机关进行审核并代地方退付。如果分别向中央与地方申请退税,将使出口企业的退税手续和程序更加复杂;在国税机关代地方审核与退付的情况下,企业的退税手续和程序更加复杂;而在国税机关代地方审核与退付的情况下,又将不利于调动地方对出口退税管理的积极性和主动性。因此,不论中国实施分担制具体采取哪种退税程序,都非常烦琐,难以达到中央和地方两级税务机关管理方面的协调统一,而且还会出现两级税务管理机关相互推诿的情况从而影响退税工作的效率,最终损失的还是企业的利益。

三、完善我国出口退税立法的对策

(一)提高出口退税法律制度的立法层级

税法的一项重要原则是税收法定主义原则,它要求税收要素的法定和具体,要求税收程序的合法,在出口退税方面则要求对出口退税的条件、范围、退税率、退税机关、退税程序、法律责任等做出统一、全面的规定。只有将出口退税制度通过具有高度权威性的国家法律、法规规定下来,才能从根本上避免出口退税制度的随意性调整,保证出口退税制度的权威性、公正性、稳定性和透明性,符合WTO规则的要求;才能保障国家财政收入的实现;才能保障出口退税的合法化和规范化;才能进一步发挥出口退税制度对调控经济、平衡国际收支、促进税收的国际协调的作用。

当然,税收法定主义并不要求所有税收制度都通过法律的形式表现出来,由于税收具有宏观调控的功能,为使税收制度适应宏观经济总量增长和结构调整的需要,便于政府部门进行相机抉择,实施宏观调控,立法机关可以授权最高行政机关在一定幅度税率范围内行使宏观调控权。但应当严格遵守税收法定主义所要求的税收要素法定原则,限制授权立法的目的、范围和内容,规范授权立法的程序。税收授权立法也只能限于个别的、具体的委托,只能在税收要素法定和明确的前提下,根据立法机关的授权对具体、个别的事项加以补充和细化。对出口退税制度而言,中国需要加快出口退税相关法制建设步伐,提高立法层级,将由财政部、国家税务总局以"通知"形式颁布的规章甚至政策上升为经全国人大及其常委会批准通过的法律;如果不宜制定专门的法律,则应当在相关法律中规定出口退税的原则、制度及主要内容。随着经济形势的变化,需要加以补充完善的,可以授权税务主管部门对具体、个别的事项制定部门规章。出口退税政策的制定应保持较长时间的稳定性,增强其法律约束力。要对现行有关出口退税法律制度的法律法规进行清理,已经失效的、部分失效的规章都应当充分向纳税人宣传,建立比较完备的出口退税法律制度体系,增加法律的透明度,给广大纳税人以合理的法律预期。

(二)确立科学的出口退税范围

中国的税制结构是以间接税为主体的,自1994年税制改革以来,间接税收入每年占中国税收收入的2/3以上。中国目前出口退、免税的税种只有增值税和消费税,而依据WTO规则,退免的间接税还包括销售税、执照税、营业税、印花税、特许经营税等。为了充分发挥出口退税对国民经济的宏观调控作用,根据中国现行税收法律制度体系,间接税除了增值税、消费税外,还有营业税及随增值税征收的各类附加税费,可以把营业税列入退税范围,随同增值税等三税征收的城市维护建设税、教育费附加列入退税范围,以体现出口退税的合理性和公平性。

(三)统一出口退税办法

中国现行出口货物增值税的退(免)税方式主要有"免、抵、退","先征后退","零税率”以及“免税”等方式,退税方式的多样不仅导致了不公平现象的发生,也是骗退税发生的根源。出口退税的“免、抵、退”税管理办法从实践效果来看,由于将征退税过程合二为一,操作较为简便,从其运作机制上来说也比较严密和科学,且又符合出口退税的国际惯例;同时,也解决了由于出口环节征税和增加随增值税税基附征的其他税负的超额负担问题。因此,统一出口产品退增值税的办法,面对现阶段中国出口退税制度尚不完善的现状,对出口产品的增值税全面实行统一的、无差别的“免、抵、退”税管理,是促进不同类型企业出口产品公平税负的一个良策。

(四)简化出口退税手续

有机结合负责征税与退税的机关。由于中国出口退税基本采用税款退库的操作方式,存在一定的漏洞,加之巨大的利益驱动,使得骗退税的行为一度比较严重。德国出口退税的重要特征体现为征税管理与退税管理是紧密结合在一起的,退税管理主要依靠有力的征税管理,使出口企业在货物出口前各个环节基本上能做到依法、及时、足额缴纳税款。同时,依靠海关对出口货物出境的价格、质量、规格、数量、品种等严格把关,并在出具出口货物申报单和对出口货物协查等方面与税务机关积极配合。德国的税务机关一般设税款征收(退库)、税务检查、税务稽查、税务法律事务、资产评估等相互独立又相互制约的职能管理部门。德国税务机关对出口退税的管理,不仅重视退税时的审核和退税后的检查,还重视退税前的管理。对规模较大的出口企业派人常驻,把退税管理的环节前移。中国应当在出口退税率下调的同时着力于机制的转变,改革目前国内征税管理与出口退税管理相脱节的状况。由专门机构统一负责出口产品的国内征税与出口退税的管理,建立一种把国内征税与出口退税的管理有机结合、统一起来的一体化管理模式。将出口退税纳入正常申报管理之中,简化申报手续,减少申报资料,申请退税的企业只需报送必要的出口报关单和收汇核销单,其余单证留在企业备查,并定期进行稽查核准,对出口情况是否真实、票证的真伪进行核查。

(五)简化退税手续,提高退税效率

简化退税手续,应采取下列措施:首先,将出口退税纳入正常申报管理之中,简化申报手续,减少申报资料,申请退税的企业只需报送必要的出口报关单和收汇核销单,其余单证留在企业备查,并定期进行稽查核准,对出口情况是否真实、票证的真伪进行核查。其次,建立“滞退金”制度,规定退税时间及其保证措施,如果税务机关在规定的期限内未能办理完出口退税,税务机关要赔偿纳税人税款的时间价值损失,按照税款滞纳的办法支付纳税人出口退税款的“滞退金”,这样既保护了纳税人的权益,又提升了税务机关的工作效率,保证了出口退税的及时性。最后,退税时先审查有限的单证,及时将退税款交付出口企业,事后再对有关单据进行复核,一旦查出问题,要对有关当事人严惩不贷。

四、结束语

出口退税制度关系一个国家宏观经济走向,关系社会稳定,关系保持国际收支平衡和我国参与经济全球化的能力。因此,尽快完善我国出口退税制度,对于确保国民经济持续、健康、快速发展具有十分重要的意义。但目前我国出口退税在立法方面存在一些问题,严重影响了税法的权威性和执法效率,也使税法缺乏透明度和稳定性,有悖于税法的公平和效率原则。在我国经济已驶上高速发展道路并已融入国际大循环的今天,出口退税制度的改革进程必须不断推进,并在施行过程中逐步趋于完善,从而为我国下一阶段的出口退税营造良好的内、外部环境,推动我国外贸出口增长方式的转变,实现资源的优化配置,促进出口商品结构的合理调整,提高我国对外贸易的质量和效益,确保国民经济协调、健康和可持续发展。

第三篇　社会公平与纳税人权利保障

税课禁区与纳税人权利保障

黄士洲*

一、"纳税人权利保护"专章"立法"的宪法意义

2009年12月15日我国台湾地区正式通过"税捐稽征法""纳税人权利之保护"专章,并于2010年1月6日公告施行,"立法"意旨为适切保护纳税义务人之权益,并确保"依法"公平纳税及实现法治国家之课税程序。推动纳税人权利保障"立法"不遗余力的葛克昌教授,随后以专文指出此专章"立法"虽然有着划时代里程碑之意义,宣示"从此纳税不仅是人民的义务,更是受'宪法'保障之权利,并从私法上消费者保护时代,迈向公法上主权在民之纳税人保护";但若实际观察其内容,吾人可发现,除了章名揭示纳税人应有权利保障之外,所有纳税人保护之核心内涵均付之阙如,并无对纳税人保护具有实益的规定。① 税课有着重度的干预效力,且涉及负担平等分配,税法富含高度的宪法意识,税课干预的界限另外一面正是人民财产权、营业自由乃至生存权受宪法保障的领域。囿于纳税人权利意识尚未充分受到重视,欠缺实质保护内容、徒具形式的"纳税人权利保护"专章仅可视为纳税人权利保护"立法"努力的阶段性起点,今日着手于建构较为完备的纳税人的权利谱系与"宪法"基本权保护之关联,作为下一轮制定相关规定努力之准备,容有必要。

葛克昌教授指出,纳税人权利保护"立法"首要者乃强调以生存权保障为核心的量能原则,辅以社会给付或负所得税制度。② 查量能负担原则,台湾地区"司法院"于释字第565号及释字第597号解释已有揭示,③实质课税原则也于2009年5月增订于"税捐稽征

* 台北商业技术学院财政税务系专任助理教授,台湾大学法学博士。

① 葛克昌:"纳税者权利之立法与司法保障",载葛克昌主编:《纳税人权利保护——"税捐稽征法"第一章之一逐条释义》,台湾元照出版有限公司2010年版,第27页。

② 同上。

③ 台湾地区"司法院"释字第565号解释理由书第3段:"'宪法'第七条平等原则并非指绝对、机械之形式上平等,而系保障人民在法律上地位实质平等。依租税平等原则纳税义务人固应按其实质税负能力,负担应负之税捐。"释字第597号:"所谓依法律纳税……各该法律之内容且应符合量能课税及公平原则。"

法"第12条之1第1项、第2项,[①]纳税义务之界定,即课税要件事实之认定与法律解释,应以实质经济事实关系与利益归属为依据,亦属量能原则之实践。申言之,量能原则一方面容许国家按人民负担税捐之能力依法课征税捐,同时禁止国家超出人民负担税捐能力课征税捐。[②] 具体落实于台湾地区"所得税法"上,所得税之税捐客体应为"可支配所得"(disponibles einkommen),可支配所得之衡量,尚须进一步辅以"主观与客观净所得原则"(subjektives, objektives nettoprinzip),收入减除获得收入所支出的必要费用及损失之后,乃纳税义务人之客观给付能力,此外尚须减除纳税义务人为了自身与其家庭成员生存所需支出之金额,所余之数额始具有主观给付能力而可计入综合所得税(以下简称综所税)税基。[③] 客观给付能力具有确保纳税义务人财产与营业基础之制度功能,主观给付能力则划下最低生存底限,欠缺主、客观给付能力之人,仍课予缴纳所得税之义务,即与剥夺其生存权以及赖以为生的营业与劳力基础无异。换言之,主、客观净所得原则即有界定所得税课禁区之"宪法"意义。现行"所得税法"上诸如营利事业所得税(以下简称营所税)上营业成本与费用的减除、权责发生制、配合原则(台湾地区"所得税法"第22条、第24条),以及综所减除免税额及扣除额净额计征(第13条),有着与宪法上生存权、财产权及营业基础保障密切的脉络关联。

固然净所得课税原则界定课税禁区具有重要的宪法意义,然学者亦指出此一观念尚未受稽征与司法裁判实务之重视,甚至有税务判决未善尽"法律审查"责任之余,反以有碍人权保障之法律说理支持稽征机关所为之"违宪"税课,值得吾人反省再三。[④] 本文以下拟以中国台湾地区"行政法院"税务判决为例,辅以"司法院释宪解释",具体说明税课禁区与纳税人宪法上权利保障之关联。

二、纳税人生存权保障与税课禁区

(一)生存权保障的宪法意涵

中国台湾地区"宪法"第15条规定,人民之生存权应予保障。生存权受"宪法"保障之内涵,台湾地区"司法院"解释中明文提及生存权,系分从特别"刑法"与生存照顾的观点切入。"司法院"释字第551号以及第476号分就"毒品危害防制条例"中"诬陷他人反坐"以及"制造运输贩卖一级毒品"的特别"刑罚"规定,宣示基于人民生存权受"宪法"保障,"国家"为实现"刑罚权",将特定事项以"特别刑法"规定特别之罪刑,其内容须符合目的正当性、手段必要性、限制妥当性,方符合宪法比例原则。另"司法院"释字第464号

① 2009年5月27日修正公布台湾地区"税捐稽征法"第12条之1:"涉及租税事项之'法律',其解释应本于租税法律主义之精神,依各该'法律'之立法目的,衡酌经济上之意义及实质课税之公平原则为之。税捐稽征机关认定课征租税之构成要件事实时,应以实质经济事实关系及其所生实质经济利益之归属与享有为依据。"

② 黄茂荣著:《税法总论》(第1册),台湾植根出版2005年第2版,第379页。

③ 黄俊杰、陈韵雯:"演艺人员之税捐负担",载《财税研究》2010年第42卷第1期。

④ 葛克昌:"纳税者权利之立法与司法保障",载葛克昌主编:《纳税人权利保护——税捐稽征法第一章之一逐条释义》,台湾元照出版有限公司2010年版,第35页

就“陆海空军服役条例”限制退役军人转任公职时，不得重复领取退休待遇，不违反生存权保障；释字第422号也针对耕地三七五租约终止之要件，阐释不应“以固定不变之金额标准，推计承租人之生活费用，而未斟酌承租人家庭生活之具体情形及实际所生之困窘状况，难谓切近实际，有失合理”，与宪法保护农民及生存权保障之意旨不符。

财产是人民安身立命的基础，而税课是财产权的社会负担，通过干预行政的形态，剥夺人民一部分财产来支应国家财政需求。税课与生存权的交集即在于财产被税课侵夺的结果是否使得纳税义务人因而陷入生活无以为继的困境？抑或是当纳税义务人满足维续自身与受扶养亲属之最低生活需求后才负有缴纳税捐之义务？换言之，此涉及国家财政收入与人民生存底限孰者优先劣后之定位问题，同时也会影响综所税上免税额、扣除额的规范定性。如果认为生存权具有优先于财政收入之重要性，则免税额、扣除额建构出来的最低生活底限可以视为国家透过税课消极不干预生存底限下的所得、财产，借此履行对人民生存照顾的宪法义务。至于积极的生存照顾，则进一步针对未达所得、财产未达最低生活底限之纳税义务人，不唯无须负担纳税义务，尚以现金、实物给付提升其财务能力至最低生活底限，此已属社会福利范畴，已与税捐的侵害性格无关。

生存权保障与财政收入孰先孰后，有“司法判决”采税课之后所余留者足敷人民生活所需者，即不抵触生存权保障，参见台湾地区“最高行政法院”2003年判字第1206号判决：台湾地区个人综合所得之累进税率最高仅为40%，故个人纳税后剩余之所得实超过个人综合所得总额之60%，足资维持生存所需，而“所得税法”……未将纳税义务人之受扶养亲属未满60岁或年满20岁以上，仍受纳税义务人扶养之情形纳入，仅使纳税义务人之72,000元（新台币。——编者注）所得须归并应课税之所得，因此增加之税负最高亦不超过28,800元（新台币。——编者注），自不影响其生存，核与台湾地区“宪法”第15条规定保障人民生存权之意旨显无抵触可言。该号判决见解并没有妥善考虑综所税上仅有限度地容许生活费用的减除，个人收入仅可减去台湾地区“所得税法”许可、相当有限的免税额、扣除额，其余额未必可如营所税一般适当反映实际所得情况，更与储蓄相去甚远，单凭综所税累进税率最高仅40%，随即假设纳税义务人至少保有60%所得之下，径自推论养生送死即无憾已，论证流于形式率断。至于所谓“个人纳税后剩余之所得实超过个人综合所得总额之60%，足资维持生存所需”的说法，毋宁是在价值序列上，该号判决选择财政收入优先于人民生存权的立场，认为纳税义务人应先履行纳税义务之后，所剩余额始得供自身与家属之生活费用，则人民支付税捐之性质犹停留于封建极权时代，乃“国家”统治客体向统治主体所为之强制贡献无异，遑论所得低于生存底限之纳税义务人仍应先履行纳税义务，再由国家施予救济，形同假手税捐来驱策个人丧失独立自主能力，使之附属于“国家”而生存，此宛如时光倒流专制时代之思维，实值得吾人商榷再三。

（二）所得税课与“宪法”生存权保障

生存权保障应优先于财政收入之基本命题与逻辑顺序，可源于税捐乃人民身为社会共同体一员，所应履行的“社会连带给付”（solidaritätsbeitrag），个人先有独立自主的生活能力,才应进而承担纳税义务(国家干预、介入私人生活领域的补充性原则,subsidaritätsprinzip),故对于人民生存所需必要费用,国家不得以税捐侵入,此即形成所谓"税课禁区",任何侵入生存必需费用之税课均有违反生存权保障。此一命题贯彻于综所税之课征,可从最低生活费欠缺负担能力、生活必需费用不应课税以及所得非己意变动时应有适当衡平的制度,来了解其内容大要。

(三)最低生活费欠缺负担能力

台湾地区"所得税法"第17条规定纳税义务人得减除自己及符合一定资格受扶养亲属之免税额(2009年每人82,000元新台币,70岁以上123,000元新台币)。关于扶养亲属免税额之性质,台湾地区"司法院"释字第415号认为,"其目的在以税捐之优惠使纳税义务人对特定亲属或家属尽其法定扶养义务"。唯有学者指出司法实务似有误解之处,盖纳税义务人首先要维持自己最低生活,履行法定扶养义务,所得须减除此种负担费用后才有纳税义务,否则即为课税权介入课税禁区,违反"宪法"之生存保障要求。① 前大法官刘铁铮曾于台湾地区"司法院"释字第377号提出不同意见书,明确指出"宪法"生存权保障与所得税法上免税额、扣除额及会计基础之关联性:"所得税法……规定纳税义务人于年度所得中享有减除免税额、标准扣除额、薪资所得特别扣除额等,即为维持人民最低生活之必要措施;另为符合社会正义,达成课税实质平等,而有课税级距及累进税率之规定。"

实则,量能课税原则衡量个人税捐负担能力,不能仅是从纯粹经济角度观察,"宪法"上的生存权保障对于综所税净额计征之规定。具体化来说,正是纳税义务人支应个人及家庭生存必要费用及意外负担的经济财产,并无负担税捐的能力,超过部分才可作为课税起征点,且最低生活费用的标准现行以齐头式的免税额与标准扣除额,此部分容以固定不变之金额推计一般人最低生活水平,姑且不论是否应与社会给付之低收入户标准一致,纳税义务人虽另可采用列举扣除额及有其他特别扣除额可资减除。然列举与特别扣除额项目极其有限(如医药、生育费、租金支出、灾害损失),不符台湾地区"司法院"于释字第422号阐释应斟酌当事人家庭生活之具体情形及实际状况之意旨,即便申报核定上简便易行,依旧不能避免税课侵入生存权之课税禁区,更不足以反映今日婴幼儿托育与老年照护的普遍需求。

(四)具有强制性质的生活必要支出

台湾地区现行综所税税基先以第14条列举九类所得加上其他所得概括,形成所得的加项,再减去第17条规定的固定的免税额,并视纳税义务人选用标准或列举扣除额(现仅准许捐赠、保险费、医药生育费、灾害损失、购屋借款利息与租金支出六项),再减去特定几项特别扣除额(财产交易损失、薪资所得、储蓄投资、残障与教育学费五项)。自20世纪五六十年代改采综合所得税制伊始,当初讲求简便易行而仅承认明文列举之少数

---

① 进一步说明参见葛克昌:"租税国家之婚姻家庭保障任务",载葛克昌著:《所得税与宪法》,台湾翰芦图书出版有限公司2009年第3版,第368~370页。

项目，始准予自综所税基中减除之基本架构，至今仍无多大变革。[①] 不过，在近半个世纪期间里，台湾地区业已经历多次社会、经济结构转型，晚婚、夫妻双薪、核心家庭、经济生活压力远胜以往及高龄人口大幅增加等已是今日社会、家庭生活之常情，综所税制均无做出任何实质回应。以核心家庭（nuclear family，夫妻与一至两位子女）来说，学龄前子女托育对于多数双薪夫妻都是相当大的经济与生活负担，一年82,000元新台币的扶养亲属免税额（2009年）根本不足以支应托育费用实际所需，遑论高龄家庭成员如罹患慢性病或失智症无法自理生活，即便将免税额提高一倍半（即123,000元新台币），相较于坊间一般赡养中心收费金额，依旧是杯水车薪。

兹以医药生育费之规定与实务操作为例，说明综所税未能反映社会经济背景之今日变迁。台湾地区"所得税法"第17条规定，纳税义务人及其配偶或受扶养亲属之医药及生育费可自综合所得中列举扣除，且无金额上限，唯须支付"与公立医院、公务人员保险特约医院、劳工保险特约医疗院所，或经'财政部'认定其会计记录完备正确之医院者为限"。面对长期照护之需求，台湾地区"财政部"1996年以函释酌予放宽至公立护理机构或全民健保特约机构，由其出具之收据与诊断证书即可列报减除，[②]其说理基础乃将护理之家、居家护理机构提供的护理服务视为"医疗院所医疗行为之延伸"。[③] 不过，该纸函释仍旧引发不少法律争议，至少有两点：（1）私立或无健保特约之疗养院、所会计记录完备正确，其所提供之护理服务性质与内容与公立、健保院所完全相同，税法上却不得减除；（2）"一般看护"、"特聘护理"、"外籍家庭监护工之费用"之照护机能类似"居家护理"，函释却将二者区别，并将前者定性为不准予减除之医疗费用。[④] 此两争议问题点不唯涉及税法上差别待遇是否具备正当理由，核心关键仍是无论专业机构、居家护理，或是一般、个人聘雇，姑且不讨论其是否该当所谓"医疗行为"之定义，照护服务对于行动不便、无法自理之纳税义务人或其受扶养亲属，乃是过着正常且有尊严的生活所不可或缺

---

① 德国所得税法为反映个人因法律、社会、习惯上不得不负担之费用，第10～10d条规定生活特殊费用（sonderausgaben），第33条规定"异常负担"（außergewöhnliche belastung），后者主要适用对象即是医疗与重大疾病的照护。

② 台湾地区"财政部"1996年10月9日台财税第851917780号函令规定："护理之家机构及居家护理机构，其属依法立案之公立单位，或与'全民'健康保险具有特约关系者，准由纳税义务人检附该机构出具之收费收据及医师诊断证明书，依'所得税法'第17条第1项第2款第2目第3小目之规定，申报医药及生育费列举扣除额。"

③ 参见台湾地区"最高行政法院2000年判字第2814号、3840号判决"。

④ 例如，台湾地区"最高行政法院"2001年度判字第1058号判决载："查综合所得税之列举扣除，除有支付之事实外，尚需符合'税法'规定之要件，始足相当。本件仁爱特护中心之普通看护费用、'行政院劳工委员会'就业安定基金及菲佣支出等费用、外籍家庭监护工之费用等，并非医药及生育费用性质，不符合得列举扣除之规定。""台中高等行政法院"2001年度诉字第1589号判决载："至特聘护理是特聘护士担任病患'个别床边照护工作'，是以班别收费，即'一般看护'，是居家护理与特聘护理（看护）之工作性质有别，居家护理系属医疗行为，看护工作仅为床边照顾工作，并无医疗行为。"

之要素。换言之，此系该名纳税义务人不得已却又不得不负担之支出，具有“强制性”(zwangsläufig)，固无疑义，税捐评价上是否具备负担综所税之经济能力，吾人可从下则实例一窥其税法与宪法意义：

台湾地区“财政部”2009年5月11日台财诉字第0980014463号诉愿决定之案例事实，某甲于2007年度综所税结算申报，因扶养亲属母乙长期居于马偕医院附设的护理之家，甲乃将该年度支付予马偕医院护理之家的看护费用约50万元新台币，列报为医药费扣除，北区“国税局”援引前揭“财政部”1996年函释，以马偕医院护理之家并非健保特约医院为由否准认列，核定所得额35万元新台币，并补征税额1万余元新台币，某甲不服核定，提起复查及诉愿，因程序因素遭“财政部”以诉愿无理由驳回。由该案例事实吾人可以清楚推知，“国税局”调整前，某甲原结算申报之所得额为零(调整后所得额35万元新台币减去列报之看护费50万元新台币，即负15万元新台币)，某甲借由实际支出该笔50万元新台币看护费由马偕医院护理之家代替自己亲自照护其母，从而使甲得以从事其他赚取所得之营生活动，借以维续自己与其母之生活。换言之，该笔50万元新台币照护费用乃甲与其母可以过着独立自主生活以及甲从事工作所不可或缺的前提条件。今“国税局”将该笔照护费用自税基予以剔除，并命补缴税款者，无异苛责甲应当辞去工作，亲自照护其母，甲若亲自照护其母者，则母子二人陷入要不生活无以为继要不接受亲人或社福机构接济之尴尬局面，明显背离生存权之宪法保障。① 实则，以形式要件限制护理之家照护费用不得比照医疗费用减除，实隐含着稽征经济优先于少数纳税义务人生存权之价值观，有违狭义比例原则，纵使认为居家照护不符医疗行为之定义，基于生存权之宪法保障，立法者亦有义务通过综所税改将之纳入税课禁区。

(五)所得非己意变动之平衡

当个人所得发生非己意变动情形，如因停职而一次补发数年薪资，或胜诉一次获得迟延数年给付之利息、薪资，或属多年累积之所得，因情事变更一次实现等，由于综所税计算上有四点特征，且台湾地区“所得税法”第14条第3项仅容许少数几种变动所得可例外适用半数免税，②极容易造成应纳税额与实际所得情形严重脱节，衍生税负过重，以致侵入课税禁区之情形：(1)稽征实务与司法判解认为，依取得现金时点，认定所得应归属之年度；③

① 该案较为详尽之评释参见拙著：“列报私立医院看护费扣除诉愿不受理”(上、下)，载《财税法令》(半月刊)2010年第33卷第1期、第2期。

② 台湾地区“所得税法”第14条第3项仅规定自力经营林业之所得、受雇从事远洋渔业一次分配之报酬、一次给付之抚恤金或死亡补偿、耕地出租人收回耕地给予之补偿四种情形。

③ 关于个人综所税之会计制度，台湾地区“司法院”释字第377号认为，无论何种制度均利弊互见，如何采择，为“立法裁量”问题，并认为历次修正之台湾地区“所得税法”关于个人所得税之课征均未如营利事业所得采权责发生制为原则，乃以个人所得实际取得之日期为准，即所谓收付实现制。唯本文认为收付实现制固属简便易行，但“所得税法”既乏强制适用之明文，应容许在纳税义务人履行提示账簿凭证之协力义务后，容许其依权责发生制，将收入与相对应之成本费用并计于同一年度计算所得额，较符量能负担原则。

(2)扣除额、免税额按年度计算,不可累计或递延至来年;(3)本年度之亏损,并无规定容许递延至往后年度扣抵;(4)适用累进税率计算应纳税额。台湾地区"司法院"释字第377号声请案例事实即属适例。

该案系A君任职海关,1985年7月因案停职,嗣于1990年9月复职,一次补发数年度薪俸、加给等,共计79万余元新台币,其中属该年度者仅有32万余元新台币,稽征机关按收付实现制将79万余元新台币全数归入取得年度,适用累进税负计算税额,应纳税额即较分年实现暴增许多。该案经"司法院"释字第377号解释,阐释个人应按收付实现基础计算所得额,但于解释理由书末段要求"所得税法"修正时,应检讨此情形不宜于取得年度按全额课税,嗣后"财政部"也发布解释函令,就停职后一次补发薪资情形,应按年计算各年度薪资所得总额,分年计算应补征之税额后,汇总一次发单补征复职年度之综所税。[①] 实则,台湾地区"司法院"释字377号解释当时,台湾地区"释宪"实务关于租税法律主义仍停留在"形式意义阶段",仅重视消极的税捐"法律"保留,实质课税与量能负担原则尚未正式获得承认,当时未深入剖析免税额、扣除额设定税课禁区。作为宪法上生存权保障的重要机制,也疏于重视个案中纳税义务人生存权遭侵害之客观事实,[②]固有时空背景因素,然此不妨碍今日重行为补充解释之空间。

实则,所得发生非己意变动之情形,出于异常的情事变更之故,尚不能与特意规划的税捐规避行为相提并论,且现行综所税规范并不完善,极易产生稽征机关"依法核定"之应税所得额与实际负担能力严重脱节,在现行"税法"规范背景之下,稽征机关似可通过弹性地运用权责发生制(台湾地区"所得税法"本来就没有明文强制综所税应适用收付实现制),类推适用营所税之收入与成本费用配合原则(台湾地区"所得税法"第24条第1项前段),将收入、成本、费用归属于一般常态情形下,所应归属之年度可适度缓和有违量能负担之过苛税负。不过,观察现行司法判解多数仍旧拘泥于收付实现制与民事法律关系的形式外观,当所得经民事胜诉判决后收付者,其所得性质即改属当年度一次实现之"其它所得",[③]可见收付实现制充其量不过是一种便利课征之技术性规则,透过反复

---

① 参见台湾地区"财政部"1999年8月12日台财税第881932202号函。

② 前大法官刘铁铮于该号解释所提不同意见书对于多数意见的批判可谓一针见血:"对因法定原因,未能于薪金发生各年度取得薪资者,即无法扣除各该年度之免税额及各项扣除额于先;对一次补发停职数年期间之薪金,又合并补发年度课征综合所得税,致该稽征年度之所得总额及所得净额提高数倍,因而又必须适用高课税级距及高累进税率于后,不仅剥夺纳税义务人依'所得税法'原可享有之各项权利,且扭曲适用高累进税率,根本不符'所得税法'课税公平原则,严重侵害纳税义务人受'宪法'保障之生存权。"

③ 例如,台北"高等行政法院"2010年度诉字第43号判决:"该105万元(新台币。——编者注)原告虽主张为10.5年之租金,唯谢〇〇占用系争地下室建物系出于无权占有……既无租赁关系,何来租金给付之义务?谢〇〇所给付之105万元(新台币。——编者注)系属无权占有侵害原告对于系争地下室建物之所有权,而发生之相当于租金之损害赔偿责任,被告据此事实参酌前揭'财政部'1985年3月9日'台财税第12819号函释意旨',及收付实现制原则,而以为2004年度予以认列为当年度之其他所得计算,自属'合法'有据。原告主张此为租金,应予扣除'法定'43%之费用,并分别逐年以10万元(新台币。——编者注)核定为租金所得云云,尚无可采。"

判决根深蒂固之余,还进而升华成一道颠扑不破的税法原则,①实为值得吾人省思之奇特现象。

(六)纳税人财产权、营业自由保障与税课禁区

台湾地区"宪法"第15条保障人民之工作权与财产权,"旨在确保个人依财产之存续状态行使其自由使用、收益及处分之权能,并免予遭受公权力或第三人之侵害"(台湾地区"司法院"释字第400、671号)、"人民从事工作并有选择职业之自由"(台湾地区"司法院"释字第612、584、510号等参照)。税捐是人民公法上金钱给付负担通过法定课税要件,纳税义务联结至人民的所得、财产持有以及所得使用(即消费行为)等。因此,财产本身一方面是营业基础,另一方面也是纳税客体及缴纳的担保,税捐负担有着经济上的外溢效果,无论是事前影响人民选择从事特定经济活动的动机、决策,抑或是事后课予金钱给付负担,限制、剥夺人民关于财产的所有权与使用收益。其中又以营业成本、费用的扣除资格影响最为广泛。以下从财产权的存续保障以及对营业自由的绞杀禁止说明"宪法"上财产权、营业自由保障如何在税法上建构税课禁区。

(七)财产权保障与半数课税原则

税捐国家(steuerstaat)下,德国学者Isensee即指出税课应当仅是扮演着"参与"人民营利活动的角色,维持税源的完整本为其职志,不应逾越而反客为主,对人民财产发生"没收"(konfiskation)效果,当国家通过税捐的手段尝试向纳税人夺取税捐客体时,即是税捐国家身份自我矛盾与解消的开始。② 由此可以发展出财产权的课税界限:(1)税捐应使私有财产的用益性尽可能且有意义地存在,侵入财产本体之税捐,即属"没收"性税捐。③ (2)税捐不得排除所有权人利用财产的营利可能性,否则无异对财产权进行法律上"宣告死亡"(nudum ius)。④ (3)税捐侵入财产权之界限至多财产收益或所得之半数而已,此即德国联邦宪法法院于1995年财产税判决提出的"半数原则"(halbteilungsgrundsatz),该原则系谓:"对财产权课税只有在下列状况之下可接受,亦即对于应有收益的整体负担,在减除了依据类型化方法所计算的成本费用及其它负担之后,接近但尚未达到一半的地步。亦即对财产收益,国家之手与私人之手最多各取一半。"⑤

---

① 例如,台湾地区"最高行政法院"2008年度裁字第1468号裁定(薪级提叙核可,一次补发薪资);台北"高等行政法院"2009年度诉字第361号判决("健保局"更正前年度之给付);2008年度诉字第2296号判决(保险赔偿金延滞利息);2008年度简字第17号判决(保险和解金);2004年度简字第1113号判决(薪资加计5%之迟延利息补偿)。

② J. Isensee, Festschrift für H. P. Ipsen, S. 409,434. 转引自 Tipke, StRO, Band I,2000, Köln, S. 444, Fn. 115。

③ W. Rüfner, Die Eigentumsgarantie als Grenze der Besteuerung, DVBl,1970, S. 881.

④ H. - J. Papier, Der Staat 1972, S. 483,501ff. 转引自 Tipke, StRO, Band I,2000, Köln, S. 444, Fn. 117。

⑤ BVerfGE 93,121. 翻译系引自黄源浩:"从'绞杀禁止'到'半数原则'——比例原则在税法领域之适用",载《财税研究》2004年第1期。

（八）财产权存续保障与纳税能力之衡量

承前所述，基于财产权存续保障，税课不应超出收益之外，侵入财产权本体，产生没收效果。所得税的税捐客体，所得实现的时点，往往影响该笔所得的衡量基准，当衡量基准脱离纳税义务人经济上实际获得、享受之数额，即有可能发生税捐侵入财产本体之没收效果，税捐实务上尤以涉及缓课股票以及收付实现之争议最能体现此一问题。兹以台湾地区“最高行政法院”2009 年度判字第 831 号综所税案件之事实与判决结果为例，该案纳税义务人陈某有一批上市股票遭债权人声请民事法院查封拍卖，以每股 0.81 ~ 1.25 元新台币之价格拍定，总金额为 2600 余万元新台币，“国税局”则以该批股票属上市公司之缓课股利股票，认为当民事法院于 2002 年扣押取得该批股票并移送集保时，缓课待遇即告终止，营利所得课征时点因此发生，并应按该批缓课股票之面额（即每股 10 元新台币，合计约 25,000 万元新台币）计算 2002 年度之营利所得，①补征陈某 9000 余万元新台币综所税，尚以漏报所得为由裁处 0.2 倍，约 2200 余万元新台币之罚锾，本案“国税局”补税与裁罚均受“最高行政法院”判解支持。

上述缓课股票案件，系争缓课股票遭民事法院以 2600 余万元新台币拍出，“国税局”核定该批股票应以每股 10 元新台币之面额合计 2500 万元新台币计入纳税义务人陈某 2002 年之营利所得，补征税额 9000 余万元新台币。暂且不论盈余转增资配发股票股利是否为一种应税所得，②缓课股票之法律性质为何，③以及纳税义务人财产遭法院拍卖所

---

① 本案法律争议乃行为时台湾地区“促进产业升级条例”（该“条例”于 2010 年 5 月 12 日废止）第 16 条（该条于 1999 年 12 月 31 日删除）之解释，该条规定：“公司以其未分配盈余增资供左列之用者，其股东因而取得之新发行记名股票，免予计入该股东当年度综合所得额；其股东为营利事业者，免予计入当年度营利事业所得额课税。但此类股票于转让、赠与或作为遗产分配时，面额部分应作为转让、赠与或遗产分配时所属年度之所得，申报课税。至实际转让价格或赠与遗产分配时之时价，如低于面额时，以实际转让价格或赠与、遗产分配之时价申报……”纳税义务人主张民事法院拍定系争缓课股票时，缓课股票之股利所得才发生，故应按实际拍定价格计入综合所得课税；“国税局”与“最高行政法院”则认为当民事法院扣押系争股票并存入集保时，即构成缓课原因消灭之“转让”行为。

② 股份有限公司前年度结算有盈余，经弥补亏损并提拨法定盈余公积后，可选择以现金配发股利，也可以盈余转增资，配发股票股利，取得现金股利固属实现股利所得，唯取得股票股利形式上仅增加持有股票之股数，反映于上市柜股票交易实情，即是除权基准日过后股价因股权稀释而被拉低，整体股权的市场交易价值实际上既未因此增加（故财务会计上并不将股票股利计入损益），所增加之股数又未在市场上卖出取得额外现金之前，现行稽征实务单凭股票股利增加持股数目，于配发股票股利之年度以面额计入综合所得课税本文认为，此无非出于未来出售盈余转增资股票时，因证券交易免税之故，所为之亡羊补牢的权宜对策罢了，不宜认为股票股利的配发，纳税义务人随之享有经济上的实质增益。

③ 本案台湾地区“最高行政法院”2009 年度判字第 831 号判决理由即有认为，“公司股东获配之股票股利，其性质属营利所得，并因于获配年度所得即已实现，故个人股东于该年度即应并计综合所得总额为综合所得税之结算申报。唯若该股票股利系属上述行为时‘促进产业升级条例’第 16 条规定之记名股票，而得依该条规定享有缓课之待遇，即延至该股票转让、赠与或作为遗产分配等终止缓课事由所属年度课税。”不过，如前注说明，本文认为股票股利作为应税所得之实现点，从经济观察法角度，纳税义务人何时实际享受到该笔股票股利之经济利益，仍有待斟酌。

获增益息于结算申报时揭露,是否构成逃漏税之违章等争议,该批股票所换得之对价显不及于补征之税额,不唯该笔缓课股票作为股利所得,遭征100%之没收性税负,超出2600余万元新台币以上之税负,更形成侵入纳税义务人陈某其他财产之没收效果。本案稽征机关与"行政法院"拘泥于"促进产业升级条例"、"证券交易法令"等相关条文的形式操作,忽略对于没收性的"违宪"税课结果,从"宪法"对于纳税义务人基本权保障给予适当的响应与关怀。本文认为,所得实现时点以及衡量基准的采择倘有多种选择可能性时,导致没收性税课之选择,无待"税法"修正,自始即应通过"合宪"解释予以排除。

(九)财产权存续保障与客观净所得课税原则

所得税之税基,乃收入减除成本、费用、损失之余额,个人综所税尚有免税额与扣除额,承认成本、费用、损失作为税基的减项,彰显净所得课税原则作为建构"所得税法"的根本原则,立法者不可以随意背离、变更。① 借此排除毛所得课税原则,同时也否定了营业活动必要的成本、费用、损失具有可税性。申言之,此即客观净所得课税原则之内涵,职业、营业活动相关联的成本、费用,就纳税义务人而言,欠缺支配能力,"税法"所应掌握者,仅限于减除营业成本、费用后的"净所得"(reineinkünfte)。不过,现行"所得税法"规定与实务操作对于纳税义务人列报减除成本、费用及损失设下许多实体与程序限制,以致偏离净所得课税原则,导致过苛税负:(1)列报成本、费用或损失之减除,应持稽征机关允许之凭证,如统一发票②或通过中立机关之和解证明,③形同"法定证据主义"取代职权调查原则;(2)以齐头式的总额型扣除额排除以推计或个案审查方式来确定成本、费用,薪资所得仅容许减除薪资所得特别扣除额,即属适例;(3)综所税按年度结算所得额,联结收付实现制的会计基础后,当发生收付异常变动时,往往使得收入无法与相对应的成本、费用并计,计算上虚增纳税义务人所得额。

本文举一则实例说明上述第三种情形偏离客观净所得课税原则,导致"违宪"税课。建筑师某丙曾于1993年承揽某一大楼设计,唯因建商倒闭,未能支付酬金4356万余元新台币,当年度仍认列相关费用2336万余元新台币,以致1993年度核定执行业务亏损1392万余元新台币。嗣于1998年另一建商承接该倒闭建案,将未付酬金打折支付3000

---

① J. Isensee, in 57. Deutscher Juristentag, 1988, Sitzungsbericht N, S. 214.

② 台湾地区"营利事业所得税查核准则"第67条第3项规定:"营利事业依本准则规定列支之制造费用及营业费用,如系取得小规模营利事业出具之普通收据,其全年累计金额以不超过当年度经稽征机关核定之制造费用及营业费用之总额千分之三十为限,超过部分,不予认定。"本条规定的负面影响,即是间接地促使无法取得合法进项凭证之营利事业,不得不向非交易对象购买不实进项发票作为扣抵凭证。

③ 台湾地区"执行业务所得查核办法"第31条规定:"损害赔偿:一、执行业务者及其雇用人员在业务上因过失致人受伤或死亡而支付之医药费、丧葬费、抚恤金或赔偿金,除受有保险赔偿部分外,应取得警察机关、公会或调解机关团体之调解、仲裁之证明,或经法院判决或裁定确定之证明,并检附支出凭证,予以认定。……"倘执行业务者,如独资、合伙制的医院诊所与受害者、家属就医疗过失私下和解赔偿,即便一切属实,稽征机关仍得依本"办法"规定,径予剔除。

万元新台币,稽征机关乃按收付实现制,以相关费用于 1993 年度支付且认列在案,核定该笔 3000 万元新台币酬金全部属 1998 年度执行业务所得,补征税额 1027 万余元新台币。丙不服,请求改按权责发生制与收入与成本费用配合原则,重核 1993 年度与 1998 年度执行业务所得,即 1993 年度剔除已认列之 2356 万元新台币费用,将之移至 1998 年度,与该年收得之 3000 万元新台币酬金减除相对应费用后,计算执行业务所得。台北"高等行政法院"2004 年度诉字第 4151 号判决以丁不符"执行业务所得查核办法"第 10 条关于适用权责发生制之要件为由,判决驳回。

上述丙建筑师之案例,与本文前举缓课股票陈某之案情相当类似,稽征机关发单补征之税额均超过实际所得额。当个人的收入与相对应的成本费用因故未在同一年度发生,而是各自收付于不同年度,则此时按"收付实现制"即对价支付与取得之年度计算之各年度所得净额,即会与实际所得情形严重剥离,复以累进税率计算税额,更让税课侵害程度雪上加霜。此案中丙建筑师 1998 年度就该建案遭补征之税额(1027 余万元新台币),超过该建案实际带来之所得增益(663 万余元新台币),已有没收所得效果,至于税额超过实际增益的 364 万元新台币部分,进一步侵入既有财产基础,同时也是侵入生存与营业基础的"违宪"税课。本案"违宪"税课如欲避免或缓和,除了容许个人类推适用营利事业采用权责发生制(台湾地区"所得税法"并无明文强制综所税应采收付实现制),尚可思考综所税改时适度承认个人亦可比照营利事业享有跨年度盈亏互抵之权利。①

(十)财产权存续保障与裁罚比例原则

台湾地区现行"税法"就漏税行为的处罚,裁罚效果均以所漏税额的倍数,巨额的倍数罚锾又往往影响个人及其家庭的生存、企业的存续;②且与其他国家或地区比较而言,显然严苛甚多。例如,所得额申报有短漏,裁处所漏税额二倍以下罚锾(台湾地区"所得税法"第 110 条第 2 项"营业税法"第 51 条);怠于办理遗产、赠与税申报,按"核定应纳税额"裁处二倍以下罚锾;遗产、赠与申报有短漏者,按所漏税额裁处二倍以下罚锾(台湾地区"遗产及赠与税法"第 44 条、第 45 条)。相较于《美国内地税法》第 6663 条涉及税务诈欺短纳税额(underpayment due to fraud)者,罚锾最高只裁处至所漏税额的 75%。《德国税捐通则》第 378 条重大过失逃漏税行为(leichtfertige steuerverkürzung),限定漏税罚仅有故意及重大过失,始可构成,尚有 5 万欧元的罚锾上限。以下举两则遗产税判决说明本税加计倍数计算之罚锾,衍生税课侵夺遗产、继承权,有违财产权存续保障之情形。

---

① 立法例上《德国所得税法》第 10d 条设有"往年亏损扣除额"(verlustabzug)的制度,当年度结算核定之亏损可以在法定限额之内享有一年的"亏损前抵"(verlustrücktrag),"亏损前抵"后尚不足之金额,可自往后各年度所得扣抵,此即"亏损后抵"(verlustvortrag)。

② 葛克昌:"税法解释与税捐罚",载《'司法院'大法官 98 年度学术研讨会——'宪法'解释与纳税义务人之权利保障》(下册),2009 年 12 月 6 日,第 44 页。

被继承人丁某生前经营牧场，罹患肝癌于2006年9月过世，过世前两年内分四次将名下银行账户款项总计1250万元新台币转存至配偶戊之账户，遭南区“国税局”认定为夫妻间赠与，虽免课赠与税，仍应按台湾地区“遗产及赠与税法”第15条规定拟制为应税遗产课征遗产税，乃发单补征413万余元新台币税额，并裁处税额0.8倍之罚锾330万余元新台币，遗产税额加计罚锾约743万元新台币，占妻戊所取得之“拟制遗产”接近60%。戊不服核定，高雄“高等行政法院”“2009年度诉字第644号判决”仍支持“国税局”补税与裁罚。

被继承人庚于2000年5月2日死亡，继承人辛向嘉义“地方法院”声请限定继承，经该院准予公示催告，并裁定2000年8月22日至2001年2月22日为公示催告期间，嗣后辛于2001年2月16日以办理限定继承程序为由向南区“国税局”申请延期申报遗产税，以逾限为由而遭否准。“国税局”乃以辛未于继承发生后6个月内即2005年11月2日之前依限申报遗产税或提出延期申请，除依查得资料径行核定遗产净额为15,161万余元新台币，应纳遗产税额6115万余元新台币，另按行为时台湾地区“遗产及赠与税法”第44条，[①]裁处核定税额1倍罚锾6115万余元新台币，税额加计罚锾超过遗产净额八成，辛最后可取得的遗产仅余2930万余元新台币。辛不服循序提起救济，最终仍遭“最高行政法院”2005年度判字第826号判决定谳。[②]

（十一）营业自由保障与绞杀禁止

财产之所有权由私人保有，作为生活、营业之基础，财产权受宪法保障的内涵之一即在确保财产权及衍生的营业活动免于税课的“过度负担”，德国联邦宪法法院1953年判决认为税捐不得对纳税人产生“绞杀效果”（erdrosselnde wirkung）。[③] 易言之，税课不应对于人民行使财产收益及营业活动，剥夺其经济上诱因。此外，职业与营业自由之保障，关于职业与营业的选择与行使方式，税捐应基于“职业中立”（berufsneutral）的立场，税捐的课征本不得带有规制特定职业活动的倾向，亦不得以税捐形成阻碍进入特定职业的门槛，[④]或者对于特定营业活动以税捐差别待遇，形成歧视。

衡量所得税税基时，“所得税法”、稽征实务往往限制纳税义务人减除特定收入的成本与收入及亏损，一方面，衍生如前一所述之税课超过所得侵入财产权本体，同时也是营生基础；另一方面，无正当理由却又就人民从事特定营业活动给予税法上负面的歧视性

---

① 按台湾地区“遗产及赠与税法”第44条于2009年1月修正，将原本一至二倍之罚锾降低为二倍以下，按当时“税务违章案件裁罚倍数参考表”如有违反依限申报之情形，一律裁处核定税额一倍罚锾。“财政部”虽于同年3月5日修正公布参考表，然仅就登记有案之不动产、车辆及有价证券，将罚锾倍数降为0.5倍，其余仍按核定税额一倍裁罚，与修法前实无多大差距。

② 关于该号“最高行政法院判决评释”，参见拙著：“限定继承、遗产税协力义务与漏税处罚——‘最高行政法院94年度判字826号判决’评析”，载《东吴法学论丛》2007年第3期。

③ BVerfGE 4,7,17.

④ Papier, Berteuerung und Eigentum, DVBl, 1980, S. 791.

待遇,亦形成绞杀效果。兹以下列三则实例问题说明:

薪资与执行业务所得关于成本费用减除之差别待遇:提供劳务获取对价,可采独立执业或受雇形式,台湾地区"所得税法"第 14 条第 1 项第 2 类规定执行业务者可将收入减除必要成本费用,唯第 3 类薪资所得却规定以毛额收入作为所得额,仅得减除第 17 条齐头式的薪资所得特别扣除额,否定有其他成本费用可资减除。对于保险、房屋中介业务员,一方面其薪资结构仰赖销售佣金,另一方面推广业务又须自负诸多交通、交际、文宣、受训等费用,却因民事上受雇关系联结薪资所得课税架构,获得薪资一切必要费用概不许减除,税负即有过重,即便台湾地区"财政部"近来有函释容许保险业务员与保险公司成立承揽关系,独立招揽业务并自负盈亏者,可适用执行业务所得计算,唯其代价则是放弃劳工、健保与退休金权益。① 实则,以薪资所得特别扣除额取代薪资一切成本费用,当属过度倾斜稽征便利,有违比例原则、歧视受薪阶级之立法设计。

认购(售)权证避险成本之减除:证券商发行认购(售)权证,其发行权利金计入营利事业所得课税,其发行后之避险操作行为因涉及买卖标的股权与权证等有价证券,形式上属免税之证券交易行为,在 2007 年 7 月台湾地区"所得税法"增订 24 条之 2 以前,②稽征与司法实务一概认为避险所生损益属不得计入营所税基之证券交易损益,以致此部分业务之应纳税额直接约当发行权利金之 25%。当证券市场发生短期巨幅震荡以致避险成本大增,极容易产生入不敷出仍须缴纳巨额税负、侵入证券商营业基础之"违宪"税课,即便个别情况不至于此,至少也大幅减损、绞杀证券商从事发行权证业务之经济动机。

综所税跨所得类型之盈亏互抵:台湾地区"所得税法"第 14 条规定 10 种所得类型,并规定"以其全年各类所得合并计算"、"净额计征"。当某一类所得结算上亏损时,可否与其他类型所得互抵盈亏?稽征与司法实务均采取否定之见解,亦即盈亏互抵仅限于同类型所得,③倘该

---

① 台湾地区"财政部"2008 年 7 月 18 日台财税字第 09704531410 号令:"不具雇佣关系保险业务员独立招揽业务自负盈亏之佣金收入课税规定自 97 年(2008 年——编者注)7 月 1 日起,保险业务员与保险公司不具雇佣关系,由业务员独立招揽业务并自负盈亏,公司亦未提供劳工保险、'全民'健康保险及退休金等员工权益保障者,其依招揽业绩计算而自保险公司领取之佣金收入,得依'所得税法'第 14 条第 1 项第 2 类规定,按减除直接必要费用后之余额为所得额……"

② 台湾地区"所得税法"第 24 条之 2 第 1 项前段(2007 年 7 月 11 日修正公布):"经目的事业主管机关核准发行认购(售)权证者,发行人发行认购(售)权证,于该权证发行日至到期日期间,基于风险管理而买卖经目的事业主管机关核可之有价证券及衍生性金融商品之交易所得或损失,应并计发行认购(售)权证之损益课税,不适用第四条之一及第四条之二规定。"

③ 参见台湾地区"财政部"2000 年 8 月 3 日台财税第 0890455400 号函:"综合所得税纳税义务人及其配偶同时经营按其它所得课征所得税之补习班、幼儿园、托儿所、托育中心、私立养护、疗养院(所),其中经核定有亏损者,得将核定之亏损,自同一年度因经营上述业务经核定之其它所得中减除。"另 2006 年 2 月 14 日台财税字第 09400601710 号函:"依'护理人员法'第 16 条及护理机构设置标准设立之护理之家机构,其名称虽为'○○医院附设护理之家',唯与依'医疗法'第 14 条规定设立之医院乃分别依不同法律设立登记之独立机构,且其所得类别亦不相同,当无盈亏互抵及同设一套账之适用。"

类所得结算尚亏损,仅以"零"计入所得总额。[①] 换言之,渠等认为综所税上并不承认所谓"负所得"(negatives einkommen)概念云云,实则经核定之亏损自税基中减除,乃纳税义务人基于量能负担原则之"宪法"上权利,而非税捐优惠。[②] 不许亏损与其他来源所得合并计算,实与旧制分类所得制无分轩轾,虚增名目所得,形成过重税负的同时,也构成对于所得来源多元之纳税义务人的歧视性税捐差别待遇。

三、借由生存权、财产权与营业自由的"宪法"保障形塑税课禁区

所得税以人民参与市场营业活动的结果作为税捐客体,又以公法上强制、无对价金钱给付义务的姿态直接干预、侵入纳税义务人的生活、财产与经济活动领域,堪属各类税种之中基本权攸关程度最高之税目,其中又以综所税为甚。"纳税人权利保护"专章的"立法",彰显纳税义务人作为税捐稽征程序的权利主体身份,唯落实纳税义务人基本权保障更为明确的方向。本文认为,透过台湾地区"宪法"第15条关于生存权、财产权与营业自由保障,以"宪法解释"、"司法判决"以及"立法规定"建构出税课不得侵入的基本权禁区,毋宁可以适当反省综所税一直以来稽征便利挂帅,税务判决以法匠式的文义操作,想方设法回护侵入基本权保障禁区的"违宪"税课之"法治国家"奇特现象,漠视广大纳税义务人特别是受薪阶级诉求税捐负担平等的呼声。尤其是,台湾地区已经迈入高龄化社会,社会上俨然已形成共识,将老年照护、幼儿托育由个人、家庭责任转为社会共同任务,却未见台湾地区"立法院"与"财政部"对于综所税应扮演什么样积极角色或提出任何应对措施或修正方案。无怪乎纳税义务人观感普遍认为稽征机关仍停留在传统税吏般汲汲营营、锱铢必较的刻板印象,遑论屡次税改的结果,无论是调降营所税、遗赠税等,所损失的税源自然而然地会再次转嫁到薪资所得者身上,此番恶性循环不唯是恶化贫富不均的"逆"所得重分配,尚且进一步侵蚀了检讨、进行综所税改的契机。

---

① 参见台湾地区"最高行政法院"2009年度判字第917号判决:"至于不同类所得而其中有亏损者,是否得与其它有盈余者互抵?基于收入与成本、费用配合原则,不同类收入所支出之成本费用本不得互相列报减除……且'所得税法'及其相关'法规'又无任何不同类个人收入之盈亏可以互抵之规定,上诉人主张其有合并计算各类不同所得并减除亏损之权利,尚属无据。"

② 2006年德国法学家年会会议结论之一即承认"盈亏互抵与跨年度亏损扣抵,均为实践量能课税原则下之净所得课税原则之重要措施,性质并非税捐优惠"。参见2006, Deutscher Juristentag, Sitzungsbericht Q, München 2006,168。

纳税人权利与义务结构及其关系辨析

姚轩鸽*

权利与义务的定义固然十分复杂，但如果与权利与义务的结构相比，权利与义务的结构比其定义更为重要，也更为复杂。结构是指每种事物自身内部的划分，纳税人权利与义务的结构就是指纳税人权利与义务自身内部的划分。从纳税人权利与义务是纳税主体必须且应该得到和付出的利益，是纳税人主体在社会税收管理者保护下的必须且应该得到和付出的利益来看，纳税人权利与义务属于规范范畴（税收道德与税法）。实际上，我们探讨纳税人权利与义务的结构及其实质关系就是为了奠定优化纳税人权利与义务体系的基础。

一、纳税人权利与义务的结构分析

（一）纳税人权利与义务的基本结构

价值学研究成果表明，人们总是自觉不自觉地根据涉税行为事实对于社会创建这些规范（税德、税法）的目的的效用，来制定税收行为主体（征纳税人）应该或必须如何的权利与义务规范的。而涉税行为事实对于社会创建这些规范的目的的效用，也就是说，税收行为主体应该和必须如何，就是纳税人权利与义务的价值，或者说就是征税人权利与义务的价值或纳税人权利与义务的价值。这样，纳税人权利与义务的规范就是根据纳税人权利与义务的价值来制定和认可的。

这意味着，纳税人权利与义务由纳税人权利与义务的价值和纳税人权利与义务规范两部分组成。但是，由于纳税人权利与义务的价值和纳税人权利与义务的规范是完全不同的东西，纳税人权利与义务的规范可以由人们随意认定和约定，但纳税人权利与义务的价值却不是由人们可以随意认定和约定的。因为，纳税人权利与义务的规范不过是纳税人权利与义务价值的外在表现形式，而纳税人权利与义务的价值则是纳税人权利与义务规范所表现的内容。同样，征税人权利与义务的价值和征税人权利与义务的规范也是完全不同的东西，征税人权利与义务的规范往往可以由人们随意认定和约定，但征税人权利与义务的价值却不是由人们随意认定和约定的。道理很简单，权利与义务的规范不

* 西安市国家税务局研究员，陕西省伦理学研究会副会长、秘书长。

过是权利与义务价值的表现形式,而权利与义务的价值则是权利与义务规范所表现的内容。或者说,权利与义务(规范)就其自身而言只是一种形式,它包容和表现着权利与义务的价值。纳税人权利与义务具有形式和内容的结构,它是纳税人权利与义务规范形式与纳税人权利与义务价值内容的结合体。纳税人权利与义务的形式是纳税人权利与义务的规范,纳税人权利与义务的内容是纳税人权利与义务的价值。

纳税人权利与义务的这一基本结构告诉我们,纳税人权利与义务的价值是纳税人权利与义务(规范)制定的根据,纳税人权利与义务(规范)的优劣取决于与纳税人权利与义务价值的符合或者悖逆。符合,便是优良的纳税人权利与义务(规范);悖逆,便是恶劣的纳税人权利与义务(规范)。同样,征税人权利与义务的价值是征税人权利与义务(规范)制定的根据,即征税人权利与义务(规范)的优劣取决于与征税人权利与义务价值的符合或者悖逆。需要特别指出的是,纳税人权利与义务的价值决定征税人权利与义务的价值,道理很简单,因为纳税人是原生的,征税人是派生的,征税人是纳税人公共事务的委托代理人。这样,不论是征税人权利与义务(规范)的优劣,还是纳税人权利与义务(规范)的优劣,都将取决于与纳税人权利与义务价值的符合或者悖逆。符合,纳税人权利与义务(规范)就先进优良;反之,纳税人权利与义务(规范)就落后恶劣。简言之,纳税人权利与义务(规范)尽管可以任意制定,但优良的纳税人权利与义务(规范)则不可以随意制定,它一方面取决于人们对创建纳税人权利与义务(规范)终极目的判断之真假,另一方面取决于人们对创建纳税人权利与义务行为事实如何的认识之对错。

(二)纳税人权利与义务的完整结构

纳税人权利与义务由权利与义务之"价值内容与规范形式"两者构成,严格说来,这只是纳税人权利与义务的基本结构。这是因为,如果在"价值内容与规范形式"两者之间缺乏一个切实的中介的话,二者根本不可能结合在一起。要实现从纳税人权利与义务之价值到纳税人权利与义务(规范)的飞跃和转化,就需要通过纳税人权利与义务的价值判断。可见,制定纳税人权利与义务(规范),就必须首先探究纳税人权利与义务的价值,研究纳税人权利与义务的价值究竟如何,从而形成必要的纳税人权利与义务价值判断。然后,才能在纳税人权利与义务价值判断的指导下,制定与纳税人权利与义务价值判断相符的纳税人权利与义务(规范)。

如此看来,纳税人权利与义务便由纳税人权利与义务价值、纳税人权利与义务价值判断和纳税人权利与义务(规范)三个要素构成。在这一完整的纳税人权利与义务结构中,纳税人权利与义务(规范)是纳税人权利与义务价值判断的表现和形式,纳税人权利与义务价值判断又是纳税人权利与义务价值的表现和形式。这样,纳税人权利与义务(规范)就和纳税人权利与义务价值判断一样,都是纳税人权利与义务价值的形式,都是以纳税人权利与义务价值为内容和对象。不同的是,纳税人权利与义务价值判断是纳税人权利与义务价值的直接形式,是纳税人权利与义务价值的思想形式;而纳税人权利与义务(规范)则是纳税人权利与义务价值的间接形式,是纳税人权利与义务价值经过纳税人权利与义务价值判断这个中介在涉税行为中的反映,是纳税人权利与义务价值的规范形式。

然而,由于纳税人权利与义务价值判断有真假之分,与纳税人权利与义务价值相符的判断便是真理,不符的便是谬误。而纳税人权利与义务(规范)却没有真假,只有一个优劣之分。与纳税人权利与义务价值相符的纳税人权利与义务虽不是真理,但却是优良的、正确的;反之,虽不是谬误,却是恶劣的、不正确的。因此,纳税人权利与义务的思想形式——纳税人权利与义务价值判断的真假,就直接决定着纳税人权利与义务(规范)之形式——纳税人权利与义务的优劣。只有在关于纳税人权利与义务价值判断是真理的前提下所制定的纳税人权利与义务(规范),才可能是优良的纳税人权利与义务(规范);反之,假如纳税人权利与义务价值判断是谬误,那么在其指导下所制定的纳税人权利与义务(规范)必定与纳税人权利与义务价值不相符,必定是恶劣的纳税人权利与义务(规范)。

这意味着,纳税人权利与义务价值判断之真理是实现制定优良的纳税人权利与义务(规范)之目的的充分且必要条件。当且仅当纳税人权利与义务价值判断是真理时,才可能制定优良的纳税人权利与义务(规范),从而避免制定与纳税人权利与义务价值不符的恶劣的纳税人权利与义务(规范)。这无疑也是优良纳税人权利与义务(规范)制定的规律。对此,庞德在其《通过法律的社会控制》一书中说:"对各种利益的承认或拒绝承认以及划定那些得到承认的利益的界限,最终都是按照一个确定的价值尺度来进行的。"①

(三)纳税人权利与义务的深层结构

上述纳税人权利与义务之结构虽然是基本结构、完整结构,但却不是深层结构,就纳税人权利与义务之深层结构而言,它由"一种内容、两种形式"构成。纳税人权利与义务的内容是纳税人权利与义务的价值。"两种形式"分别是纳税人权利与义务价值判断和纳税人权利与义务规范,纳税人权利与义务价值判断是纳税人权利与义务(规范)的思想形式,纳税人权利与义务(规范)是纳税人权利与义务价值的规范形式。问题是,纳税人权利与义务结构之复杂性更在于纳税人权利与义务之目的与纳税人权利与义务之交换的行为事实。

如前所述,所谓纳税人权利与义务价值,不过是纳税人权利与义务行为之事实如何对于纳税人权利与义务之目的(税收道德目的与税法目的)符合或者悖逆。符合纳税人权利与义务之目的的行为,就是应该或必须的,就具有正价值;反之,如果不符合,则是不应该或不必须的,就具有负价值。就是说,"纳税人权利与义务行为事实如何"是纳税人权利与义务交换行为不依赖纳税人权利与义务之目的而独立具有的属性,也就是纳税人权利与义务之交换行为无论与纳税人权利与义务之目的发生关系还是不发生关系都同样具有的属性,就是纳税人权利与义务交换行为固有的属性,也就是纳税人权利与义务

① [美]庞德著:《通过法律的社会控制》,沈宗灵译,商务印书馆1984年版,第42页。

之价值由以产生和推导出来的源泉与实体,即“纳税人权利与义务之价值实体”。而纳税人权利与义务之目的则是纳税人权利与义务之价值由以产生和推导出来的条件,是衡量纳税人权利与义务行为事实应该不应该的标准,即“纳税人权利与义务之价值标准”。而纳税人权利与义务交换行为事实如何与纳税人权利与义务之目的相结合,便构成“纳税人权利与义务行为应该如何”——纳税人权利与义务(规范)。无疑,这是纳税人权利与义务交换行为独自不具有的属性,是纳税人权利与义务交换行为事实如何与纳税人权利与义务之目的发生关系时所产生的属性,是纳税人权利与义务交换行为事实如何对纳税人权利与义务之目的的效用,是纳税人权利与义务交换行为的关系属性,即“纳税人权利与义务之价值”。简言之,纳税人权利与义务之价值由“纳税人权利与义务交换行为事实”与“纳税人权利与义务之目的”两个方面构成,前者是纳税人权利与义务之价值的源泉与实体,后者是纳税人权利与义务之价值构成的条件和标准。

因此,综观纳税人权利与义务之结构可知,其内容和形式都是双重的,由四个要素构成,即由纳税人权利与义务之规范、纳税人权利与义务之价值判断、纳税人权利与义务之目的与纳税人权利与义务交换行为事实四者构成。上述纳税人权利与义务之结构分析的意义在于,纳税人权利与义务之分配和制定,绝不可凭借个人的主观意志随意而为,只能通过纳税人权利与义务之目的,从纳税人权利与义务行为事实如何的客观本性中推导出来。或者说,不论是征税人权利与义务,还是纳税人权利与义务之分配和制定,绝不可凭借个人的主观意志随意而为,只能通过纳税人权利与义务之目的,从纳税人权利与义务行为事实如何的客观本性中推导出来。

二、纳税人权利与义务之间的实质性关系

具有实际意义的纳税人权利与义务关系的研究,就是探索二者之间的实质性关系。笔者认为,这种实质性关系具有二重关系:一是纳税人主体的权利与其客体的义务之间的关系,包括每个纳税人与社会和他人的权利与义务关系。二是纳税人自身的权利与义务的关系,包括一个纳税人的权利与他自己的义务的关系。为了探讨的便利,本文将纳税人权利与义务的这种复合的二重关系简化为四种:纳税人的法定权利与征税人的法定义务之间的关系;纳税人的法定权利与纳税人自己的法定义务之间的关系;一个纳税人所享有的权利与他所负有的义务之间的关系;一个纳税人所行使的权利与他所履行的义务之间的关系。

(一)纳税人的权利与征税人的义务之间的关系

纳税人的权利与征税人的义务之间的关系是一种必然相关的关系。这可从前述纳税人权利与义务的定义推知,纳税人权利与义务就是纳税人必须且应该得到和付出的利益,是纳税人在社会税收管理者保护下的必须且应该得到和付出的利益。具体说,纳税人的权利是纳税人必须且应该得到的利益,是纳税人在社会税收管理者保护下的必须且应该得到的利益。同样,征税人的义务就是征税人必须且应该付出的利益,仅仅应该或仅仅必须付出的利益都不是征税人的义务,都是征税人的非义务利益。纳税人权利与义

务是相对征税人权利与义务而言的同一种利益，是处于权利与义务关系中的同一种利益。这个道理，凯尔森有精辟的论述，他说："一个人以一定方式行为的权利，便是另一个人对这个人以一定方式行为的义务。"[①]霍布豪斯说："同一种权益，对于应得者便叫做权利；对于应付者则叫做义务。"[②]这意味着，纳税人的权利必赋予征税人以同样的义务，因而纳税人有什么权利，征税人就必然有什么义务；反之，征税人的义务也必然赋予纳税人以同样的权利。也就是说，纳税人有什么义务，征税人就必然有什么权利；反过来说也成立。所以，马克思说："没有无义务的权利，也没有无权利的义务。"[③]

问题是，为何在处于不同权利与义务关系中的同一种利益存在这样一种权利（或义务）关系：它既是纳税人的权利（或义务）同时又是征税人的义务（或权利）？这是因为，基本权利既是每个纳税人的权利，同时也是每个纳税人的义务。就每个纳税人对于自己基本权利的享有来说，是权利；但就每个纳税人——对于征税人基本权利的不侵犯和保障来说，则是义务。无疑，这种处于不同权利与义务关系中的同一种利益意味着，纳税人权利的规范可以转换为征税人义务的规范。或者说，纳税人权利的语言可以转译为征税人义务的语言，反之亦然。这样，如果税法或税收道德一旦规定了一条纳税人权利（或义务），便意味着同时也规定了一条征税人义务（或权利）。因此，一般而言，税法条文或税收道德也就不必在规定一种纳税人权利（或义务）之后，再相应规定一种纳税人义务（或权利），往往是只规定纳税人权利或只规定义务。规定了纳税人权利，纳税人义务即蕴涵于其中。不过，当纳税人权利与义务比较复杂和重大，或者对纳税人权利与其义务如果不给予规定便不够明确的情况下，就必须在规定一种纳税人权利（或义务）之后再相应规定一种征税人义务（或权利）。因此，仅仅根据税法条文和道德规范规定了纳税人权利，或只规定了纳税人义务，就断言存在"没有权利的义务"和"没有义务的权利"是存在极大认识风险的。

纳税人的权利必然是征税人的义务，反之亦然。这就是纳税人的权利与征税人的义务之间的必然的、客观的、事实如何的关系。这种关系通常叫做"权利与义务的逻辑相关性"。对于这一相关性原理，彼彻姆这样概括，"X 享有权利做 Y 或拥有 Y，显然意味着，道德体系（或法律体系）把做或不做的义务强加于某些人，以便 X 能够做 Y 或拥有 Y（如果 X 想要 Y）。这一分析符合被广泛接受的观念，亦即权利的语言可以翻译成义务的语言。换言之，权利与义务是逻辑相关的：一个人的权利使他人承担免除干涉或提供某些利益的义务，反过来，一切义务同样使对方享有权利。"[④]范伯格在论及相关性原理时也这样写道，"这一学说可以归结为：①一切义务都使其他人享有权利；②一切权利都使其

① ［奥］凯尔森著：《法与国家的一般理论》，沈宗灵译，大百科全书出版社 1996 年版，第 87 页。

② L. T. Hobhouse, *THE ELEMENTS OF SOCIAL JUSTICE*, Routledge Thoemmes Press, 1993, p. 37.

③ 《马克思恩格斯选集》（第 2 卷），人民出版社 1972 年版，第 137 页。

④ ［美］彼彻姆著：《哲学的伦理学》，雷克勤等译，中国社会科学出版社 1990 年版，第 301 页。

他人负有义务。”[①]对此,王海明教授总结说:“因为权利与义务的本性——权利是应该受到法律保障的索取,是权利主体必须且应该从义务主体那里得到的利益;义务是应该受到法律保障的贡献,是义务主体必须且应该付给权利主体的利益——显然决定了一个人的权利,必然是他人或社会(或非人类存在物)的义务;反之亦然:二者必然具有所谓的逻辑相关性。”[②]诚者斯言。

(二)纳税人的权利与他自己的义务之间的关系

与纳税人的权利与征税人的义务之间的关系不同,纳税人的权利与他自己的义务之间则是一种“道德相关”。如前所述,一个纳税人享有什么权利,征税人便有什么义务;一个纳税人有什么义务,征税人便享有什么权利。这无疑是事实,是必然;但不是应该,不是应然。一个纳税人应该享有权利而使征税人承担义务的道理在于,征税人负有义务而使纳税人享有权利。因此,一个纳税人所享有的权利只应该是对他所负有的义务的交换,即他从征税人那里得到的权利只应该是用他从征税人那里承担的义务换来的。反过来,一个纳税人之所以应该负有义务而使征税人享有权利,是因为他享有权利而使征税人承担义务。同理,一个征税人所负有的义务,只应该是对他所享有的权利的交换,即他从纳税人那里承担的义务只应该是用他从纳税人那里得到的权利换来的。

由此可见,由于纳税人的权利就是征税人的义务,纳税人应该享有权利而使征税人承担义务,只能是因为纳税人负有义务而使征税人享有权利。因此,纳税人的权利只应该是用他的义务所赋予征税人的权利来交换。纳税人的权利,直接说来,只应该是对他所负有的义务的交换;根本说来,只应该是对他赋予征税人的权利的交换。反过来,由于纳税人的义务就是征税人的权利,纳税人应该负有义务而使征税人享有权利,只能是因为纳税人享有权利而使征税人负有义务。这样,纳税人的义务只应该是用他的权利所赋予征税人的义务交换而来:纳税人的义务,直接说来,只应该是对他所享有的权利的交换;根本说来,则只应是对他赋予征税人的权利的交换。

这样,一个纳税人所享有的权利与他所负有的义务只应该是一种交换关系,完全基于和推导于权利与义务的逻辑相关性原理。因为,只是由于一个纳税人的权利就是征税人的义务,只是由于他要享有权利,便必定使征税人承担义务。所以,相应地他才应该负有义务而使征税人享有权利:他的权利(亦即他加于征税人的义务)应该是用他的义务(亦即他给予征税人的权利)换来的。否则,如果权利与义务不具有逻辑相关性,如果他享有的权利可以不使征税人承担义务;那么,他享有的权利就不是他应该承担义务而使别人享有权利的理由,因而他的权利和他的义务就不应该是一种交换关系。如果纳税人权利与义务不具有逻辑相关性,如果征税人负有的义务并不会使纳税人享有权利,那么,征税人负有的义务就不是他应该享有权利而使纳税人承担义务的理由,因而征税人的义

① Tom L. Beauchamp, *Philosophical Ethics*, McGraw-HillBook Company, 1982, p. 204.

② 王海明:“论权利与义务的关系”,载《伦理学研究》2005 年第6 期。

务和他的权利就不应该是一种交换关系。

因此,只有"一个纳税人的权利必定是征税人的义务"的必然的、事实的相关性,才能产生和决定"一个人所享有的权利与他所负有的义务应该是一种交换关系"的应然的、道德的相关性。这样,纳税人权利与义务的关系便可以归结为两种相关性:一种是"一个人的权利必然是他人的义务"的必然的、事实的相关性,叫做"权利义务的逻辑相关性";另一种是在这种相关性基础上产生的"一个人的权利应该是对他的义务的交换"的应然的相关性,可以称为"权利义务的道德相关性"。① 罗斯曾将权利与义务的这两种相关性归结为四个命题:"①A 对 B 有权利意味着 B 对 A 有义务。②B 对 A 有义务意味着 A 对 B 有权利。③A 对 B 有权利意味着 A 对 B 有义务。④A 对 B 有义务意味着 A 对 B 有权利。"②显然,前两个命题属于纳税人权利与义务的逻辑相关性,后两个命题属于纳税人权利义务的道德相关性。但将这两种相关性明确区分开来的是范伯格,他说:"人们常说,没有义务就不可能有权利,并且说,获得和拥有权利的先决条件是承担义务和责任的能力和意愿。接受义务是任何人为了获得权利而必须付出的代价。这种理论被称为权利与义务的道德相关学说。这种理论与下面讨论的权利与义务的逻辑相关学说决然不同。逻辑相关学说断言,赋予一个人的权利在逻辑上至少需要有一个对他负有义务的他人存在。"③

(三)一个纳税人所享有的权利与他所负有的义务之间的关系

权利与义务之道德相关性的具体内容究竟如何?应该是纳税人权利多于义务,还是纳税人义务多于权利,抑或纳税人权利与义务平等?由于一个纳税人的权利与他的义务细究起来具有双重关系:一个是他所享有的纳税权利与他所负有的纳税义务之关系,另一个是他所行使的纳税权利与他所履行的纳税义务的关系。一个纳税人所享有的权利与他所负有的纳税义务显然不是他自己能够自由选择的,而是社会分配给他的。社会究竟应该如何分配纳税权利与义务?黑格尔认为,"一个人负有多少义务,就享有多少权利;他享有多少权利,也就负有多少义务"。④ 就是说,社会分配给一个纳税人的权利与义务只有相等才是公正的、应该的;如果不相等,则不论权利多于义务还是义务多于权利,都是不公正、不应该的。征税人所享有的义务与权利同样。

纳税人权利就是纳税人应该受到"税权"保障的利益、索取或要求,纳税人义务是纳税人应该受到"税权"保障的服务、贡献或付出。因此,如果社会分配给一个纳税人的义务多于权利,那么,他受法律保障的付出就多于索取,就等于强迫他向征税人无偿贡献这

① 王海明:"论权利与义务的关系",载《伦理学研究》2005 年第 6 期。

② [英]戴维·罗斯著:《正当与善》,转引自余涌著:《道德权利研究》,中央编译出版社 2001 年版,第 49 页。

③ [美]范伯格著:《自由、权利和社会正义》,王守昌、戴栩译,贵州人民出版社 1998 年版,第 87 页。

④ [德]黑格尔著:《法哲学原理》,范杨、张企泰译,商务印书馆 1962 年版,第 652 页。

些多出部分的利益,是对他的利益的一种强制剥夺,同样是不公正的。如果社会分配给一个纳税人的权利多于其义务,那么,这个纳税人受“税权”保障的索取就多于其付出,这无疑等于强迫征税人向纳税人无偿贡献这些多出部分的利益,是对征税人利益的一种强行剥夺,因而也是不公正的。于是,社会只有分配给一个纳税人的义务与权利相等,他受“税权”保障的索取才等于其付出,才既没有强行剥夺征税人的利益,也没有强行剥夺他的利益,因而是公正的。公正就是等利(害)交换。就是说,每个纳税人所享有的权利与所负有的义务相等,乃是社会对于每个纳税人的权利与义务进行分配的公正原则;反之,每个纳税人所享有的权利与所负有的义务不相等,则是社会对于每个纳税人的权利与义务的分配是不公正的。社会对于纳税人权利与义务的分配,无疑是社会公正的根本问题。所以,社会分配给一个纳税人的权利与义务相等,亦即一个纳税人所享有的权利与所负有的义务相等,这不但是一种税收公正,而且是根本的税收公正,是税收公正的根本原则。反之,不但是一种税收不公正,而且是根本的税收不公正。

(四)纳税人所行使的权利与他所履行的义务之间的关系

一个纳税人所享有的权利与所负有的义务是社会分配给他的,同样不是他自己能够自由选择的。反之,一个纳税人所行使的权利和履行的义务则是他自己能够自由选择的。因为每个纳税人都能够放弃他所享有的一些权利,从而使所行使的权利小于所享有的权利;也能够不履行所负有的一些义务,从而使所履行的义务小于所负有的义务。对于行使权利和履行义务,一个纳税人有三种选择:(1)所行使的权利多于所履行的义务;(2)所行使的权利少于所履行的义务;(3)所行使的权利等于所履行的义务。

对第一种情况而言,一个纳税人行使的权利多于所履行的义务,有两种情形:一是他行使的权利多于其履行的义务,固然是他的自由选择,但他享有的权利多于负有的义务是社会分配的结果。这种情形的典型是特权社会的个别纳税人。因为在这种社会中,正如恩格斯所言,“几乎把一切权利赋予一个阶级,另一方面又几乎把一切义务推给另一个阶级”。① 二是,一个纳税人行使的权利多于其履行的义务,并非因为他享有的权利多于负有的义务,而是他滥用和僭越权力或不履行一些纳税义务所致。这种情形的典型,对纳税人而言,就是逃避纳税义务。就征税人而言,无疑是那些挂着民主招牌的专制君主。因为他滥用、僭越了宪法和法律赋予他作为民主政体首脑的权力和权利,不履行宪法和法律赋予他作为民主政体首脑的义务,从而使他所行使的权利远远大于和多于所履行的义务。不难看出,不论何种情形,如果一个纳税人所行使的权利多于他所履行的义务,那么,一方面,他受“税权”保障的索取就多于其付出,就等于强迫征税人向他无偿贡献这些多出部分的利益,就是对征税人利益的一种强行剥夺,因而是不公正的。另一方面,一个纳税人所行使的权利如果多于他所履行的义务,就意味着征税人的义务所赋予他的权利多于他的义务赋予别人的权利,他从征税人获得的权利就多于他给予征税人的权利,他

① 《马克思恩格斯全集》(第21卷),人民出版社1971年版,第202页。

就侵占了征税人的权利,因而是不公正的。只不过,如果他行使的权利多于履行的义务,是因为他享有的权利多于负有的义务,因而是社会分配的结果,那么,他的行为虽然是不公正的,却是合法的。反之,如果他行使的权利多于履行的义务,是他滥用权力或不履行一些纳税义务所致,他的行为便不但是不公正的而且是非法的。

对第二种情况而言,一个纳税人所行使的权利少于所履行的义务,也有两种情形:一种是他自愿放弃所享有的权利所致;另一种则是因为他享有的权利少于他负有的义务和他人滥用权力或不履行义务,因而是社会的分配和他人滥用权力或不履行义务的结果。一个纳税人所行使的权利少于所履行的义务,如果是他自愿放弃所享有的权利所致,那么,他应该享有的一部分权利便是他自愿转让于对方,而不是被对方侵占。这种行使的权利少于所履行的义务的行为属于无偿奉献范畴,因此无所谓公正不公正,而是高于公正的分外善行。但是,如果一个纳税人所行使的权利少于所履行的义务是因为他享有的权利少于负有的义务或他人滥用权力和不履行纳税义务所致,那么,就等于他应该享有的一部分权利被对方侵占,而不是自愿转让于对方。因此,这种行使的权利少于所履行的义务的行为就属于权利被侵犯的行为,就是一种遭受不公正对待的行为,属于不公正范畴。

对第三种情况而言,一个纳税人所行使的权利等于所履行的义务也有两种情形:一种是因为他享有的权利等于负有的义务,因而是社会分配的结果;另一种则是他自愿放弃所享有的一些权利所致。显然,只有一个纳税人所行使的权利等于所履行的义务,他的义务赋予对方的权利才等于对方的义务赋予他的权利,他赋予对方的权利才等于对方赋予他的权利,因而是公正的。只不过,如果一个纳税人行使的权利等于他所履行的义务是因为他享有的权利等于负有的义务,是社会分配的结果,那他的行为虽然是公正的,却是一种被动的、消极的公正。反之,如果他所行使的权利等于所履行的义务是他自愿放弃所享有的一些权利所致,那么,他的行为便不但是公正的,而且纠正了法律的不公正和社会的不公正,因而是一种积极的、主动的公正,是一种更为高尚的行为。就是说,一个纳税人所行使的权利等于所履行的义务,不论是社会分配的还是自己选择的,都是公正的。一个纳税人行使的权利多于所履行的义务,不论是社会分配的还是自己选择的,都是不公正的。一个纳税人行使的权利少于所履行的义务,如果是他自愿放弃权利所致,就无所谓公正不公正,而是高于公正的分外善行;如果不是他的自由选择,而是社会分配或他人滥用权力和不履行义务所致,就是不公正的。这种"一个人行使的权利少于所履行的义务"的不公正,与"一个人行使的权利多于所履行的义务"的不公正,无疑都属于同一不公正行为,只不过前者的行为主体是这种不公正行为的承受者,后者的行为主体则是这种不公正行为的行使者罢了。这样,一个纳税人所行使的权利与所履行的义务的公正不公正便可以归结为两种行为:一种是"一个纳税人所行使的权利等于所履行的义务",是公正的;另一种是"一个纳税人行使的权利多于所履行的义务",是不公正的。

三、纳税人权利与义务的分配关系

如前所述，一方面，凡是一个纳税人行使的权利与履行的义务相等的，都是公正的；凡是一个纳税人行使权利与履行义务的公正，也都是行使的权利与履行的义务相等。另一方面，凡是一个纳税人行使的权利多于履行的义务，都是不公正的；凡是一个纳税人行使权利与履行义务的不公正，也都是行使的权利多于履行的义务。而每个纳税人行使的权利与其履行的义务乃是个人公正的根本问题。所以，一个纳税人行使的权利等于所履行的义务，便不但是一种个人公正而且是根本的个人公正，是个人公正的根本原则；反之，一个纳税人所行使的权利大于所履行的义务，便不但是一种个人不公正，而且是根本的个人不公正，是个人不公正的根本原则。

结合个人公正与社会公正的根本原则可知，社会分配给一个纳税人的权利与义务相等（亦即一个纳税人所享有的权利与所负有的义务相等）是社会公正的根本原则；个人行使的权利等于所履行的义务是个人公正的根本原则。因此，纳税人权利与义务相等便是税收公正的基本要义。反之，社会分配给一个纳税人的权利与义务不相等（亦即一个纳税人所享有的权利与负有的义务不相等）是社会不公正的根本原则。一个纳税人所行使的权利多于所履行的义务是个人不公正的根本原则；一个纳税人所行使的权利少于所履行的义务，则无所谓公正不公正，只是高于公正的分外善行。

究竟应该怎样分配权利和义务才是公正的，或者说以什么原则分配纳税人权利和义务才是公正的？这是一个历史性的公正难题。对此，从柏拉图、亚里士多德到罗尔斯和诺齐克，一直争论不休。有费因伯格的"五原则论"，有彼彻姆的"六原则说"，还有弗兰肯的"三原则说"，我国学者盛庆莱则提出了"七原则说"，王海明教授在总结以往研究成果的基础上提出了"五原则说"即品德原则、才能原则、需要原则、平等原则和贡献原则。[①] 贡献原则意味着，社会分配给一个纳税人的权利应该与他的贡献成正比而与他的义务相等。品德、才能原则意味着，社会应该根据每一个纳税人的品德与才能的性质而分配与其相应的职务等权利。需要原则意味着，社会应该按需分配纳税人的基本权利与义务，即按需分配纳税人的基本权利与义务。平等原则意味着，社会应该根据"完全平等原则"分配纳税人的基本权利与义务，按照"比例平等原则"分配纳税人的非基本权利与义务，即根据"完全平等原则"分配纳税人基本权利与义务，按照"比例平等原则"分配纳税人非基本权利与义务。笔者认为，"五原则论"无疑更科学。

四、结论

总之，纳税人权利与义务体系的优化是一切文明税收治理体系最为基本的内容与目标。就征纳人权利与义务关系的主次先后而言，纳税人权利是整个纳税人权利与义务体系的核心和关键。优良的纳税人权利与义务体系只有通过民主宪政制度建设才可能从根本上解决"税权"的合法性问题，进而彻底遏制权力天生的扩张性、侵犯性和任意性。

---

① 王海明著：《新伦理学》，商务印书馆2001年版，第328页。

在争取纳税人权利的道路上，从来都没有平坦的大道可走，必须经过艰苦卓绝的努力，甚至流血牺牲才能获得。耶林说："当权利被侵害时，不管什么样的权利人都不得不直面如下问题，即必须斗争，抑或为逃避斗争而对权利见死不救？谁都不能够逃避这一决断。无论结果如何，这一决断毫无例外的伴随着牺牲。或是为和平牺牲权利，或是为权利牺牲和平。决断的结论不过是，哪个牺牲损失更小而矣。有钱人为了和平将抛弃对他们并不那样重要的争议标的，而在穷人来看，同样的金额更重要，从而舍弃和平。因此，为权利而斗争的问题，成了纯粹的计算问题。进行决断时，就必须衡量其利益和损失。"①大哉斯言。

① ［德］鲁道夫·冯·耶林："为权利而斗争"，载梁慧星主编：《民商法论丛》（第2卷），法律出版社1994年版。

刍议提升我国纳税人税法遵从度

郭凯峰*

我国《宪法》第56条规定,公民有依照法律纳税的义务。《税收征收管理法》第4条第3款规定,纳税人、扣缴义务人必须依照法律、行政法规的规定缴纳税款、代扣代缴、代收代缴税款。然而,长期以来,我国公民的依法纳税意识比较淡薄,纳税人税法遵从度较低,涉税违法犯罪现象比较严重,不仅造成了税收征管水平与效率的低下,导致了国家税收的大量流失,而且还败坏了全社会的纳税风气,扰乱正常的税收管理秩序,从而成为难以治愈的"痼疾"。因此,积极采取与严格执行各项强有力并行之有效的法律措施与保障制度,努力提升我国纳税人的税法遵从度,对于我国的税收征管工作与税收法治建设意义重大而深远。

一、纳税人税法遵从度的含义与意义

税法遵从度是纳税人基于对国家税法价值的认同以及自身利益的权衡而表现出的主动遵守、服从税法的程度。它表明了纳税人对国家税收法律制度的认可,是税收法律实施的重要支撑。较高的税法遵从度表现为,纳税人依法及时准确地缴纳税款,其缴纳的税款趋近于法定的应缴税款,税收违法犯罪行为降到最低限度。实现较高的税法遵从度必须具备几个前提:其一是纳税人对国家税法有一个全面准确的了解,对自己的财产、所得、经营收入以及应税行为应承担的纳税义务比较清晰明确。其二是纳税人对税法的认同,纳税人的价值追求与税法的价值目标相一致,纳税人对税法的合法性与合理性有正确的认识。其三是意识到偷逃税款等税收违章违法行为会给自己带来很大的风险。

不断提高纳税人的税法遵从度,对于提高税收征管质量和效率,确保国家财政收入,实现宏观政策目标有着十分重要的意义。而我们从理论上来研究纳税人税法遵从度问题也具有重大的意义。通过研究纳税人行为,在税收管理中主动对税制设计做出安排,达到提高纳税人遵从度,减少管理成本和税收流失,增加征管效能的目的。对纳税人行为准确把握,了解纳税人与税务机关的互动关系,减少征纳双方不必要的矛盾和对立,减少摩擦。研究纳税人遵从理论,有助于尊重和保护纳税人个体利益,改变我国目前纳税

* 河北经贸大学法学院教授、硕士生导师。

人在行政关系中的相对弱势地位，转变过去过于强调行政权而相对忽视纳税人权利的状况。

二、纳税人税法遵从度的影响因素、外部环境

根据美国学者的有关研究，影响纳税人遵从税法的因素有利益刺激、社会压力、自责心理、人的类型等许多方面。其中，涉及利益刺激的因素主要有：(1)不遵从被发现的可能性。也就是说，税收审计的频率和效果，使不遵从被发现的可能性越大，就越会对纳税人构成巨大的威慑力。(2)对不遵从行为的处罚情况。增加对不遵从行为的罚款会提高遵从率。(3)税率结构。认为较低的税率会减少对偷漏税者的利益刺激，从而提高纳税人的遵从水平。(4)所得(收入)水平。所得越高，越会请税务专家帮助避税，相应的遵从水平越高。(5)遵从成本。纳税人会对遵从成本(包括填申报单的花费、向税务代理人咨询的花费等)和不遵从成本(罚款)进行比较，从而做出决定。除以上因素外，在纳税社会环境较好的情况下，对有些人来说，社会压力即因偷漏税而被朋友和熟人鄙视，比对其进行法律惩罚还重要。此外，影响纳税人遵从的因素还有：自责心理，即有些人对不遵从总有一种犯罪的感觉；人的类型，即认为男人比女人更喜欢偷税，年轻人比老年人更不喜欢遵从税法等。①

较高的税法遵从度是纳税人受主观心理态度的支配所表现出来的对税法的自觉遵从。但纳税人自觉纳税的主观心理态度在很大程度上受外部环境的影响。也就是说，实现较高的税法遵从度必须拥有良好的外部环境。这些外部环境主要由以下因素构成：(1)税法是良法。法律本身必须是良好的法律。"良好"的首要标准是公平正义。税收负担不能超出纳税人的承受能力，并且同等收入水平、同等经济状况的纳税人要承担相同的税收负担。(2)纳税简便。纳税人办理纳税事宜有较高的效率。(3)税务机关执法规范。执法规范表现为税务机关所有的征管活动都能严格按照税收实体法与程序法的要求执行，税务机关的执法权能够得到有效的制约，尤其是自由裁量权能受到严格限制，纳税人的权利能得到有效的保障。(4)政府能做到依法用税。(5)公众认同税收的必要性与合理性。(6)纳税人实施了涉税违法犯罪行为将受到相应的行政处罚或刑事制裁。

三、我国纳税人税法遵从度存在的问题与原因

纳税人因不同的文化程度、价值取向、道德素养、法制观念、社会阅历等原因在纳税动机、纳税行为、纳税结果上会产生差异，直接反映出对税法的不同遵从程度。我国纳税人的税法遵从度大致可以划分为四个层次与类型：(1)自律遵从。纳税人对税收的必要性和重要性有深刻认识，明白税收取之于民、用之于民，是政府为全社会提供公共产品的费用来源，理解纳税是宪法赋予每个公民的光荣义务，因而发自内心地遵从税法。这样的纳税人在社会上具有极好的示范作用。(2)他律遵从。纳税人对纳税存在一定的逆反心理，慑于法律的威严，能在法律约束下做到按规定核算应税收入，依法申报应税收入，

---

① 王火生："美国的纳税人遵从理论及其对我国征管改革的启示"，载《涉外税务》1998年第1期。

基本做到依法纳税。(3)指导遵从。一些纳税人在纳税动机上存在两种情况:一是不了解税法,不明白是否缴税,缴什么税,怎么缴税,在主观上没有偷逃之意。二是主观上存在少缴税或不缴税之意,以不了解税法为名,达到鱼目混珠的目的。这些纳税人都是不能主动学习税法,不申报或少申报应税收入。他们主要是无证经营者、新开业的纳税人、核算不健全的纳税人、流动性大的纳税人以及涉及税种、纳税环节较多和计税方式较复杂的纳税人。(4)强制遵从。一些纳税人漠视税法,采取欺骗、隐瞒的手段以达到少纳税或不纳税的目的。①

纳税人税法遵从度不高的具体表现为,许多纳税人对税收所持的态度不端正,采取"积极主动"态度的人不多,采用"抗拒"态度的也很少,大部分人都持"消极观望"态度,能不缴税就不缴,让缴再缴。在执法实践中主要表现为,不按期来申报,或经常逾期申报,或是申报后不按时入库等。②

在目前阶段,我国纳税人税法遵从度不高的主要表现就是,纳税人实施涉税违法犯罪行为的现象还比较严重。在某些地区,危害税收征管的违法犯罪现象日益猖獗,并有愈演愈烈之势。在手段上日趋复杂化、隐蔽化,在规模上向着集团化、国际化的方向发展。从明星名人偷税到富翁富婆逃税,从聚众抗税到集团骗税,涉税违法犯罪现象几乎涉及了各行业、各阶层、各个类型的纳税人。从近年来国家税务总局统计数据来看,每年被查纳税人中的56%左右存在各种涉税违法行为,其中40%以上立案查处,每年百万元以上的大案在3000宗左右。③ 根据普华永道国际会计公司调查,我国大陆企业偷漏税多达75%,外资企业多达85%。④ 为数不少的企业的老板们都名列在各种各样的富人排行榜上,而他们的企业却纳税不多,在纳税排行榜上"默默无闻",以至于被民众与媒体讥称为"财富的巨人,纳税的侏儒"。⑤ 日趋严重的涉税违法犯罪导致了国家税收大量流失。有学者认为,我国的税收流失规模每年在2500亿元至3000亿元之间;另有学者测算,1995年到2000年我国每年的税收流失额均在4000亿元以上。⑥

仔细分析与考量导致我国纳税人税法遵从度不高的原因,主要有以下几点:

第一,我国税法与刑法对涉税违法犯罪行为的法律制裁措施存在一定缺陷,导致了

---

① 何力:"税法遵从度衡量依法治税的重要标准",载《中国税务报》2005年9月15日。

② 李建文:"提高税法遵从度的几点对策",载中国政府法制信息网。

③ 张阳:"论我国税收执司法衔接的完善",载《税务与经济》2005年第4期。

④ "税收漏洞危及内地经济增长",载《南华早报》2003年2月24日。

⑤ "财富的巨人,纳税的侏儒"现象在中国房地产行业表现尤为突出。我国房地产业的富豪在财富排行榜中占多数,大概占到各种排行榜的一半左右,而在2006年以前,他们却没有一个人进入国家税务总局的"中国纳税500强"的行列,在2006年度,才有三家房地产企业首次进入"中国纳税500强"排行榜。"张木生、潘石屹做客新浪聊房地产纳税排行",载 http://house.sina.com.cn;潘石屹:"被拉进富豪榜的房地产商们——房地产行业的利润率到底有多高?",载 http://blog.sina.com.cn/m/panshiyi。

⑥ 梁朋:《税收流失经济分析》,中国人民大学出版社2000年版,第3页。

税法不遵从行为的增加。一方面,现行税法与刑法对涉税违法犯罪行为规定的行政处罚以及刑事处罚都偏轻;另一方面,在罚款以及罚金的数量上弹性偏大,自由裁量的空间偏宽,再加上执法人员与司法人员的主观随意性和人治因素的存在,致使纳税人不遵从税法的成本较小,而获益很高,处罚没有起到对纳税人起震慑作用的效果。在权衡税法不遵从的成本后,许多纳税人就有了实施涉税违法犯罪行为的动机。

第二,由于我国愚陋、陈腐、偏激的税收文化观念及习俗长期的不良影响与濡染,就全社会而言,对偷逃骗抗税等现象进行抵制和鄙视的社会风气还未形成,纳税人不遵从的社会压力还不够,依法治税的社会环境还没有真正建立。

第三,我国目前的税收征管制度存在的不足也诱致了纳税人税法不遵从行为的增加。我国现行税收征管制度的模式本身强化了“征收”与“稽查”的职能,但却弱化了“管理”的职能,这使得税收征管由传统模式向新模式过渡中存在管理上的许多漏洞。例如,目前对税源税户的管理、对未申报户及漏管户的监控、对减免税申请真实与否的审定都因部门职责不清而存在许多漏洞。目前我国实行的“普遍撒网”式的稽查方式使税收检查的深度、质量、效果大打折扣,没有充分发挥“以查促管”的作用,即使纳税人对税收审计存在侥幸心理,又造成纳税人对税收检查习以为常,持无所谓的态度。

第四,征纳关系不够和谐,少数纳税人对个别税务人员的做法不满而产生抗拒执法的心理,个别税务征管人员也对纳税人有成见,甚至把纳税人当成偷税者加以防范。同时,执法人员的业务技能不高,对国家的税收政策法规理解不透,纳税服务水平不高。

四、提高税法遵从度的法律对策和保障措施

正如前文的分析,由于我国公民的纳税意识普遍较低、税法遵从度不高,导致了非常严重的税收流失问题。尽管实现完全的税法遵从几乎是不可能的,但是我们仍然可以根据影响纳税人遵从税法的内部和外部因素采取积极有效的措施,完善税收征管法律制度,尽可能减少实际的税法不遵从行为,进一步提升我国广大纳税人的税法遵从度。

从总体上而言,应当根据纳税人税法遵从度的高低类型“分而治之”,分别采取灵活的有针对性的对策。经济合作与发展组织(OECD)将纳税人遵从度分为:纳税人完全不遵从、纳税人可能不遵从、纳税人想遵从但实现难度较大和纳税人遵从四类情况。税收征管机关应对前两类纳税人强化管理和惩处,严格执法,绝不姑息,矫正其未遵从或不遵从税法的行为,杜绝其不依法纳税的侥幸心理;对第三类纳税人应通过教育、辅导、帮助等形式,引导其自觉遵从税法,协助其提高依法诚信纳税的能力;对第四类纳税人,则要重点向其提供纳税服务,同时通过奖励等手段鼓励自觉遵从者做得更好。

具体而言,为了进一步提升我国纳税人的税法遵从度,我们应当采取与健全以下几个主要方面的法律对策和保障措施:

第一,在税收立法层面上,规范税收立法,公平税负,合理简化税制,促进税收遵从。根据税收法定原则,任何税收行为都必须依照国家立法机关制定的法律进行。但就目前情况来看,我国在税收立法上没有完全贯彻税收法定原则,税收法律层级低。当前,我国的税收实体法中除了《个人所得税法》、《企业所得税法》是由国家立法机关制定外,其他的各项税收实体法都属于授权立法下的行政法规、部门规章。这不仅降低了税法的权威性,更增加了其不稳定性,可能导致纳税人的无知性不遵从和习惯性不遵从。因此,要提高税法遵从度,必须要提高税收法律的立法层次,减少授权立法,尽快使现行的税收行政法规与部门规章上升到税收法律的高度。同时,修补现行税收法律体系中的漏洞,修改税收法律与税收行政法规、地方性税收法规之间冲突的部分,以增加税法的权威性、合理性、稳定性,减少纳税人不遵从行为的发生。

假如税制简明易于遵守,并且逃税的社会威慑十分强大,风险收益对比鲜明,纳税人就易于做出遵从税法的选择;反之,如果税制烦琐且存在漏洞,不规范的制度使纳税人无所适从,甚至守法也面临一定的风险,而此时若社会逃税成风,并且逃税的风险很小,纳税人极有可能选择逃税,因为纳税人更愿意接受确定的结果。十六届三中全会《关于完善社会主义市场经济体制若干问题的决定》曾明确指出,我国新时期的税改思想是"简税制,宽税基,低税率,严征管"。由此可见,"简制低税"已成为我国税制建设的首要任务,它为提高纳税人税法遵从度提供了法制保障,有助于他律遵从、指导遵从向自律遵从过渡。要按照便利纳税人纳税的原则进一步优化税收征管制度,简化办税程序。尤其在采取措施解决税收管理难题时要防止增加纳税人的额外负担,在推进税收征管改革和推进税收信息化建设的过程中也要注意不要增加纳税人的奉行成本。

按照公平正义的要求完善税法与遵循简便效能的原则优化办税程序相结合。从总体上说,1994 年实施的新税制较好地体现了公平税收负担的要求,但也存在某些不够合理的地方。特别是增值税小规模纳税人的税收负担过高,不仅制约了纳税人的生产经营活动和税收执法,也影响了纳税人税法遵从度的提高。完善税法尤其是解决部分纳税人名义税率过高的问题已迫在眉睫。比如,应降低增值税小规模纳税人的税收征收率;以扩大增值税抵扣范围为内容的增值税转型改革不应再局限于局部地区,而应尽早在全国全面实施。在税法的完善过程中,要坚持民主立法的价值取向,不断提高公民在税收立法过程中的参与程度。与此同时,要按照便利纳税人纳税的原则进一步优化税收征管制度,简化办税程序。尤其在采取措施解决税收管理难题时要防止增加纳税人的额外负担,在推进税收征管改革和推进税收信息化建设的过程中也要注意不要增加纳税人的奉行成本。

第二,在税款征收层面上,推行与健全纳税自行申报制度。2006 年 11 月 8 日,根据全国人大常委会审议通过的《关于修改〈中华人民共和国个人所得税法〉的决定》,国家税务总局制定下发了《个人所得税自行纳税申报办法(试行)》。该办法规定,年所得 12 万元以上等五种情形的纳税人须向税务机关进行自行申报,并对申报地点、期限、方式、管理方面等做了明确规定。个税自行申报尤其推行高收入者自行纳税申报有利于培养纳税人依法诚信纳税意识,提高税法遵从度,有利于税务机关加强税源管理。

第三,在税收征管层面上,健全与强化税务稽查制度。税法遵从水平的高低意味着纳税人遵从税收法制、履行纳税义务的程度。离开了纳税人的遵从，设计得再好的税制也将形同虚设。因此，努力确保税收遵从，提高税法遵从度，也就成为税收征管法律制度和工作的根本目标。税收征管的终极目的是提高纳税人的依法纳税遵从度。为此，必须通过严格的税务稽查和检查，警示与强制纳税人遵从税法；通过精细化的管理，要求纳税人遵从；通过纳税申报后的审计、评估，使之辅导遵从。所有企业自觉遵从税法，依法诚信纳税，或者辅导遵从，自查自纠纳税问题，尽量别让税务部门启动稽查程序——强制遵从往往得进入司法程序，否则，到时候纳税人会“得不偿失”，后悔莫及。

第四，在税款使用层面上，健全公共财政投入制度。税收的本质和灵魂不仅在于“取之于民”，更在于“用之于民”。因此，通过公共财政投入，合理使用、公平分配税款，使之能够反哺社会，才是确保纳税人提高税法遵从度的真正内在驱动机制。正如英国经济学家亚当・斯密所强调的，税款必须尽量节俭，以最大限度地用于人民。近年来，我国的财政税收收入虽然以远高于国民经济发展的速度大幅增长，但财政支出的结构还不够合理——公共服务领域尤其是公众最迫切需要的民生领域的政府支出比例过低，而用于政府自身的各种公务性开支却长期居高不下。据报道，在 2003 财政年度，国家的实际支出中，仅 21% 用于社会保障、救济、教育、医疗卫生，相应的政府公务开支比例却占到 37.6%。[①] 很明显，如果公众难以切身体会到纳税所带来的公共福利，读书贵、看病贵、买房贵等民生难题挥之不去，自觉纳税的动力就不会增强，对“税法遵从度”自然也难以提高。另外，体现税收财政制度公共性的公共参与、监督制约机制方面需要改进之处也不少。比如，在正式预算之外存在大量游离于监督之外的预算外和非预算资金。在 2005 年度，“中央转移支付的 7733 亿元中一半以上没有纳入地方的财政预算，完全脱离了人大的监督，有的还脱离了政府的监督”。[②] 有鉴于此，从税款使用、财政管理的制度源头上进一步夯实其公共性基础、构建起真正的公共财政制度，比单纯依靠诸如自行纳税申报办法式的加强税源管理更能从根本上培养纳税人依法诚信纳税意识，并提高其税法遵从度。要注意把国家征税与公共财政、公共产品的提供有机地联系起来，使人们深刻体会到税收给自己带来的福利。与此同时，要改进各级政府的财政预算和各级政府机关的部门预算，并使之制度化、法制化。各级人大和审计部门要加强对各级政府财政收支的审计监督，要避免财政资金的浪费，使各级政府正当有效地使用公民缴纳的税款。

第五，在服务层面上，建立以纳税人为中心的纳税服务体系。所谓纳税服务是指税务机关在税收征管过程中向所有纳税人提供的，旨在方便纳税人履行纳税义务和享受纳税权利的服务总称。纳税服务的根本目的是提高纳税人的税法遵从度。优化服务与强化管理是针对纳税人的不同遵从状态采取的不同手段和方式，目的只有一个，那就是促使其遵从税法。因此，服务也是管理，服务有助于管理。为纳税人提供便捷、优质、高效

---

① 张贵峰：“公共财政投入：税法遵从度的瓶颈”，载《法制日报》2006 年 11 月 10 日。

② 李红军：“中央转移支付为何多半无监督”，载《中华工商时报》2006 年 6 月 6 日。

的税收服务,寓管理于服务之中,是现代国际税收管理的潮流,更是我国《税收征收管理法》对税务机关提出的法定义务。随着社会民主法制化程度的日益提升和纳税人维权意识的不断增强,纳税服务的重心逐渐由改善服务态度、优化办税环境、降低纳税成本等浅层次向引导纳税人自觉遵从税法、及时准确地申报纳税等深层次发展。近年来,各级税务部门根据国家税务总局的要求,围绕纳税服务做了大量的工作,实行一窗式管理、全程服务、多元化申报方式、电子缴款、"12366"纳税服务热线等,取得了一定的成效。但客观上看,我国的纳税服务尚处于起步阶段,完整的纳税服务体系仍未形成,面向纳税人基于税收管理质量与效率的服务提升尚需挖潜,在提高全社会纳税人的纳税遵从度方面还有大量的工作要做。为此,我们需要积极建立以纳税人为中心的纳税服务体系。要以人为本,以纳税人需求为导向,彻底更新和转变思想观念。首先,由监督打击向管理服务转变,改变以往注重对纳税人防范、检查和惩罚的观念,以服务促管理,寓管理于服务之中。其次,由被动服务向主动服务的转变,淡化权力意识,积极、主动、及时地为纳税人提供优质高效、便捷经济的服务。再次,将过去作为高标准的职业道德要求转变为基本行政行为规范,并作为行政执法的重要组成部分来落实和考核。最后,由片面注重形式向追求内容、形式、效果相统一转变,通过持久和务实的工作,使纳税服务向长效发展,向实际深入。①

第六,在制裁层面上,加大对纳税人违反税法行为的惩处力度。一方面,依托信息化建设,完善税收征管措施,全面加强对纳税人收入、成本、应税行为的监控,最大限度地缩小纳税人偷逃税款的空间。另一方面,对违反税法,实施了偷税、逃税、骗税、抗税等涉税违法行为的纳税人,要依法加收滞纳金,并根据过罚相当的原则,依据《税收征收管理法》的规定给予相应的行政处罚。不能让纳税人从税收违章违法中获取任何好处。在进一步修改完善涉税案件司法移送标准的前提下,对达到移送标准的案件要及时移送公安机关,从根本上改变当前存在的税收违章违法案件处理、处罚偏松以及以罚代刑等突出问题。总之,严格依法查处、制裁违法纳税人,将重大、典型案例通过大众传媒予以曝光、宣传,对于纳税人强制遵从税法的威慑、督导效应可谓立竿见影、显而易见。②

---

① 刘华:"建立以纳税人为中心的纳税服务体系 不断提高税法遵从度",载大连国家税务局网。

② 有数据统计,仅在刘晓庆税案被曝光之后的一个月内,北京税务部门就收到来自各方的各类补缴税款1.38亿元。参见付原:"刘晓庆税案'吓'出上亿元补缴税款",载《中国青年报》2003年1月14日。

财政支出结构的法治约束

郭维真*

"天下有公议,私不可夺;以私夺公者,人不服。"①古人很早就对公与私的边界有所思考。而现代国家特别是宪政国家成为法治化进程在某种意义上的目标之一,其财政问题对社会财富的分配无论是初次分配还是再次分配均具有举足轻重之要义,这也是缘何税收国家、预算国家在一定程度上也是宪政国家的另一个侧面。换言之,正是由于财政问题在一国家及其国民存续、发展之地位,也决定了财政法治的重要内容之一便是如何实现分配的法治化。

法治化在很长的阶段在其制度设计中对于程序设计的倾向性可能更为明显,一方面因程序的易控,另一方面也因程序价值的可判断性和价值的可读性。尽管如此,实体性的价值并不因为程序性价值的凸显而有所暗淡,相反更是通过程序和制度的设计才显得更可度量。

有数据表明,在国民收入三大分配主体政府、企业、居民中,目前我国的分配比例是33:30:37;改革开放初期,这一比例曾经是24:20:56。② 这样的分配比例,是否在公与私之间达致平衡?是否在对财产权保障方面有所缺失?或者说社会财富的分配环节如何建构和控制才能实现宪政国家的基本理念和价值?愚以为其核心和关键在于财政支出的宪政控制,财政支出环节的宪法安排和法治约束毋庸置疑地成为财富分配最基础的环节。而这一环节本身也包含了各个维度的整合,其中对于结构和过程的法治约束无疑从实体和程序两方面起了重要的保障。

一、非营利性支出与营利性支出:光与影的交错

自1994年我国实施分税制财政税收体制并开始建立公共财政框架以来,在处理政府与市场的关系问题上,财政缺位与越位的判断与问题解决一直成为公共财政具体运行

---

* 法学博士,中央财经大学法学院讲师。本文受国家社科基金项目资助,项目名称:"政府间财政关系之法治化研究",批准号08CFX030。

① (宋)林逋著:《省心录》,三秦出版社2006年版,第36页。

② 顾问君:"2010年:分配制度如何改革",载《观察与思考》2010年第2期。

的审视标准。某种意义上,缺位与越位的矛盾集中点便在于财政支出的结构问题。作为公共财政法治构建的核心问题,我们可以从两个不同的角度来理解目前我国财政支出结构所面临的问题:首先,从静态的并且按照现行的理论与规则要求来看,我国财政支出在结构安排上仍然存在体制与制度上的越位与缺位问题。其次,从动态的、发展的角度来看,自2007年以来发端于美国的金融危机与经济危机,使原来对政府财政职能的传统定位原则遭遇了挑战。因此,全球性的金融危机与经济危机所带给我们的不仅仅是经济衰退和发展之间的挣扎与挑战,而且也给政府和财政理论界提出了新的问题:在政府财政与市场之间的界限究竟在哪里?我们是需要重新修正经济理论还是修正政府目前的救市行为?科学合理的政府财政支出结构是优化财政支出结构的基本目标,那么什么是科学合理的财政支出结构?

财政支出结构的形成本身具有历史、现实环境等各种因素,因此在应然的框架内,财政支出由于被附带政治的、经济的各种使命,因而难以有完全符合单一公共性要求的财政支出结构。因此,出于宪法、宪政对国民基本权的关注与保护,只能假想这样一个事实存在,即对营利性支出抱有包容之心,只要具备这样一个前提,所有的国民都应该获得基本服务,人们应该普遍而平等地获得这些基本的利益。基本服务的水平应该同国家经济发展的水平相适应,国家还应该有能力为这种基本服务持续地提供资金;①那么,由于支出于营利性领域而带来的潜在福利减损只是一种辅助服务的减损,辅助服务区别于基本服务,本身就并非普遍而平等。

而这种包容在我国则更有其必要性所在,因为在某种程度上是符合自有的合法性特征的。韦伯将合法性的来源分为三种:一是传统权威型的政治合法性;二是个人魅力型的政治合法性;三是法理型权威。后者建立在一系列清晰而明确的规则和制度的基础上,比如通过现代民主选举制度,人民信任基于章程和法规基础之上的现代官僚体系的制度,这就是民主法治产生的合法化权力来源。②

而中国,传统文化中人民并不是特别重视权力的来源性问题,而是重视政绩合法性的问题,③也就是说,权力来源的渠道和权力来源的程序对于中国民众来说不是最核心的,关键在于权力是否符合天道和民心。而天道和民心最终表现在统治者是否能够顺应民意,关注民生。④ 或者说是通过给民众提供实质性的好处获得合法性,而经济增长是这种好处之一。而营利性支出所获得的经济回报率无疑在很大程度上促进了这种增长。这也是财政支出曾经在相当长历史时期内被视为拉动经济增长重要工具的原因之一,或

---

① [美]雅诺什·科尔奈:"转轨中的福利、选择和一致性——东欧国家卫生部门改革",转引自赵人伟:"对卫生部门改革的有益探索",载吴敬琏主编:《比较》(第7辑),中信出版社2003年版。

② 杨文革:"马克斯·韦伯政治合法性理论评析",载《北方论坛》2006年第1期。

③ 康晓光著:《权力的转移——转型时期中国权力格局的变迁》,浙江人民出版社1999年版,第157~158页。

④ 洪朝辉:"'中国特殊论'与中国发展的路径",载《当代中国研究》2004年第2期。

者说是财政附属于经济发展的合理解释之一。

于是,理论上的不满足、制度上的满足性构成了正面的“光”与负面的“影”的交错性,对这种交错性的梳理则构成了财政支出宪政构建的基础。

二、非营利性支出:标准与差异化

非营利性财政支出可以分为以下类型:基本政权建设支出、社会基本运行支出(包括但不限于社会给付支出)、经济调节支出。由于财政支出与经济增长之间存在必然的联系,从瓦格纳法则到马斯格雷夫的进一步诠释,西方学者对导致公务支出增长的诸多因素纷纷进行了分析,从政治因素到经济因素,从内在因素到外在因素,以及经济发展阶段性理论,等等。无论何种理论可以被经验化,财政支出的增长已经成为一种必然趋势,但是这种增长对于国民究竟是利大于弊还是弊大于利?是否意味着取自私人部门的资源会不适当使用?是否这样的获取会导致高税收和高利率所刺激形成的通货膨胀,从而使经济更不稳定?不同类型支出实际上给出的是不同的回答,而从这些回答中我们能够寻找到各自宪政标准的最终答案。

(一)基本政权建设支出:成本最小化

从国家机构与公民权利实现的角度来说,作为国家机关运行成本的基本政权建设支出无疑是最为核心的部分,用以支撑国家整体运行机构的存在和运作,并且国家直接以竞争者或受益者的身份与一般国民“争夺”有限的财政资源。同其他形式的财政支出相比,其需求弹性较小,这部分财政支出权的行使所受到的关注最少,相应的规范性也最小。但财政资金在不同的国家部门之间的分配将直接影响国家机关对权利的保护程度,在不同的部门之间必须维持均衡性的财政分享,使各个部门握有与其职能相当的适度的财政资金,才能保障国家机构的顺利运转,保证国民权利的实现。

当我们将基本政权建设支出尤其是公务支出之于国家的关系比照成本之于企业之关系时,成本最小化的原则显而易见。但事实上,从成本的最终承担者角度,国家扮演的角色仅仅是受托人而非具有企业者的主体身份,因此这部分成本的过度膨胀则成为合宪性必须予以规范之处。从世界各国的支出情况看,公务支出所占基本比重都控制在10%以内,而我国的支出比重不仅占GDP比重逐年攀升,并且其增幅超出了同期财政收入、财政支出和GDP增长速度。

因此,以成本最小化为原则对基本政权建设支出进行控制,是合宪性原则的直接体现。成本最小化意味着,国民对国家的财产让渡义务并不曾被挪用以满足国家用于自我满足之需要,实际上是“最小化政府”在当今社会最为合理的体现。而如何对其进行规范和约束,除了在宪法中对其进行原则性的限制之外,可以考虑在国家组织机构的相关法律和财政支出法中分别就公务支出进行可量化的约束,或者在一个财政年度的量上采用GDP百分比的形式,或者采用增幅最高比例的限制。

当然,我们也欣喜地看到成本最小化的推进,如2009年中共中央办公厅、国务院办公厅《关于党政机关厉行节约若干问题的通知》,[①]对党政机关厉行节约、制止奢侈浪费提出了若干要求,其中明确要求党政机关压缩出国(境)经费、车辆购置及运行费用、公务接待费用等支出。

(二)社会基本运行支出:保障足够性

社会基本运行支出主要用于满足社会性服务,具有某种“公民权利”的性质。[②] 为保障个人起码的经济生存条件和基本权利的实现,国家必须安排部分财政收入以提供文化教育、社会保障和福利性收入的形式满足个人的基本需求,以必要的物质条件的提供来保证个人自由的社会发展机会。[③] 同时,通过转移支付在不同个体之间形成对收入差异的强制性矫正。

社会基本运行支出实际上是国民权实现的一种直接形式。对国家公民权的理解从早期消极排除国家对市民自由权的限制,到要求参与国家意志形成的参政权,而今发展到积极要求国家保障公民最低生活所需的社会权。可以说国民基本权利体系本身就具有开放性,或者说按照马斯洛需求理论,随着经济水平的提升,基本需求的层次也在不断地抬升,而这种抬升一方面反映了鲜明的时代性特征,另一方面并没有脱离对个人基本权利的初始设定。或者说,从主观上讲,人的需求本来就是分层次的,效用水平高的为高级需求,效用水平低的为低级需求。同低级需求相比,高级需要的满足较能引起更合意的主观效果;高级需求通常具有更大的社会和公共价值。人们只有在低级需求达到一定程度的满足后才会产生较高一级的需求。而针对这样的开放性,也有学者建议在宪法中就基本权利的保障明确“宪法所明确列举的各项基本权利与自由,不应作为否定其他个人或公民的普遍公认的权利和自由的解释”,[④]而不仅仅限定在以满足国民需求的不同价值层次以及权利指向的社会领域,将基本权利划分为“平等权、政治权利、人身权利、人身权利与人格尊严、精神自由、经济权利、社会权利、文化权利”。[⑤] 当各项基本权利铺陈而来的时候,在财力允许的框架内适用“保障足够性”自无异议。但是,倘若财政收入不足以应对所有的急需保障的基本权利实现时,那么如何取舍或者说如何安排优先满足的顺序,则必须确定一个可以操作的规则。

无论借用何种理论,对基本权利做何种划分,最后都将回归到人的尊严上来。而在目前的经济发展水平约束下,对于个人尊严的保障,不仅是简单的生存,更是有尊严地活着,而为了这种尊严的实现,必备的国家供给要素即民生要素包括教育、科技、卫生、社会

① 中办发〔2009〕11 号。

② 李军鹏著:《公共服务型政府》,北京大学出版社 2004 年版,第 21 页。

③ 葛克昌著:《国家学与国家法——社会国、租税国与法治国理念》,台湾月旦出版社股份有限公司 1996 年版,第 60 页。

④ 秦奥蕾著:《基本权利体系研究》,山东人民出版社 2009 年版,第 260 页。

⑤ 同上,第 86 页。这种划分固然反映了权利集合中某种内在逻辑联系,但是本身也存在交叉之处,如平等权无疑地应该贯穿于整个权利束中。

保障、环境保护。如前文所列举出的支出不足,目前最大的缺陷并不在于确定何种基本权的优先实现,或者说基本权实现彼此对财政资金的竞争并非来自于财力不足,而是来自于财政支出结构性弊端,如营利性支出不当、行政性支出过度。

当我们将基本权具体化为需要财政予以支出的领域时,也就基本上确定了社会基本运行支出的框架。随着个人基本生活尊严和基本生存条件日益为各国所关注,国家的福利支出更加重了各国的财政负担。由强而弱的谱系划分,既要遵循不同领域与国民人格完善的关联程度,也不可忽视当前财政支出的薄弱环节,建立与经济发展水平相当的基本公共服务水准。在社会经济资源稀缺的情况下,社会福利的给付权利的享有具有很大的竞争性,国家之社会给付往往附条件、负担及举证责任,因此,对社会福利给付的财政支出上同样不能给予太多的自由裁量权。

当然,公共服务水准是无法以个人感受为评判标准的,尽管公共需要离不开对个人的关注,也只能借助客观的指标,不仅在一个财政年度的量上采用财政收入百分比的形式,并且也要采用增幅最低比例的约束,从而实现保障足够性。

在这里,不得不提到一年来为媒体广为关注的神木县“免费医疗”,2009 年 3 月 1 日起施行的《神木县全民免费医疗实施办法(试行)》,明确规定对于参加城乡居民合作医疗和职工基本医疗保险的全县干部职工和城乡居民实行免费医疗。虽然该县的改革建立在其经济实力基础上,但该县县委书记郭宝成的话却不仅仅限于对医疗体制改革的一种探索,而是对整个公共服务和社会福利供给的一种肯认。郭宝成表示,神木县实行“全民免费医疗”的初衷并非是在医疗体制改革方面创造什么新的模式,只是想最大限度地减轻老百姓的医疗负担,尽可能地减少因病致贫和因病返贫现象,承担起政府应尽的责任。而免费基本医疗只是神木县免费教育、孤寡残疾儿童等特殊群众免费集中供养等 10 项民生中的一项。公共福利的思想就这样在简单而朴素的回应国民福利需求的改革中得到了体现。

(三)经济调节支出:严格的法制框架

市场经济的发展,垄断及不正当竞争、信息不对称以及外部性等,都加剧了市场运行的成本,而经济周期的波动更可能带来这种摩擦时不时地“引爆”。由于这些属于市场内生性原发性产物,面对这一切,市场自身却无力予以恢复和纠正。此时,独立于市场之外的外力的介入便成为市场得以恢复运行的必要动力。国家作为全国最大的资金持有者,其财政支出直接构成社会总需求的一个组成部分,通过对财政支出结构的调整和改变,将影响市场经济的整体运行。换言之,财政支出行为可以作为市场“内在的稳定器”介入市场。

当然,作为经济调节的财政支出所影响的,不仅仅是个体的市场主体的经营自由权,更影响到市场的自由竞争和运行秩序的建立,具有一定的侵权性质,因此应当纳入法律规制的范围之内。

三、营利性支出:与公共产权收入之关联

财政支出的主要目的是提供公共产品和公共服务,其目的不在于谋求个人和团体的利益最大化,而在于追求社会整体效益。当我们对盈利性支出有所包容的同时,实际上是以社会整体效益的实现作为交换前提,而这种交换的合法性或合宪性必须以公共产权收入的支出安排为参考。换言之,在营利性支出的探讨问题上,合宪性体现在两个层面的约束上:一方面,财政资金对竞争性领域的参与程度必须有合理的控制,包括参与领域、资金数额、比例、期间年限等;另一方面,财政资金参与竞争性领域,形成了大量公共产权,这种公共产权带来的公共收入是巨大的,因此对于这部分公共收入的资金安排实际上也构成了营利性支出的控制对象。

对于前者,很大程度上其存在更多有赖于历史原因,无论是新中国成立初期国民经济恢复的需要,还是应对全球化与经济危机强大国民经济主体的需要,政治上的主导因素相当重要。但历史形成的传统也不得不面对现实,国家财政退出竞争性领域虽然还并未完全实现,但是负载财政性资金的企业经历了主辅分离,发展至今直接限制特定的经营领域。例如,2010 年年初,国资委召开部分中央企业会议,除 16 家以房地产为主业的中央企业外,要求 78 户不以房地产为主业的企业加快进行调整重组,15 个工作日内制定有序退出的方案,在完成企业自有土地开发和已实施项目等阶段性工作后要退出房地产业务。[①] 这固然是对畸形过热的房地产市场的调控,但会议同时对中央企业政治责任和社会责任的强调,实际上也表明了营利性支出最终仍要服务于社会效益。

对于后者,对公共产权收入的关注实际上是前者问题的延伸和进一步改革。从中国改革路径的角度来看,主要有三种思路:自上而下的供给主导性改革、自下而上的需求诱致型改革和中间扩散型改革。[②] 但与过去的"试错"[③]大不同的是,在法制健全的今天,一切的改革和突破都必须在合法的框架内,即任何制度的合法化都将在制度合理性效果显现之前对制度本身的存亡做出决定。合法化是符合人们某种实体或程序的价值准则以及其他非强制的原因而为人们所认可或赞同进而接受或服从。[④] 而公共产权收入的支出安排必须借助一定的公民权利和民主立法程序来解决,如国有资本经营预算的建立在某种程度上便是其中的一种选择。

---

① 载 http://www.sasac.gov.cn/n1180/n1566/n259850/n259865/7030114.html。

② 杨瑞龙:"我国制度变迁方式转换的三阶段论——兼论地方政府的制度创新行为",载《经济研究》1998 年第 1 期。

③ 在改革前期的很长一段时间内,地方政府领导的制度创新往往促使一些非正式的变革获得正式的法律形式。而中央发现虽然由地方政府推动的制度创新有可能使传统信仰和政权基础遭到某种损失,但对新的产权结构进行界定和保护却可能获得更广泛的政治支持和更多的财政收入,因此将会事后认可地方政府从事的自主创新活动。但这种试错是有条件的,比如法制的不完善、大无畏的改革豪情,也包括中央政府的某些无力。

④ 徐亚文、孙国东:"'沟通理性'与全球化时代的法律哲学——凡·豪埃克《作为沟通的法律》述要",载《法制与社会发展》2006 年第 1 期。

四、财政支出结构的路径选择

在不同的财政经济体制下和不同的社会经济发展阶段中，判断财政支出结构合理与否及其合理化程度的标准应当不同。按照目前国内理论界和政府业务部门有关人士的理解，我国自1994年开始实施分税制财政体制改革以来，财政公共化的趋向已经很明显了。尤其是自1998年12月全国财政工作会议明确构建公共财政框架的改革目标以来，我国已经基本上建立了“公共财政”框架，因此以服务于公共产品和公共服务的生产和供给为基本功能的政府财政支出结构应当是理想的结构，在这种财政支出结构框架内，政府财政支出的主要构成内容应当包括用于公共安全、社会福利和政府机构运转（行政经费）等方面的支出，而不能包括直接用于干预市场经济活动方面的支出，更不能包括直接用于生产经营活动的开支。但理想毕竟不同于现实。

从我国以及世界上其他一些国家的实践来看，财政支出结构标准具有十分明显的相对性。这种相对性主要体现在客观环境的变化使得“标准”常常被修正。例如，目前，在被视为市场经济典范的美国，联邦政府在金融危机背景下对私有企业实施大规模的国有化政策，该政策实际上是对所谓“标准”财政支出政策的一种修正。也许在下一阶段，在未来的某个时期，美国政府就可能回归所谓的“公共财政制度”，就有可能回归到“标准财政支出结构”的轨道上来。或者说公共财政的公共性更多的时候指向的是“整个社会的经济与政治稳定”。原有关于越位、缺位的讨论，实际上并没有涉及问题的核心，在一个特定的社会环境中，作为社会的统治者（管理者），或者从整体上看，社会本身的主体思想是什么？实际上，社会主义也好，资本主义也好，就其经济制度而言，其核心都应该是谋求人类社会经济福利的最大化。但是，长期以来，我国社会曾经陷入一种混乱的“命令经济”。人们现在之所以在小心翼翼地回避社会的主体思想是什么的问题，而一味地强调市场经济与公共财政，实际上是为了避免重蹈改革开放以前那种混乱“命令经济”的覆辙。因此，直面当前各个国家政府为了应对金融与经济危机所采取的财政政策措施，我国政府财政改革与完善的核心就是要确保不要拘泥于市场经济和公共财政的条条框框，而是从大处着眼来判断国家对经济干预的积极面与安全性问题。

在对福利满足的追求过程中，政策作为物化和外在的形式，其变迁是显而易见的。20世纪80年代以来，位于华盛顿的三大机构——国际货币基金组织、世界银行和美国政府，根据20世纪80年代拉美国家减少政府干预、促进贸易和金融自由化的经验提出并形成的一系列政策主张。形成了以新自由主义学说为理论依据的“华盛顿共识”，以私有化、自由化和宏观稳定（主要是价格稳定）为主要内容的发展战略；并且基于对自由市场的坚定信念并且旨在削弱甚至最小化政府角色的一系列政策。虽然其在20世纪90年代广为传播，但却与东亚许多国家所信奉的战略形成鲜明的对比。① 在东亚，政府主导发

① ［美］约瑟夫·E. 斯蒂格利茨：“后华盛顿共识的共识”，苏创译，载 http://www.cenet.org.cn/wangkan/issue42/wk2.htm。

展型国家扮演着积极的角色,或者可以称为“北京—首尔—东京共识”,其中以企业和政府协调机构为行动核心。

发展战略实际上决定了一国经济制度的方方面面,当然财政支出制度也不例外。而具体的财政支出项目在公共需求满足这一层面上,一方面取决于各国具体的财力基础,另一方面也为社会经济制度和社会主导阶级意志所决定。各国文化、历史、环境等的现实性决定了我国财政支出结构合宪性构建的特色。

由于我国目前处在社会主义初级阶段,一方面,在财政支出结构方面体现公共性要求不仅是公共财政的内在要求,也是社会主义的国家性质所决定的;另一方面,在公共产品的供给程度上应当建立起有中国特色的财政支出体系,在供给范围上涵盖公共产品的基本外延,而在具体科目上,则倾向于刚性较强的公共需求(如医疗、教育、养老保险)以及对经济和社会发展具有较强推动作用的领域(如基础科学研究、公共基础设施建设、法制完善)。同样,初级阶段也决定着以公共投资推进公共经济发展,并在法律框架内实现公共产权收入对全体国民的公共性,这同样也属于公共财政的组成部分。

五、结语

财政支出的法治约束本身是一个庞大而复杂的体系,财政支出结构的法治约束作为其中核心命题,期冀在一篇短文内完成对其的宏观勾勒,是无法实现的。中国当下面临的不仅仅是体制转型,更要面对各种思潮、观念的冲击,当我们无法从法律条文本身获取对正义概念的直接支撑时,国民的需求就成为正义与否最真实的标准。宪政、法治,并非简单的条文,而是一种传达基本人性和尊严的共识的载体。当然,这种共识受制于各方面因素,特别是财政支出最大的预算约束来自于财政收入。即便如何合理地开支更多地体现为技术性,但如何使得开支变得合理则是一门法律艺术。理想的财政支出的法治标准至少包含如下实质或形式的正义:(1)对财政支出国民有真正的决定权;(2)以国民基本权的保障和实现为最终目标和预算不足时的优先选择;(3)公共性资金最终的受益方都应该是国民;(4)在宪法之下构建符合前述要求的完善的财政支出法体系;(5)宪法和法律提供救济的渠道,包括但不限于司法渠道。

第四篇　税收行政与财税法治建设

论我国税收立法的价值取向*

——以执法风险防范为视角

周序中**　彭艳芳***

立法的重要问题，就是价值取向的选择，亦即立法者价值选择的总趋向和价值追求的一贯性倾向。主要包括两层含义：一是各国在制定法律时希望通过立法所达到的目的或追求的社会效益；二是指当法律所追求的多个价值目标出现矛盾时的最终价值目标的选择。① 由于人类需求及法所调整的社会关系具有多样性，立法价值也具有多元性，各个价值目标之间往往有轻重缓急之分，有的甚至还相互冲突。当立法者面临诸多价值目标的选择时，将不得不有所取舍，因此，立法价值取向的本质就是对利益追求的取舍问题。立法者的价值判断与选择反映了其对于即将制定的法律制度的期望，对于法律的质量和执行效果起着决定性作用。

对于税法而言，税收立法的价值取向直接决定了税法的形式与内容，继而对税收执法活动产生深远影响。

一、税收立法价值取向的差异及对执法风险的影响

我国税收执法实践中反映出的诸多问题，说明现行税收法律体系在结构和内容上与现今社会、经济的发展存在诸多不适应，产生这一问题的最根本的原因就是税收立法的价值取向没有与时俱进。

（一）重效率，轻公平，税法的法律特性被弱化

在我国的税收立法活动中，长期以国家意志和国家利益为本位，坚持国家税收利益至上，税法建设着眼点主要是保障国家税收收入的及时、足额入库，而不是将规定征纳双方权利与义务、规范各自征纳行为作为重点。税法的财政功能突出而法律特性被弱化，

---

* 原文发表于《行政与法》2010 年第 12 期。

** 首都经济贸易大学法学院副教授、硕士生导师。

*** 首都经济贸易大学法学院硕士研究生。

① 吴占英、伊士国："我国立法的价值取向初探"，载《甘肃政法学院学报》2009 年第 5 期。

税收收入的重要性远大于税法上征纳双方权利义务的均衡,国家对于税法建设重视不足,从而引发了税收立法问题进而带来税收执法实践中的一系列问题。

1. 税法形式体系缺位

税法形式体系缺位突出体现为税收基本法的长期缺失。一个相对完善的税收法律体系应当是以宪法为指引、以税收基本法为统领、以税收实体法和程序法为主要执法依据的有机整体,这一点,早已在学术界达成共识,并为国外立法实践所证明。目前我国宪法中关于税收的条款仅一条,在宪法与各具体税收法律、法规之间,由于税收基本法的缺失,使得一些最基本和最重要的涉税问题长期得不到法律上的确认,如何谓税收,何谓税法,税收主体是什么,税收的基本原则有哪些,税收管理权限应如何划分与配置。这些问题既不适于在实体法中规定,也不宜于写入程序法。它们虽然不直接涉及征纳双方的权利、义务与行为,但却是我们制定各类单项税收法律规范的基础和依据,更是关乎国家向人民征税是否正当、合法的基本问题。如果不在法律层面上对其予以明确界定,势必将使其所制定出的单项税收法律规范缺乏坚实基础。而随着法制社会的不断发展,公民的维权意识日益高涨,完全有可能因为这些基本的税法问题与税收机关在理解上产生分歧,从而对后者的税收执法行为发出质疑,这无疑将为执法风险埋下巨大隐患。

自1995年以来,全国人大连续三次将"税收基本法"列入立法规划,2006年也曾委托中国法学会财税法学研究会组织专家、学者出台了我国第一部"税收基本法"的专家稿。然而,时至今日,该法甚至未曾进入过正式的立法程序。分析影响其立法进程的因素,除了对该法的定位、体例、基本内容等存在分歧外,传统税收立法价值取向的影响也是一个重要原因。

2. 税法行政立法越位

税法行政立法越位主要表现为行政立法在税收立法中占据了主导地位。由于国家一贯注重税收收入的及时足额征缴入库,而相对忽略了税收法律在调节征纳主体法律关系中所应发挥的作用,对税法建设的重视程度不足,使得我国税法体系呈现出一个典型的金字塔形结构,据统计,现行有效的税收法律、行政法规、部门规章、规范性文件的比例约为3∶30∶50∶6600,①行政机关取代了立法机关,成为税收立法最重要的主体。

与立法机关制定法律相比,行政立法自有其一定的优点,立法程序的相对简便使得它效率更高、机动性更强,也更容易契合国家的政策目标导向。与此同时,由于法出多门和临时应急性法规的制定,容易导致法律、法规之间配套性差,大量的行政法规与规章使得实践中出现了下位法与上位法冲突的情况,以及规范性文件与税法不相符合的情况,造成执法者法律适用上的困难,从而引发执法风险。以2009年财政部、国家税务总局联合下发的《关于非营利组织免税资格认定管理有关问题的通知》(财税〔2009〕123号)文

---

① 使用"北大法宝"搜索,设定"发布部门"为"国家税务总局","标题关键词"为"税","时效性"为"现行有效","效力级别"为"部门规范性文件",查询结果为6642条记录。

件为例，其对非营利性组织的认定就明显缩小了《企业所得税法实施条例》第 84 条规定的范围。①

3. 税法法律效力错位

税法法律效力错位中的税法指的是部门规章及以下位阶的税收规范性文件。它们在实践中被大量运用，但其在税务行政复议及诉讼中效力却是有限的，从而出现错位现象。根据《行政复议法》第 7 条以及《行政诉讼法》第 52 条、第 53 条的规定，部门规章可以作为行政复议的依据，在行政诉讼案件中却仅作参考。然而，由于我国长期重“税收”而轻“税法”，导致了在税收执法机关内部，“行政”的概念也大于“执法”，税收人员的执法行为更多地是执行上级命令，而较少考虑到其作为一个“执法者”的角色，这种思想导致了税收机关往往习惯自下而上地适用法律。因此，在税收执法实践中，起主要指导作用的是部门规章和大量的规范性文件，特别是后者更是基层税收执法的重要依据。与此形成对比的是，二者在行政复议、诉讼案件中的效力有限，这种实践中的执法依据与司法依据的不一致很容易增加税收执法工作中适用执法依据错误的可能性，从而带来极大的执法风险。

（二）重权力，轻权利，纳税人的权利保护被虚置

作为现代税法学赖以建立的逻辑起点，“债务关系说”对于当今世界大多数国家的税法体系具有深远影响。近年来，虽然我国税法建设取得了长足发展，但与发达国家相比，总体还处在一个比较、吸收和借鉴的起步阶段。在传统的税收立法观念中，国家是权力主体，纳税人是义务主体，税收立法的目的在于保障国家财政收入，以及税收作为经济杠杆的调节作用的发挥，而不是征纳双方平等主体之间的法律关系的调整。税法被定位于关乎权力之法，而非权利之法。回溯新中国成立以来税法体系的发展变化，我们可以明显看出其浓重的行政主导痕迹，所谓的税法，一度不过是税收行政法的简称而已。“由于习惯于行政法学的命令服从模式，税法的逻辑结构也被定位为征税权与纳税义务之间的单向支配关系”，②在我国《宪法》中，涉税条款也仅有第 56 条“中华人民共和国公民有依照法律纳税的义务”。这种偏颇导致了实践中行政机关在税收立法中的权力一再扩张：

① 《企业所得税法》第 26 条规定：“企业的下列收入为免税收入……（四）符合条件的非营利组织的收入”。《企业所得税法实施条例》第 84 条规定：“……符合条件的非营利组织，是指同时符合下列条件的组织：（一）依法履行非营利组织登记手续；（二）从事公益性或者非营利性活动；（三）取得的收入除用于与该组织有关的、合理的支出外，全部用于登记核定或者章程规定的公益性或者非营利性事业；（四）财产及其孳息不用于分配；（五）按照登记核定或者章程规定，该组织注销后的剩余财产用于公益性或者非营利性目的，或者由登记管理机关转赠给与该组织性质、宗旨相同的组织，并向社会公告；（六）投入人对投入该组织的财产不保留或者享有任何财产权利；（七）工作人员工资福利开支控制在规定的比例内，不变相分配该组织的财产。”而《关于非营利组织免税资格认定管理有关问题的通知》（财税〔2009〕123 号文件）中，在对《企业所得税法实施条例》中的七条认定标准进行解释和细化的过程中，对于非营利组织的认定范围明显进行了限缩。

② 刘剑文、熊伟著：《税法基础理论》，北京大学出版社 2004 年版，第 71 页。

从形式上看,不仅出现越权立法现象,下位法与上位法发生冲突的情况也屡见不鲜;从内容上看,出于对权力的片面重视,必然使得纳税人的权利得不到充分保护。

随着经济社会的发展及税法学研究的不断进步,特别是中国加入 WTO 之后纳税人的权利保护问题逐渐受到立法机关的重视。2001 年修订的《税收征收管理法》中第一次在法律层面上明确了纳税人依法享有的权利,如知情权、保密权;国家税务总局也于 2009 年发布了《关于纳税人权利与义务的公告》,再度明确、强调了纳税人依法所享有的 14 项权利。这些举措一方面代表了中国税收法制建设的进步;另一方面我们也遗憾地看到,因欠缺强有力的保障机制,有些法定权利在实践中无法得到实现。以保密权为例,税法中对于纳税人该项权利的保护仅停留在宣示状态,其规定权利主体"有权要求"税收机关为其情况保密,却缺乏相应的保障机制,即如果税收机关违反了该项规定应当承担怎样的法律责任并没有相应条款。因此,该项权利实际上仍处于一种虚置状态。在这种情况下,税收机关也很难对保护纳税人权利给予太多的重视,这种状态必将直接影响到其执法的谨慎性。而随着我国法律渐趋完善,公民的法律意识和权利观念普遍增强,越来越多的纳税人开始拿起法律武器维护自身权益。而我国加入 WTO 以及近年来中介机构的大量兴起,也在客观上促进了纳税人维权意识的增强。据统计资料显示,2004 ~ 2008 年,在国务院各部门收到的行政复议申请及行政应诉案件中,税务系统连年高居首位,同时,案件数量也呈大幅上升态势。2008 年,税务行政复议及诉讼案件分别比 2004 年增长了 192% 和 213% 。[①] 国家税务总局 2007 年的一项统计还显示,2000 ~ 2005 年,全国税务系统受理的 3256 件税务行政复议案件中,变更撤销率高达 62% 。在税务行政诉讼案件方面,税务机关胜诉与败诉的比例为 55: 45。[②] 这些数据从一个侧面表明,现代社会的发展不仅对税收执法也对税收立法提出了更高的要求。税法的制定者如果不能以民主、人权和法治为视角,充分考虑并保障对纳税人的权利保护,势必会为税收执法带来风险,同时也不利于和谐社会的构建。

二、影响中国税收立法价值的因素

(一)中国传统税收文化的影响

考察中国社会发展的轨迹,我们可以看出,中国传统的宗法社会和小农经济对于税收文化有着极其深远的影响。在其所特有的"家天下"传统下,税收被看做作为"子女"的臣民对作为"父母"的君主的无条件供奉,是无权利的义务;君主拥有极大的个人权力,包括税收立法权。此外,传统中国乡土社会的经济基础是小农经济,这也使得中国的税收文化与建立在自由、平等交换的市场经济基础上的西方社会有着巨大的差异。因此,在中国传统的税收文化中,纳税人仅有单方面的义务而无权利可言,税收权力也具有鲜明的人治特征和随意性。税法不是征纳双方都必须遵守的规范,而仅仅是对纳税人一方

---

① 《中国法律年鉴(2005—2009)》,中国法律年鉴出版社。

② 傅毅:"纳税人开始习惯用法律途径获得救济",载《中国税务报》2007 年 5 月 30 日。

的强制。这些落后的税收文化因素对于中国税收立法的影响长期以来并没有受到足够的重视,在新中国成立后也未得到有效的清理,其中一个非常重要的原因就是这种思想影响下的税收政策能够满足特定阶段政治经济任务的一时之需。但随着改革开放的深入,这种落后的税收文化早已不能适应当前社会的发展。因此,中国税收要实现从人治到法治的蜕变,就必须要摆脱传统文化消极因素的影响。

(二)马克思主义国家学说的影响

除传统的税收文化因素外,马克思的国家学说也对中国税收立法价值产生了影响,并导致了对税法本质的片面认识。马克思主义国家学说认为,国家是阶级矛盾不可调和的产物,统治阶级为确保维持国家运转的军队、法庭、警察等国家机器作用的发挥,需要以税收为主要手段来筹措财政经费;税收与国家之间有着天然的联系,它是国家凭借其政治权力对社会产品进行再分配的形式。因此,马克思主义税收学说始终坚持国家本位,从满足国家需要的角度来阐述税收的本质及存在的合理性。例如,马克思认为,赋税是政府机器的经济基础,而不是其他任何东西,①国家存在的经济体现就是捐税;②列宁更是认为,所谓赋税,就是国家不付任何报酬而向居民取得的东西。③ 纵观中国现代税法早期研究成果,其赖以建立的理论基础就是马克思主义国家学说中的国家分配论和国家意志论。④ 尽管在新中国成立乃至此后相当长的一段时期里,这一观念指导下的税收体制迅速为国家筹集到大量财政收入,对当时的经济建设曾起到了积极的促进作用。但时至今日,法治早已成为社会发展的主题,一个国家要长治久安,最好的方法就是制度,是法治。⑤ 法治理念下的税法本质实际上是协调国家与纳税人之间利益的法律,与之相比,此前对税法就是"国家征税之法"的认识显然是不全面的,也是与当今社会发展不相适宜的。在过多强调税法是"国家征税之法"的情况下,立法、执法与司法活动中就容易以维护国家利益为名,恣意牺牲纳税人的利益,这也为执法风险埋下了隐患。

(三)计划经济体制的影响

新中国成立后,我国承袭苏联的发展模式,长期实行以生产资料公有制为基础的计划经济体制,国有经济占据绝对主体地位;与之相适应,政治上也表现为高度集权的体制,这种情形一直持续到改革开放。在完全的公有制中,社会财富的所有者被赋予一个

---

① 《马克思恩格斯全集》(第25卷),人民出版社2001年版,第30页,转引自陈少英著:《税法基本理论专题研究》,北京大学出版社2009年版,第73页。

② 《马克思恩格斯全集》(第4卷),人民出版社1958年版,第342页,转引自陈少英著:《税法基本理论专题研究》,北京大学出版社2009年版,第73页。

③ 《列宁全集》(第32卷),人民出版社1985年版,第275页,转引自陈少英著:《税法基本理论专题研究》,北京大学出版社2009年版,第73页。

④ 李刚:"税法与私法关系探源",载刘隆亨主编:《当代财税法基础理论及热点问题》,北京大学出版社2004年版,第125页。

⑤ 刘剑文著:《追寻财税法的真谛:刘剑文教授访谈录》,法律出版社2009年版,第31页。

抽象的群体——人民，而人民的代表最终只能是国家，并通过政府具体运作。国家掌握了几乎全部的生产资料，参与经济活动的各个方面，凭借其权力和垄断地位直接对国民收入进行分配并以此养活自己。因此，计划经济体制下的中国是一个典型的"资产收益国家"，国家财政收入的主要来源不单是税收收入，还包括企业收入（上缴的利润）。从1949年到1978年，上述两项收入占到财政收入的98%左右，在结构上几乎各占半壁江山。在有些年份，企业收入甚至还超过了税收收入，如1960年企业收入占到了整体财政收入的63.93%。[①]

在这种体制下，代表国家行使征税权力的税收机关更多地是在扮演一种内部管理者与监督者的角色，这与中国传统宗法社会中的"子女"与"父母"的关系有着些许类似之处。不可否认的是，在当时特定的历史时期，这种经济体制和财政收入模式对国民经济的恢复与发展的确起到了一定促进作用。与西方民主社会"国家无产、人民有产"意识不同的是，在我国计划经济思维下，反倒是"国家有产、人民无产"，[②]税收被认为是国家将财产从自己的一个口袋换到另一个口袋中去，而不是来自于人民。这种错误认识的影响十分深远，一直延续到改革开放后的许多年，曾长期存在于我国《刑法》中的"偷税罪"就是一个典型例证。因此，受多年计划经济的影响，我国政府一度几乎拥有不受法律约束和控制的权力。实践证明，这种行政权力的过度膨胀对当时及此后税收立法、执法工作影响甚巨。

三、树立科学立法价值取向，构建和谐征纳关系

和谐是法的基本价值，[③]是我国传统文化的核心理念和根本精神，也是当今时代发展的主题。和谐社会并不是没有矛盾，而在于它拥有一套有效处理和化解矛盾冲突的社会机制。在现代社会里，完善的法律体系已然成为和谐社会的保证，这就要求法律须真正成为人民意志的体现。具体到税法，就是要坚持以人为本，强化税收立法的民主化、法治化，通过制定科学、公平、公正的税法，最大限度地保护纳税人的财产与自由。唯其如此，才能使所制定之法律得到纳税人最广泛、自觉地遵从，才能为税收机关的依法行政提供良好凭据并使其执法行为更趋谨慎，才能从根本上减少征纳矛盾、降低税收执法风险，才能使整个社会步入良性循环、促进和谐发展。

（一）坚持以人为本的价值理念，强化税收立法的现代化

立法的价值取向是社会发展的产物，也是特定社会客观现实在法的价值观上的反映。它不是一成不变的，而应随着社会的发展而变化。改革开放带来了中国社会的巨大变革，西方社会的一些先进的税法思想开始传入中国，包括税收债务关系说、公共需要说，其主旨大多要求在国家利益和纳税人权利之间寻求均衡保护，这无疑将有助于从根

① 陈少英著：《税法基本理论专题研究》，北京大学出版社2009年版，第6页。

② 刘剑文著：《追寻财税法的真谛：刘剑文教授访谈录》，法律出版社2009年版，第46页。

③ 徐孟洲等著：《财税法律制度改革与完善》，法律出版社2009年版，第28页。

本上理顺征纳关系,对于建立富有现代法治精神的税收法制可谓影响深远。[①] 英国著名学者洛克在其《政府论》一书中更是明确指出,政府是由人民建立的,政府的主要职责就是保护人民的私有财产。因此,政府的课税权必须建立在尊重人民主权的基础上。另外,市场经济所倡导的主体平等的理念也逐渐引发了长期被忽视的纳税人权利意识的觉醒,而社会分配方式的多样化则进一步促使广大纳税人选择通过法律的明文规定保护自身财产利益和人身权益。税收立法也应顺应时代的这一发展潮流,重新审视国家与纳税人之间的关系,坚持"以人为本"的价值取向,注重保护纳税人的合法利益,保障其合法权利的实现。

我国是一个社会主义国家,从理论上讲,人民是国家的主人,由人民代表组成的权力机关应当代表广大人民的共同意志。表现在税收立法上,一部税收法律的制定应当体现出民主性、科学性和正义性。但在实践中,立法与人民的意志之间往往存在差距。我国的最高立法机关——全国人民代表大会每年只举行一次会议,全国人大常委会每两个月举行一次会议,会期皆为十天左右。税收法律因其特有的专业性、技术性,要求立法人员具有较高的业务素养,而参与立法的人大代表中具备这种业务素养的寥寥无几;于是,授权行政机关立法成为一种无奈的选择,事实上,这种现象在西方一些国家亦属常见。但与其对授权立法实行严格监督与制约所不同的是,我国的税收立法更多地依靠立法机关的高度自律。受传统税收文化、马克思主义国家学说及计划经济体制的影响,立法机关往往以国家意志和国家利益为出发点,重视税法的财政效用而忽视其对社会关系的调节作用,重视国家的征税权力而忽视对纳税人的权利保护。实践证明,这些缺陷不仅不利于税收机关依法行政,也不利于纳税人主动守法。加之授权立法所具有的自身难以克服的负面效应,如长官意志、部门利益、民主性低,导致颁布的税法难以获得广大纳税人的认同,加大了法律社会化的难度,进而扩大了执法风险。

我们看到,近年来立法机关的价值取向已有所转变,保护纳税人权利的条款开始出现在一些税收法律中,但与时代发展的要求相比仍有差距。法律上的纳税人权利依然停留在一种虚置状态,缺乏必要的措施来保障其实现。虽然税收机关适时提出了由"执法型"向"服务型"机关的转变,但这种"缺乏"势必使得税收机关执法转型效果大打折扣。显然,这样既不利于执法风险的防范,也不利于和谐社会的构建。在现有体制下,要想有效舒解这一问题,坚持民主立法是关键,即扩大纳税人对于税收立法的参与程度。具体的形式可以多种多样,如举行听证会、让民众讨论法律草案、征求专家意见。通过加强税收立法的民主化,促使税法内容更趋科学、合理,使税法真正成为广大纳税人意志的体现,更符合时代发展的要求。

(二)坚持税收法定的立法理念,促进税收立法的法治化

税收作为国家强制、无偿、固定地从国民手中取得收入的一种方式,是国家公权力对

---

① 施正文著:《税收债法论》,中国政法大学出版社2008年版,第1~3页。

私权利的剥夺与限制,从某种意义上讲,用以调整税收关系的税法同时也是"侵害"公民财产权利的法律。权力天生具有扩张的本性,为了使公民的财产权免遭非法侵害,就必须要求税收的核课与征收有法律依据,没有法律依据国家就不能课赋和征税,国民也不得被要求缴纳税款,①这就是税收法定主义的基本内涵。

作为现代税法的一项基本原则,税收法定主义从其诞生之日起即以维护纳税人财产权利为价值取向,通过对立法权、行政权的限制,实现税法对于私人财产权利的强力保障。它通过法律的形式界定征纳双方的权利与义务,是民主、法制等现代宪法原则在税法上的集中体现,对于维护征纳双方利益、构建和谐征纳关系、维持社会安定具有举足轻重的作用。换言之,现代税收法定原则的核心就是保护纳税人的合法权利,这与我们所倡导的以人为本的价值取向目的一致。只有坚持税收法定原则,提升税法立法层级,将纳税人的权利以法律的形式加以明确并固定,促进税收立法的法治化,才是纳税人权利得以保护的根本保证。

我国自 1981 年首次提出依法治税的概念以来,税收法治水平有了很大提高。各国的税收法治实践也已证明,税收法定原则对税收法治乃至法治的建立健全具有重要意义。② 遗憾的是,我国至今尚未在任何一部法律中明确税收法定原则,《税收征收管理法》第 3 条虽有提及,但并不明晰。更何况,这样的一条重要原则仅规定于一部程序法之中,也是不适宜的。税,关系到对公民私有财产的"侵犯"、对国家征税行为的规范和纳税人权利的保护,也应当和人身权一样写入一国的最高法律——宪法。目前,世界上已有许多国家在宪法中明确了税收法定原则,如美国、英国、日本、意大利。反观我国,《宪法》中的涉税规定很不完备,只规定了公民的纳税义务。税收法定主义理念并未像在其他国家那样成为立法行动的指南,这也是导致实践中执法风险迭出的一个重要原因。正是由于我国税法中该原则的缺失,才造成了税法形式体系的法律缺位以及行政立法的越位现象,使得在税收执法实践中行政法规和规章代替了法律,继而又被大量的规范性文件所取代,淡化了人们的税法意识。另外,税法变动频繁,极大地损伤了法律的稳定性,也不利于提高纳税人对于税法的遵从度。

我们认为,应将税收法定原则写入宪法,它可以统领整个税收立法工作,为依法治税提供坚实的宪法基础;通过有效提升税法立法层级和质量,为税收执法风险的防范奠定基石。尽管该原则非常重要,但何时能够将其写入宪法尚未可知。学界多次建议选择适当时机以宪法修正案的方式将税收法定原则补入宪法。在目前一时难以对宪法加以修订的情况下,可采取由全国人大对《宪法》第 56 条进行立法解释的形式或在未来制定的"税收基本法"中予以明确的方式先行规定,然后再选择合适时机将其写入宪法。

引发税收执法风险的因素固然复杂多样,但毋庸置疑的是,由于立法方面的原因使

---

① [日]金子宏著:《日本税法原理》,刘多田、杨建津、郑林根译,财政经济出版社 1989 年版,第 47 页。

② 刘剑文著:《追寻财税法的真谛:刘剑文教授访谈录》,法律出版社 2009 年版,第 43 页。

得现行税收法律体系存在诸多缺陷，继而对执法风险产生影响，无疑占据着相当重要的地位。依法治税，首先要求所依之“法”须为良法，它既要满足执法者的要求，更应体现守法者的愿望。这不仅是以人为本的科学发展观的内在要求，同时也是税收法治的必然选择。要做到这一点，就必须顺应时代要求，在立法中坚持以人为本的价值理念，强化税收法定主义精神，促进我国税收立法的现代化和法治化，这对于执法风险的防控乃至整个社会和谐发展意义深远。

税务机关特别纳税调整权的危险性及其控制

——基于一般反避税条款的思考

段晓红*

《企业所得税法》和《企业所得税法实施条例》(以下简称《实施条例》)第6章"特别纳税调整"在《税收征收管理法》反避税规定的基础上,增加了预约定价安排、成本分摊协议、受控外国企业、资本弱化以及一般反避税等特别纳税调整事项的管理和反避税罚则,形成了我国反避税的基本法律框架。为了进一步细化特别纳税调整的相关规定,2009年1月8日国家税务总局出台了《特别纳税调整实施办法(试行)》(以下简称《办法》)。但无论是《企业所得税法》及《实施条例》还是《办法》,关于一般反避税条款的规定都比较原则,给税务机关行使特别纳税调整权留下了较大的自由裁量空间,但相应的约束机制不完善,导致该项权力具有一定的危险性。为了防止其侵犯纳税人的合法权益,客观上需要强化对特别纳税调整权的制约。

一、问题的提出

《企业所得税法》第47条规定:"企业实施其他不具有合理商业目的的安排而减少其应纳税收入或者所得额的,税务机关有权按照合理方法调整。"《实施条例》第120条将"不具有合理商业目的"解释为"以减少、免除或者推迟缴纳税款为主要目的"。《办法》第10章"一般反避税管理"规定了一般反避税的重点调查对象,对商业目的原则、实质重于形式、经济实质原则等做了概括性规定。按照上述规定,如果主管税务机关判断某一"安排"不具有合理的商业目的,就有权对其按照合理方法调整。"合理方法调整"是指主管税务机关可以否定不具有合理商业目的的安排,从而取消企业或其他参与人通过安排可以获得的税收利益,并根据安排的经济实质重新定性和适用税法。其中,企业的安排是否具有合理的商业目的以及如何进行纳税调整均取决于税务机关。因此,一般反避税条款是"一种授权性规范,是不同于一般税法规范的特殊规则,是基于法律不完备理论

* 中南民族大学法学院副教授、硕士生导师,法学博士。

下剩余执法权的配置，法律授予税务机关基于反避税目的进行纳税调整的权力”，①体现了实质课税原则的基本精神，要求依据应税事实的真正法律实质与经济实质来征税，旨在实现税法的公平原则。对于企业而言，适用该条款的直接后果就是可能面临补征税款和加收利息。因此，该条款对企业具有很大的威慑力，能有效地阻却企业的种种灰色避税行为。但是，一般反避税条款作为“兜底条款”具有很大的弹性，税务人员必须具有较高的专业素质、较强的责任心和依法行政的理念，才能准确适用该条款，现阶段我国税务人员的职业道德、敬业精神和知识水平离这种要求还有一段距离，某税务机关对以下案件的纳税调整就可以说明这一点。②

某税务机关在税务稽查中发现A房地产开发公司将约4万平方米的商品房以3000元/平方米的价格销售给B公司，又以5000元/平方米的价格回购，再以7000元/平方米的价格对外销售，A公司适用25%的所得税率，而B公司适用15%的税率，税务机关初步认定A公司存在偷税行为。经过进一步调查发现，A公司商品房的开发成本为3000元/平方米，A公司与B公司签订了委托销售协议，委托B公司代为销售，并约定B公司获得2000元/平方米的销售佣金。B公司按照合同的约定建造了售楼部，制订了销售策划方案，并指派了售楼人员进驻售楼现场，以A公司的名义与卖方签订商品房买卖合同，销售均价为7000元/平方米。双方在结算佣金时，A公司给B公司开具了一张1.2亿元（3000元/平方米）的销售发票，B公司又给A公司开具了一张2亿元（5000元/平方米）的销售发票，通过销售差价将8000万元佣金支付给B公司。据此，税务机关认定A公司存在通过商品房买卖转移利润的行为，目的是减少所得税应纳税额，A公司应以4000元/平方米的利润来计算企业所得税，要求A公司补税并按规定承担加收的利息。

根据税务机关查明的事实，A、B公司之间确实存在委托销售合同和委托销售的事实，但是票据反映出来的却是两次买卖关系，按照实质重于形式原则，当应税事实包含有法律交易行为时，从税收目的出发，应考察其真正的法律实质，而忽略其交易形式。因此，税务机关在纳税调整时应以双方交易的经济实质为基础，而不能仅仅以票据为依据，但是税务机关仍然认定A公司存在转移利润避税的行为。税务机关对这一案件的处理可以折射出以下几个问题：

第一，税务机关在征管环节过于注重税收收入最大化，存在滥用特别纳税调整权的现象。按照国家税务总局网站关于“特别纳税调整”的解释，特别纳税调整是针对“一般纳税调整”而言的，是税务机关出于实施反避税目的而对纳税人特定纳税事项所做的税收调整。其中，特别反避税条款是基于企业存在关联交易、违背独立交易原则的“特别情况”，③一般反避税条款指向的对象则是转让定价、成本分摊、受控外国公司、资本弱化等

---

① 徐孟洲、叶姗：“特别纳税调整规则法理基础之探究”，载《税务研究》2008年第2期。

② 案情来源于上海左券律师事务所严锡忠主任的讲座内容。

③ 载 http://www.chinatax.gov.cn/n8136506/n8136593/n8137681/n8817331/n8817861/8817948.html。

“特别情况”之外的、通过不具有合理商业目的的安排进行避税的行为。国家税务总局在《新企业所得税法精神宣传提纲》中把“不具有合理商业目的的安排”解释为“通常具有以下特征:一是必须存在一个安排,即人为规划的一个或一系列行动或交易;二是企业必须从该安排中获取‘税收利益’,即减少企业的应纳税收入或者所得额;三是企业获取税收利益是其安排的主要目的。同时满足以上三个特征,可推断该安排已经构成了避税事实。”在上述案例中,A 公司将商品房委托给 B 公司代销,这是房地产开发行业比较常见的销售模式,有利于专业化协作和企业之间的优势互补,具有合理的商业目的;因此,即使这种安排使整体税负降低,税务机关也不应援引一般反避税条款进行纳税调整,而应指导纳税人规范财务制度,按照交易的实质申报纳税并建立财务账目。

事实上,在税收征管实践中,税务机关否定纳税人代购、代加工等事实而征收增值税的现象不在少数,这也是理论界对我国引入实质课税原则的担忧之所在。我国基层税务人员专业素质普遍不高,在现行管理体制下,税务机关为了及时完成征管任务,已经形成了把税收收入作为所有税收工作重点的惯性思维,在“任务治税”的大环境之下,赋予税务机关特别纳税调整权,难免出现滥用的问题。

第二,纳税人在纳税调整环节处于被动地位。由于纳税人在存续期间要持续地接受某一税务机关或税务人员的管理,纳税人往往心存顾虑,通常不会积极主张权利。不仅如此,纳税人尤其是外资企业并不愿意成为反避税调查的对象;因此,无论是在前期交涉还是在审计过程中,通过税务机关与纳税人的沟通,纳税人都可能采纳税务机关的意见,以终止反避税调查程序。

第三,税务机关特别纳税调整权的约束机制弱化。虽然特别纳税调整规则规定的“独立交易原则”、“合理方法”、“合理的商业目的”等客观标准是对税务机关特别纳税调整权的限制,但这些标准在适用过程中还需要进行若干的主观判断。如果主观判断不能保持中立,就会导致权力滥用。因此,客观上需要建立权力约束机制。在本案中,税务机关无所顾忌地违反实质重于形式的基本原则,对合理的商业交易进行反避税调整,反映税务机关行使特别纳税调整权缺乏应有的制约。

二、特别纳税调整权的危险性根源

税务机关作为代表国家行使税收征管权的行政机关,在履行其职能时应遵循依法行政原则和税收法定原则,但这并不意味着税务机关在行使征管权时不存在权力滥用的问题,尤其是一般反避税条款的适用一定程度上可以超越税收法定原则的限制。在我国现行征管体制下,权力制衡机制和监督机制都不到位,税务机关滥用特别纳税调整权的可能性是比较大的,其危险性主要来自以下几个方面:

首先,权力扩张是权力的固有属性。一切权力都具有扩张的倾向,“一切有权力的人,都容易滥用权力,这是万古不易的一条经验,有权力的人使用权力一直遇到有界限的地方才停止。”①行政权力的行使目的是实现公共利益，而公共利益具有不确定性，所以行政权力是所有公共权力中最容易扩张的权力。由于税收具有强制性，为了税款征收的需要，税务机关的行政权力被赋予了更多的强制性色彩。建立在一般反避税条款之上的特别纳税调整权不仅具有行政权力的强制性，而且与一般的征管权相比包含了更多的自由裁量权，因此是一种更加危险的权力。

其次，一般反避税条款具有特殊性。由于经济活动变幻多端，避税行为千差万别，避税方式不断更新，即使是最有预见力的立法者也无法预测未来避税行为的所有形式，立法者制定周全的、详细的反避税规则确有力不从心之处；因此，反避税工作如果完全依赖立法者制定的详细、具体的避税规则，是无效率且不可能成功的，客观上需要发挥一般条款的功能。与特别反避税条款不同，一般反避税条款主要负载法律的灵活性价值，相当于立法者给予税务机关的空白令状，它允许税务机关在法无明文规定或规定不明确的情况下，探求未阐明的规则，结合具体情势实现税收公平原则。因此，一般反避税条款的适用必须借助税务机关的能动性，依靠税务人员的判断和甄别。一般反避税条款将社会认同的价值观、道德观有机地融入成文法中，在适用过程中税务机关也必须秉承这些价值观和道德观才能实现税收公平原则。目前，我国税务人员既存在专业知识不够的可能性，也存在偏重税收利益、难以保持中立的可能性。这两种可能性交织在一起，就对准确适用一般反避税条款构成了较大的威胁。这也是一般条款在我国没有赢得社会广泛信赖的重要原因。当然，一般条款的困境绝非仅仅是一个经济或法律问题，更深层次上是一个道德问题。②

再次，特别纳税调整环节的利益驱动。在税收征管环节，税务人员往往还存在追求个人私利的要求，因此会借用特别纳税调整权谋取个人利益。鉴于税收征纳关系双方主体的不平等性和利益关系的连续性，纳税人为了避免成为纳税调整的对象，有时会主动迎合税务人员的权力“寻租”行为，这无疑会激励税务人员通过滥用特别纳税调整权以获取更多的个人利益。不仅如此，某些税务机关为了谋取小集团利益，也存在非法行使特别纳税调整权的可能性，税务机关滥用特别纳税调整权往往以“公共利益”为借口，并获得了征管机关内部的一致认可和维护，具有更大的隐蔽性和危害性，因为当权力“寻租”成为一种集体行为时，其对社会经济的影响无论是在广度上还是在深度上都是私人“寻租”活动无法比拟的。

最后，滥用特别纳税调整权的低风险性。由于税法本身晦涩难懂，专业性很强，特别反避税条款的相关规定非常复杂，一般反避税条款非常原则，现阶段我国纳税人的税收专业知识还比较欠缺，很难发现税务机关滥用特别纳税调整权。此外，由于征管机关与纳税人之间存在管理与被管理的关系，纳税人即使发现了税务机关滥用一般反避税条

① ［法］孟德斯鸠著：《论法的精神》，张雁深译，商务印书馆 1997 年版，第 154 页。

② 谢晓尧、吴思罕：“论一般条款的确定性”，载《法学评论》2004 年第 3 期。

款,迫于税务机关的压力和我国行政诉讼胜诉率低的事实,一般也不会提起税务行政诉讼。虽然《办法》第97条规定,“一般反避税调查及调整须层报国家税务总局批准”,但上报材料是由税务机关制作的,其有条件做出有利于被批准的安排和说明,所以即使层报一般反避税相关材料,上级税务机关也难以发现问题。一旦被纳税人举报或被上级机关发现,税务机关也可以以对一般反避税条款的把握不够准确为借口来掩饰其滥用行为。故税务机关滥用特别纳税调整权的风险是很低的,其滥用权力只会带来利益,导致不利后果的概率很小。

基于上述四点,税务机关滥用特别纳税调整权尤其是一般反避税条款的可能性是很大的,这也是《企业所得税法》制定之前部分学者反对我国引入一般反避税条款的主要原因。他们认为,当前我国税法建设的主流应当是加强税收法治,规范国家权力运作,保护纳税人合法权利,因此,我国暂不宜引入一般反避税条款。① 学者们的担忧并非杞人忧天,我国引入一般反避税条款的同时必须建立特别纳税调整权的约束机制。

三、特别纳税调整权约束机制的局限性

防止一般反避税条款的滥用在较大程度上取决于制度设计能否限制税务机关的主观随意性,使价值判断最大化地符合税收秩序与税收公平原则。《企业所得税法》首次规定了一般反避税条款,但该法对税务机关适用该条款的程序和权限并没有相应的规定。《税收征收管理法》中的相关规定虽然可以适用于特别纳税调整权,但由于一般反避税条款具有特殊性,该法规定的无论是内部约束机制还是外部监督机制都具有相当的局限性。

首先,内部约束机制弱化。按照《税收征收管理法》第10条、第11条的规定,“各级税务机关应建立、健全内部制约和监督管理制度,上级税务机关应当对下级税务机关的执法活动依法进行监督。各级税务机关应当对其工作人员执行法律、行政法规和廉洁自律准则的情况进行监督检查。税务机关负责征收、管理、稽查、行政复议的人员的职责应当明确,并相互分离,相互制约。”但是,在实践中,税务管理部门内部存在信息不对称,即基层税务人员(包括基层管理人员和基层稽查人员)与税务监察管理部门之间的信息不对称,基层税务人员相对税务监察管理部门掌握更多的纳税人信息,从而可以欺上瞒下,非法利用掌握的不对称信息来从事自由裁量权寻租活动,牟取私利。② 因此,信息不对称导致内部制约和监督管理制度大都流于形式,税务行政执法责任制难以落实。税务稽查和税收行政复议虽然是两种比较有效的内部约束机制,但我国目前税务稽查的重点是纳税人的纳税行为而不是征收行为,而税收行政复议是一种被动的约束机制,只有纳税人申请才能启动复议程序,并且我国现阶段税务行政复议制度对纳税人提起复议设置了相

① 刘剑文、熊伟著:《税法基础理论》,北京大学出版社2004年版,第154页。

② 崔志坤:“税收执法自由裁量权滥用及其救济制度设计——激励与约束的权衡”,载《地方财政研究》2008年第6期。

当多的限制，所以，这两种内部约束机制也难以产生威慑力。

其次，外部监督机制严重不足。“权力”与“监督”本是一对孪生姊妹，失去监督的权力必然导致权力滥用和腐败的恶果。在防止权力滥用方面，外部监督机制更为重要。按照现有的法律规定，特别纳税调整权的外部监督机制主要包括三个方面：一是纳税人的监督。《税收征收管理法》第 8 条第 4 款、第 5 款规定：“纳税人、扣缴义务人对税务机关所作出的决定，享有陈述权、申辩权；依法享有申请行政复议、提起行政诉讼、请求国家赔偿等权利。纳税人、扣缴义务人有权控告和检举税务机关、税务人员的违法违纪行为。”二是社会公众的监督。《税收征收管理法》第 13 条规定，“任何单位和个人都有权检举违反税收法律、行政法规的行为”。三是法院通过税务行政审判活动进行监督。一旦纳税人提起税务行政诉讼后，法院就可以通过税务行政审判活动发现税务机关滥用权力的问题。

上述三类监督理应对税务机关有效地规范征收管理工作发挥重要作用，但从实践层面看，外部监督的效果并不理想。

首先，纳税人的监督没有达到预期的效果。在理论上，纳税人监督应该是最有效的。一方面，税务机关、税务人员滥用特别纳税调整权必然侵犯纳税人的权利，加重其税收负担，直接涉及纳税人的经济利益，纳税人应该最有动力行使监督权；另一方面，与其他监督主体相比，纳税人最有条件知悉权力滥用的事实。但是，在实践中，纳税人的监督并未产生预期的效果。当然，这与纳税人缺乏税收知识有关，但根本的原因在于缺乏有效的纳税人监督机制。纳税人行使监督权的主要方式是申请行政复议、提起行政诉讼和控告检举违法行为，但纳税人申请复议要先行纳税，且税务机关上下偏袒导致税务行政复议维持率偏高，税务行政诉讼成本高，纳税人胜诉率偏低，控告检举违法行为也担心遭报复，这些都是阻碍纳税人行使监督权的重要原因。

其次，社会监督缺乏条件。社会监督发挥作用的前提条件是要增强税务机关征管工作的透明度，保证公众的知情权。如果税务机关的工作处于不公开的状态，社会公众即使有很高的积极性也无法监督。按照《税收征收管理法》第 59 条的规定，税务机关有责任为被检查人保守秘密。在实践中，这一规定已经成为税务机关拒绝披露特别纳税调整相关信息的合理借口，也是国家税务总局非常重视社会监督但仍难以发挥作用的直接原因。①

最后，法院的监督作用也非常有限。一方面，由于《税收征收管理法》及其实施细则规定多数税收争议都有复议前置程序，提高了纳税人提起诉讼的门槛，导致我国目前税

① 国家税务总局从 1996 年开始建立特约监察员制度，截至 2010 年全国税务系统共有 11 万余名特约监察员。参见王平：“充分发挥社会监督作用　努力推进政风行风建设——国家税务总局聘任第四届特约监察员”，载《中国税务》2010 年第 1 期。

收行政诉讼案件的数量非常少;[①]另一方面,审理税务行政诉讼案件,法官不仅要具备法律知识,而且还要具备经济、税收、会计等方面的知识,我国没有专门的税务法庭,目前,我国多数法官的知识结构都达不到审理税务案件的要求,法院在涉税诉讼中通常只进行合法性和形式性审查,既不能全力救济权利更不能有效监督权力滥用。

由此可见,特别纳税调整权虽然有相应的约束机制,但呈弱化状态,无法有效约束特别纳税调整权的行使,无法有效防止特别纳税调整权的滥用。虽然从目前的实际情况来看,税务机关适用一般反避税条款还只是个案,不具有普遍性,但在税源比较少的地区,特别纳税调整将逐步被税务机关所重视,成为增加税收的手段。与其等到权力滥用的问题泛滥之后再去纠正,不如事先完善防范措施,从源头上阻止权力滥用。因此,现阶段就应着手完善约束机制。

四、完善特别纳税调整权约束机制的对策

立法者的有限理性决定了税法漏洞具有不可避免性。一般性反避税条款正是旨在防范具有滥用性质的避税交易或安排,但同时又要避免干涉合法的商业交易。税务机关进行纳税调整背后的理念是平衡协调理念,对国家财政利益与纳税人权益间的冲突和矛盾进行平衡协调,才能实现税法的分配性价值,并最大限度地实现税收秩序和税收公平。[②] 要实现这一目标,必须从多方面努力,防止特别纳税调整权的滥用。比如,提高税务人员的素质、强化依法行政的理念、培养纳税人的监督意识。但从制度上完善特别纳税调整权的约束机制是有效防止权力滥用的基本路径。结合一般反避税条款的特点和现行法律规定,本文认为应从以下几个方面着手完善约束机制:

第一,细化一般反避税程序规则。现行一般反避税规则集中体现在《办法》第10章,但该章中能够约束权力行使的程序性规则只有一条,即"一般反避税调查及调整须层报国家税务总局批准"。但层报哪些材料,这些材料由谁准备,层报是否需要税务机关负责人批准,层报材料是否需要被调查的纳税人签字认可,层报时上级税务机关是否需要审核,审核的时限是多长,国家税务总局批准的时限是多长等问题均未涉及,所以现有规定过于粗略,缺乏明确性和可操作性。程序规则是规定如何实现实体规则内容的规则,它的基本结构形式是"谁来做,怎么做",[③]也有学者将程序规则的基本要素归纳为五个方面:程序主体、主体行为、行为的时序、程序法律关系内容、程序后果。[④] 因此,一般反避税程序规则还应该明确以下问题:一般反避税调查权力行使的级别要求,比如是县级的还是市级的税务机关有权启动一般反避税调查程序;拟启动一般反避税调查程序是否需要

---

① 我国已有学者对我国税务行政诉讼的现状进行了量化研究,得出的结论是我国税务行政诉讼案件的绝对数量少,税务行政诉讼案件占税务行政处理的比重很低,税务行政诉讼案件的立案数占整个行政诉讼案件立案数的比例很小。参见王鸿貌:"我国税务行政诉讼制度的缺陷分析",载《税务研究》2009年第7期。

② 徐孟洲、叶姗:"特别纳税调整规则法理基础之探究",载《税务研究》2008年第2期。

③ 锁正杰:《刑事程序的法哲学原理》,中国人民公安大学出版社2002年版,第39页。

④ 徐亚文:《程序正义论》,山东人民出版社2004年版,第239页。

税务机关的负责人批准;启动调查程序之前应层报哪些材料;上级税务机关是否需要审批,如需要,审批时限是多长;国家税务总局批准的时限是多长;税务机关一般反避税调查的人员配置和权力分工;纳税人是否有权提出调查回避申请;调查结果是否需要纳税人签字认可;特别纳税调整方案如何形成;纳税人能否要求听证;纳税人的救济程序,等等。

第二,在省一级成立一般反避税指导委员会。由于一般反避税规则具有很强的专业性,为了使税务人员尽快熟悉并能在实践中正确运用,我国不仅应加强反避税专业人员的培训工作,由国家税务总局对一般反避税条款的适用提供指导性意见,而且还应在省一级成立由反避税专业人员、学者、税务律师、注册会计师、注册税务师等组成的一般反避税指导委员会。一直以来,我国反避税工作主要针对外资企业,全国的反避税工作也主要由国家税务总局国际税务司负责,但国际税务司除了反避税工作之外,还承担着很多其他职责。由省级一般反避税指导委员会对本省范围内的税务机关适用一般反避税条款进行指导、把关和实质审查,既可以减轻国际税务司的工作压力,也可以充分发挥学者、税务律师、注册会计师、注册税务师的专业特长,有利于防止税务机关的本位主义,保护纳税人的权利。当然,这一指导委员会并非常设机构,而是根据需要定期或不定期地开展工作。指导委员会应制定明确的章程,建立科学、民主的决策机制。为了提高实质审查的质量,指导委员会还应享有调查权,必要情况下可以进一步核实层报的书面材料的真实性和准确性,克服书面审查的局限性。经过指导委员会实质审查后的材料再层报国家税务总局批准,既可以提高反避税的工作效率,又可以保障全国一般反避税执法工作的统一性。

第三,建立一般反避税信息披露制度。阳光是最好的防腐剂。建立一般反避税信息披露制度,就是要求税务机关将已经处理完毕的一般反避税案件在专门的网络平台上公开。公开的作用至少有以下三个方面:一是可以对税务机关产生一定的压力,督促其公正地行使执法权,因为一旦将整个案件在网络上予以披露,就意味着要接受社会公众的监督;二是能对其他税务机关处理类似问题起到一定的指导作用,有利于一般反避税工作在全国范围内的统一和协调;三是能对纳税人和涉税中介服务机构起到一定的引导和警示作用。当前,税收筹划服务在我国已经呈现出风生水起之势,但一部分人曲解了税收筹划的本质,很多税收筹划方案实质上属于避税安排。建立信息披露制度之后,通过了解这些公布的案件,无论是纳税人还是专业服务机构都会对避税行为有更加直观的认识,避免自己重蹈覆辙,有利于进一步规范税收筹划行为。

第四,建立纳税人特殊安排预先裁定制度。避税行为虽不合理但也不违法,因此,反避税工作与打击偷逃骗税有较大的区别,反避税工作应注重征纳双方的合作,既要防止国家税款的流失,也要将对纳税人的影响降低到最低程度。《实施条例》第 123 条规定,税务机关有权在避税安排发生的纳税年度起 10 年内进行纳税调整,长达 10 年的追溯期对纳税人而言将是一个巨大的制度风险,无疑会阻碍纳税人进行交易方式创新,这是不利于经济发展的。建立纳税人特殊安排预先裁定制度,主要目的是减少纳税人经济活动创新的制度风险,使纳税人对自己的某一安排能产生确定的预期,从而决定是否采纳这一特殊安排。纳税人可以申请税务机关就其将要实施的某一特殊安排是否涉嫌避税做出一个有效力的预先裁定,而这一裁定对税务机关亦有拘束力,防止税务机关因人员变动导致执法不稳定的问题。税务机关就某一特殊安排做出预先裁定,应该参照特别纳税调整程序,逐级上报至省级一般反避税指导委员会审批,由国家税务总局批准后送达申请人。由于预先裁定也属于税务机关适用一般反避税条款的执法行为,预先裁定也应纳入一般反避税信息披露的范围,这样可以充分发挥预先裁定制度和信息披露制度的作用。

第五,明确滥用特别纳税调整权应承担的法律责任。《办法》第 12 章规定的法律责任几乎都是针对纳税人的,而《税收征收管理法》中关于税务机关和税务人员法律责任的规定都有特定的适用条件,难以涵盖滥用特别纳税调整权的所有违法样态。因此,在《办法》中还应明确规定税务机关和税务人员滥用特别纳税调整权应承担的法律责任,如应调整而不调整、不应调整而调整、与纳税人合谋少缴税款、收受纳税人贿赂、向纳税人索贿以及不如实层报特别纳税调整材料等情形应承担的行政责任,构成犯罪的还应追究刑事责任。

第五篇　西部大开发与地方财税法治建设

西部大开发税收法律制度的回顾、反思与完善

——以税收优惠政策分析为视角

席晓娟*

西部大开发战略是21世纪国家发展战略中极其重要的组成部分。历经10年的西部大开发在回顾辉煌成就中揭开了西部再开发的新篇章。10年实践证明,税收法律制度在西部大开发战略中具有其他制度无以替代的作用。因此,有必要对西部大开发税收法律制度进行回顾与反思,在此基础上完善现行税收法律制度,最大限度地发挥税收法律制度对西部经济发展的作用。

一、西部大开发税收法律制度回顾

(一)现行税收法律法规目录的梳理

西部大开发战略的提出时间是1999年6月19日,①真正开始时间是2000年。2000年12月26日国务院发布的《关于实施西部大开发若干政策措施的通知》是最早的西部大开发法规,其后2001年9月29日发布的《关于西部大开发若干政策措施的实施意见》细化了西部大开发若干政策措施。该实施意见规定"实行税收优惠政策"的具体措施,是西部大开发税收政策的开端。

财政部、国家税务总局等部委于2001年12月30日发布、自2001年1月1日起执行的《关于西部大开发税收优惠政策问题的通知》,是第一个规定西部大开发税收优惠适用范围及具体内容的部门规范性文件。其后10年间,西部大开发规范性文件按照发布顺序包括:国家税务总局于2002年5月10日发布《关于落实西部大开发有关税收政策具体实施意见的通知》,规定鼓励类产业项目为主营业务的企业、新办企业、民族自治地方企业、汇总合并纳税企业的企业所得税、农业特产税、耕地占用税等问题。财政部、国家税务总局于2006年11月16日发布《关于西部大开发税收优惠政策适用目录变更问题的通知》,规定税收优惠政策适用目录变更问题。财政部、国家税务总局于2007年5月

* 西北政法大学副教授、硕士生导师,法学博士。

① 1999年6月19日江泽民同志在西安向全国发出实施西部大开发战略的号召。

22 日发布《关于将西部地区旅游景点和景区经营纳入西部大开发税收优惠政策范围的通知》,规定西部地区旅游景点和景区经营的税收政策问题。国家税务总局于 2009 年 7 月 27 日发布《关于西部大开发企业所得税优惠政策适用目录问题的批复》,规定《企业所得税法》实施后西部大开发企业所得税优惠政策适用目录及衔接问题。国家税务总局于 2009 年 7 月 31 日发布《关于执行西部大开发税收优惠政策有关问题的批复》,明确新办交通企业的范围。

由于西部大开发的税收优惠涉及企业所得税、农业特产税、耕地占用税、增值税和关税五个税种,①相关税种的法律法规涉及对西部大开发的规定。财政部、国家税务总局 2002 年 10 月 10 日发布《关于进一步鼓励软件产业和集成电路产业发展税收政策的通知》,规定国内外经济组织作为投资者,以其在境内取得的缴纳企业所得税后的利润作为资本投资于西部地区开办集成电路生产等企业的企业所得税优惠。财政部、国家税务总局 2007 年 5 月 18 日发布《关于企业政策性搬迁收入有关企业所得税处理问题的通知》,规定对符合西部大开发企业所得税优惠政策的搬迁企业取得的企业搬迁收入,在审核有关主营业务收入占总收入比例的条件时,不计入企业总收入。国务院于 2007 年 12 月 26 日发布《关于实施企业所得税过渡优惠政策的通知》,强调继续执行西部大开发税收优惠政策。财政部、国家税务总局于 2008 年 2 月 20 日发布《关于贯彻落实国务院关于实施企业所得税过渡优惠政策有关问题的通知》,涉及民族自治地方企业所得税优惠的衔接问题。财政部、国家税务总局于 2008 年 12 月 9 日发布《关于资源综合利用及其他产品增值税政策的通知》,规定西部地区销售自产特定型专给予税收优惠。

值西部大开发 10 周年之际,2010 年 7 月 5 日至 6 日,中共中央、国务院在北京召开西部大开发工作会议,重新部署未来 10 年西部大开发战略。会议明确指出,对于西部地区属于国家鼓励类产业的企业,减按 15% 税率征收企业所得税;对煤炭、原油、天然气等资源税由从量征收改为从价征收。在继续坚持企业所得税税收优惠的基础上,加大对资源税的改革,以增加西部地方政府财产收入。

(二)现行税收法律法规内容的梳理

西部大开发以支持西部经济社会发展为目标,因此相关税收法规政策亦体现对西部经济发展的支持,继而在具体规定中以税收优惠政策为主,辅之以资源税计征方式由从量改为从价的转变。税收优惠是与税收遏制相对应的一种税收杠杆运行机制。通过对不同纳税人和不同征税对象给予不同程度的减轻或免除其税收负担的优惠待遇,借以调节其经济利益和行为,从而配合与促进政府有关经济政策和社会政策的有效实施。税收优惠是对税收负担的某种程度减轻或豁免,因此,税基宽减、税率降低和税额减免成为税收优惠的三种基本形式。通过梳理税收法规,对税收优惠内容的归类如下:

一是税率降低。对设在西部地区国家鼓励类产业的内资企业和外商投资企业,在

---

① 国家从 2004 年起取消除烟叶外的农业特产税。

2001 年至 2020 年期间,减按 15% 的税率征收企业所得税。

二是税额减免。减免征税涉及企业所得税、农业特产税、耕地占用税、增值税和关税五个税种,以企业所得税为主。其一是直接减免税。经省级人民政府批准,民族自治地方的内资企业可以定期减征或免征企业所得税,外商投资企业可以减征或免征地方所得税。对在西部地区新办交通、电力、水利、邮政、广播电视企业,以及在西部大开发地区的旅游景点和景区从事旅游业的企业,上述项目业务收入占企业总收入 70% 以上的,可以享受企业所得税优惠政策。对为保护生态环境,退耕还林(生态林应在 80% 以上)、草产出的农业特产收入,自取得收入年份起 10 年内免征农业特产税。① 对西部地区公路国道、省道建设用地,比照铁路、民航建设用地免征耕地占用税。对西部地区内资鼓励类产业、外商投资鼓励类产业及优势产业的项目在投资总额内进口的自用设备,除法定所列商品外,免征关税和进口环节增值税。其二是先征后退。自 2002 年 1 月 1 日起至 2010 年年底,对国内外经济组织作为投资者,以其在境内取得的缴纳企业所得税后的利润作为资本投资于西部地区开办集成电路生产企业、封装企业或软件产品生产企业,经营期不少于 5 年的,按 80% 的比例退还其再投资部分已缴纳的企业所得税税款。再投资不满 5 年撤出该项投资的,追缴已退的企业所得税税款。其三是即征即退。西部地区销售自产烧结多孔砖(符合 GB13544—2000 技术要求)和烧结空心砖(符合 GB13545—2003 技术要求)实现的增值税实行即征即退 50% 的政策。

三是税基宽减。对于符合西部大开发企业所得税优惠政策的搬迁企业,其取得企业搬迁收入,在审核企业享受税收优惠政策有关主营业务收入占总收入比例的条件时,不计入企业的总收入。

(三)西部大开发税收法律效果回顾

西部大开发战略实施 10 年来,西部地区税收收入实现跨越式增长,从 2000 年的 1816 亿元增长到 2009 年的 9334 亿元,年均增长 20.2%。2001 ~ 2003 年,西部地区税收增幅均超过 10% 以上,但与全国平均增幅相比仍然偏低。2004 ~ 2008 年,西部地区税收实现了大提速,每年增幅均超过 20%,除 2007 年外,各年增幅均高于全国平均增幅。特别是 2008 年,西部地区税收增幅为 22.4%,比全国平均增幅高 5.4 个百分点。2009 年,受国际金融危机的影响,西部地区税收增幅为 14.3%,但比全国平均增幅仍高 5.2 个百分点。2010 年上半年,西部地区实现税收 6001 亿元,同比增长 33.4%,比全国平均增速高 5.1 个百分点。②

税收优惠减轻纳税人税收负担,直接导致国家税收收入的减少。西部地区在实施税收优惠政策的同时,税收收入不仅没有减少,反而呈现跨越式增长。究其原因,应归功于

① 由于国家从 2004 年起取消除烟叶外的农业特产税,对于符合税收优惠条件的农业特产收入该政策仅执行了三年。

② 蔺红:“西部地区税收收入实现跨越式增长”,载《中国税务报》2010 年 8 月 4 日。

税收优惠政策涵养税源、吸引投资的作用。据不完全统计,西部地区近10年来有43,542(户次)企业享受西部大开发税收优惠政策,减免企业所得税1892.69亿元。[①] 国家通过税收优惠减轻税负并让利于企业,使得企业税源得以涵养,进而增加西部地区税收收入。

税收优惠在减轻税负的同时兼具吸引投资的功能。西部大开发税收优惠政策的初衷是通过降低税率、减免税额、宽减税基等税收优惠手段使西部地区企业税负明显低于经济发达地区,从而吸引资金流入,加快西部地区经济发展速度。据不完全统计,10年间已有近20万家东部企业到西部地区投资创业,投资总额1.5万多亿元。截至2008年年底,累计设立外商投资企业近4万家,实际使用外资金额累计超过400亿美元。[②] 以重庆为例,2009年重庆实际利用外资达到40.16亿美元,总量西部第一,增速全国第一。[③] 以企业所得税优惠为主的税收优惠政策加大了西部地区吸引国内发达地区及外资的力度,国内外资本在西部地区设立企业的同时,增加纳税企业数量,从而实现税收收入的增加。

二、西部大开发税收法律制度反思

(一)税收法律制度内容的反思

西部大开发税收优惠政策存在条件严、税种少、税率高、形式单一、产业导向性不强等亟须解决的问题。

西部大开发税收优惠政策兼具区域性与产业性。区域性税收优惠以《关于西部大开发税收优惠政策问题的通知》中所规定的范围为限。该范围是广义上的"大西部",涵盖西部10省区、华北的内蒙古、华南的广西,另有三个自治州比照适用西部税收优惠。产业性税收优惠要求西部地区企业的经营范围必须符合国家鼓励类产业或特定行业,且企业主营业务收入须占企业总收入的70%。由于鼓励类产业的适用范围面向全国,未将具有西部特色优势产业纳入其中,造成能够适用鼓励类产业税收优惠的企业少。西部企业受诸多因素制约,较之发达地区其盈利能力不强,许多企业无法满足主营业务收入须占企业总收入的70%的要求,进而无法享受税收优惠。在一定程度上影响税收优惠政策作用的发挥,有悖税收优惠初衷。

西部大开发税收优惠涉及以企业所得税为主,包括农业特产税、耕地占用税、增值税和关税在内的五个税种。广大西部地区企业经营效益总体状况不好,多数处于微利或亏损,某些夕阳产业诸如纺织业长期处于亏损状态。从实际效果看,税收优惠政策仅对效益好、有利润的企业起作用,而微利或亏损企业并不能享受税收优惠,致使税收优惠扶持西部经济发展的作用有限。在西部大开发税收优惠政策中,作为我国支柱性税种的增值

---

① 谭珩:"国家税务总局西部大开发10周年综合宣传材料",载http://news.sohu.com/20091209/n268816815.shtml。

② "西部大开发10周年:改革开放为发展提供强大动力",载http://www.chinawest.gov.cn/web/NewsInfo.asp? NewsId=56109。

③ "重庆去年利用外资40亿美元",载《重庆商报》2010年1月18日。

税优惠范围窄,仅限于对西部地区内资鼓励类产业、外商投资鼓励类产业及优势产业的项目在投资总额内进口的自用设备免征进口环节增值税,以及西部地区销售自产烧结多孔砖和烧结空心砖实现的增值税实行即征即退 50% 的政策。营业税征税对象是以第三产业为主的服务业,但现行税收政策仅规定对西部地区旅游景点和景区经营企业的营业税实行有条件的税收优惠,不利于西部现代服务业的发展与提升。西部大开发离不开人才的支持,在引进及留用高级人才的诸多因素中,个人收入因素举足轻重。西部工资水平低使其在人才引进留用方面较之发达地区处于弱势,如果按照全国"一刀切"的个人所得税征收办法,显然不利于吸引高级人才创业西部、服务西部。

西部大开发税率优惠的适用对象为企业所得税,2001 年至 2020 年期间,对设在西部地区国家鼓励类产业的内资企业和外商投资企业,减按 15% 税率征收企业所得税。在企业所得税尚未内外合并的 2001 年至 2007 年间,相对于内外资企业 33% 的名义税率,给予符合条件的西部企业 15% 的优惠税率,其优惠力度之大、引资作用之强有目共睹。随着 2008 年统一企业所得税实施,较之 25% 的名义税率,15% 的税率优惠优势已不再明显。可以预见,税率优势的丧失使得西部地区在与发达地区的竞争中更加步履维艰。

税收优惠是对部分特定纳税人和征税对象给予税收上的鼓励和照顾的各种特殊规定的总称。从现行西部税收优惠政策看,采用降低税率、减免税额及宽减税基等直接优惠方式。直接优惠具有见效快、透明度高、易于征管的优点,但对西部投资规模大、经营周期长、见效慢的基础设施、交通能源建设、农业开发等项目的投资鼓励作用不大。西部大开发初期以招商引资为目标,采用直接税收优惠方式且作用显著,但西部经济可持续发展的目标要求税收优惠政策的多样性,当前直接税收优惠方式不能担当和完成此重任。

税收优惠具有引导产业发展方向的功能。西部地区税收优惠所适用的鼓励类产业目录是针对全国产业发展方向制定的,未能突出西部亟须发展的基础产业、高科技产业、生态环保产业及地区特色产业,从而弱化税收优惠产业导向作用,影响西部大开发产业结构优化升级。

(二)税收法律制度执行效果的反思

地方财政收入制约税收优惠政策落实是影响税收优惠执行效果的因素之一。西部地区经济发展缓慢,近一半为民族自治地方,大部分省份被冠以"吃饭财政"。《关于西部大开发税收优惠政策问题的通知》规定,经省级人民政府批准,民族自治地方的内资企业可以定期减征或免征企业所得税(包括中央所得税与地方所得税)。外商投资企业可以减征或免征地方所得税。但现行《企业所得税法》第 29 条规定,民族自治地方的自治机关对本民族自治地方的企业应缴纳的企业所得税中属于地方分享的部分,可以决定减征或者免征。自治州、自治县决定减征或者免征的,须报省、自治区、直辖市人民政府批准。《企业所得税法实施条例》第 94 条规定,民族自治地方是指依照《民族区域自治法》规定,实行民族区域自治的自治区、自治州、自治县。对民族自治地方内国家限制和禁止行业的企业,不得减征或者免征企业所得税。从条文上理解,民族自治地方企业所得税优惠目前仅限属于地方分享部分,即地方政府仅对企业所得税收入的40%享有减免权,而无权对企业所得税中央分享部分进行减免。这样则造成民族自治地方企业所得税优惠范围的缩小。目前,地方财政资金紧张是西部各省份的共同难题,要让地方政府放弃当期财政收入转而以税收优惠支持企业发展,必然使地方政府陷入既要通过税收优惠吸引投资,又要保证财政收入的两难困难。受地方政府财政收入压力所迫,不少省份在执行税收优惠政策的力度上有所折扣,直接影响税收优惠政策的执行效果。

税收优惠程序烦琐复杂是影响税收优惠执行效果的因素之二。《关于落实西部大开发有关税收政策具体实施意见的通知》规定,享受税收优惠政策的企业,实行企业自行申请、税务机关审核的管理办法。企业应当在规定的期限内向主管税务机关提出书面申请并附送相关材料,经主管税务机关审核后上报,第一年报省级税务机关审核确认,第二年及以后年度报经地、市级税务机关审核确认后执行。凡对投资项目是否属于鼓励类项目难以界定的,税务机关应当要求企业提供省级以上(含省级)有关行业主管部门出具的证明文件,并结合其他相关材料审核认定。在税务机关审核环节,第一年与第二年审核机关分别是省级与地市级税务机关。审核机关随着年限不同而变化,不利于保持审核的连续性,造成审核机关与实际征税机关管理的脱钩,亦会给纳税人造成税法适用心理上的不确定性。对于鼓励类项目的认定,实践中存在行业主管部门不清或相互推诿的现象,致使企业无法拿到证明文件,丧失享有税收优惠的资格。

具体的征管制度设计缺乏针对性是影响税收优惠执行效果的因素之三。汇总合并纳税表面看只是税收征收办法的改变,其实质是给予汇总纳税企业的一种税收优惠。西部地区煤气油等资源极为丰富,但基于资源的国家垄断性,西部地区不能独立开采加工资源,只能设立相关企业的分支机构。实行汇总合并纳税,在耗用分支机构所在地的各种资源,享受当地政府提供公共产品和服务,对当地环境造成污染的同时,税收收入却向总机构所在地区转移,造成税收与税源相背离。《跨省市总分机构企业所得税分配及预算管理暂行办法》规定,属于中央与地方共享收入范围的跨省市总分机构企业缴纳的企业所得税,按照统一规范、兼顾总机构和分支机构所在地利益的原则,实行"统一计算、分级管理、就地预缴、汇总清算、财政调库"的处理办法。总分机构统一计算的当期应纳税额的地方分享部分,25%由总机构所在地分享,50%由各分支机构所在地分享,25%按一定比例在各地间进行分配。作为资源所在地的西部各省,此种分配格局下所取得的企业所得税收入远不能弥补资源开发对本地区造成的损失。

三、西部大开发税收法律制度的完善

(一)西部大开发税收法律制度功能的定位

税收法律制度于西部大开发战略而言,乃诸多制度构成中一重要分子。税收法律制度在保证国家实现财政收入的同时,亦是实现国家社会经济目标的手段。西部大开发战略总体目标的确定为税收法律制度的定位指明了方向。具体而言,西部大开发税收法律制度功能的定位表现为以下几个方面：

其一是组织西部地区财政收入。2000 年至 2009 年，西部地区地方财政收入从 1127 亿元增加到 6055 亿元，年均增长 19.4%。生产总值从 1.67 万亿元增加到 6.69 万亿元，增长了三倍，年均增长 12%，高于东部地区的增长。[①] 在继续保持税收优惠政策的基础上，税务机关应强化税源管理工作。重视税源调查；实现税源分类管理，加强税源分析和评估制度；明确企业重大经济事项的申报制度；建立重点税源监控制度；税务系统内建立统一的税收征管软件，充分利用信息化技术和数据进行重点监控。通过税务机关严格执法，提高征管水平，减少税收收入的流失。

其二是促进西部地区产业结构升级。产业结构作为经济增长的结果和继续增长的起点，对经济增长的作用至关重要。西部地区应从自身资源禀赋、区位特点出发，结合未来 10 年国家对西部地区产业结构的要求，改造提升纺织加工等传统优势产业，运用高新技术促进重化工业结构优化升级，将西部建成国家重要的能源基地、资源深加工基地、装备制造业基地和战略性新兴产业基地，使基础设施更加完善，基本形成现代产业体系。现行西部大开发税收政策突出对国家鼓励类产业及优势产业的税收优惠，未来 10 年西部税收优惠政策重点支持西部地区发展软件、集成电路和封装等行业。以税收优惠引导西部地区企业投资方向，对优化西部产业结构及投资环境、推动产业结构及产品结构升级起到积极的促进作用。

其三是以生态建设和环境保护为目标发展循环经济。西部相对恶劣的自然环境并非自古就存在，而是近百年来忽视环境保护和生态建设的恶果。再造西部秀美山川，税收法律制度应起到积极引导作用。此次确定对资源税计征方式由从量到从价的改变，以税收手段对资源开发行为进行调节，为发展西部循环经济开了个好头。

（二）完善西部大开发税收法律制度的具体措施

完善西部大开发税收法律制度，可采取下列具体措施：

首先，应改革与完善现行税收优惠政策，最大限度地发挥税收优惠作用。适当降低税收优惠适用条件是加强税收优惠政策效果最主要的措施。在产业类别与业务收入两个条件中，以产业类别为主，主营业务收入为辅。现行国家产业目录鼓励类产业未能涵盖西部优势产业，因此应将不在目录内的特色农牧业及加工业、旅游产业等产业纳入税收优惠范围。此外，也可授权西部各省根据国家产业发展规划，自行确定本地区鼓励类产业项目，报国家税务总局备案。对于符合国家鼓励类产业或特定行业应降低企业主营业务收入须占企业总收入的比例，以 50% 为宜，使西部地区大多数中小企业能够享受税收优惠。

在现有优惠税种基础上，结合西部发展需要，增加优惠税种数量。西部大开发税收

---

① "西部开发十年见证区域协调发展　新一轮号角吹响"，载 http://finance.sina.com.cn/roll/20100630/09478206668.shtml。

法律制度以税收优惠为主,但仅局限于企业所得税优惠,显然与我国以流转税为主的税收体制不匹配。因此,应改变仅在小范围内对部分项目进行增值税减免的现状,加大对增值税税收优惠的力度。可借鉴《中部地区扩大增值税抵扣范围暂行办法》,加大增值税抵扣范围,减少增值税应纳税额。此外,对西部地区亟须发展的产业项目实行低税率,以鼓励该产业发展。营业税作为地方支柱税种,税收优惠意义重大。对于国家鼓励与扶持的第三产业,其营业税税率可在现行税率基础上适当降低以鼓励其发展。以个人所得税税收优惠来满足高级人才需求是税收对人力资源培养作用的体现。因此,应在现行个税优惠基础上适度降低高级人才所得收入的起征点,增加因其科研活动给西部地区带来巨大利益情况下的税收减免等措施。

以现行企业所得税25%税率为参照,降低当前15%的优惠税率。15%的优惠税率在2008年新《企业所得税法》实施后,对投资商的吸引力有所下降,较之2008年前低于法定33%税率一半还多的税率优势已无法凸显。税率的高低直接关系纳税人的负担水平,反映征税的深度。为了实现西部再开发的宏伟目标,应以现行25%企业所得税税率为参照,将优惠税率调整为10%,以保持原有税收优惠力度。此外,由于新《企业所得税法》对国家重点扶持的公共基础设施项目、环保节能节水项目投资经营所得的优惠力度已经达到"三免三减半",而西部大开发优惠政策对西部地区新办交通、电力、水利、邮政、广播电视等企业仅给予"两免三减半",其税收优惠优势显然不足。因此,应在下一个10年西部开发周期中将"两免三减半"改为"五免五减半"。税收优惠方式的选择决定享受税收优惠企业的范围。应改变以直接税收优惠为主,仅使有利润企业享受税收优惠的现状。通过增加税前扣除、加速折旧、投资抵免、亏损结转、特定准备金等税基式间接优惠,使西部非国有的微利或亏损企业在获利之前就能够真正享受到税收优惠。通过间接税收优惠方式引导投资规模大、经营周期长、获利小、见效慢的基础设施、基础产业、农业开发等项目投资。

制定以促进西部产业结构调整为导向的税收优惠政策,实现资源有效配置。长期以来,我国产业分工格局是"西部开发资源、东部加工制造",①因此税收优惠重点在交通、能源、通信、水利、重要原材料等基础设施和基础工业。未来10年国家要将西部建成国家重要的能源基地、资源深加工基地、装备制造业基地和战略性新兴产业基地;因此,应结合西部发展实际需要,税收优惠政策应该在重视基础设施优惠的同时,将高科技产业、重大装备制造业、特色农牧业及加工业、生态环境产业、旅游产业等产业纳入税收优惠范围,制定详细的税收优惠政策,以此配合西部大开发战略目标的实现。

其次,加大对西部地区财政支持力度,以确保地方政府经济基础落实好税收优惠政策。应提高西部地区所得税分享比例,由现行所得税中央与地方六四分成调整为四六分成。提高西部增值税分享比例,由现行中央与地方75%:25%调整为65%:35%,以此增

---

① 田青:"应制定西部发展法 明确实施20年税收优惠",载《和讯财经》2010年3月24日。

强地方自我发展能力,调动地方政府执行税收优惠的积极性。对于因落实税收优惠政策所造成的地方政府财政减收部分,应通过专项资金转移支付进行补助。对落实西部大开发税收优惠造成的财力影响,相应调整下划基数和返还基数。①

再次,赋予西部地区一定范围内的税收自主权。地方政府税收自主权可表现为可自主决定开征新税种、调整已有税种的税基与税率等。② 由于我国地方政府尚无税收立法权,因此建议将部分税收优惠权限下放给西部地区各省级政府,由其结合本地实际及财政状况实行税收优惠。与此同时,改革现行税收优惠审核制度,除第一年为保证税收优惠不被滥用而报省级税务机关审核确认外,其余年度交由企业主管税务机关依据相关规定的时限审核,报省级税务机关备案,以此简化审批程序,提高审批效率。对于鼓励类项目的认定,应以规范性文件形式明确规定行业主管部门,防止因主管部门相互推诿而使企业延误或丧失享有税收优惠的资格。

最后,完善具体税收征管制度,以保证西部地方政府财政收入。汇总合并纳税的实质是给予汇总纳税企业税收优惠。但汇总纳税造成税收与税源相背离的结果,致使西部地区在资源开发中的负外部性无法得到补偿,加剧西部地区与发达地区的差距。对该问题的解决之道,一是提高设在西部地区分支机构其企业所得税就地预缴比例,建立地区间税收协调机制,以维护西部地区的税收利益,将汇总纳税所造成的利益损失降到最低。二是健全国内企业转移定价税制,监管企业"恶意背离"问题。应严格地方税收征管,减少由于各地征管力度不一造成的税负不公。上级税务部门和有关部门应协调地区间的税收利益,并加强地区间税收信息的沟通,国家、地方税务机关需全面、及时、准确地了解税源的地区间流动与分布情况,加强合作,共同预防和打击总部企业通过不当关联交易的非法避税。三是在资源国有性质不变的前提下,改变国有企业垄断资源开发的现状,允许西部地区民营企业设立法人企业成为纳税主体,有限制地参与部分资源的开发加工,以此增加西部地方政府税收收入。

---

① 何建堂、杜冠群、杨丽:"西部开发税收政策该向何处走",载《中国税务报》2009 年 12 月 11 日。

② 常熟市地税局课题组:"促进经济发展方式转变的税收政策研究——推进产业结构升级的实证视角",载 http://www.jsds.gov.cn/art/2009/2/14/art_308_1504.html。

经济发展与区域税收优惠政策比较分析*

李玉虎**

一、引言

受制于自然禀赋、区位优势、产业布局和经济基础差异等多种因素的影响,我国的区域经济发展水平出现了严重的不平衡现象。尤其自改革开放以来,在国家“非均衡发展战略”下,受优先发展东部沿海地区的区域倾斜发展政策的影响,我国东部沿海开放地区经济增长速度远远高于内地,从而出现了东、中、西部地区经济发展水平的严重失衡,区域经济发展的严重不平衡开始成为制约国民经济全面协调可持续发展的重要障碍。因此,促进区域经济协调发展,不仅是进一步推进各区域经济发展的必然要求,也是实现国民经济发展的保障。20世纪90年代中后期以来,促进地区经济协调发展日益受到党中央和中央政府的高度重视,党的十四届五中全会制定的《“九五”计划和2010年远景目标》中把“坚持区域经济协调发展,逐步缩小地区差距”作为今后15年国民经济和社会发展必须贯彻的重要方针之一。《“十二五”规划纲要》提出的实施区域发展总体战略是,充分发挥不同地区比较优势,促进生产要素合理流动,深化区域合作,推进区域良性互动发展,逐步缩小区域发展差距;对加快和完善税收制度的要求是,按照优化税制结构、公平税收负担、规范分配关系、完善税权配置的原则,健全税制体系,加强税收法制建设。因此,完善区域税收政策,既是促进区域协调发展的要求,也是优化税制结构、健全地方税体系的途径。

区域经济学研究表明,区域经济政策主要包括以重新配置资金和重新配置劳动力为主的区域微观政策和行政管辖区内与行政管辖区之间的协调选择政策。① 其中,重新配置资金的政策主要有税收与补贴政策、改进资本市场效率的政策、行政控制政策和发展社会资本的政策等;重新配置劳动力的政策主要是培训和重新配置当地劳动力和劳动力

---

* 基金项目:教育部人文社会科学研究2009年度项目“法律制度与中国经济发展的实证研究”(项目编号:09XJC820010)。西南政法大学经济法学院青年教师发展基金项目(项目编号:XZJJF201009)。

** 西南政法大学经济法学院副教授、硕士生导师,法学博士。

① [英]哈维·阿姆斯特朗、[英]吉姆·泰勒著:《区域经济学与区域政策》(第3版),刘乃全等译,上海人民出版社2007年版,第198页。

的空间配置政策。就区域经济政策而言，需要通过一定的政策工具来体现，而区域经济政策工具的主要目的在于影响个人和企业的区位选择或者改变特定区域的收支水平。在现行的主要区域经济政策工具中，财政税收政策具有重要意义。税收政策作为实现宏观调控的重要工具，在促进区域经济发展中具有重大作用，正如改革开放初期东部沿海开放地区享受各项国家税收优惠促进本地区经济发展一样，在改革开放 30 年之后，在经济欠发达地区和落后地区实行具有针对性的税收优惠政策，将会推动这些地区实现经济发展。

税收优惠政策是税收政策体系的主要内容之一，也是国家对经济运行实施宏观调控的重要手段。所谓税收优惠政策，是指在现行税法的框架内，通过税收减免退补等措施，对某些特定的征税对象和纳税人予以特殊照顾和鼓励，减轻其税收负担，从而激励纳税人的经济行动的税收政策。改革开放以来，出现了有差别的区域税收优惠政策，建立了以区域性税收优惠政策和产业性税收优惠政策并存的税收优惠体系，形成了“经济特区—沿海开放城市和经济开发区—西部地区—东北老工业基地—中部地区”梯度推移式的税收优惠策略。基于改革开放以来我国东、中、西部地区经济发展的不平衡现象，各级政府在尊重市场规律和税收基本法律的前提下，通过制定一系列税收法规政策，将资金、人力资源等经济增长要素吸引到目标地区，并通过对特定区域自然资源和生态环境的保护，实现该地区经济的内生增长。

二、区域税收优惠政策的主要内容

我国的税收优惠政策大致可以分为两类：一类是适用于全国的促进产业结构调整的税收优惠政策，另一类是适用于特定区域的区域性税收优惠政策。促进产业结构调整的税收优惠政策主要有：促进技术进步和高新技术产业发展的税收优惠政策、①促进资源保护和“节能减排”的税收优惠政策、②促进信息产业等新兴产业发展的税收优惠政策。③尽管这类税收优惠政策适用于全国，但是相对于经济落后的中西部地区，其对东部地区的产业结构调整和经济发展发挥的作用会更大。

就区域性税收优惠政策而言，可以按照我国当前按照东、中、西、东北四大经济板块

---

① 具体包括对国家需要重点扶持的高新技术企业，减按 15% 的税率征收所得税；对创业投资企业采取股权投资方式投资于未上市的中小高新技术企业两年以上的，可以按照其投资额的 70% 在股权持有满两年的当年抵扣该创业投资企业的应纳税所得额。

② 具体包括对企业从事符合条件的环境保护、节能节水项目的所得，享受六年的减免所得税优惠；对企业以税法规定的资源作为主要原材料生产符合国家和行业相关标准的产品取得的收入，减按 90% 计入收入总额；对企业购置并实际使用税法规定的环境保护、节能节水、安全生产等专用设备的，该专用设备的投资额的 10% 可以从企业当年的应纳税额中抵免。

③ 具体包括对符合要求的软件、集成电路等高科技项目增值税税负分别超过 3% 和 6% 的部分，实行即征即退的税收优惠政策；对从事技术转让、技术开发及相关的技术咨询等业务给予免征营业税的优惠。

划分来比较各个区域的税收优惠政策之重点内容及其差异。①

(一)东部沿海开放地区税收优惠政策

为了扩大对外经济合作和技术交流,吸收外资、引进先进技术,加速社会主义现代化建设。1984年11月15日国务院发布的《关于经济特区和沿海十四个港口城市减征、免征企业所得税和工商统一税的暂行规定》,②开始在沿海14个港口城市,③对外国和港澳等地区的公司、企业以及个人(以下统称客商),在上述特区和城市投资兴办中外合资经营企业、中外合作经营企业、客商独立经营企业,给予减征、免征企业所得税和工商统一税的优惠。④ 此后,出现税收政策区域化差异的现象,经济特区和东部沿海开放区域城市经济增长迅速。

经济特区的税收优惠政策主要有企业所得税优惠和增值税两个方面,对符合条件的外商投资企业、外国企业减按15%的税率征收企业所得税,对经济特区内符合条件的小规模纳税人和一般纳税人暂按6%征收增值税。⑤ 相对于当时实行的55%的国有企业所

---

① 我国四大经济区域,即东部、中部、西部和东北地区。1986年全国人大六届四次会议通过的“七五”计划将我国经济区域划分为东部、中部、西部三个地区。东部地区包括北京、天津、河北、辽宁、上海、江苏、浙江、福建、山东、广东和海南11个省(市);中部地区包括山西、内蒙古、吉林、黑龙江、安徽、江西、河南、湖北、湖南、广西10个省(区);西部地区包括四川、贵州、云南、西藏、陕西、甘肃、青海、宁夏、新疆9个省(区)。1997年全国人大八届五次会议决定设立重庆市为直辖市,并划入西部地区。2001年国务院发布《关于西部大开发若干政策措施的实施意见》,在西部大开发中享受优惠政策的范围又增加了内蒙古和广西。2003年10月,中共中央、国务院发布《关于实施东北地区等老工业基地振兴战略的若干意见》中,明确了东北地区为黑龙江、吉林、辽宁3省。2004年3月,温家宝总理在政府工作报告中首次明确提出促进中部地区崛起的计划,根据2006年中共中央、国务院《关于促进中部地区崛起的若干意见》,中部地区包括山西、安徽、江西、河南、湖北和湖南6个省。自2005年起,统计上对东中西和东北地区的分组方法是:东部地区包括北京、天津、河北、上海、江苏、浙江、福建、山东、广东、海南10个省市;中部地区包括山西、安徽、江西、河南、湖北、湖南6省;西部地区包括重庆、四川、贵州、云南、西藏、陕西、甘肃、青海、宁夏、新疆、内蒙古、广西12省市区;东北地区包括辽宁、吉林、黑龙江3省。本文中所有数据,如无特别说明,都是依据现行的东、中、西、东北四大经济板块的数据整理而得。

② 本篇法规已被国务院《关于废止2000年底以前发布的部分行政法规的决定》(发布日期:2001年10月6日,实施日期:2001年10月6日)废止(原因:已被1991年4月9日全国人大通过并公布的《外商投资企业和外国企业所得税法》、1993年12月29日全国人大常委会通过并公布的《关于外商投资企业和外国企业适用增值税、消费税、营业税等税收暂行条例的决定》、1991年6月30日国务院发布的《外商投资企业和外国企业所得税法实施细则》、1997年2月19日国务院《关于调整金融保险业税收政策有关问题的通知》代替)。2008年1月1日起施行的《企业所得税法》统一了内外资企业,企业所得税的税率为25%。

③ 深圳、珠海、厦门、汕头、海南等经济特区和大连、秦皇岛、天津、烟台、青岛、连云港、南通、上海、宁波、温州、福州、广州、湛江、北海等沿海城市。

④ 在经济特区(以下简称特区)内开办的中外合资经营、中外合作经营、客商独立经营企业(以下统称特区企业)从事生产、经营所得和其他所得,减按15%的税率征收企业所得税。在沿海14个港口城市的经济技术开发区(以下简称开发区)内开办中外合资经营、中外合作经营、客商独立经营的生产性企业(以下统称开发区企业),从事生产、经营所得和其他所得,减按15%的税率征收企业所得税。

⑤ 1982年1月1日起施行的《外国企业所得税法》规定,外国企业的所得税,按应纳税的所得额超额累进计算,税率从20%到40%。

得税和 10% ~55% 的集体企业所得税，经济特区的税收优惠幅度是显而易见的，并由此吸引了大量外资，促进了特区经济发展。①

除了改革开放初期的经济特区和沿海开放区域之外，东部地区作为我国改革开放的前沿，国家一直在鼓励和支持东部地区率先发展，所谓东部地区，一般指环渤海经济带、"长三角"地区、"珠三角"地区。这些地区集中了几乎我国的所有经济特区和沿海开放城市，以及经济技术开发区、高新技术产业开发区、国家确定的出口加工区、保税区等，集合了各项税收优惠政策，而且还有诸如上海浦东新区、苏州工业园区等专项税收优惠政策。这些税收优惠政策在促进东部地区经济发展中曾发挥了重要作用。

（二）西部大开发税收优惠政策

2000 年，国家制定了西部大开发战略，根据国务院《关于实施西部大开发若干政策措施的通知》（国发〔2000〕33 号）及《国务院办公厅转发国务院西部开发办关于西部大开发若干政策措施实施意见的通知》（国办发〔2001〕73 号），财政部、国家税务总局、海关总署《关于西部大开发税收优惠政策问题的通知》，国家税务总局于 2002 年 5 月 10 日发布的《关于落实西部大开发有关税收政策具体实施意见的通知》等政策文件，针对西部地区经济落后现状，②实施了一系列税收优惠政策。西部大开发税收优惠政策的重点是：(1)对设在西部地区的国家鼓励类产业内资企业和外商投资企业，在 2001 年至 2010 年期间，减按 15% 的税率征收企业所得税。对民族地区实施税收优惠。(2)对在西部地区新办交通、电力、水利、邮政、广播电视企业，③上述项目业务收入占企业总收入 70% 以上的，可以享受企业所得税如下优惠政策：内资企业自开始生产经营之日起，第一年至第二年免征企业所得税，第三年至第五年减半征收企业所得税；外商投资企业经营期在 10 年以上的，自获利年度起，第一年至第二年免征企业所得税，第三年至第五年减半征收企业所得税。

（三）东北老工业基地振兴税收优惠政策

为了发展东北地区的经济，2003 年国家开始实施振兴东北老工业基地的发展战略，对东北地区给予一系列的政策优惠。根据 2004 年发布的税收优惠政策文件主要有：财

---

① 1994 年 1 月 1 日起施行的《所得税暂行条例》把纳税人扩大为境内除外商投资企业和外国企业外的所有企业，统一税率为 33%。

② 西部大开发税收优惠政策的适用范围包括重庆市、四川省、贵州省、云南省、西藏自治区、陕西省、甘肃省、宁夏回族自治区、青海省、新疆维吾尔自治区、新疆生产建设兵团、内蒙古自治区和广西壮族自治区（上述地区以下统称西部地区）。湖南省湘西土家族苗族自治州、湖北省恩施土家族苗族自治州、吉林省延边朝鲜族自治州，可以比照西部地区的税收优惠政策执行。

③ 新办交通企业是指投资新办从事公路、铁路、航空、港口、码头运营和管道运输的企业，是指投资于上述设施建设项目并运营该项目取得经营收入的企业。新办电力企业是指投资新办从事电力运营的企业。新办水利企业是指投资新办从事江河湖泊综合治理、防洪除涝、灌溉、供水、水资源保护、水力发电、水土保持、河道疏浚、河海堤防建设等开发水利、防治水害的企业。新办邮政企业是指投资新办从事邮政运营的企业。新办广播电视企业是指投资新办从事广播电视运营的企业。

政部、国家税务总局印发《东北地区扩大增值税抵扣范围若干问题的规定》的通知，财政部、国家税务总局印发《关于落实振兴东北老工业基地企业所得税优惠政策的通知》等；针对黑龙江、吉林、辽宁和大连市的税收优惠政策主要是扩大增值税抵扣范围、调整资源税税额标准和企业所得税优惠等税收政策，其中最重要的是在东北地区率先实行增值税由生产型向消费型转变的税制试点改革。①

（四）中部崛起税收优惠政策

在我国区域发展总体战略中，中部省份起着"承东启西"的作用。随着东部地区率先发展、西部大开发、振兴东北等一系列区域发展战略的实施，东部地区成为各项税收优惠政策的边缘地带。为了促进中部地区的发展，党中央和国务院从我国现代化建设的全局出发，做出了促进中部崛起的重大决策。根据2006年发布的中共中央国务院《关于促进中部地区崛起的若干意见》和2007年发布的国务院办公厅《关于中部六省比照实施振兴东北地区等老工业基地和西部大开发有关政策范围的通知》，财政部、国家税务总局制定了《中部地区扩大增值税抵扣范围暂行办法》，选择中部六省的26个老工业基地城市的部分行业试行扩大增值税抵扣范围的试点。

三、区域税收优惠中存在的问题

（一）中西部地区企业所得税优惠力度不够

2008年颁行的《企业所得税法》第25条规定，国家对重点扶持和鼓励发展的产业和项目，给予企业所得税优惠。国家的税收优惠方针出现了转变，取消了大部分区域性税收优惠政策，代之以产业税收优惠政策，开始从以区域性税收优惠为主转向以产业性税收优惠为主，区域优惠仅余针对民族自治地方和西部大开发。当前中西部地区主要采取的税收优惠政策侧重于通过"减、免、降、退、补"等直接优惠，即减少或者免除符合条件企业的税收，降低税率、退税和税收补贴。这种税收优惠形式对投资收益快的企业比较有利，而对中西部地区投资规模大、经营周期长、收益率低的基础设施、交通能源、农业产品开发等企业的投资鼓励作用较小。而且，税收优惠的对象主要是国家鼓励类产业，其主要目的是吸引外来投资进入中西部地区，但对于长期扎根中西部地区的本地企业的税收优惠并不明显。

（二）税制结构设计对经济落后地区经济增长不利

1994年工商税制改革的核心内容是增值税，当时采取的是生产型增值税，即不允许纳税人扣除购进固定资产中已经包含的税款，这样会导致对固定资产的重复征税。而中西部地区的产业分布主要是资源密集型产业、采掘业、重型工业、农业机械等资本有机构

---

① 对装备制造业、石油化工业、冶金工业、船舶制造业、汽车制造业、高新技术产业、军品工业和农产品加工工业八个行业新购进的机器设备所含增值税税金，允许作为增值税进项税进行抵扣。同时，东北地区还实施提高固定资产折旧率、缩短无形资产摊销期限、扩大企业研发经费加计扣除优惠政策范围、提高计税工资税前扣除标准等减轻企业所得税负担的政策。

成较高的基础产业集聚区，因此这些产业的税收负担要高于轻工业和服务业。而且，中西部地区的民营经济基础薄弱、发展缓慢，消费水平较低，这种生产型增值税阻碍了以重工业为主的中西部企业的资本积累和技术创新。[①] 当然，始于2004年的振兴东北老工业基地和2007年的中部崛起战略，已经开始在东北和中部部分地区进行了增值税转型试点，并于2009年1月1日启动了增值税全面转型，这必将有利于减轻中西部和东北地区企业税负，从而提高企业的盈利能力，促进区域经济发展。除了增值税之外，无差别的个人所得税制度不利于中西部和东北经济落后地区人力资本开发，优秀人才"东流"也是导致中西部和东北地区经济增长缓慢的原因之一。

（三）中西部地方政府的税收权限较小

《企业所得税法》授权国务院规定企业所得税的税收优惠的具体办法，但对国务院税收优惠的授权内容并不清晰，该法第36条规定，根据国民经济和社会发展的需要，或者由于突发事件等原因对企业经营活动产生重大影响的，国务院可以制定企业所得税专项优惠政策，报全国人民代表大会常务委员会备案。与中西部和东北地区省级政府的税收权限相比较，东部地区省（市）政府的税收权限要明显具有优势。因为，东部10省市中既享有早期就存在的经济特区、经济开发区、浦东新区、滨海新区等享有国家专项税收优惠政策的区域，也享有各类高技术企业、工业园区、国家级旅游开发区等产业税收优惠政策。从各区域税收优惠政策的实际内容可以看出，税收优惠权限收归中央政府，中西部地方政府对本地企业的税收优惠权限十分有限，只有对本地企业在生产经营中所缴纳的地方税有一定的优惠权限。

四、促进区域发展的税收优惠制度的建议

（一）改革现行的不利于中西部和东北地区经济发展的所得税政策

从目前的四大区域税收优惠政策实施的时间和内容等方面比较可以看出，不同区域所享受的国家税收优惠各有侧重，这些税收优惠政策对于吸引资金和劳动力发挥了重要作用，促进了区域经济增长和社会事业发展。但是，从税收优惠政策的主要内容和优惠力度方面看，东部发达地区仍然享有较广泛和较大的税收优惠政策，而中西部地区的税收优惠政策还在延续此前已经在东部地区已经实行多年的主要针对企业所得税领域的优惠。随着2008年《企业所得税法》的实施，内外资企业所得税统一为25%的税率，实际上中西部地区先行的企业所得税优惠税率已经很难发挥其吸引资金流向中西部地区的作用。然而，在推动经济增长基本的力量即企业和劳动者中，企业主要发挥着重新配置资本的作用，而人才的流动体现出了劳动力的重新配置。如果说，税收优惠政策在吸引资金流动方面的作用已经不十分突出，则通过吸引人才的合理流动也可以促进区域经济增长。从这种意义上说，在现行《个人所得税法》的框架下，针对中西部地区实行更加优惠的个人所得税率，增加税前扣除额等措施，不仅可以起到增加该地区劳动者收入水平

---

① 张波、李敬："西部大开发税收优惠政策的实施与调整：重庆证据"，载《改革》2009年第12期。

的作用,而且还可以吸引更加优质的劳动力流向中西部地区。此外,在东北实行的增值税转型改革也应当扩大到中西部地区。

(二)丰富针对中西部地区的税收优惠措施

现行的针对中西部地区的税收优惠政策措施主要以直接优惠为主,这种税收优惠措施比较单一,对于企业的激励作用十分有限。因此,可以采取直接优惠与间接优惠并重的措施,通过税收扣除、固定资产加速折旧、提取准备金、再投资税收抵免、盈亏相抵、延期纳税等间接优惠方式,调整企业纳税税基,实行税前优惠,激励企业调整结构和制定长期经营的计划,从而更加有效地引导企业投资经营行为符合中央政策确立的调整产业结构、转变经济增长方式的宏观调控目标。与此同时,还可以在现行企业所得税优惠的基础上,对中西部地区的一些国家扶持和鼓励类产业实行增值税减免。因为,基于企业利润而征收的企业所得税的前提是企业有盈利,但新办企业、亏损企业和需要长期投资经营的企业等无法享受企业所得税的优惠。所以,在现行企业所得税优惠的基础上,实行增值税优惠,通过降低增值税税率、先征后减等措施,选择合适的税收优惠传导机制,从而达到增强中西部地区企业盈利能力和增加中西部地区劳动者收入的双重目的。

(三)扩大中西部地区地方政府税收立法权

从经济增长与社会公平的关系看,如果没有一定的经济增长速度,就难以实现充分就业和提高人们的福利水平,而在坚持经济社会协调发展的基础上,改善民生和促进社会公平正义才会有相应的物质基础。因此,使经济发展成果惠及全体人民是经济社会发展的根本目的。但是,在具体对待经济增长的态度上,通常中央政府与地方政府之间的目标存在一定差距。中央政府站在区域经济社会协调发展全局的角度制定和执行相应的经济政策,而地方政府的目的主要在于促进本地区经济发展和社会进步。在现行中央和地方分享的税收中,可以考虑扩大地方分享的比例,从而增加中西部地区经济落后地方政府的财政收入。还可以通过扩大中西部地区省级政府对于地方税收的优惠权限,由地方政府针对本地区内税收的实际情况实行优惠。现行《税收征收管理法》规定,税收的开征、停征以及减税、免税、退税、补税,依照法律的规定执行;法律授权国务院规定的,依照国务院制定的行政法规的规定执行。可以由国务院规定中西部地区省级政府针对地方税收的优惠权限。

论基于地方自治的日本地方财政法制

闫　海*

一、地方自治的本质与宪政价值

“自治”(self-governance)是相对于“他治”的概念,即自主治理,个人或共同体自行管理本人或者本共同体的私人或公共事务。① 自治有三项构成要素:第一,公法组织,组织具有公法属性,可被授予组织高权、规章高权及财务高权等公权力;第二,利害关系人参与,又称参与原则,当事人参与该团体的决策;第三,自主履行任务,又称国家远距原则,国家必须与自治团体保持适当距离,以确保自治团体之自主与独立。②

关于地方自治的本质已经形成多种学说:第一,固有权说。该说的论据主要是“自然法思想”和“历史实证说”两点,前者上溯法国大革命时期的“地方权”,主张自治并非外在赋予,而是地方公共团体固有的权利,性质与个人的基本权利相同,后者则基于历史观察,认为地域性的社会共同体先于国家而存在,国家权力源自地方自治团体,非地方自治团体的权力来自国家。第二,承认说。该说认为,地方自治团体是主权国家的一部分,因此地方自治权乃是基于国家法律的承认授权而来。第三,制度性保障说。“制度性保障”是德国魏玛时期的宪法理论,主张宪法保障的“制度”和“基本权利”相区别。③ 该说认为,宪法保障地方自治这种在历史上、传统上所形成的公法制度,即使以国家的法律也不得侵害。后两种学说的共通点在于,认为地方自治权系传来自国家,因此属于广义的传来说,其中制度性保障说一度为通说。④ 20 世纪 60 年代末,日本地方自治出现危机,地方自治的重要性被重新认识,固有权说被修正并复兴,产生日渐盛行的人民主权说,即地方自治为保障人权、实现人民的主体性不可或缺的制度,基于人民与地方、国家之间亲疏关系应予以“地方优先”。

---

* 辽宁大学副教授、硕士生导师。

① 王建勋编:《自治二十讲》,天津人民出版社 2008 年版,第 1 页。

② 赵相文:“由法律观点论自治制度”,载《中原财经法学》2005 年第 2 期。

③ 法治斌、董保城著:《宪法新论》,台湾元照出版有限公司 2005 年版,第 432 页。

④ [日]阿部照哉、[日]池田政章、[日]初宿正典、[日]户松秀典编著:《宪法(上)——总论篇、统治机构篇》,周宗宪译,中国政法大学出版社 2006 年版,第 450 页。

地方自治的宪政价值包括但不限于以下内容:第一,“地方自治是民主主义的小学”。[①] 地方自治使每一个地方都变成一所试验公民自主管理公共事务的学校,通过公民对地方政治的参与实现民主承担者的素质养成。“怠性及私心,即对于与自己无直接利害关系的事都很漠视,是于民治政体最危险的。一个人如果对于乡村的事务能够有公共心,能够很公平很热诚,那么,这个人对于国家的大事自然会知道尽公民的义务了。古语所谓‘小事不忠必不能忠于大事’恰恰是这个道理的反证”,“民治制度最好的学校及其成功的最好的保证,就是实习地方自治”。[②] 第二,地方自治抑制中央过度集权,实现权力多中心。中央集权主义的核心是中央政府的集权和权威,强调中央政府在整个社会协调和控制中的重要地位和作用。但是,权力具有自我强化的功能,缺乏约束的中央集权往往造成政府的专横、严重的官僚化及权力的滥用。地方自治则建立一个多中心而非单中心的秩序,无数个共同在某些事项上可以因地制宜地制定辖区内公共政策,而不需要服从一个大包大揽的所谓“最高权力”中心,因此地方自治体现分权制衡的宪政理念。第三,地方自治强化政府责任,提高公共服务效率和质量。除少数小国寡民外,绝大多数的国家基于人口和领域的关系都需要建立多级政府。托克维尔指出,“当中央的行政部门一心要完全取代下级机构的自由竞赛时它不仅是在自误,也是在误人”。[③] 具体事务决策所需要的知识是关于某些特定的人或事物在某个时间和地点的信息,这些具有地方性的知识分散在每个人手里,恰当合理的决策必须由这些人做出,或者需要他们的积极配合,攸关局部利益的决策最好由地方独立进行。[④] 地方自治具有地域密切性和立即适应性,通过与地域实情和居民意思的密切联系,能够更快地熟知情形及变化,及时做出顺应性行政活动,高效且弹性地解决地域问题。[⑤]

二、日本地方自治的三次革命

江户时代的日本封建制度具有较高的“地方分权”特质,随着幕府统治的终结及西方列强的“外压”,日本开始国家建设的现代化进程,1869 年“版籍奉还”与 1871 年“废藩置县”初步形成现代的地方制度,但是当时的府县等地方机构是国家的代理人,没有地方自治的意义。1878 年经地方官会议和元老院会议审议发布《郡区町村编制法》、《府县会规则》和《地方税规则》三部法律,加上 1880 年《区町村会法》,开启日本地方自治的第一次革命,共同构成日本近代地方制度上的“三新法”体制。“三新法”体制树立全国统一的地方体制,初步承认“地方分权”,将府县、区町村视为地方公共团体,正式设立府县会和

① [日]芦部信喜、[日]高桥和之增订:《宪法》,林来梵、凌维慈、龙绚丽译,北京大学出版社 2006 年版,第 320 页。

② [英]詹姆斯·布赖斯著:《现代民治政体》(上册),张慰慈等译,吉林人民出版社 2001 年版,第 133 ~ 134 页。

③ [法]阿列克西·德·托克维尔著:《论美国的民主》,董果良译,商务印书馆 1988 年版,第 100 页。

④ 王建勋编:《自治二十讲》,天津人民出版社 2008 年版,第 3 页。

⑤ 曾祥瑞著:《新日本地方自治制度研究》,中国法制出版社 2005 年版,第 8 ~ 9 页。

区町村会,认可区町村的自治,并在地方财政制度上区分公共财政和私财政,因此,"三新法"体制被视为后来地方自治的"实验室"与"日本地方自治的开端"。[①]"三新法"体制时而施行,时而废止,缺乏稳定性,地方自治直至"大正政变"才有所进展。但是,由于政党政治崩溃和军国主义风潮的影响,第二次世界大战期间地方自治一度衰落,建立以内务省为中心的中央集权统治,形成从天皇到内务大臣到知事再到市、町、村长的"纵的统治"体制。[②]

基于对"二战"前中央集权体制的严格反省,体现草根民主的地方自治制度得以在《日本国宪法》以专设第 8 章的方式予以确立,这是日本地方自治制度发展的第二次革命。《日本国宪法》第 92 条居第 8 章的总则地位,规定"地方公共团体之组织及经营事项,依地方自治本旨,以法律定之",其中"地方自治本旨"一词通常认为包括"居民自治"和"团体自治"两个原则:[③]居民自治是指居民实施自治之意,即居民自己考虑地域之事,用自己的手实施自治,称为"政治性自治",来自于英美法系传统;团体自治是指由独立于国家的地域团体实施自治之意,即地方公共团体基于自主性、自利性的自我判断与责任,根据地域实情推行行政,称为"法律性自治",来自于大陆法系传统。[④]如果居民自治缺乏充分保障,则自治与官治之间没有实质性差别,如果团体自治缺乏充分保障,则自治范围不够充分,地方公共团体不能配备适当的事务与权限,都影响地方自治的完全贯彻。因此,居民自治和团体自治被视为地方自治不可缺少的要素,如一车两轮必须二者兼备。[⑤]盐野宏认为,"地方自治本旨"指出应遵守的价值观念,具有防御功能。[⑥]第 93 条是地方公共团体的机关直接选举的规定,要求地方公共团体设议会,首长、议员由当地居民直接选举产生,这是居民自治的最低限度要求。第 94 条规定地方公共团体的权限,即自治财政权、自治行政权及自治立法权,这是团体自治的最低限度要求。第 95 条对地方自治特别法所定的当地居民投票制度予以规定,体现自治体是基于居民意思参与国家立法的过程,这是居民自治、团体自治的双方要求。[⑦]当时日本地方自治的法源除宪法外,还包括 1947 年《地方自治法》、1948 年《地方财政法》、1950 年《地方税法》及《地方公务

---

① 郭冬梅:"三新法体制的形成与日本近代地方自治",载《社会科学战线》2006 年第 2 期。

② [日]三浦隆著:《实践宪法学》,李力、白云海译,中国人民公安大学出版社 2002 年版,第 278 页。

③ [日]阿部照哉、[日]池田政章、[日]初宿正典、[日]户松秀典编著:《宪法(上)——总论篇、统治机构篇》,周宗宪译,中国政法大学出版社 2006 年版,第 448 ~ 449 页。

④ 近代的地方自治运动前期,由于各国历史传统、民族精神以及具体的历史环境之不同,地方自治的理论和实践逐渐形成英美学派和大陆学派两大派别。在 20 世纪前后,随着时代、社会的变迁,自治事业的发展,两大流派开始融通、互补,各取对方之所长,弃自身之所短,逐渐融合成一新的折中学派。参见陈绍方:"地方自治的概念、流派与体系",载《求索》2005 年第 7 期。对于地方自治的认识,日本主流观点应属于折中学派。

⑤ 曾祥瑞著:《新日本地方自治制度研究》,中国法制出版社 2005 年版,第 5 页。

⑥ [日]盐野宏著:《行政法Ⅲ行政组织法》(第 3 版),杨建顺译,北京大学出版社 2008 年版,第 94 页。

⑦ [日]阿部照哉、[日]池田政章、[日]初宿正典、[日]户松秀典编著:《宪法(上)——总论篇、统治机构篇》,周宗宪译,中国政法大学出版社 2006 年版,第 448 页。

员法》等，但是这些具体的制度安排与现实实践并未充分贯彻宪法上的地方自治，甚至基于赶超发达国家的现代化国策，以提高统治集中程度和效率为借口，强化中央对地方的控制，以致出现回归传统“地方制度”的地方自治萎缩与形骸化。

20世纪70年代中期至80年代后期，由于中央财政困窘、国家政治与行政腐败、东京一极化恶果等“日本病”相继出现以及福利社会的新需求、地方参与意识增强，中央集权体制成为日本进一步发展的深层次的制度性和结构性病灶，①20世纪90年代末以宪法上“地方自治”理念重建开始日本地方自治第三次革命，并成为日本政治行政体制跨世纪改革的最为重要的成果之一。1993年众参两议院在日本宪政史上首次全会一致通过“关于推进地方分权”的决议。1994年地方公共团体的全国町村会、全国市长会、全国知事会、全国町村议会议长会、全国市议会议长会和全国都道府县议会议长会即地方六团体向内阁及国会提出《推进地方分权意见书》，该意见书为日本地方分权改革确定基本方向。1995年临时法《地方分权推进法》颁布，依据该法设置地方分权推进委员会，该委员会可以向政府提出有关地方分权“具体方针”的“劝告”，“政府有尊重委员会提出的劝告的义务”。1999年，政府根据该委员会的五次劝告向国会提出制定“有关为实现推进地方分权的完备相关法律之法”的建议，国会部分修改后通过《地方分权总括法》。该法总则475条、附则252条，对《地方自治法》等法律、法令予以475处修改，主要改革的内容包括：第一，转变“中央集权型”行政模式的“上下、主从”为“对等、合作”关系；第二，明确划分中央和地方自治体的职能；第三，废除机关委任事务，对地方事务由传统的四分法改为自治事务、法定委托事务二分法；第四，对国家有关地方自治体事务的立法等做出限制性规定；第五，对地方自治体的事务处理程序予以规定；第六，规定政府或都道县府干预地方自治事务的原则与程序；第七，确定处理中央和地方自治体之间以及都道县府和市町村之间纠纷的解决程序；第八，废除地方事务官制，修改必置管制，推进权限让与。② 这次跨世纪的改革宣告“依赖中央政府的决策和行政管理来满足人们生活需要和维系地方发展”的一个时代的结束，标志地方政府由被传统政治行政结构纯化为执行和实施中央政府公共政策的“行政实体”转型成以民主宪政结构为基础的和以地方利益政治为特征的“自治实体”。③

三、地方自治财政权与日本地方财政法制

地方公共团体的权能可以分为自治组织权、自治行政权、自治财政权和自治立法权，④《日本国宪法》第94条是地方公共团体自治财政权的宪法依据。室井力指出：“处理事务的权限即使得到保障，如果与其相适应的财源得不到保障，就谈不上真正的保障。

① 吴寄南主编：《新世纪日本的行政改革》，时事出版社2003年版，第210~212页。

② 同上，第215~226页。

③ 万鹏飞、白智立主编：《日本地方政府法选编》，北京大学出版社2009年版，第1~21页。

④ ［日］盐野宏著：《行政法Ⅲ行政组织法》（第3版），杨建顺译，北京大学出版社2008年版，第118页。

宪法通过保障地方公共团体的财产管理权、事务处理权以及行政执行权,同时也保障了与行政事务量相对应的财源(自治行政财政权的统一保障)。"但是,"宪法保障的意义,犹如生存权保障规定(《日本国宪法》第25条)与生活保护法的关系那样,它与现行法律(如地方税法、补助金适正供给法)的规定内容相关联而展开的"。[①] 1949年夏普(Shoup)劝告提出,确立公平的税制度、改善税行政及强化地方财政等是建立日本财税制度的三项基本方针。[②] 其中,建立地方公共团体的本质性财源是强化地方自治的关键,主要包括以下内容:第一,再分配各级政府事务,尽可能确保各级政府全额负担本级的专门事务,以明确行政责任;第二,依据辅助原则,[③]下级政府具有事务优先权,国家事务限于地方公共团体不能有效处理的;第三,创设地方财政平衡交付金制度;第四,给予地方政府独立税权,尤其是分配市町村以固定资产税,建立基础性自治体的财源;第五,改革国库补助负担金制度。《日本国宪法》上的分权理念与财政集权的制度设计之间不匹配是地方自治难以落实的根本原因之一。1943年日本国税收入占全国税收收入的93.4%,地方税仅占6.6%。"二战"后中央政府对税源分配比例虽然有所下降,但是直至1970年的近30年间,中央和地方税收份额基本上呈"七三开"状况,[④]"三分自治"就成为财政视角下对日本地方自治被虚置的嘲讽。《地方分权总括法》为确保地方自治所需要的自立性、自主性的地方财政运营,对《地方财政法》、《地方税法》及《地方交付税法》予以修正,重建基于地方自治的地方财政法制,主要内容如下:

第一,地方财政计划和地方预算。依据2004年修订的《地方税交付法》第7条,"内阁每年度必须整理下年度地方财政收支预计额的相关资料,提交国会并向一般公众公开",这一文件被称为地方财政计划。地方财政计划反映对各种税收收入的预测、地方交付税和国库支出金的预计额、中央和地方发债额度等信息,具有编制地方公共团体预算综合情报源的作用。地方财政计划有助于中央与地方财政的整合、地方公共团体的财源保障,是地方公共团体和中央政府行政与财政运营的指南。依据2003年修订的《地方自治法》第211条第1款的规定,"普通地方公共团体的行政首长编制每年度预算,在年度开始之前必须通过议会的决议"。第219条又规定,议会议长在预算决议通过三天内将其送达行政首长,"普通地方公共团体的行政首长在接到送达的前款规定预算时,如果确认没有进行再次审议或采取其他措施的必要,都道府县必须立即将其向总务大臣报告,市町村必须立即向都道府县知事报告,并将其要旨向居民公布"。因此,居民自治和团体自治精神在预算审议、报告及公布中被全面贯彻。

---

① [日]室井力主编:《日本现代行政法》,吴微译,中国政法大学出版社1995年版,第322页。

② [日]金子宏著:《日本税法》,战宪斌、郑林根等译,法律出版社2004年版,第47页。

③ 关于辅助原则与地方财政自主的关系论述,参见闫海:"地方财政自主的宪政逻辑——辅助原则的分析进路",载《学术探索》2006年第6期。

④ 王朝才:"日本中央和地方财政分配关系及其借鉴意义",载《广东商学院学报》2005年第5期。

第二,地方课税权。地方公共团体为按地方自治本旨处理其事务,就必须有自己的课税权,即筹集必要财源的权能;否则,在财源上完全依靠国家,相对应地就容易受国家在财政上的监督,地方课税权对地方自治来说是不可欠缺的要素。因此,地方公共团体拥有宪法上规定自治权的课税权,并通过这课税权来自主筹集其财源,这一原则被称为自主财政主义。① 按课税权主体的不同,日本租税可分为国税与地方税,地方税又分为都道府县税和市町村税。就国税和地方税税收结构而言,国税以直接税为主,在直接税中又以所得税和法人税为主,其中个人所得税占国税收入总额30%以上;都道府县税以普通税为主,占其税收总额的90%左右,而在普通税中地方消费税、事业税、都道府县民税是最主要的税种;市町村税也以普通税为主,占其税收总额的95%左右,而在普通税中市町村民税和固定资产税是最主要的税种。②《日本国宪法》第84条规定,"新课租税或变更现行租税,须依法律或法律所定之条件",即租税法律主义,一般认为仅指向国税。对于地方税,则依据《日本国宪法》第92条、第94条之规定,遵循租税条例主义,即地方税的课税要件和课赋及征收的程序必须依条例规定,并且必须明确。同时,为防止地方居民苦乐不均,自主财政主义不全面否定以国家法律对地方公共团体的课税权设定统一标准或范围,但是不应以国家法律对地方税"一刀切"进行划一的规定,应尽量排除国家行政机关的指挥和监督的干涉;因此,《地方税法》为准则法,③地方税又分为法定税和条例规定的独自课税的法定外税。法定外税的新设或变更依据旧《地方税法》第259条、第669条之规定,须事先得到自治大臣或都道府县知事的许可,现改为总务大臣或都道府县知事的协议制,④从而扩充地方公共团体的课税自主权。

第三,地方举债。日本地方各级政府依据地方自治具有完全独立的预算权,自主编制和执行本级预算,也独立承担相应的责任,自求预算平衡。当预算收支难以平衡而出现赤字,各级政府弥补财政赤字的最主要手段便是举债,尤其是发行地方债。《地方自治法》第214条规定,"除去年度支出预算的金额、连续经费的总额及转入明许经费的金额外,普通地方公共团体负担债务的行为必须在预算中作为债务负担行为予以规定"。第230条专门对地方债予以规范,"普通地方团体公共团体在法律规定的情况下,依据预算的规定可发行地方债",而且预算中必须规定地方债起债的目的、限额、方式、利率及偿还方式,因此地方举债及地方债以预算的方式纳入地方自治之中。此外,旧《地方财政法》要求地方债发行应一概事先取得自治大臣或都道府县知事的许可,为提高地方公共团体的自主性,保障地方财源,确保地方财政的健全性以及地方债的圆满发行,现改为原则协

---

① [日]金子宏著:《日本税法》,战宏斌、郑林根等译,法律出版社2004年版,第71页。

② 王朝才:"日本中央和地方财政分配关系及其借鉴意义",载《广东商学院学报》2005年第5期。

③ [日]金子宏著:《日本税法》,战宏斌、郑林根等译,法律出版社2004年版,第72页。

④ 北野弘久认为,这种协商可解释为事实上的程序,即便没有得到总务大臣的同意,课税厅也可以遵循该地方税条例依法征收地方税。参见[日]北野弘久著:《日本税法学原论》(第5版),刘多田译,中国检察出版社2008年版,第262页。

议，例外许可。细言之，2003 年修订《地方财政法》第 5 条规定，符合要求目的发行地方债或变更地方债的主要内容，除轻微情况及其他总务省规定情况外，应与总务大臣或都道府县知事进行协商，总务大臣的同意应听取地方财政审议会的意见，协商同意才能拨付有关公共资金；未获同意，则由地方公共团体的行政首长向地方议会报告意图。但是，如果存在不符合地方债的限制比率、经常性支出比率、迟延支付本利偿还金、虚伪记载及违规发行等情况，则启动对地方债干预，即必须得到总务大臣或都道府县知事的许可。

第四，财政转移支付。日本财政法制的财政转移支付制度包括地方交付税与国库支出金。地方交付税是指为达到均衡地区间财力的目的，中央政府提取国税中所得税与法人税和酒税收入的 32%、消费税收入的 29.5% 以及香烟税的 25% 作为交付税总额，再根据客观因素和行政服务水平要求计算出各地的标准财政支出额，以各地地方税应征收税额加上地方让与税作为各地的标准财政收入额，标准财政支出额与标准财政收入额差额为各地财源不足额，最后按比例分配交付税，地方交付税在地方财政收入中仅次于地方税，居第二位。国库支出金，又称国库补助负担金，是指对实施特定事业与事务的地方公共团体，国家为提供实施事业与事务所需经费而附义务交付地方公共团体的经费，以及国家奖励地方公共团体实施特别事业与事务的费用，是国家的单方面给付金。国库支出金又分为国库负担金、国库委托金和国库补助金三种。国库负担金是依据《地方财政法》第 10 条第 1 款、2 款、3 款，地方公共团体实施事业和事务时，国家基于与地方的共同责任，按照国家责任比例义务地支出的资金。国库委托金是指依据《地方财政法》第 10 条第 4 款规定的地方公共团体无法负担义务的事业与事务，国家基于便利国民、有效执行而将其委托给地方公共团体时交付的资金。国库补助金是指依据《地方财政法》第 16 条，国家基于地方公共团体采取必要措施，或者有财政上特别需要，或者奖励地方公共团体进行特定事业而支付的资金。国库支出金在地方财政收入中仅次于地方税和交付地方税，居第三位。地方交付税和国库支付金对于地方自治具有不同意义。地方交付金承继 1950 年依据夏普劝告创设的地方财政平衡交付金制度，虽然不属于地方固有财源，但是用于一般性财政支出，所以又被称为“呈间接课征形态的地方税”。①《地方交付税》第 1 条阐述立法目的，地方交付税是在确保《日本国宪法》第 94 条规定的地方公共团体权限的前提下，“谋求地方之间财源均衡化，以及通过设定地方交付税交付标准等保障地方行政有计划运营，以此促进地方自治宗旨的实现，强化地方政府的独立性”。而国库支出金则是用途受到限定的所谓附带条件的财源，负担金、委托金的分配是否公平，补助金是否构成国家对地方公共团体进行控制的手段等，都成为需要探讨的问题，乃至引发制度本身存废的争议。② 目前，基于地方自治的精神，国库支出金的规模在缩小。此外，列得

---

① ［日］室井力主编：《日本现代行政法》，吴微译，中国政法大学出版社 1995 年版，第 559 页。

② ［日］盐野宏著：《行政法Ⅲ行政组织法》（第 3 版），杨建顺译，北京大学出版社 2008 年版，第 123 ~ 124 页。

指出,日本地方交付税建立在不受个人影响和按照非人格化规则执行的制度之上,制度化的分配决策有利于克服关系网、共谋甚至政治腐败,并能够发展一种人际关系的新文化。①

第五,居民诉讼制度。居民诉讼是“二战”后民主化建设中移植美国判例法上纳税人诉讼的一项改革成果,已经成为日本地方预算执行监督中独具特色的制度。美国纳税人诉讼与公民创制权(initiative)、公民投票权(referendum)、罢免权(recall)共同产生于19世纪后半期,以股东派生诉讼类推说、税负担增加说或公共信托法理说等为论据,由纳税人对行政机构违法支出公款而提起的诉讼作为纳税人直接参加政治的手段在市镇和州被广泛地应用。② 根据Jaffe的调查,1995年美国几乎所有的州承认以州属县市镇以及其他地方公共团体为对象的纳税人诉讼,甚至有34个州明确承认以州为对象的纳税人诉讼,只有2个州对后者持否定的立场。③ 日本《地方自治法》在第9章“财务”下设第10节“居民的监查请求及诉讼”,制度的直接目的是防止和纠正地方公共团体职员违法或不当的财务会计行为,制度的实施为居民提供参加地方政治与地方行政、维护地方利益的手段,并对地方公共团体财务会计的营运予以监督及司法审查。总之,该制度是日本宪法上国民主权原则及地方自治中居民自治理念的充分体现。日本居民的监督请求及诉讼制度由两阶段构成。依据《地方自治法》第242条,第一阶段是居民监督请求,普通公共团体的居民如果认定普通地方公共团体的行政首长、委员会或委员以及该普通地方公共团体公务员,具有违法或不当的公款挪用、财产的取得、管理或处置、契约的缔结或履行债务及其他义务的责任时,包括预测该行为发生具有相当的确凿性的情况,或者认定存在违法或有不正当赋课及征收或者财产管理方面玩忽职守的事实时,可以附证明以上事实的书面报告,向监查委员提出监查请求。监查委员收到请求后进行监查,如果认定请求没有理由,则附理由书面通知请求人并同时予以公示;如果认定请求理由成立,则向有关主体发出劝告,要求其在一定期限内采取必要措施,并将劝告内容通知请求人及予以公示,情况紧急或危害重大时,监查委员可以劝告立即停止行为。由于劝告不具有强制执行力,相关主体可能未采取措施,以及请求人对监查委员的监查结果、劝告内容或相关主体的措施不服时,则进入第二阶段,即普通地方公共团体的居民可以依据《地方自治法》第242条之2向法院提起以下诉讼请求:中止该执行机关或公务员的全部或部分行为,取消或确认该行政处分无效,确认该执行机关或公务员玩忽职守事实,向该执行机关或公务员提出对相关方损害的赔偿或不正当利益的返还。“居民诉讼的直接依据对象是

---

① Steven R. Reed:“非人格化机制对人情化:中央政府对地方政府的转移支付”,载政府间财政关系课题组编译:《政府间财政关系比较研究》,中国财政经济出版社2004年版,第80~93页。

② [日]藤仓皓一郎、[日]木下毅、[日]高桥一修、[日]樋口范雄主编:《英美判例百选》,段匡、杨永庄译,北京大学出版社2005年版,第295页。

③ Jaffe, *Judicial Control of Administrative Action*, pp. 470-471,转引自[日]田中英夫、[日]竹内昭夫著:《私人在法实现中的作用》,李薇译,法律出版社2006年版,第55页。

财务行政,而根据其违法事由如何理解,本诉讼的涉及范围具有极大扩展的可能性”,[①] 非财务会计行为的合法与适当性被纳入司法审查,成为纠正行政运作的重要手段。

四、结语

以1889年颁布的《大日本帝国宪法》即明治宪法为起步,经过120年曲折发展的坎坷进程,日本堪称亚洲诸国的宪政典范。1946年《日本国宪法》载入地方自治的规定,地方自治作为日本宪政的重要元素,在塑造国民的民主性格、抑制中央过度集权及强化责任政府方面发挥着重大作用。自主、充足的财政既是地方自治的基本内容,又是地方自治的重要保障措施,正如北野弘久指出的,“‘地方自治’的法宝是地方财政权”,“不具有财政方面内容的‘地方自治’只能是画饼充饥”。[②] 历经20世纪末地方自治的第三次革命的改造,日本初步建立了与地方自治相配合的地方财政法制。

没有国际公认的宪政蓝图及发展模式,文化传统、历史背景及经济社会发展水平决定各国宪政建设的路径及形态,经过60年的发展,我国业已形成具有鲜明中国特色的国家制度,但是这并不是拒绝向近邻学习的充分理由。笔者认为,借鉴日本的宪政、地方自治与地方财政法制三位一体的制度架构,我国应从以下方面予以改革:

第一,明确地方政府的宪法地位,中央与地方关系法治化。我国《宪法》除第4条第3款及第3章第6节对民族区域自治制度予以较为明确的规定外,仅在第3条第4款规定,“中央和地方的国家机构职权的划分,遵循在中央的统一领导下,充分发挥地方的主动性、积极性的原则”。“统一领导”、“充分发挥”、“主动性”及“积极性”这些政策化、模糊性的词语不能对我国地方政府的宪法地位予以清晰的界定。在我国市场经济转型改革中,这种原则性的宪法分权为冲破改革的政治障碍、进行地区改革试点、维护改革的持续性等提供了制度空间,这就是钱颖一描述的“中国特色的维护市场的经济联邦制”。[③] 但是,非法治化分权也成为腐败、通货膨胀、宏观经济不稳定及“诸侯经济”的肇因,并且经济分权与政治集权的矛盾日益凸显。

第二,地方分权改革的多元利益集团参与,中央与地方事权划分的制度化。在20世纪末日本地方分权改革中,地方六团体、内阁及国会等利益集团之间透明度较高的协商博弈,设立改革咨询机构的地方分权推进委员会及“一揽子”修法等为《地方自治法》修订等改革成果提供民主化、正当性的基础。与之对照,1993年时任常务副总理朱镕基领队,以“东奔西走,南征北战,苦口婆心,有时忍气吞声,有时软硬兼施”这种非正式的、内部性方式促成1994年分税制改革,[④]并奠定我国目前分权的基本架构。我国中央、地方

---

① [日]盐野宏著:《行政法Ⅱ行政救济法》(第4版),杨建顺译,北京大学出版社2008年版,第186页。

② [日]北野弘久著:《日本税法学原论》(第5版),刘多田译,中国检察出版社2008年版,第245页。

③ 钱颖一、[美]巴里·温加斯特:“中国特色的维护市场的经济联邦制”,载钱颖一著:《现代经济学与中国经济改革》,中国人民大学出版社2003年版,第197~220页。

④ 马国川著:《共和国部长访谈录》,生活·读书·新知三联书店2009年版,第259页。

事权划分仅在《中央银行法》等个别法律中初露端倪,全景式规范仅以规范性文件的方式在1993年国务院《关于实行分税制财政管理体制的决定》(〔1993〕国发第85号)第三部分第一段对"中央与地方事权和支出的划分"予以粗糙的规定。

第三,修改地方财政法制,保障地方财政自主。我国财权与事权的初始划分原本就不匹配,又通过非刚性制度约束下的所谓微调,财权被层层上收,事权被层层下放,以致"中央财政蒸蒸日上,省级财政喜气洋洋,市级财政稳稳当当,县级财政哭爹喊娘,乡镇财政精精光光"。在地方财政不足的情况下,土地财政、罚没经济及规费泛滥等具有一定合理性,而且法律上红线被破坏,法治权威荡然无存。例如,《税收征收管理法》第3条第1款规定,"税收的开征、停征以及减税、免税、退税、补税,依照法律的规定执行;法律授权国务院规定的,依照国务院制定的行政法规的规定执行",但是地方政府在事实上已经篡夺一些税种的决定权。又如,《预算法》第28条规定,"地方各级预算按照量入为出、收支平衡的原则编制,不列赤字",但是实践中地方各级政府已经形成庞大的隐形债务。此外,为弥补地方财政缺口,必须仰赖上级政府的转移支付,由于制度的不规范,"跑钱进部"过程中地方自主性遭受破坏。因此,必须修改有关法律,赋予地方政府一定的征税权、举债权,建立科学规范的转移支付制度,确保地方财政自主。

第四,强化地方财政民主,扩大公众监督。向下分权,不是对地方官员的放权,是将地方事务的权力交给地方公众。各级地方人民代表大会作为地方的代议机关,是地方民主的基本形式,应通过预算等方式加强财政民主建设。另外,可以引入日本居民诉讼制度,开放司法通道,鼓励公众积极捍卫公共利益,造就更多的"私人检察官"。

路径依赖是制度变迁的至关重要的因素。我国政治经济改革不平衡,经济改革突飞猛进,而政治改革相对滞后,财政改革恰恰具有经济、政治改革的双重属性;同时,在大国中,自下而上的改革有助于在稳定中不断试错,进而明确全局性的改革目标。从地方财政法制到地方自治再到宪政,这正是一个基于路径依赖、值得尝试的改革思路。

构建省以下政府间合理财政关系问题研究

——兼论“省管县”体制向常态化发展的可能性及路径

贾小雷*

新中国成立以来,我国的财政管理体制处于不断调整中,直到 1994 年实施分税制改革,中央与地方财政收入关系基本稳定下来。以“分税制”命名的财政管理体制改革尽管囊括不了中国财政管理体制改革的全部方面,然而从其目标设计和它所涉及的内容看,对于中国财政管理体制的有序化、合理化仍有不可低估的意义。分税制改革的初衷曾被归纳为三大目标:第一,提高中央财政收入占全国财政收入的比重,此为首要目标。第二,实现纵向政府间财政分配关系的规范化,此为重要目标。第三,通过调节地区间分配格局,促进地区经济和社会均衡发展,实现基本公共服务水平均等化,实现横向财政公平的目标,此为预想目标。① 由此,分税制改革的目标如能贯彻到底,无疑对于我国财政体制改革具有决定性作用。

距离 1994 年启动的收入改革已经过去 16 年,关于分税制改革的得失的论争仍不在少数,其“得”主要体现为中央与省一级的收入、支出、管理关系初步定型,尽管仍有不少值得完善之处,如中央与地方财政支出责任的划分和全国省一级地方财政格局平衡。其“失”则集中体现为在省以下的地方财政中矛盾凸显:(1)省级以下的地方政府间财政收入关系规范化没有真正实现,以县(县级市)为代表的基层政权所掌握的财力在整个财力中的份额越来越低;(2)省以下地方政府间的财政支出关系没有理顺,基层政府在财力下降的同时其事权支出却大幅增加,甚至出现基层政权运转困难;(3)地区间的横向财政调节机制效果不明显,距离促进地区经济和社会均衡发展、实现基本公共服务水平均等化还有很大差距。相比较而言,近年来对于分税制财政管理体制改革的负面评价逐渐增多。然而,笔者认为,既然分税制改革尚未终结,仅就目前的状况对其做定论性的评价还

* 北京行政学院法学教研部讲师,财政部科学研究所博士后流动站人员、法学博士。本文发表于《太平洋学报》2011 年第 4 期。

① 杨之刚:“中国财政体制改革:回顾和展望”,载《中国经济时报》2003 年 3 月 21 日。

为时尚早,如能深度挖掘分税制改革的意义,是否能够认同分税制改革目标本身所暗含的实现该目标的阶段性与过程性。

假如站在这个层次,是否可以认为目前的分税制改革正处于阶段的转换期,即从1994年到2008年以前的分税制改革基本处于第一阶段,以确定中央与省一级财政关系的基础框架为主。而2009年之后,"省管县"财政管理体制经试点在全国普遍推开后,标志着分税制改革被推进到新的阶段——全面解决省以下的地方政府间财政关系的层面。在这个阶段,改善"县域"财政状况成为突出问题,而"县域"作为中国历史上最悠久、最基础的地方行政单元被摆在财政体制改革的中心位置,无疑也印证着分税制改革进入了攻坚阶段。

一、对省以下财政管理体制采取"省管县"模式的论争及其评价

在分税制改革进入新的阶段后,对于省以下财政管理体制改革的走向一直有较大争议,其中有两种较有代表性的意见:其一有学者认为,在现行的税制和地方四级(实为三级)行政的架构下,如果固守一级财权一级事权的思维,那么即便在形式上的分税制也将成为一个无解的难题。因此,应当力求实现省以下财政层级扁平化,主要做法是在省以下的四级政府间通过"乡财县管"①和"省直管县财"的方式实现实质意义上的分税制。②按照这个思路,在省级以下的财政管理体制上就构建成为两级层次。此种保持现有地方行政层级框架不动,通过将财政管理权从原有的行政与财政管理权高度复合型的行政体制中剥离出来的做法被中央决策层所采纳——2009年财政部在《关于推进省直接管理县财政改革的意见》中明确提出了省直接管理县财政改革的总体目标,即2012年年底前力争全国除民族自治地区外全面推进省直接管理县财政改革。其二,有学者认为,分税制改革所体现的财政分权是一个具有探索性的过程,分税制改革没有现成的方案。1994年以来分税制的基本框架只应适用于中央和地方之间,至于省级以下的地方财政体制应当允许各个省因地制宜,实行不同的体制,即在省以下的地方不应过分追求财权与事权相结合的形式分税制。③ 同时,按照目前的层级财政体制,每一级财政都是只关注本级的财政状况,因此财政层级多少与彻底解决基层财政困难不具有终极作用,如果现行体制不变,上级财政随时能够有权上收财权和下放事权,即便是财政层级缩减到两个层次也解决不了问题。为此提出应建立辖区财政责任体制的思路,即每一级财政都负有对辖区范围内各级财政平衡的责任,这样在辖区内的财力和事权匹配好了,基层财政就解决了。④

---

① 对于乡财县管体制的必要性与可行性的争论也比较大,目前根据中央政策意图看似乎是要进一步加强乡、镇的基层财政建设,鉴于此本文对其不展开论述。

② 贾康:"中国财政体制的改革",载《中国发展观察》2006年第1期。

③ 刘尚希:"财政分权——'辖区财政'",载《中国改革》2009年第6期。

④ 刘尚希:"财政体制应尽快从层级财政向辖区财政转变",载公共预算与政府治理网站。

上述两种具有代表性的地方财政管理体制的变革思路都各具特点但亦有值得商榷之处。“省管县”的思路操作简便，对于基层财政脱困的短期效果明显。然而，从“省管县”在一些地方省份的实践看，这种管理体制的弊端也比较突出，仅列举以下几点：第一，不确定性大，不具有制度意义上的规范性，上级政府的财政调整权力仍然非常随意。第二，实行财政省直接管县的体制后，省财政与县财政直接发生关系，而行政管理层级上县与地级市（地区）行政关系不变，财政关系链条缩短而行政管理链条不变，给原来环环相扣的行政与财政复合型的管理体制带来了脱节现象，而地级市在财政话语权上的减少会疏远其同所辖的县（市）的关系，不利于县域经济社会的统筹与协调发展。第三，“省管县”财政体制会导致省级财政管理的幅度变大，从长远看很可能造成省财政对县财政管不好也管不过来的情况。在浙江、江苏等省小县少［50个左右的县（市）级行政单位］的地区取得了较好实践效果的省管县财政体制，但对于我国绝大多数省份而言，管辖地域较广，县（市）数量平均在80个左右，甚至个别省的县（市）级行政区超过100个的情况则未必适宜。因此，普遍实行“省管县”后，省级财政管理的效率问题严重受到质疑。由此不免产生顾虑——尽管“省管县”财政体制启动比较容易，然而其可能带来的后续问题必须在全面铺开的过程中同步考虑，否则其负面效应亦可埋下巨大的成本。基于上述观点，笔者认为，“省管县”的财政体制不可避免地具有过渡性色彩，以此作为分税制改革攻坚阶段的突破口未尝不可，但以此作为新阶段地方财政管理体制改革的主要内容仍是值得商榷的。

相比较而言，实施“辖区财政责任制”的思路似更具彻底性，如能够按照这一思路构建地方政府间财政关系，则“省管县”体制所带来的行政层级与财政层级的不顺、地方区域合作困难以及财政管理幅度过大等问题或可一并囊括。然而，或许是“辖区财政责任制”的思路所着眼的内涵过于丰富，同时它也内在着一些“省管县”方案同样不能给出的答案，（比如，在“辖区财政观”中财力与事权相匹配的前提是事权的清楚划分，然而事权的清晰又取决于什么？）因此，它尽管体现了学者对现实问题的理论关切，然而由于其自身的路径依赖问题无法短期解决，所以同样难以提出可供操作的方案。所以，笔者倾向于不能将目前的“省管县”政策仅定位于压缩财政层级或县域政区财政脱困的权宜之计，而应当将“省管县”财政管理体制的调整作为突破口，并将其提升至地方行政管理体制变革的高度，这样才能为今后财政体制变革中所追求的实现基本公共服务水平均等化、实现横向财政公平、提高财政管理效率等目标营造基本的制度背景。所以，中国的财政管理体制改革必须在行政管理体制改革的大背景中找到自己的位置。

二、地方行政管理层级过多对于地方财政管理体制改革的制约

“省管县”措施实施后，由于其必须将高度复合于行政管理权中的财政管理权限单独剥离出来，也必定导致地方行政管理层级与财政管理层级的不匹配。在现实中的突出情况是，“省管县”措施实施后，固有的“地（市）级”行政区对于所辖的县（市）级行政区的财政管理权限的削弱甚至丧失。而上下级政府间关系中的财政利益一旦发生疏离，不可避免地将给地方经济、社会统筹发展中的资源整合力带来负面影响,甚至可能会在今后一段时期内通过地方经济社会、发展中的向心力下降、社会管理效率下降、重复建设、互不买账、画地为牢等方式显现出来。只要地方行政管理层级与财政管理层级关系不匹配的状态存在,这种情况就会存在下去。

而采取"辖区财政责任制"的思路似乎也无济于事。尽管"辖区财政责任"同样着眼于保障基层政府的财力,但它希望通过财政责任制的方式实现——在不改变固有的行政层级框架下,将多级行政(财政)主体捆绑在一起求得各级行政(财政)主体的财政平衡。这种思路显然是观察到原有的分税制改革过于强调各级行政(财政)主体的财政独立性现象基础上的考虑,希望通过地方行政(财政)主体在财政责任制的基础上共同分配资源并硬性地植入财政平衡的最低要求,并希望从中能孕育出有利于实现多级政府间财政公平的机会。然而,它同样可能忽视了一个问题,辖区财政责任制所谋求的财力与事权相匹配的设想的确诱人,但处于现有的不合理的、层级过多的地方行政管理体制框架下,各级政府的事权极难分清。即便能够分配清楚事权,这种事权分配的状态是否符合社会公共管理在效率上的要求也是需要慎重考虑的。如果不审慎对待这些前提和后果,"辖区财政责任制"的思路在实际中恐怕也只能达到财政收支数字平衡的效果,它在追求财政公平与实现公共经济效益上也不一定理想。

因此,无论是"省管县"体制也好,还是"辖区财政责任制"也好,在公平与效率的兼顾上都难以实现均衡。现行的行政层级框架结构不合理是它们共同面对的巨大的障碍,"省管县"政策可能低估了目前地(市)级政府出于本位主义的功利性;而"辖区财政责任制"可能乐观地估计了在现有多级(四级)地方政府间有效率地划清各自公共权力边界的可能性。因此,笔者认为,对于当前我国的财政管理体制合理化而言,无论采取何种办法,都无法跨越中国行政管理体制中存在的层级过多或层级过于复杂的障碍。因此,行政管理体制改革如果不去触动行政层级不合理这个关键,不单单是财政管理体制改革,恐怕同行政管理改革相关的措施大多都不能实现预期效果。

尽管如此,"省管县"毕竟是当前地方财政管理体制改革中的一次尝试,如果期望"省管县"体制真能成为我国财政管理体制改革的一个突破口,能够维持甚至转化为一种常态化的模式,并最终成为我国地方财政管理体制的基础格局,就必须在现有的行政管理体制中为它营造生存的空间。笔者的思路是,通过固化和提升省—县(市)级行政管理关系,逐步削弱和淡化"地(市)—县(市)级",最终目标是实现地(市)级行政层级淡出地方行政管理序列,从而重新形成以"省—县(市)"两级为主的中国地方行政管理和地方财政管理体制。

三、地方行政管理体制改革与"省管县"财政管理体制的常态化均要求"市(地级)领导县"行政体制的虚化或淡出

(一)市(地级)领导县模式的由来

20世纪80年代初期,随着改革开放政策的实施,商品经济开始引入流通领域,地方

经济得到迅速的发展,同时也产生了一系列新问题:首先,经济发展水平中的城乡差距、地区差距不断加大。其次,在长期计划经济体制下逐步形成的按行政系统、行政区划、行政层次组织经济活动的纵向管理体制,不适应社会生产力发展的要求,这种矛盾随着商品经济的发展而日益突出。最后,长期实行市县分治的行政管理体制,城市人为地脱离周围农村孤立发展,城乡二元体制使经济增长日益陷入块块分割、条条分割和城乡分割的困境之中。[①] 要彻底解决上述问题,实际上已不仅仅是经济体制改革的内容,而是更进一步涉及国家行政体制的改革。因为区域经济的发展既不能孤立地依赖中心城市,也不能抛开城市片面地强调广大的农村。[②] 只有将城市空间组织与区域经济开发相结合,才能根治经济发展中城乡和区域不平衡的弊病;只有发挥城市的中心作用,以中心城市为依托,建立城市经济区,按照商品经济的客观要求统一组织城乡生产和流通,才能使传统的以行政手段管理经济的体制向新型的按经济规律管理经济的体制转化。正是在这种背景下,中央于20世纪80年代初决定在全国试行市领导县体制,以经济比较发达的城市为核心,带动周围农村,统一组织生产和流通,逐步形成以城市为依托的各种规模、各种类型的经济区。其目的就在于医治长期以来因行政区封闭造成的地区封锁这个沉疴顽疾,从体制上克服块块分割、条条分割、城乡分割的弊端。[③]

(二)市(地级)领导县模式实践中的问题

实践与各方面原来的期望相去甚远,市领导县体制是一种以行政手段为主要管理方式的城市领导农村模式,用行政手段把市县强行捆在一起,不符合商品经济特别是社会主义市场经济平等竞争、自由联合的要求,市县之间必然出现行政上的上下级(父子)关系与经济上的伙伴关系(兄弟)的矛盾,市领导县不仅没有缩小城乡差别,反而从体制上加剧了城市剥削农村、农业反哺工业的不合理状况。特别是在市县经济实力接近的地方,市县之间的经济摩擦日益严重。县普遍认为,在经济利益方面市对市辖区和县有亲疏之分,市领导县不是市帮县、市带县,而是“市吃县”、“市卡县”、“市刮县”、“市挤县”、“市压县”。[④] 市则认为,无论是财政包干制还是分税制,市县财政分灶吃饭,而市辖区的财政由市统揽,市领导直接对城市居民负责,首先要保证市级财政任务的完成,优先解决好城市迫切需要解决的问题。市领导县体制本想通过行政手段实现城市带动农村,但在实践中却将中心城市行政化,形成新的“块块”,只不过这个“块块”比省小一些,在省、县之间增加了一级实体。

经过20多年的实践,重新检讨市领导县体制的得失,对市领导县体制的功过成败不能一概而论。然而,市领导县体制作为计划经济时代的产物,在特定的历史时期发挥了

---

① 浦善新:“市领导县体制反思”,载《中国方域》1995年第5期。

② 浦善新:“中国市、县制改革初探——市领导县体制检讨”,载军政社区论坛网站。

③ 浦善新:“市领导县体制的现状与发展趋势”,载《中国社会报》1995年3月25日。

④ 樊雪志:“市管县体制的历史作用及历史局限性”,载《中国经济时报》2010年7月13日。

一定的积极作用,但不符合社会主义市场经济发展的要求,是新旧体制交替阶段的一种过渡形式,地(市)级行政单元的调整已成为行政体制改革的重要课题之一,同时也将是“省管县”财政管理体制能否延续所面临的现实问题。

(三)市(地级)领导县模式虚化或淡出的策略

针对市(地级)领导县管理体制存在的突出问题,以减少管理层次、提高行政效率为目标,行政体制改革的突破口是通过稳步推行省(自治区)直辖县(县级市)逐步弱化、取消市(地级)领导县的体制。以省直辖县为改革突破口,逐步取消市领导县体制,从根本上解决地方行政管理体制和“省管县”财政管理体制的阻碍环节。全面推行省直接管理县(市)的体制要求撤销地级行政管理层次,实行省直接管理县(市),但并不是一定要撤销地级市的建制,而是在省直管县(市)体制条件下,地级市可由省主管,但不再成为管辖县或县级市的区域性中心城市,①这需要一段过渡时间,同时在具体的实施过程中要根据地方的特点做策略性的考虑,初步将其概括为“放、调、促”三个方面:

1. 放权县域

具体的放权模式又可以分为两种:一种可概括为以海南模式为代表的省对县市的初始型放权模式;另一种可概括为以浙江义乌模式为代表的省对县市的反向扩权模式(现实中对于放权模式的具体做法很多,限于篇幅本文不展开探讨)。两种模式由于其背景和出发点不同,各有其适应的前提条件。

(1)海南模式

1988年在建省办经济特区之初,海南按照“小政府、大社会”原则的要求,建立了省直管市县的行政架构,取消地市一级,省直接管理市县。而当时全国其他省份普遍实行的是省、地(市)、县、乡四级行政管理体制。海南的做法破除了行政管理体制上的旧框框,为人们思考、探索改革行政体制提供了一个全新的视角。海南选择了省直管市县体制,希望通过减少行政层级、降低行政成本、提高行政效率,以适应省情实际,充分激发县域经济活力。通过加快省直管市县体制改革,进一步打破城乡樊篱,缩短改变城乡结构的时间,加快城乡一体化进程,显著提升城市化水平。与目前全国大部分地方的省直管县改革只限于在财政体制上相比,海南的改革显然更进一步。② 尤其是2008年以来,海南不但将国家规定市县可以行使的行政审批全部下放给市县,而且实现了人事、财政的省县直接对接,从而在真正意义上实现了省直管市县。同时,海南省人大常委会运用地方立法权,于2009年9月出台了《进一步完善省直管市县管理体制的决定》,以法定程序转化为地方国家权力机关的意志,巩固和扩大了已有的改革成果,对于发展壮大市县经济、构建更具活力的体制机制具有重要意义。

---

① 汪宇明:“中国省直管县市与地方行政区划层级体制的改革研究”,载《人文地理》2004年第12期。

② 单憬岗、吴维杨:“海南省直管市县21年:有力促进经济社会发展”,载《海南日报》2009年10月26日。

(2)浙江义乌模式[①]

浙江等地的"扩权强县"经验,主要结合行政审批制度改革,在实行市领导县体制的地方,从扩大县(县级市)财权、事权、人事权入手,逐步弱化地级市干预县的行政能力和扩大辖县范围的经济动力。比如,全面扩权有困难,就首先从赋予县(县级市)地级经济管理权入手,使其在经济上脱离地级市,为取消市领导县体制铺平道路。[②]

2. 调整县域范围

在取消市(地级)领导县的模式、推行省直管县(市)体制的过程中,也不能忽视由于地级行政管理层淡出后省域直接面对众多的县市而带来的管理幅度与管理效率的冲突问题。因此,需要对县域行政管辖幅度进行科学合理的调整。可以考虑通过整合县级政区的规模与结构,从战略上优化省直管县(市)的行政构架。一是要进一步推进建制城市设置标准和模式的创新与改革,将那些经济实力和现代化水平达到或接近建制城市标准的强县或者强镇转型为省直辖的县级建制城市。二是要适度整合县域政区的管辖规模,将人口规模较小的县按照地域相邻、自然经济社会条件基本相似、历史联系紧密、发展与管理方式基本一致等原则进行合并,以减少省直管县(市)的县域政区的数量。[③] 在条件允许的情况下,逐步改由省、自治区直辖,增加省区管理幅度,促进政府转变管理职能,为取消省县之间的中间层次、全面实行省直辖县体制摸索经验、创造条件。最后,在条件成熟时全面实行省—县—乡三级制(乡财县管也存在很多争议,在本文中亦不能展开讨论)。

3. 促进协调机制建立

促进省以下地方行政区域之间的,以经济、社会发展的共同需要为纽带的横向协作与协调机制的建立,并为其提供相应的制度保障及救济途径。在省直管县纵向行政管理模式逐步推进的过程中,也要注意不将其回复到一种单极、点状、分割、独立的行政管理模式上去。省直管县后,省以下的地方行政区域之间的横向联系仍旧是一个重要的课题,然而此阶段的横向联系主要应当立足于地方经济、社会发展共同需要为纽带的联系,而不是再通过原来的上下级之间的隶属的方式实现。对于地方行政区域横向之间的协作存在的客观性与必然性,一方面,要靠省级政府有意识地承担统筹发展的责任,将其作为省级政府的重要工作内容之一,并通过设立相应的协调机构或组织予以支持和规划,提供一个基本的协作平台和机会;另一方面,作为省级政府应当鼓励、允许地方行政区域之间自发地建立形式多样的、基于真实意愿的合作关系,并施加以诱导性、鼓励性的经

① 《浙江省加强县级人民政府行政管理职能若干规定》中规定,凡是法律、法规、规章明确以外的省和设区市的管理权限,除规划建设、重要资源配置、重大社会事务管理职能外,其他社会经济管理职能原则上应当交由县(市)政府或其相关主管部门行使。

② 倪志刚:"浙江强县扩权改革调查:义乌成中国权力最大县",载《新民晚报》2010 年 7 月 24 日。

③ 杨之刚:"中国财政体制改革:回顾和展望",载《中国经济时报》2003 年 3 月 21 日。

济、法律等政策。同时，应当在省级权限范围内，通过制度创新、资金支持、深度的权力下放等多种形式的促进措施，促成在省级行政区域内的跨行政管理地域的公共产品和社会公共服务等全方位的公共需求满足上的合作事宜。起步阶段可以从一些具体的项目着眼，在地域经济社会一体化发展的高级阶段，还可以鼓励不同行政地域之间在中长期地区发展规划自觉的一体化协调上予以支持和指导。在这个过程中，为了保证区域之间横向协调中所涉及的各项利益关系的规范化，确保地区合作组织之间权、责、利的对等与公平，还应主动从省级地方立法的层面出台有关的制度性保障规范。譬如上文中提及的2009年海南省人大关于《进一步完善省直管市县管理体制的决定》和2009年浙江省人民政府令第261号《浙江省加强县级人民政府行政管理职能若干规定》，如果这些区域合作、协调所涉及之内容能够以具有法律效力的文件出现，那么也可以给予多方协作主体实现利益纠纷时法律诉求上的可能性，这样就能让地方区域合作进入一个完整的制度链条，有助于建立符合各方真实意愿的，具有信赖性、商谈性的协作关系。

四、全面实现省直接管理县（市）体制后需要进一步考虑的行政效率问题及其基本思路

果如上文所分析，经过相对较长的一段时期后，当省直接管理县（市）行政体制成为一种常态，地级市对于县（市）的领导体制完全淡出后，地方行政管理与财政管理的效率应当有一个基本的改观。换言之，如果地级市这一中间管理层取消后，由省直接管理县的体制在行政效率的各种指标上如果低于体制改革以前的情况，那么此项改革就不能不说是失败了，因此，体制变革始终要体现对于行政效率的关注也是一条不能偏移的主线。对于行政管理体制实现省—县常态化体制后，行政效率的提高有两个基本方面可以挖掘：其一，通过行政管理体制内在的机构改革、制度设计、管理规范化、人员基本素质的提高等综合方式实现，此为根本方面；其二，当上述内在制约行政效率提高的诸多因素还没有达到理想状态时，可暂且通过减少行政管理工作的内容和管理范围的权宜方式作为缓冲。具体而言，如果在管理效率不高的情况下，中央会同省级政府可以考虑通过缩减管理幅度、减少被管理单位数目的外在方式保证基本行政管理运转有效。

如上文所言，如果不设定前提而单纯谈“省管县”，不能直接导出其管理效率要优于原有的体制，“省管县”体制实现后如果在省级管理幅度上没有找到一个基本的平衡点，那么从长远看很可能造成省对县管不好也管不过来的情况。仍以财政管理为例，在浙江、江苏等省小县少[50个左右的县（市）级行政单位]的地区取得了较好实践效果的省管县财政体制，对于我国绝大多数省份而言，其管辖地域较广，县（市）数量平均在80个左右，甚至个别省的县级行政区超过100个，此种体制未必能起到良好的管理效果。因此，普遍实行“省管县”后，省级财政管理面对着经济社会发展对于公共财政管理的要求更高，这种压力至少以目前的政府行为方式看是难以承受的。因此，笔者认为，“省管县”行政管理（财政管理）启动后，在行政管理内在效率短期内不能达到理想水平的阶段，不妨考虑以适当缩减管理幅度、减少被管理县（市）数量的办法作为一个过渡性的方案。当然，如果确实需要走到这一步，那么就要涉及省一级行政区划的调整问题，由于行政区划调整所涉及的利益格局过大，必然要付出极大的转换成本，其具体方案的设计必须建立在充分、完善的研究论证的基础上，它在全国大范围中实施的可能性是微乎其微的。然而，也不必排除这种可能性，只是在涉及行政区划的调整上应有一个基本观点——行政区划的调整只能是因地制宜的，由国家的地理、历史、经济社会等发展的诸多特点决定，不可能存在一个普适性方案，只能作为个案去讨论。作为个案，就不至于形成不必要的、笼统的争论，乃至无法形成基本共识而难以进入具体的操作环节。当然，我们也应当看到，伴随我国经济社会区域化、一体化的发展，行政区划因地制宜地调整也成了一种现实的需要。比如，1988 年增设海南省，1997 年重庆升格为直辖市，2009 年国务院同意上海浦东、天津滨海行政区划调整，2010 年 5 月重庆两江新区挂牌成立，2010 年 7 月国务院同意北京市设立新的北京市东城区、西城区，2010 年 7 月深圳经济特区扩容、厦门经济特区扩大。最新一轮的行政区划调整的出现，都体现出了国家谋求区域经济示范化、区域经济一体化与区域经济协调发展的战略发展思路，“行政为经济让路”作为贯穿其中的一条主线，体现了国家管理体制面向社会主义市场经济体制主动调整的姿态，由此带来相应的行政管理体制的变化也是必然的。那么，在这种背景下，如果承认由于行政区划空间配置的不合理在实际中制约了地方经济、社会发展的客观要求，那么对其进行适当的调整、分化与重组也就成为可以探讨、可以实践的问题。

即便如此，大致仍需要经历一个较长的时期跨度，才可以通过适度的分化重组将我国现有的省级行政区调整到一个比较合适的数量，与此同时配合对基础县域政区的改造与整合，就可以形成一个基本合适的省—县数量关系。这样至少在管理技术角度上、在一定程度上能解决我国经济社会发展中所面临的行政区划设置与经济社会一体化发展中的管理、效益等问题的矛盾，从而营造出省—县—乡三级为主的地方行政管理框架。

五、“省管县”财政管理体制改革必须统合于公共财政制度建构的理念

2009 年财政部《关于推进省直接管理县财政改革的意见》中提出：“推进省直接管理县财政改革，必须坚持因地制宜、分类指导，各地要根据经济发展水平、基础设施状况等有关条件，确定改革模式、步骤和进度，不搞‘一刀切’；必须坚持科学规范、合理有序，要按照分税制财政体制的要求，进一步理顺省以下政府间事权划分及财政分配关系，增强基层政府提供公共服务的能力；必须坚持积极稳妥、循序渐进，保证市县既得利益，尊重实际情况，妥善处理收支划分、基数划转等问题，确保改革的平稳过渡和顺利运行；必须坚持协调推进、共同发展，充分调动各方发展积极性，增强县域发展活力，提高中心城市发展能力，强化省级调控功能，推动市县共同发展。”

由此可见，地方财政管理体制改革在根本上是要追求地方政府间在财政（力）公平与提升政府满足国民（社会）公共服务能力两者间的统一，并以制度化的形式将“财权”与“事权”以及财政行为的基本程序、基本方式等权力与责任（义务）关系固定下来。这要求上文中提及的国家行政层级管理体制的大变化，如“市（地级）领导县”体制的退出、县域的整合，甚至可能涉及省级行政区划的调整。然而，相对于构建合理的省以下政府间财政关系来讲,这些仅仅是必要的行政环境或者说组织机构条件,即行政层级和隶属关系的合理化只是给不同层级政府"事权"分配合理化创造的先决条件而已。如果在此行政管理体制框架下,不以公平与效率为准则去划分政府在满足公共事务、社会公共需求上"事权"关系的话,那么"财权"与"事权"匹配的目标无法自动实现,合理的财政管理关系也就无从谈起。因此,在外部行政管理环境调整的过程中,还需要不断从财政管理的根本目的出发——从满足社会公共服务需求与之匹配的财政资源的角度推进具有"公共性"的财政制度体系的建立与完善。然而,在思考这些问题时不能将视野局限于财政体制本身,否则进一步财政体制变革的目标、效果和动力恐怕将显著降低。

以胡锦涛同志为总书记的党中央提出,科学发展观的核心是以人为本,"要始终把实现好、维护好、发展好最广大人民的根本利益作为党和国家一切工作的出发点和落脚点,尊重人民主体地位,发挥人民首创精神,保障人民各项权益,走共同富裕道路,促进人的全面发展,做到发展为了人民、发展依靠人民、发展成果由人民共享"。① "改革的成果全民共享"是一个新的说法,围绕这个说法,描绘改革的前景将有着无限的可能。可以说,在现代社会,经济的安全运行和社会的平稳发展以及公民的福利保障仍要靠国家财政权力的有效运作,因此,必须要重视财政权力关系的制度化与合理化。然而,固化中央与地方财政关系也好,塑造"省管县"财政管理体制也好,都必须围绕人民是否受益这个核心价值,如果实践中财政管理体制运行的效果能更充分地体现"公共性",那么才能说改革成果真正为全民所共享,社会更加和谐稳定,而这无疑也是寓于财政管理体制改革中的最高价值追求。

---

① 李朝辉:"人民普遍受益是中国特色社会主义的根本目的",载《学习时报》2008年2月26日。

第六篇　海峡两岸经济合作框架协议（ECFA）与两岸财税法改革

海峡两岸经济合作框架协议(ECFA)与两岸税法之协调的需要

黄茂荣*

一、《海峡两岸经济合作框架协议》(ECFA)与两岸经济自由化

《海峡两岸经济合作框架协议》的序言宣示,财团法人海峡交流基金会与海峡两岸关系协会遵循平等互惠、循序渐进的原则,为达成加强海峡两岸经贸关系的意愿,双方同意,本着世界贸易组织(World Trade Organization,WTO)基本原则,考量双方的经济条件,逐步减少或消除彼此间的贸易和投资障碍,创造公平的贸易与投资环境;通过签署《海峡两岸经济合作框架协议》(以下简称本协议),进一步增进双方的贸易与投资关系,建立有利于两岸经济繁荣与发展的合作机制。该序言将本协议定调为WTO会员间之经济合作架构协议。

本协议之目标为:"一、加强和增进双方之间的经济、贸易和投资合作。二、促进双方货品和服务贸易进一步自由化,逐步建立公平、透明、便捷的投资及其保障机制。三、扩大经济合作领域,建立合作机制。"归纳之,两岸间经济往来之自由化为其主要目标。

经济往来之自由化包含货物、服务、资金、人员之流通或往来的自由。① 该等自由具体表现在贸易和投资之自由化。该流通或往来的自由有时遭遇关税或内地税之税式的以及非税式的障碍。因为税式障碍明显,所以显示要达到经济自由化之目标的诚意,通

---

* 台湾大学法律学院兼任教授。

① 货物(Art. 28,29 EGV)、服务(Art. 49 EGV)、资金(Art. 56 Abs. I EGV)、人员(Art. 39,43 EGV)之流通或往来的自由通称为欧盟市场内之四项基本自由,其保障的表现即是差别待遇的禁止(A. Cordewener, Deutsche Unternehemensbesteurung und europäische Grundfreiheiten—Grundzüge des materiellen und formellen Rechtschutzsystems der EG, DStR 2004,6)。该差别待遇的禁止虽源自自由权,但也对于欧盟成员国之国民在欧盟内提供了税务上之平等待遇的保障。相形之下,非会员国之国民在欧盟内便可能遭受不平等的待遇(Lang in Tipke/ Lang, Steuerrecht, 20. Aufl. ,2010 Köln, § 2 Rz. 49f.)。关于欧盟下的自由(die Freiheiten der EG)通常具体化为:货物流通的自由(die freiheiten des warenverkehrs)、人员来往的自由(die freiheiten des personenverkehrs)及资本与支付的自由(die freiheiten des kapital-und zahlungsverkehrs)及由之引申之差别待遇的禁止,参见Albert Bleckmann, Europarecht, 5. Aufl. ,1990, S. 417ff。

常由税式障碍之降低或排除开始,其降低或排除亦为其必要条件之一。为降低或排除税式障碍,必须透过相关税制的协调,除去彼此间之税法规定的差异。所以,税制的协调可谓是避免重复课征及税制竞争、落实经贸合作意愿之必要的后续工作。

二、统治权与课税权

课税为主权者之统治行为的重要表现之一。课税对外国,亦即在不同国家或课税区间,属于课税主权层次的问题;对内国属于课税高权的问题。一个国家或课税区之课税主权,以其对于一定区域范围内之统治权为基础。因此,其课税权的空间范围首先受其主权之地域范围的限制,此即属地原则/属地主义所界定之课税或税收管辖权。基于属地主义,可对于该区域范围内之所得、财产、消费或销售等课征相关税捐,不论该所得、财产所属之人或从事该消费或销售活动者,是否为其国民或该地域内之居民。由之发展出以税捐客体之来源地或所在地为基础的来源原则(das quellenprinzip)。由于负税能力存在于税捐客体,以及在国际关系上国际课税管辖权(税收管辖权)基于相互对于主权的承认,是故,以来源地为基础之课税权是无可否定的,应优先于以税捐主体之居住地为基础之居住地原则。在因分别采来源原则或居住地原则而发生课税权之冲突时,如认为应只有一个国家或地区有课税权,则应将课税权分配给来源地,并在涉及之各国或课税区间公平划分税源,以避免过度课税。

一个国家或课税区之统治权,除以一定之地域范围界定其空间范围外,尚有以一个人居住于该地域为依据。由之发展出以税捐主体之所在地为基础的居住地原则(das wohnsitzprinzip)。此即属人原则/属人主义。依该原则,只要所得或财产属于居住于该地域之人,不论该所得或财产发生或存在于何地,皆可基于该属人关系,对之行使税收管辖权。①

为使自己之课税管辖权能有最大的伸张,而又不妨碍境内居民或居民企业之境内、境外或跨境的经贸活动,发展出各为己利的涉外税法。由于属地原则及属人原则分别用以界定课税对象或课税范围之标准不同,分别依据上述原则界定之课税对象或课税范围便可能发生交集,而引起税收管辖权(课税权)的竞合。各税收主权者如互不相让,便会引起国际或跨境之双重课税。② 这不利于双方企业之经济的自由往来。为避免因国际或跨境之双重课税而阻碍国际或跨境之投资或贸易,相关国家或地区尝试在内国税法制定涉外税法,豁免来源于境外之所得的所得税(免税法),或给予在境外缴纳之所得税在境内所得税的抵免权(抵免法),或者透过协议,缔结租税协议,分配互相冲突之税源、税基,以防止因为相持不下之课税管辖权的竞合导致重复课税,妨碍双方居民或居民企业之境

① Lang in Tipke/ Lang, Steuerrecht, 20. Aufl. ,2010 Köln, § 2 Rz. 37. 大陆学者关于税收管辖权的论述,参见刘剑文著:《国际税法学》,北京大学出版社 2004 年版,第四章至第六章;汤贡亮主编:《税法》,经济科学出版社 2004 年版,第 503 页以下;徐孟洲主编:《税法学》,中国人民大学出版社 2005 年版,第 519 页以下。

② 廖益新主编:《国际税法学》,高等教育出版社 2008 年版,第 43 页以下。

内、境外或跨境之经贸活动。特别是关于补充税收抵免法之税收饶让抵免，资本输入国必须通过与资本输出国缔结租税协议来达成。① 然这些努力并不能缓和各国或地区从事税制竞争，通过低税负争取境外居民或居民企业至其境内工作、贸易或投资，或者通过税式补贴强化本国企业在国际贸易中之竞争能力。税制竞争与其他来自国家的补贴一样，必然导致国际经贸之不公平竞争，妨碍经贸自由化。所以，高税负国家或地区除一般的常个别或联合起来采取抵制"税捐天堂"的措施外，也试图通过税制协调止息税制竞争。

可能由于如今已推演成欧盟之欧洲共同市场的示范，即便是不相邻的国家或课税区亦试图通过双边之自由贸易协议，或者通过区域共同市场或单一市场的建立，进一步自由化其间之经贸关系。在这种情形下，超越双重课税之缓和，区域共同市场或单一市场之成员国还必须透过税制协调，降低各成员之税捐法间的差异，以对于其间之货物、服务、资金的自由流通，以及人员之自由往来、就业或工作，创造有利的税务环境。

三、两岸经济自由化需要税制协调

税制协调之目标在于除去施行于不同国家或地区之税制所立基之价值所具体化下来之税法规定间的差异，提供整合市场所需之财税法规定条件。

本协议的终局目标，如果不是自限于消除关税障碍或自限于避免发生于两岸之经贸关系的重复课税，则应以更宏观的视野进行税制的协调，缩短两岸税制在基础理念、实体与程序建制原则以及具体规范上的差距。以在经贸上促进两岸居民或居民企业能像在一个课税区内一样方便地自由往来，并避免两岸为争取其他国家之居民或居民企业至其内工作、贸易或投资，或者为强化本地企业在国际贸易中之竞争能力，而从事税制竞争。税制协调的效果如果不彰，会阻挡两岸之经贸合作的发展，至少会被逼向税制竞争。税制协调可谓超越避免重复课税，为跨境经贸合作创造"如在故乡"或"像单一市场"之理想条件的积极志愿。

四、税制协调中之主要协调项目

影响跨境经济或贸易往来的因素主要为人员之往来、迁徙及货物、服务与资金之流通自由。与之有关之税捐以施行于中国台湾地区者为例，主要为所得税(个人所得税、企业所得税、土地增值税)，财产税(地价税、房屋税)和遗产及赠与税等直接税，以及营业

---

① 资本输出国如不接受税收饶让抵免，其资本输入国对于来自该资本输出国之所得税的减让优惠，将因其输出国关于所得税之课征采全球主义以致无税可供抵免的情形下，不能在该资本输入国产生以税捐优惠引资的效果，而平白使该资本输出国得到资本输入国对于外资减免之所得税的税收。参见刘剑文主编：《国际税法学》，北京大学出版社2004年版，第189页；汤贡亮主编：《税法》，经济科学出版社2004年版，第522页；徐孟洲主编：《税法学》，中国人民大学出版社2005年版，第539页。

税、货物税、烟酒税、娱乐税等消费税或销售税。[①] 证券交易税为台湾地区之重要的交易税。[②] 税捐的法律关系主要分成四类:税捐债务关系、税捐稽征关系、税捐处罚关系及税捐争讼关系。在现代宪政国家,除规范这些关系之规定有一定之法源资格的要求外,也期待符合法源要求之规定有合理的内容及正确的执行。此外,在征纳双方,关于税捐法律关系或用来规范该法律关系之规定有不同意见时,也期待有不使人心生恐惧之公平独立的司法救济管道。

基于以上的认识,两岸税制协调中之主要协调项目应包含:(1)税制的建立原则;(2)间接税(消费税及销售税)之协调;(3)直接税(所得税及财产税)之协调;(4)税捐债务实体规定之协调;(5)税捐稽征程序规定之协调;(6)税捐处罚规定之协调;(7)税捐救济程序规定之协调。上述(4)至(6)相当于大陆之《税收征收管理法》与台湾地区"税捐稽征法"之规范事项的协调。

五、税制的建立原则

现代税制的建立原则主要指税捐法定主义(税收法律主义)、量能课税原则以及稽征经济原则。

税捐法定主义(税收法律主义)的立论基础在于课税应经人民同意之民主原则。其实践为建立透明客观、经过讨论之税捐法的内容,以确保法的安定性,让纳税义务人能够预见其经济规划或活动的法律效力。这仅属于形式性的基本保障,尚未触及税捐法之实质的公平内容。[③]

所谓税捐法之实质的公平内容指平等且符合量能课税原则之税捐法规定。[④] 盖税捐系无对待给付之公法上的给付义务。既无对待给付,则用以量度特定人之妥适税负轻重的标准,自以取决于其负担税捐的能力,最为符合国家及纳税义务人之利益。因为向有

---

① 施行于中国台湾地区之税目在"中央"有所得税、遗产及赠与税、关税、营业税、货物税、烟酒税、证券交易税、期货交易税、矿区税(台湾地区"财政收支划分法"第 8 条第 1 项)。在"直辖市"及县(市)有地价税、田赋(停征)、土地增值税、房屋税、使用牌照税、契税、印花税、娱乐税、特别税课(台湾地区"财政收支划分法"第 12 条第 1 项)。施行于大陆的,参见徐孟洲主编:《税法学》,中国人民大学出版社 2005 年版,第 596 页。其流转税类有增值税、消费税、营业税、关税,所得税类有企业所得税、个人所得税。另徐孟洲教授将土地增值税归类于资源税。

② 台湾地区"证券交易税条例"(2009 年 12 月 30 日修正公布)第 2 条规定:"证券交易税向出卖有价证券人按每次交易成交价格依下列税率课征之:一、公司发行之股票及表明股票权利之证书或凭证征千分之三。二、公司债及其他经政府核准之有价证券征千分之一。"唯目前暂停征公司债及金融债券之证券交易税(同"条例"第 2 条之 1)。2009 年之证券交易税的实收税额为:新台币 105,956,213,000 元,占该年度间接税之总收入的 21.08%,并约等于营业税(相当于大陆地区之增值税)的 47.41%。最近五年平均为 96,727,838,000 元,占该期间年平均间接税之总收入的 18.25%,并约等于该期间营业税年平均收入的 40.71%。

③ 刘剑文教授在其主编的《WTO 体制下的中国税收法治》(北京大学出版社 2004 年版),第 2 章及第 3 章已提出并深入讨论税收法律主义在中国之确立与发展问题。

④ 刘剑文主编:《WTO 体制下的中国税收法治》,北京大学出版社 2004 年版,第 321 页。"税收法定主义的'法'不仅要具备法律的形式,还要具备现代税法的基本优良质量,也就是要符合税法基本原则的要求,特别是税收法定原则和税收公平原则。"

负担税捐之能力者课征,除最容易达成稽征目的外,亦最不会因税捐之课征而给纳税义务人带来生存的困难或发展上的障碍。至于多重的税负为恰好,从个别纳税义务人之负担观察,应考虑其最低生活及发展的需要,从全体纳税义务人之负担观察,应考虑国家及私人对于资源之使用效率。此外,也不适合对于不是税捐客体所归属之人课以缴纳税捐的义务,或者在税捐客体辗转流转之营业税(增值税)或货物税将后手之加值计入前手之税基中。

稽征经济原则指基于税捐是大量行政而可投入税捐稽征之行政资源有限的认识,容许牺牲部分的真实,以比较经济之概数或推计的方法计算税基及应纳税额。唯当稽征经济原则与量能课税原则相冲突,原则上应当容许纳税义务人选择以核实课征或推计课税的方法计算其税基及应纳税额。

为上述原则之实践,首先必须两岸能够透过协商在理念的层次协调其相关之"税法"规定。其次,为在具体"税法"规定或执行的层次协调其部门"税法"之规范内容的趋同。这需要细致的科研与沟通的工作。

六、间接税(消费税及销售税)之协调

间接税,指其法定纳税义务人与该税捐在制度上所期望之税捐负担人不同的税捐。其法定纳税义务人透过价格的决定与收取将其依法缴纳之税捐归属于其交易相对人之所为称为转嫁。①

规划为间接税之销售税或消费税,因就其税收管辖权的归属采目的地主义,所以,出口国或地区对于出口货所课之销售税或消费税得以退还,而后由进口国或地区按进口地之税法课征销售税或消费税,以维持销售税或消费税之课征在进口货与国产货间之中立性。② 如果有以超额退税的方式隐藏对于出口货物之税式补贴,则与直接税之退税一样,会破坏销售税或消费税在国际贸易上之中立性,影响出口货在进口地与其国产货间之公

---

① 在法定间接税,因其税负之转嫁为制度上所期待,所以不另构成课税事实。反之,直接税之转嫁,因具有以隐藏的方法降低交易价格的作用,所以可能要求将所转嫁之直接税税款计入相关税目之税基中。例如,地价税及房屋税为直接税,出租人如与承租人约定租赁物之地价税及房屋税由承租人负担,则将要求出租人应将其转嫁之地价税及房屋税计入租金中,计算其营业税及所得税。唯在租金所构成之营利事业所得的计算上,出租人固得将缴纳之地价税、房屋税及营业税自其租金收入中减除(台湾地区"所得税法"第24条第1项)。但在个人综合所得总额之第五类财产租赁所得及权利金所得的计算上,其容许减除之必要费用是否包含地价税及房屋税,该规定之内容并不尽明朗(台湾地区"所得税法"第14条第5类)。就此,台湾地区"财政部"台财税字第811658081号函释称,财产租赁收入得减除该土地当年度缴纳之地价税。

② 纵使特种消费税之课税权的归属采目的地主义,外国企业组成之压力团体还是可能尝试利用货物类型之混淆来降低其出口货物在进口国之特种消费税的负担,以降低价格,扩大其市场份额。例如,施以经贸谈判的压力,使进口国在该出口货物之消费税之制定上,不按货物用途之差异及货物之替代性的有无,将料理米酒与其他高价蒸馏酒划分为不同市场,而将之笼统归类为蒸馏酒,适用同一税率,其结果虽不因此使米酒与其他高价蒸馏酒间产生替代性,但却可使高价蒸馏酒因适用不得不降低之料理米酒的税率而得到降税的利益(台湾地区"烟酒税法"第8条)。

平竞争。所以,在国际税法上,通常并无不同国家或课税区间关于销售税或消费税之冲突或重复课税的问题。因此,传统上国际税法并不包含销售税或消费税。即使如此,在欧盟为促进其内部市场之自由化,依然推动与消费税有关之协调。[①] 为适应中国加入WTO后对于税基普遍之消费税[②]予以增值税化或加值型化的协调需要,有必要将增值税法与国际接轨。[③] 台湾地区自1986年4月1日起由毛额型(非加值型)营业税转轨施行加值型营业税(相当于大陆之增值税)。施行以来基本上可谓转轨顺利。目前存在的问题主要在于,交易相对人的认定规定、有无漏税结果的认定基础以及纵无税收损失之结果而还是课以漏税罚等规定是否合理。

然这不表示销售税或消费税的出口退税不被引用为调节各种货物之出口的税捐工具。例如,可以利用部分不退税替代汇率的调整,或抑制高耗能、高污染货物或稀有农工原料之过度出口。全部或部分不退销售税或消费税的作用,与对出口货课征出口关税类似。因为这是出口国所为不利于其国产货物之出口的课税,所以进口国原则上并不会有意见。在容易引起被外国质疑本国货币之汇率是否有人为低估的国家,可在情况适当时利用营业税(增值税)之退税率储备调整汇率的回旋空间,以备在非调整汇率不可时,可反向操作,于货币升值时,同时提高营业税(增值税)之退税率,衡平出口商之换汇损失。

与之相反且过去更常见者为对于进口货物课征进口关税,此即保护关税。因关税之课征而构成的进口障碍,俗称为关税障碍。与非关税障碍不同,由于关税障碍一望明了、作用直接,是国际或跨区域之经济合作或贸易谈判传统上主要关切的项目。不论是依过去之关贸总协议(General Agreement on Tariffs and Trade, GATT)或今日之WTO所推动的自由经济秩序原则,关税已渐渐不再以阻碍货物之进口、保护本国产业为目的,而以管

---

① 为实践欧盟契约关于销售税的规定,自1967年以来颁布了数个对于销售税法的指令。其基本者为第1号及第2号指令。其意义在于课各会员国以义务,施行共通之加值型营业税制,以在欧盟的层次及各会员国内部确保销售税之中立性。在对于加值型营业税制之第6号指令有许多修正,如关于税捐客体(可税标的)、免税、税基及进项税额之扣抵。税率至今虽未统一,但《加值型营业税制指令》第97条(Art. 97 MwStSysRL)规定各会员国之加值型营业税的一般税率最低应为15%;第98条、99条规定优惠税率最低应为5%(Art. 98,99 MwStSysRL)。《欧盟契约》第93条(Art. 93 EGV)明文所定之间接税的协调,不但在加值型营业税(umsatzsteuer)已经高度整合,而且在联邦层次之消费税依1992年之所谓的系统指令(die sog. Systemrichtlinie von 1992)亦皆已接纳在施行于全欧盟之消费税系统的规范中。至于地方消费税(如狗税、娱乐税、第二住宅税、包装税),鉴于其课征客体在消费上受地缘条件的限制,对于可税货物之跨境流通无影响力之性质,原则上不在间接税之协调的要求范畴中。参见Lang in Tipke/ Lang, Steuerrecht, 20. Aufl. ,2010 Köln, § 2 Rz. 52. 。

② 税基不普遍之消费税如货物税、娱乐税。此种消费税称为特种消费税,以与税基普遍之一般消费税(如营业税/增值税)相区别。

③ 关于建立增值税制可能遭遇的复杂问题,请参见刘剑文教授在其主编《WTO体制下的中国税收法治》(北京大学出版社2004年版)第5章的论述;刘剑文主编:《国际税法学》,北京大学出版社2004年版,第18章。

制货物之流通为目的,其演变为进出口配额的数量管制。① 不过,在跨境之贸易关系上,正如 WTO 或 ECFA 协商所示,关税之降低及进出口管制依然是一个重要问题。一般说来,在消费税或销售税,各国或课税区间需要之协调主要集中在出口退税之透明化。在劳务之销售,其销售地之认定标准,由于有以劳务提供地或使用地为准的差异,或者有兼采提供地及使用地为销售地之认定依据,依然有相当的协调需要。

七、直接税(所得税及财产税)之协调

(一)概说

双重课税的现象主要存在于规划为直接税之所得税、财产税、遗产及赠与税等。关于所得税、财产税、遗产及赠与税,各国或课税区之税制如皆纯采属地主义,仅对于存在或来源于其境内之所得或财产课征所得税、财产税、遗产及赠与税,则原则上不生规范冲突及重复课税的问题;同理,如皆纯采属人主义,仅对于其居民在全球之所得或财产课征所得税、财产税、遗产及赠与税,则原则上亦不生规范冲突及重复课税的问题。然不同国家或课税区对于所得或财产之来源地或所在地的认定标准若有不同,便可能产生一笔所得有两个来源或一笔财产有两个所在地;对于是否为其居民的认定标准若有不同,便可能产生一个人有双重居民的身份,特别是当一个国家在居民之外另将其国民规定为当然之居民的情形。在这种情形,如发生两个以上的国家或地区肯认同一所得来源于或同一财产存在于其课税管辖权境内,或肯认同一人为其居民,便例外地产生规范冲突及重复课税的问题。

更常见的是,各国或课税区兼采属地主义及属人主义规定不但对来源或存在于其境内之所得或财产而且对于其居民所有在全球之所得或财产课征所得税、财产税、遗产及赠与税。其适用的结果通常为,对于居民之全球所得或财产课征所得税、财产税、遗产及赠与税,此即德国税制所称之无限税捐义务;对于非居民,只对其来源或存在于其境内之所得或财产课征所得税、财产税、遗产及赠与税,此即德国税制所称之有限税捐义务。②

(二)台湾地区的规定

台湾地区就居民营利事业所得税采无限税捐义务/全球主义(台湾地区“所得税法”第 3 条第 2 项)。对于具居民身份之自然人的综合所得税(个人所得税)采修正的无限税

① 进口关税的课征通常虽然会由于转嫁而抬高进口货物的价格,并间接影响对于进口货物的市场需求量,产生以价制量的效果,但关税的课征并不是价格管制。所谓价格管制,指以法令规定一定货物之销售价格不得高于或低于法定之上限或下限价格。

② 中国大陆学者亦分别以“无限纳税义务”及“有限纳税义务”指称居民企业及非居民企业的纳税义务。参见刘剑文主编:《〈中华人民共和国企业所得税法〉条文精解与适用》,法律出版社 2007 年版,第 34 页以下《关于企业所得税法》第 3 条之注释。

捐义务(台湾地区“所得基本税额条例”第12条第1项第1款)。[①] 对于非居民之自然人(台湾地区“财政部”1997年10月9日台财税字第09704500820号)及非居民营利事业皆采有限税捐义务/来源主义。“遗产及赠与税法”第1条、3条,就遗产及赠与税,对于居民采无限税捐义务/全球主义,对于非居民采有限税捐义务/来源主义。至于财产税,不论对于居民或非居民,“土地税法”及“房屋税条例”皆采有限税捐义务/来源(财产所在地)主义。

(三)大陆的规定

关于个人所得税,《个人所得税法》第1条规定:“在中国境内有住所,或者无住所而在境内居住满一年的个人,从中国境内和境外取得的所得,依照本法规定缴纳个人所得税。在中国境内无住所又不居住或者无住所而在境内居住不满一年的个人,从中国境内取得的所得,依照本法规定缴纳个人所得税。”对于居民课无限税捐义务(无限纳税义务),对于非居民课有限税捐义务(有限纳税义务)。关于企业所得税,《企业所得税法》第3条规定:“居民企业应当就其来源于中国境内、境外的所得缴纳企业所得税。非居民企业在中国境内设立机构、场所的,应当就其所设机构、场所取得的来源于中国境内的所得,以及发生在中国境外但与其所设机构、场所有实际联系的所得,缴纳企业所得税。非居民企业在中国境内未设立机构、场所的,或者虽设立机构、场所但取得的所得与其所设机构、场所没有实际联系的,应当就其来源于中国境内的所得缴纳企业所得税。”对于居民企业课无限税捐义务,对于非居民企业原则上课有限税捐义务。但对非居民企业在中国境内设立机构、场所的,应当就其所设机构、场所取得“发生在中国境外但与其所设机构、场所有实际联系的所得,缴纳企业所得税”。也就是说,就企业所得税的课税范围,在此限度,对非居民企业采全球主义。[②] 对于非居民企业中在境内设有分公司或办事处等常设机构者,在其企业所得税之课征上,原则上虽只对其来源于境内之所得课有限纳税义务,但其课征方式原则上仍采自动进行一个税捐年度之盈亏的计算,办理结算申报缴

① 依台湾地区“所得税法”第2条规定,不论是台湾地区境内居住或非台湾地区境内居住之个人,“所得税法”原皆规定只就其台湾地区来源之所得,依该规定,课征综合所得税,亦即采来源地主义。然“所得基本税额条例”第12条第1项第1款另规定:个人之基本所得额,为依“所得税法”规定计算之综合所得净额,加计下列各款金额后之合计数:一、未计入综合所得总额之非台湾地区来源所得、依“香港澳门关系条例”第二十八条第一项规定免纳所得税之所得。但一申报户全年之本款所得合计数未达新台币一百万元者,免予计入。第13条第1项规定:个人之基本税额,为依前条规定计算之基本所得额扣除新台币六百万元后,按百分之二十计算之金额。但有前条第一项第一款规定之所得者,已依所得来源地法律规定缴纳之所得税,得扣抵之。扣抵之数不得超过因加计该项所得,而依前段规定计算增加之基本税额。其结果对于自然人之境外所得有限度的课以个人综合所得税。

② 刘剑文主编:《〈中华人民共和国企业所得税法〉条文精解与适用》,法律出版社2007年版,第36~37页。关于德国税法对于居民及非居民(企业)所定之有限及无限税捐义务,参见 Lang in Tipke/Lang, Steuerrecht, 20. Aufl., 2010 Köln, § 2, 37f.; § 7, 30; § 9, 25f.; Hey in Tipke/Lang, § 11, 30ff.; Seer in Tipke/Lang, § 13, 138, 142。

纳(自动报缴),而非从源征税(就源扣缴)的方式。也就是说,关于居民企业与常设机构之企业所得税的课征,其区别在于课税范围,而不在于课征方式。

(四)协调的需要

就税制协调的必要性,所得税的迫切性较高。这其中除重复课税的避免问题外,还有跨境关系企业之税基的计算或划分的问题。由于两岸间跨岸投资之企业为数众多,关系企业之课税问题显得特别重要,这将会表现在关系企业之转让定价(移转定价)、联合财报及其企业所得税之税基的计算与划分。这些不但需要税制的协调,也需要税务行政的合作。[①] 此外,传统的关于股利、利息、智财权之权利金之课税问题亦需要通过协调来避免冲突。[②]

---

① 关于所得税国际协调的问题,参见刘剑文主编:《国际税法学》,北京大学出版社 2004 年版,第 17 章。

② 在欧盟虽然自几十年来即一直在讨论企业税制之协调,但由于《欧盟契约》第 94 条(Art. 94 EGV = Art. 115 EUV)就会员国法律及行政规定的协调指令,对欧盟市场之建立与运作有直接影响者,规定其制定应经理事会依特别程序一致通过,所以迄今只有零星协调成果。在 1990 年有母子公司指令(die Mutter-Tochter-Richtlinie)、合并指令(die Fusionsrichtlinie)及仲裁协定(das Schiedsabkommen)。欧盟执委会在 20 世纪 90 年代对于所得税之协调的提案大体上是不积极的。基于一致同意原则,税法之进一步协调的成败系于全体会员国获致协议的意愿。在获致协议前,由于一时关于企业所得税之课税规定难以统一,导致欧盟会员国间不停地税捐竞争。虽然在 1997 年 7 月 1 日经济财政委员会(ECOFIN)对于不公平的税捐竞争做了一个对会员国无强制性之行为规范以为劝导,但指令还是不能对抗外国之较低的税赋。直到 2001 年 10 月 23 日欧盟执委会宣布要在欧盟市场课征企业所得税时,始启动协调政策之新阶段。预计采取之措施有:移转定价、避免国际间之重复课税、租税协议、促进 EuGH 之判决的内国法化。以透过这些措施排除直接税之协调的障碍。虽然除移转定价外至今欧盟执委会在其他方面尚无明显成果,但它仍有一个具有雄心的目标:建立取向于国际会计准则之"共同合并的企业所得税税基"。就用以决定如何在相关国家间分配该统一调查所得之税基,必须先有一个能为各方同意之分配比例,该共同合并的企业所得税税基才能引用为全欧性关系企业的课税基础。此为 27 个会员国税基之完全协调方案。由于该方案之实践上的困难一时不易解决,也探讨加强会员国间之合作,不借助于协调,统一以母公司之居住地国为中心,依该国关于盈余之调查的法规调查跨国企业集团之盈余的替代方案。(Hey in Tipke/ Lang, Steuerrecht, 20. Aufl. ,2010 Köln, § 18 Rz. 515;中国台湾地区"公司法"第 369 条之 12 第 2 项规定:"公开发行股票公司之控制公司应于每营业年度终了,编制关系企业合并营业报告书及合并财务报表。")欧盟理事会直到 2003 年才通过利息及权利金指令(die Zins-und Lizenzge-bührenrichtlinie)并修订母子公司指令,在 2005 年修订合并指令。母子公司指令的意旨在于避免对于子公司分配给母公司之股利重复课税。依该指令的意旨,股利的所得税应由来源地国课税,母公司之所在地国应透过税额扣抵或境外股利所得额之免税的方法避免对于股利之重复课税。在此限度等于将股利之税收管辖权划归来源地国。与之相反,依利息及权利金指令的意旨,利息及权利金之税收管辖权应划归提供资金者或授权人之居住地国。母子公司指令关于股利(自有资金的报酬),与利息及权利金指令关于利息或权利金(外来资金的报酬)之税收管辖权之划分上的冲突并没有受到欧盟执委会认为应予改正的注意。在全欧放弃对利息就源课税妨碍跨境金融之中立性,促使各会员国为确保其境内之税源而违反净值原则,禁止扣除利息。为修正上述指令间之冲突,虽然因需要各会员国之一致的同意而有困难,但相较于在全欧一统关系企业之课税,这应简单许多。在跨境从事合并(verschmelzung)、分割(spaltung)或交换股份的情形,合并指令避免要求揭露资产交易价值高于账载价值之差额构成之公积(stille reserve)并为课税(Hey in Tipke/ Lang, Steuerrecht, 20. Aufl. ,2010 Köln, § 18 Rz. 510ff.)。

八、税捐征管通则之协调

以《德国税捐通则》为例，税捐征管规定所规范之内容主要为：(1)税捐债务关系；(2)税捐稽征程序；(3)税捐处罚规定。此为与税捐之课征有关之一般规定。其制定之目的在于简化并统一各税目之税法的共同规定。这是法典化之系统的规划。在这方面，台湾地区之"税捐稽征法"虽早在1976年即已制定，且至2010年1月6日已经历16次修正，但离完备仍相去甚远。这对于课税权之实现及纳税义务人之权利的保障皆不妥当。细腻对比《德国税捐通则》与现行两岸之税捐征管规定，通过两岸税捐征管规定之协调，对于使两岸税捐征管规定合理化应会有相当帮助。

其中，如《德国税捐通则》第39条至第42条关于经济观察法之规定的参酌或继受，① 不适合以2009年5月13日修正之我国台湾地区"税捐稽征法"第12条之1所定方式粗略继受："涉及租税事项之'法律'，其解释应本于租税法律主义之精神，依各该'法律'之立法目的，衡酌经济上之意义及实质课税之公平原则为之。税捐稽征机关认定课征租税之构成要件事实时，应以实质经济事实关系及其所生实质经济利益之归属与享有为依据。"

比较容易落实者为，关于税捐债务关系，检讨税捐债务之发生的构成要件规定，特别是检视所规划之税捐主体与税捐客体或税基间是否有不正当之关联。关于税捐处罚法，检讨行为义务及缴纳义务之分辨及其违反之处罚规定的相当性以及漏税结果之有无的真实性，避免以一时或永久否定本来可证税款之缴纳事实的证据方法，拟制漏税事实，或者以推计之漏税额作为漏税罚之处罚依据，以缓和税捐处罚之不必要的严苛部分。

九、税捐救济程序

纵使小心翼翼，在税捐的稽征亦总难能绝无对课税事实之认识用法的失误；在税法

---

① 《德国税捐通则》第39条规定："经济财应归属于其所有权人。下列情形不适用第一项：1. 所有权人以外之人对于经济财，以排除其所有权人在习惯上之使用期间，通常对于该经济财之影响力的方式，行使事实上之控制权者，该经济财应归属于他。在信托关系，经济财应归属于信托人，在让与担保应归属于担保人，在自主之无权占有应归属于自主占有人。2. 数人共有经济财，则只要其分别归属系税捐之课征上所必要，应按其应有部分归属之。"《德国税捐通则》第40条规定："满足税捐法全部或一部构成要件的行为，是否违反法律之强行或禁止规定，或违反善良风俗，不妨碍课税。"《德国税捐通则》第41条规定："一个法律行为自始或嗣后无效者，只要其当事人还是使该法律行为之经济上的结果发生并予维持，则其无效不妨碍课税。但税法另有规定者，不在此限。通谋虚伪之意思表示或表见行为不妨碍课税。通谋虚伪之意思表示隐藏其他法律行为者，其税捐之课征，以该隐藏之法律行为为准。"《德国税捐通则》第42条规定："不得透过滥用权利之形成可能性规避税法。各税中为防止税捐规避之规定的构成要件经满足者，应依该规定定其法律效力。否则，有第二项所定之滥用者，其发生之税捐请求权，应与该经济过程适当匹配之法律类型所当发生者相同。选择不相称之法律类型，而使税捐义务人或第三人相较于相称之类型，取得法律所不规定之税捐利益者，构成滥用。税捐义务人为其选择之类型，证明其有税捐法外之理由，且该理由依其关系之整体而论，值得注意者，前段规定不适用之。"由上引《德国税捐通则》关于经济观察法的规定可见，其原来的规定较诸经转述继受以后之我国台湾地区"税捐稽征法"要具体许多。关于上述规定之说明，请参考 Lang in Tipke/ Lang, Steuerrecht, 20. Aufl. ,2010, § 5 C.。

之制定,亦难保无不得当之构成要件与法律效力相联结的情事。所以,“税收执法机关受到法律约束,最根本体现在税收执法机关的行为要受到法院的司法审查。……没有法院的参与,没有法院发挥积极的作用,要想实现税收法治,几乎是不可能的”。[①] 唯税法学者除要通过税法及税务案例的研究替司法机关做好实践上所需要之理论的准备工作外,也须协助税法之立法机关完善立法。[②] 即使在如德国税法越是先进的国家,亦是如此。是故,关于税捐争讼,不需要有国家不会犯错的想法,而应正面看待税捐争讼对于税捐法在立法上及执行上之优化的正面贡献。放开胸怀接纳税捐争讼,必有助于税捐法之理论与实务的发展,使现代宪法学及公法学的正面成果快速融入中华文化,补充中华文化在这方面的不足。

在与税捐救济程序有关规定的协调上,两岸可以合作参酌两岸及税法先进国家和地区发生的案例,认识税捐法在法制面及作业面尚可完善的项目,以互相鼓励,自强不息,共同努力逐步使两岸的税法止于至善。

十、结语

海峡两岸经济合作框架协议(ECFA)的签订是两岸关系在承前启后上的里程碑。期望能够有税制协调之适当配合,促其产生圆满的结果。

① 刘剑文主编:《WTO体制下的中国税收法治》,北京大学出版社2004年版,第324~325页。

② 同上,第322~329页:“……税收法治,任重道远;中国学者,大有可为。”

海峡两岸经济合作框架协议(ECFA)对两岸财税法的影响

李宪佐*

海峡两岸双方暨于2010年6月29日在重庆完成ECFA协议的签署,并于9月12日生效。近年来,两岸贸易依赖关系日益密切,加之台湾产业和就业出现的问题,应该说ECFA的签订对台湾经济的发展大有裨益,可是台湾方面社会各阶层仍有许多不同意见,其原因在哪里?这些意见有无道理及解决之道何在?未来应如何处理比较好,比较能够获得具体实益与大家的支持?如此等等,尤其是其对两岸之间财税法有无影响问题,本文拟将进一步探讨,并期能获得具体之结论与意见,以供各界先进参考。

一、ECFA签订近因、意义、内容概要及重要性

(一)近因

基于前述两岸之间开放沟通之后,人民往来频繁,尤其台商前往投资者相当多,两岸经贸依存度相当高,加上近年来大陆经济兴起后,已为世界各国所关注,大陆不但实施《劳动合同法》,更在2008年施行新的《企业所得税法》,此对台商在大陆经营产生极大的影响。而台湾由于近十几年来财经租税不当之改革措施与政党政治之严重对立,形成社会不安性以及台湾已逐渐被边缘化,产业空洞化,失业率不断地提升,于是部分有识之士乃促请台湾当局应尽速与大陆进一步协谈商讨合作事宜。刚好又在2008年3月22日"总统"大选,国民党团队受到台商大力支持而获胜,更增加两岸协商会谈之机会,且幸巧大陆在次月即2008年4月11~13日于海南岛举办"博鳌亚洲论坛"(Boao Form for Asia),①此次论坛正值大陆改革开放30周年纪念。由胡锦涛主席亲自主持开幕并发表《坚持改革开放,推进合作共赢》演说,认为亚洲仍是世界上最具发展活力地区之一,尤其为实现亚洲持久和平,共同繁荣之长期且艰巨任务,乃在会中特别建议亚洲各国在下列五个方面加强合作;(1)增进政治互信;(2)深化经济合作;(3)共同应对挑战;(4)加强人

---

* 中原大学财经法律系兼任副教授,台湾大学法学博士。

① 载http://big5.china.com.cn/Chinese/zhuan/2005boao/843614/htm。

文交流;(5)坚持开放政策。[①] 台湾方面也因2008年"总统"、"副总统"竞选获胜,萧万长已取得准"副总统"地位,因其在竞选期间再三强调,振兴台湾经济发展与两岸直航及一中共同市场之重要性,以期解救目前台湾产业出走成为空洞化及失业严重、生活困苦之危机,故乃于2008年4月12日代表台湾前往海南岛参加该论坛,期借此与胡锦涛主席会面,并提出"正视现实、开创未来、搁置争议、追求双赢"十六字,以便加强两岸直航、经贸正常化、恢复协商机制,以改善台湾经济,恢复百姓信心等,却得到胡主席正面响应,[②]因此有关两岸之间会商经贸合作框架协议正式开始协商,前后其五次,最后于2010年6月29日在重庆由中国海协会会长陈云林及台湾海基会董事长江丙坤代表,双方同时签订,[③]因此也成为目前双方极为热门之话题。

(二)意义

关于以ECFA作为签订两岸经贸合作架构协议之事,其最早之名称系CECA,其用意乃欲以其作为两岸经济合作协议之义,但在台湾社会上却有些正反不同意见存在。赞成者持正面肯定意见,反对者则都持负面意见,此种正反两面看法很难一概而论,也难以断定其为绝对的是或非,各有其利弊,但大体而论应该是正确且有正面意义才对。但反对者最后以"CECA"四个英文字读音成"洗脚"(闽南语)取笑赞成者,因为闽南语"洗脚"意义是下女在帮主人洗脚,亦即如果两岸签署CECA则未来台湾须帮大陆"洗脚",台湾到时地位与尊严必将完全消失,于是才有"ECFA"四个英文字的名词出现。这四个英文字"E"是eonomic,中文意思是经济上的;"C"是cooperation,中文意思是合作;"F"是frame work,中文意思是架构;"A"是agreement,中文意思是协议或协议。合起来"ECFA"的中文意思是经济合作架构协议,而英文四个字的读音是"也个发",用闽南语解释是"会再发"的意思,其目的即在对抗"CECA"(洗脚),所以后来改成"ECFA",其原因在此。[④] 目前是以《海峡两岸经济合作框架协议》定案。

目前ECFA之中文意思是《海峡两岸经济合作框架协议》,[⑤]进一步解释,乃在表示对大陆与台湾两岸之间的经济合作架构已达成初步的同意,将来两岸之间又可进一步去协议或修正更多的细节问题。

(三)内容概要

依照2010年6月29日双方派代表在重庆签署的ECFA,其在序言中特别强调系"双方同意本着世界贸易组织(WTO)基本原则,考虑双方的经济利益,逐步减少彼此间的贸易和投资障碍,创造公平的贸易与投资环境,透过签署(海峡两岸经济合作框架协议)进

---

① 载http://big5.china.com.cn/Chinese/zhuan/2005boao/843614/htm;李宪佐:"对胡萧博鳌论坛后的期待",载《〈第三届海峡两岸港口经济发展高层论坛暨产业投资布局研讨会〉论文集》,第136页以下。

② 李宪佐著:《对胡萧博鳌论坛后的期待》,2008年版,第11页。

③ 2010年6月30日台湾地区各大报纸及电视媒体都有报道。

④ 李宪佐:"农村发展法治问题的探讨",载《2009年中国农村法治论坛论文集》,第533页以下。

⑤ 台湾地区《"立法院"第七届第五会期第一次临时会第一次会议议案关系文书》,第3页。

一步增进双方的贸易与投资关系,建立有益于两岸经济繁荣与发展的合作机制”,而且系遵循平等互惠、循序渐进的原则以达成。总共分5章16条条文,同时附有下列五种重要文件:①

第一,《货物贸易早期收获产品清单及降税安排》;

第二,《适用于货物贸易早期收获产品的临时原产地规则》;

第三,《适用于货物贸易早期收获产品的双方保障措施》;

第四,《服务贸易早期收获部门及开放措施》;

第五,《适用于服务贸易早期收获部门及开放措施的服务提供者定义》。

第1章“总则”共有2条,第1条乃在表明加强与增进双方之经济、贸易和投资合作等,以期进一步达到自由化及扩大经济合作领域与建立合作机制之目的。第2条则在逐步减少或消除双方间实质多数货品贸易的关税与非关税障碍之合作措施,以达促进双方投资、贸易产业交流之便捷化。②

第2章“贸易与投资”,共有3条(第3~5条),第3条系说明依本协议第7条商定之“货品早期收获”清单内容之货品,将于本协议生效后6个月内进一步尽速完成关税减让或消除模式,原产地规则、海关程序、非关税措施(包括但不限于技术性贸易障碍食品安全检验与动植物防疫检疫措施)与贸易救济措施(包括补贴、平衡措施协议、防卫协议措施及适用于双方间货品贸易之防卫措施)及纳入本条协调之货物,应分为立即实现零关税、分阶段降税、例外或其他三项,且任何一方均可就货物贸易协议规定的关税减让承诺基础上自主加速实施降税等事项。第4条系针对第8条规定之“服务贸易早期收获”项目,尽速于本协议完成后完成协商并在承诺基础上自动加速开放或消除限制性措施。第5条则系对投资保障事项的协议,亦同意在本协议生效后6个月内展开磋商,以促进双方投资便利化、透明化。③

第3章“经济合作”,只有1条,其在强化并扩大本协议合作之效益如:(1)知识产权保护与合作;(2)金融合作;(3)贸易促进及贸易便捷化;(4)海关合作;(5)电子商务合作;(6)研究双方产业合作布局和重点领域,推动双方重大合作项目,协调解决双方产业合作中出现的问题;(7)推动双方中小企业合作,提升中小企业竞争能力;(8)推动双方经贸团体互设办事处(机构),等等。不但不限于前开事项之合作,且希望就合作事项之具体计划与内容能尽速展开协商,以期尽早获得实益。④

第4章“早期收获”,本章只有2条(第7~8条),但相当复杂,而且也是本协议自始所为争议内容之所在。因为其内容相当广泛,所涉利益及层面相当多,自然难免有见仁

---

① 台湾地区《“立法院”第七届第五会期第一次临时会第一次会议议案关系文书》,第10页。

② 同上,第1~2页。

③ 同上,第2~3页。

④ 同上,第5~6页。

见智的想法与看法。这方面在台湾始终都被“在野党”拿来攻击“执政党”,从谈判一开始至签约为止。即便在台湾的“执政党”主管单位,从依“法定”程序送“立法院”审查通过以前,每天报纸、电台等媒体仍然不停地攻击与报道,①大都以本章内容为着力点,以争取民众支持反对“执政党”签署 ECFA 的行为大加抨击,除“一中桎梏”政治意识观念外,且曾设法拟以“全民公投”方式全盘推翻否认,台联党因 ECFA“公投”提案被“公审会”封杀,后来拟提案“公投”废除“公审会”,其目的就是要阻止 ECFA。本章第 7 条规定货物贸易早期收获,为加速实现本协调目标,双方同意对附件一即经过五次“江陈会谈”确定之早期收获产品(我国台湾地区方面有 267 项货品,我国大陆方面则有 539 项货品),均应按海关进口税则号别所列产品名称执行,实施降税安排;②但双方各自对所有世界贸易组织会员普遍适用之非临时性进口关税税率较低时则适用该税率;同时也适用附件二所列临时原产地规则,依据该规则被认定为原产品,另一方在进口时应给予优惠税待遇;也可适用临时贸易救济措施(即补贴及平衡措施协议、防卫协议及反倾销税协议);双方不得对同一产品同时采取防卫措施及 1994 年 GATT 第 19 条与 WTO《防卫协议》规定的措施。③ 但是,双方根据本协议第 3 条达成的货品贸易协议自生效之日起,前开附件二中列明之临时性原产地规则与前开临时贸易救济措施规则应终止适用。④ 第 8 条规定服务贸易早期收获,双方依本协议第 4 条及本条规定就附件四所协议之服务与贸易,包括金融服务业与非金融服务业,经协议开放之非金融服务业项目,原则上没有限制对方以任何方式提供服务,但金融服务业则应经具体承诺始可申请设立分行。另外,大陆对医院服务,不做承诺开放,仅允许在限制地区(如上海市、江苏省)设立独资医院。航空运输服务不做承诺开放而飞机维修与保养服务及保险与相关服务,则允许做具体承诺。另外,我国大陆之银行及其他服务之具体承诺,则不包括证券、期货与保险,因此都有特别之具体承诺。⑤ 前开附件四所列开放项目及具体承诺之贸易服务部门对服务提供商订有附件五之名词定义及相关规定,但自服务贸易协议生效日起,终止适用。又若因实施服务贸易早期收获计划,对一方服务部门造成实质负面影响时,受影响一方可要求与另一方磋商,寻求解决方案。⑥

第 5 章“其他”,其有 8 个条文(第 9 ~ 16 条),第 9 条系规定本协议之例外效力问题。第 10 条为争端解决机制,包括透过协商解决或由第 11 条双方组成“两岸经济合作委员会”解决。第 11 条规定“两岸经济合作委员会”组成及其职权。第 12 条规定双方业务联

① 2010 年 6 月 30 日(星期三)《自由时报》A1 版头条大新闻及 A2、A3、A4 版。另在 A12 版亦将 ECFA 协议 16 条条文全部刊出,附件刊载于 B8 版。

② 台湾地区《“立法院”第七届第五会期第二次临时会第一次会议议案关系文书》,第 11 ~ 34 页。

③ 同上,第 42 页。

④ 同上,第 7 页。

⑤ 同上,第 43 ~ 62 页。

⑥ 同上,第 7 页。

系所用文书格式。第13条规定本协议所包括的前开五个附件及线续协调事项均包括在本协议内容内。第14条规定修正应由双方以书面形式确认。第15条规定,本协议生效日(即于双方均收到对方通知后次日生效)。第16条规定,本协议之终止,应于一方发出终止之书面通知后,经未能达成一致时,则自该发出终止通知之日起第180天终止。①

(四)重要性

如前所述,台湾在蒋经国担任"总统"以前,制定有许多财经发展之租税优惠措施,以奖励产业发展及产品外销,这使台湾地区成为"亚洲四小龙",震惊国际;但在其去世后,许多财经租税优惠措施随之寿终正寝,尤以1990年12月31日废止"奖励投资条例"及对出口外销货品采取逐年降低关税税率后取消退税及保税政策,对产业冲击最大,虽经工商产业界极大反映后制定"促进产业升级条例"取代,但此条例仅系对高科技产品之产业有帮助,对传统产业根本毫无实益,难以继续生存。此时恰巧大陆在1978年对外改革开放投资,致使台湾难以继续生存发展之传统产业纷纷"偷渡"我国大陆继续经营,尤其当时大陆也公布实施《台湾同胞投资保护法》,对前往投资之台商给予厂房、土地及租税优惠等许多帮助,促使台商成群结队前往,而资金也大量流入,造成产业空洞化及失业非常严重,尤其导致2000年"总统大选"时之民进党胜利,国民党败选,形成政党轮替。②但民进党接掌"政权"后,也是未能重用贤能,提出良好政策,未发展产业,虽然其曾提出"财经六法",期望振兴台湾之经济,但因无经验缺乏实用,加上又于2005年公布"所得基本税额条例",导致23,000多亿元资金迅速流出,且在不断地增加中。其后又于"国会"中由"执政"之民进党"立法委员"于2006年10月提出"能源税条例草案",计划自2007年1月1日开征,一年收入有5226亿元,一年增加3648亿元,这5000多亿元之能源税,估2007年度我国台湾地区总预算的1/3,③虽可增加财政收入,但增加产业经营之困难,且结果必将转嫁给终端消费者负担。致使产业外移更严重,失业率更不断上升,许多穷苦人民因生活难过而投河或烧炭自杀,因此在2008年3月22日之"总统大选举"又由国民党胜利,重新"执政",因此大家都希望两岸能进一步协议经贸合作,以拯救台湾的沉沦经济及人民生活。

大陆目前经济发展已为世界各国所景仰与赞佩,这两年来国际经济不景气之冲击,虽然没有太大之影响,但在2007年公布新《企业所得税法》及实施《劳动合同法》,对沿海各地台商造成极大的影响,有许多台商难以适应;加之近年来两岸之间贸易之依赖度似有逐年加重之势,两岸间也存在一些冲击与摩擦,也有进一步厘清整合之必要,恰巧此时之台湾为国民党"执政",其对大陆政策亦都倾向和平统一,加强交流,发展互利互补关

---

① 台湾地区《"立法院"第七届第五会期第二次临时会第一次会议议案关系文书》,第9页。

② 李宪佐:"台湾经济发展之回顾与展望",载《中国财税法学教育研究会2007年年会暨第七届海峡两岸财税法学术研讨会论文集》,第414页以下。

③ 李宪佐、任少玫:"能源税是一帖经济毒药(上)",载《税务旬刊》第2049期。

系,坚持以和平方式解决一切争端,[①]连战"副总统"兼"行政院院长"在1997年5月27日接受《联合报》专访时亦认为两岸整体关系的发展基本理念是"互惠、互利、双赢"的政策。[②] 此又与胡锦涛主席于2008年4月11日在海南岛博鳌论坛上主持开幕并发表"坚持改革开放,推进合作共赢"的理念及台湾地区萧万长"副总统"所提"正视现实、开创未来、搁置争议、追求双赢"之理念完全相符。[③]

因此,ECFA签署之后,可以化解两岸过去之争执及对立,抛弃私见,本着同种同文、同祖先,互相合作、互相包容、互相鼓励,共同协商建构未来理想之经济发展与计划,避免沦为外国借以利用斗争对立,并从中牟利。同时可以共同协商改进目前制度措施之缺失,增加就业率,改善贫困百姓生活之作用,至于其中可能因为两岸原有制度上之关系会发生若干影响或不适应部分,请参见后项论述。

二、两岸租税法制的影响及因应之道

两岸相隔60年以来,由于国际情势变化与社会重大变迁,加上人民之需求,许多法律制度难免产生变化与改革,以期适应,目前两岸签署合作协议架构,同意互相合作,则原有许多法律制度难免发生冲突或影响,因限于时间及篇幅,且为配合ECFA架构与本文主题财税法部分之影响,本文乃拟仅对于租税法制及影响部分加以探讨。

(一)租税法的范围

1. 台湾地区的相关规定

租税法之范围很广,种类很多,在法制分类上包括实体法、程序法及救济法。实体法乃规定法律关系实质内容,包括人民权利、义务、责任、效果及其范围的法律,如民法规定私人权利义务关系,刑法规定国家刑法权发生的条件与刑罚的范围。[④] 而实体租税法当然是指其规定构成负担缴纳租税义务的具体要件或条件,符合该法定构成要件,即要依该法律之规定履行缴纳该种租税之义务,否则将受强制执行或其他处罚;反之,未符合该实体之个别构成要件,即免负缴纳之义务或责任。至于程序法则是规定如何实现实体法律关系(包括如何运用或施行实体法)的法律,亦即规定行使权利、履行义务、确定责任、效果及范围等的方法,如民事诉讼法、刑事诉讼法。[⑤] 换言之,程序法乃是为实现某特定目的所必须践行之程序的法律,该特定目的必须依该规定程序去践行,否则便违法。特别是租税的课征,其乃侵害宪法保障人民财产法益,非依租税法律主义原则所规定之要件及程序课征,都是违法,稽征机关虽可依租税法律主义原则下个别租税法律规定之构

① 李登辉"总统"在1995年4月8日"国家统一委员会"第10次全体委员会议演讲词,载台湾地区"行政院大陆委员会"编印:《大陆工作参考数据》,1996年版,第3~7页。

② 台湾地区"行政院大陆委员会"编印:《大陆工作参考资料》,1998年版,第51页。

③ 李宪佐:"对胡萧博鳌论坛后的期待",载《"第三届海峡两岸港口经济发展高层论坛暨产业投资布局研讨会"论文集》,第147页。

④ 李太正、王海南、法治斌、陈连顺、黄源盛、颜厥安著:《法学入门》,台湾元照出版有限公司2005年版。

⑤ 同上。

成要件去课征纳税义务人应缴纳的租税,但其仍是必须依照稽征行政程序法(手续法)课征,才符合合法性原则(legalitätsprinzip)。故其在执行稽征人民缴税义务程序中,不依据程序法上合法原则进行,而逾越该合法行为原则之权限或标准,使用行政法上之便宜原则(opportunitätss grundsatz)进行核定应稽征之税捐,应被严格禁止。其与不确定法律概念内容作为课税实体要件,任凭稽征机关恣意滥用权力解释相同,都属违宪行为。① 至于救济法,在此也是特别指一般行政救济法,即指不服一般行政机关特别是税捐稽征机关的行政行为所提出的行政救济法,而将司法机关的救济排除在外。又所谓行政救济(verwaltungshilfe, remide administratif, administrative remedy),日本行政法学者市原昌三郎教授认为"系指行政机关因行使政权之行为所生对国民权利或利益之损害,基于该国民之请求,由国家之一定机关,给予救济之总称"。② 其又认为,行政救济不仅是违法或不当行政措施所生侵害国民权利或利益,给予该国民必要之救济制度,甚至适法行政活动,结果产生不可归责于国民所受损害之牺牲时,为期受益与牺牲之公平性,将此种牺牲分配予受益者社会成员全部负担,亦有其必要。③ 故行政救济制度若就狭义面而论,仅限于违法或不当的行政活动产生国民权利或利益保护的行政争讼制度,亦即以狭义的行政争讼与行政事件诉讼为主之制度。广义而言,则尚包括因行政活动所生填补国民损害之赔偿诉讼制度及损失补偿制度。④ 又行政上之损害赔偿制度与损失补偿制度,尚涉及国家责任理论之变迁,及国家补偿损失责任之学说等,⑤限于时间及篇由,拟仅以最狭义的租税行政诉讼摘要叙述之。

租税的行政争议诉讼案件,与一般的行政争议诉讼案件,其法定处理程序原则相同,但例外者乃租税争议诉讼案件在提起诉愿之前必须先经复查程序。伸言之,一般行政争讼程序,系指人民接到行政机关之行政处分后,如认为有违法或不当,致损害其权利或利益时,得于处分送达或公告相关争项之次日起30日内,向其上级机关提起诉愿。⑥ 又如,

① 陈清秀著:《税法总论》(第4版),台湾元照出版有限公司2006年版,第41页。

② [日]市原昌三郎著:《行政法讲义》,株式会社法学书院1990年版,第195页;涂怀莹著:《行政法原理》,台湾五南图书出版公司发行1980年版,第615页。

③ [日]市原昌三郎著:《行政法要义》,株式会社法学书院1990年版,第195页。

④ 同上,第196页;城仲模著:《行政法之基本理论》,台湾三民书局股份有限公司1980年版,第553页。

⑤ 国家责任之理论变迁,由最先之否定说变为肯定说,此乃因早期君主专制后变为民主法治制度之故也,至于国家补偿损失责任之学说,则有既得权说、恩惠说、特别牺牲说及社会职务说,而以特别牺牲说作为通说,参见廖义男著:《国家赔偿法》,著作者发行,1993年版,第8页以下;林纪东著:《行政法新论》,著作者发行,1987年版,第278页以下。

⑥ 台湾地区"诉愿法"第1条规定:人民对于"中央"或地方机关之行政处分,认为违法或不当,致损害其权利或利益者,得依本"法"提起诉愿,但"法律"另有规定者,从其规定。各级地方自治团体或其他公法人对上级监督机关所为行政处分,认为违法或不当,致损害其权利或利益者,亦同。第2条规定:人民对"中央"或地方机关对其依法申请之案件,于法定期间内应作为而不作为者,亦得提起诉愿。第14条规定:"诉愿之提起,应自行政处分送达或公告期满之次日起三十日内为之。"

对诉愿决定有不服时,可以在诉愿决定书送达后2个月之不变期间内,向台湾地区“高等行政法院”提起撤销诉讼,[①]或者在提起诉愿后逾3个月不为决定或延长诉愿决定期间逾两个月不为决定者,亦得向台湾地区“高等行政法院”提起撤销诉讼。[②] 对“高等行政法院”之判决如有不服,亦可于该“高等行政法院”之判决送达后20日之不变期间内,向“最高行政法院”提起上诉,由“最高行政法院”审理。[③] 至于前述提出诉愿及行政诉讼之行政处分,依“诉愿法”第3条规定,系指“中央”或地方机关就公法上具体事件所为之决定或其他公权力措施而对外直接发生法律效果之单方行政行为。

租税行政争讼程序原则上与前揭一般行政争讼程序完全相同;但是,在提起诉愿之前,必须先经过复查程序,所称复查程序,系专指纳税义务人对税务稽征机关所核定之税额或补税或税则号别等有不服时,得依规定之期间及格式,以书面向税务稽征机关申请复查之。如未经复查程序,依照一般行政争讼程序直接提起诉愿,即属程序不合法,租税稽征机关即可直接以违反程序规定依照租税法规定,予以驳回不受理。故复查乃税务争讼事件提起诉愿之前必须先经的程序,学者通称为诉愿之前置程序。在台湾地区之租税行政争讼程序,内地税与关税分属不同之法律体系,而关税法律中又将缉私处分案独立规定处理,兹分述如下:

(1)内地税之复查程序

依照台湾地区之“租税基本法”,即“税捐稽征法”第35条的规定:“纳税义务人对于核定税捐之处分如有不服,应依规定格式,叙明理由,连同证明文件,依下列规定,申请复查:[④]

一、依核定税额通知书所载有应纳税额或应补税额者,应于缴款书送达后,于缴纳期间届满翌日起算三十日内,申请复查。

二、依核定税额通知书所载无应纳税额或应补税额者,应于该核定税额通知书送达后三十日内,申请复查。

纳税义务人或其代理人,因天灾事变或其他不可抗力之事由,迟误申请复查期间者,于其原因消灭后一个月内,得提出具体证明,申请回复原状。

但迟误申请复查期间已逾一年者,不得申请。

---

① 台湾地区“行政诉讼法”第106条规定:“撤销诉讼之提起,应于诉愿决定书送达后二个月之不变期间为之……”

② 台湾地区“行政诉讼法”第4条规定:人民因“中央”或地方机关之违法行政处分,认为损害其权利或“法律”上之利益,经依“诉愿法”提起诉愿而不服其决定,或提起诉愿逾三个月不为决定,或延长诉愿决定期间逾二个月不为决定者,得向“高等行政法院”提起撤销诉讼……

③ 台湾地区“行政诉讼法”第238条规定:对于“高等法院”之终局判决,除“法律”另有规定者外,得上诉于“最高行政法院”。第241条规定:“提起上诉,应于‘高等行政法院’判决送达后二十日之不变期间内为之,但宣示后或公告后送达前之上诉,亦有效力。”

④ 台湾地区“财政部”编印:《税法辑要》,2009年版,第8~9页。

前项恢复原状之申请,应同时补行申请复查期间内应为之行为。

税捐稽征机关有关复查之申请,应于接到申请书后两个月内复查决定,并做成决定书,通知纳税义务人。

前项期间届满后,税捐稽征机关仍未作成决定者,纳税义务人得径行提起诉愿。"

"税捐稽征法"第 38 条第 1 项同时规定:"纳税义务人对税捐稽征机关之复查决定如有不服,得依法提起诉愿及行政诉讼。"①

由前揭内地税或称为赋税体系规定之复查程序中可以了解申请复查者必须具备下列条件:

第一,仅限于收到核定税额通知书之文件。该通知书文件上所载者,不论系有无应纳税额或应补征税额,均属之。

第二,申请期间为 30 日不变期间。此又分为三种情形:

其一,核定通知书上如载明"有"应纳税额或应补缴税额者,则应于缴款书送达后,依规定之缴纳期间届满翌日起算 30 日申请。

其二,如载明"无"应纳税额或应补征税额者,则应于该核定通知书送达后 30 日内提出申请。

其三,如因天灾或其他不可抗力之事由,迟误申请复查期限者,得申请恢复原状。

前开所谓恢复原状,当然系指恢复 30 日可以申请复查的期间,而其起算点则规定自天灾或其他不可抗力之事由消灭后 1 个月内为之,但应提出具体证明,且迟误申请复查期间已超过 1 年者,不得申请,又补行申请时,仍然应依照原来申请复查规定之格式叙明理由,及检具证明文件,向原来核定之税捐稽征机关提出。至于前开所谓天灾或其他不可抗力之事由,如台风暴雨、交通中断停止上班,或地震导致家毁人亡。例如,1999 年"九·二一"大地震及 2009 年 8 月 8 日在高屏地区所发生之莫拉克台风,即属之。

第三,复查申请书之格式,依照"税捐稽征法施行细则"第 11 条规定,应载明下列事项:

其一,申请人之姓名、出生年月日、性别、身份证字号、住居所……

其二,原处分机关。

其三,复查申请事项。

其四,申请复查之事实及理由。

其五,证据,其为文书者,应填具缮本或复印件。

其六,受理复查机关。

其七,年月日。

第四,书面。所谓书面,即需依照"其三"规定之格式,以申请复查书文档正式向受理之税捐稽征机关提出,不可以电话表达,受理机关才有处理依据。

① 台湾地区"财政部"编印:《税法辑要》,2009 年版,第 9 页。

至于税捐稽征机关对于纳税义务人或代理人等提出申请之复查,应于收到申请书后两个月内做出复查决定,并做成决定书通知纳税义务人或代理人,税捐稽征机关如违背作为义务或不作为,或纳税义务人对税捐稽征机关之复查决定有不服,得“依法”提起诉愿及行政诉讼。[①] 另有关复查之法律效果在台湾地区“税捐稽征法”第38条第2项及第3项规定得相当清楚,限于时间及篇幅,拟予从略。

又前述规定所称诉愿前置程序之复查,应只限于核定税额通知书之案件,才受此限制,亦即未经提起复查程序,不得径行提起诉愿,至于其他税务案件,如申请核定营业日期、地址变更、核发发票等行为之一般案件,如有不服,应可直接提起诉愿。此外,对进口货物核定之货物税额及营业税额有不服,则应向进口地海关申请复查,即非向税捐稽征机关提起,[②]特此说明。

(2)关税之复查程序

依照台湾地区2010年“关税法”第45条规定:“纳税义务人如不服海关对其进口货物核定之税则号别、完税价格或应补征税款或特别税款者,得于收到税款缴纳证之翌日起三十日内,依规定格式,以书面向海关申请复查,并得于缴纳全部税款或提供相当担保后,提领货物。”第46条规定:“海关对复查之申请,应于收到申请之翌日起二个月内为复查决定,并作成决定书,通知纳税义务人;必要时,得予延长,并通知纳税义务人,延长以一次为限,最长不得逾二个月。复查决定书之正本,应于决定之翌日起十五日内送达纳税义务人”。第47条规定:“纳税义务人不服前条复查决定者,得依法提起诉愿及行政诉讼。……”[③]

依前述“关税法”规定,欲提起关税复查程序,亦须具备下列条件,始得为之:

①收到税款缴纳证之书面文件

由于税款缴纳证上所载明之税额多寡可能是由于所依据之海关进口税则号别不同,其税率当然不相同,或适用税率字段不同亦有不同,或其完税价格有出入所致,这些影响进口货物应征或应补征之关税额,或者特别税款之书面缴纳证造成货物进口人负有应依法纳税之义务。所谓特别税款,系指关税法上所规定之平衡税、反倾销税、报复关税、机动关税、配额关税、季节关税,等等。[④] 因此,纳税义务人得以该缴纳证书作为申请复查条件。

②申请期间为30日不变期间

起算点自收到税款缴纳证(内地税称为通知书)之翌日起30日。唯第30日即最后一天碰到周末或星期日或“国定”假日,停止上班时,可以延长至上班第一天。

---

① 参见台湾地区“税捐稽征法”第35条第5项及第38条第1项规定,前揭“财政部”编印:《税法辑要》,第9页。

② 台湾地区“税捐稽征法”第35条之1规定:“国外输入之货物,由海关代征之税捐,其征收及行政救济程序,准用关税法及海关缉私条例之规定办理。”

③ 台湾地区“财政部”编印:《税法辑要》,2009年版,第517页。

④ 李宪佐著:《关税法论》,台湾植根法学丛书编辑室2008年版,第657页以下。

③依规定之格式

台湾地区"关税法施行细则"并未对提起复查规定之格式特别加以规范,且"关税法"又被排除在台湾地区"税捐稽征法"之外,[①]并不当然适用或准用,而实务上对此格式部分并未特别严予苛求,只要对其核定之税则号别、税率、税额或产地、完税价格等有不服,而能提出具体事实及证据证明,说明不服原因,并请求重新核定,注明姓名、地址且配合次项,以书面提出,则亦属具备完整之数据及格式,海关将受理审查重核。

④以书面提出

因以书面审理较为具体明确,客观且透明化,故须以书面提出。

(3)缉私处分之复查程序

不服缉私处分案件,原则上仍属海关职权范围,理应并同前开"关税法"规定程序处理,但因"海关缉私条例"已另有特别规定,就独立成为一种程序,依照"海关缉私条例"第47条规定:"受处分人不服前条处分者,得于收到处分书之日后十日内,依规定格式,以书面向原处分海关申请复查。海关应于收到复查申请书后二个月内为复查决定并作成复查决定书,必要时得予延长,并通知受处分人,延长以一次为限,最长不得逾二个月,复查决定书之正本,应于决定后十五日内送达受处分人。"第48条规定:"受处分人对海关之复查决定如有不服,得依法提起诉愿及行政诉讼。"

海关缉私处分之复查案件,其申请之条件原则上与"关税法"所规定之复查案件相同,但其不限于处分书上所载之罚锾数额多寡问题,有时尚涉及货物没收、扣押以及船只及货物之扣押或人员之搜索等问题,与前述"关税法"上规定之复查案件仅限于进口货物关税额多少问题显然有很大不同。由此可知,关务行政救济案件大略可分为一般行政救济案件(即一般申请案件,免经复查程序),课税争议案件及缉私处分案件三种。[②] 于内地与之一般申请案件及课税争议案件二种者,虽不尽相同,原理原则上则相类似。

2. 大陆的相关规定

大陆方面同样亦是有实体法、程序法及救济法,且其范围亦很广,且其原理、原则与台湾地区相同部分,因限于篇幅及时间,拟不予重述,兹谨就不同且重大者,予以摘述。根据最新修正公布施行之《税收征收管理法》第88条第1款、2款规定:"纳税人、扣缴义务人、纳税担保人同税务机关在纳税上发生争议时,必须先依照税务机关的纳税决定缴

---

① 台湾地区"税捐稽征法"第2条规定:"本法"所称税捐,指一切法定之"国"省(市)及县(市)税捐,但不包括关税及矿税。大陆也同理,在最新修正公布施行的《税收征收管理法》第90条第2款亦规定:"关税及海关代征税收的征收管理,依照法律,行政法规的有关规定执行。"显然亦在排除《税收征收管理法》的原则性规定,此种将关税排除在一般租税范围之理念,显然无理由及不正确,关税在国库财政收入占极重要之比例,依据何种理论将其排除在税捐法(租税)体系之外?哪一个国家不是将其置放于租税体系中?在台湾地区,将"内地税"与"关税"分属两个不同部门职管,几乎互不往来,且在台湾地区"财政部"将"关税"排除于租税体系之外的观念是非常错误的。

② 李宪佐著:《关税法论》,台湾植根法学丛书编辑室2008年版,第870页以下。

纳或者解缴税款及滞纳金或者提供相应的担保,然后可以依法申请行政复议,对行政复议决定不服的,可以依法向人民法院起诉。当事人对税务机关的处罚决定、强制执行措施或者税收保全措施不服的,可以依法申请复议,也可以依法向人民法院起诉。”①

依照前述规定之租税行政救济案件,其主要目的亦是防止与纠正税务机关做出违法或不当的行政行为,以保护纳税义务人合法的权益,同时监督税务机关依法行使职权。②租税行政救济案件可分为税务行政复议案件与税务行政诉讼案件,至于其程序及要件可再分述如下:

(1)税务行政复议案件

申请税务行政复议案件,其立法宗旨在审查被申请的税务行政机关做出核定课征纳税义务人应缴纳的税额是否违法或适当?有无违法或不当侵害人民应被保护的权利。③依照前述规定,提起复议程序应具备之要件如下:

①适格的申请人

适格的申请人指合法权益被特定税务行政机关违法或不当侵害之人,如纳税人、扣缴义务人、纳税担保人或其他税务当事人。④

②有具体纳税争议事项

纳税争议事项即指前项纳税人、扣缴义务人等因与特定税务行政机关对纳税问题认为有被违法或不当侵害其权益事项之争议发生。

③申请复议期限为60日

为使于复议机关及时调查并避免事实证据因时间太久难以保存,且能迅速解决争议事项,在旧《税收征收管理法》第56条即有明文规定在收到缴款凭证之日起60日内向上一级税务机关申请复议,至于不服处罚或强制执行等之措施行为,则以接到处罚通知或措施之日起15日内向人民法院起诉。对处罚强制执行或保全措施等行政行为有不服者,当事人也可在15日内直接向人民法院起诉,免除复议程序。⑤

新修正公布施行之《税收征收管理法》第88条则将前述申请复议程序及期间删除,而并入《行政复议法》规定中,“税务行政复议规则”亦针对税务征收管理的特殊性,对申请税务行政复议的期限做出下列规定:⑥

第一,纳税人及其他税务当事人对税务机关做出的征税决定不服的,必须先依照税务机关根据法律、行政法规确定的税额、期限缴纳或者解缴税款及滞纳金,然后在收到税务机关填发的缴款凭证之日起60日内可以提出行政复议申请。

---

① 刘剑文主编:《税收征管法》,武汉大学出版社2003年版,第428页。

② 同上,第366页。

③ 同上,第366页。

④ 同上,第373页以下。

⑤ 同上,第428页以下。

⑥ 同上,第374页以下。

第二,申请人对征税决定以外的其他税务具体行政行为不服的,可以在得知税务机关做出具体行政行为之日起60日内提出行政复议申请。

第三,因不可抗力或被申请人设置障碍等其他正当理由延误法定申请限者,申请期限自障碍消除之日起继续计算。

关于前述申请复议期间,旧法将一般行政争议案件与税额核定案件分开,与台湾地区相同,期间不同,后者期间60天,对人民较为有利,反之前者将其缩短为15天,则对人民不利;唯在新法,则将二者一律规定为60天,此乃重视人民权益之表,殊值敬佩之至!甚至又将不可抗力或因有正当理由耽误申请之期间可扣除,此种重视人民权益之举动,堪称最进步之民主法治政治,而前开规定虽然系以“税务行政复议规则”为之,表面上为行政规则,实属行政命令性质,但如已有法律明文规定授权,自仍有法律位阶之效力,纵使没有,甚乃对人民“授益处分”,在近代行政法学之理论上,乃受行政法学者通说之一致性肯定,实务上亦支持。

惟其规定对于不服征税决定提出申请复议者必须先依照税务机关根据法律规定、行政法规确定的税额期限缴纳或者解缴税款及滞纳金后,才可以提出行政复议申请一节,可能有不同见解。在早期台湾地区的“税捐稽征法”第35条第1项第1款规定:经税捐稽征机关核定之案件,除依“税法”规定不得提出异议者外,纳税义务人如有不服,应依规定格式,叙明理由,连同证明文件,依下列规定申请复查:(1)依核定税额通知书所载,有应纳税额或应补征税额者,应于缴款书送达后,在规定缴纳期间内,遗产税按缴款书所列税额缴纳1/3税款,于缴纳期间过后2个月内申请复查,其余申报各税,按缴款书所列税额缴纳1/2税额,于应缴纳期间过后20日,申请复查,但纳税义务人确有困难,得经稽征机关之核准,提供相当担保,免缴上开税款。(2)……第36条第1项第1款规定:“有左列情形之一者,视为未申请复查,一、纳税义务人未依前条第一项第一款期间缴纳税款或提供担保而申请复查者。二……”[①]前开规定应先行缴纳税款或提供担保始可申请复查之规定,在实务上被认为是违反“宪法”保障人民提起诉愿或诉讼权利之限制,尤其对贫穷人民未能缴纳或提供担保者,将丧失行政救济机会。该“法律”规定,显然违反“宪法”规定,经提请“司法院”大法官会议解释,于1985年4月22日以释字第224号解释,认为应丧失效力。[②] 其于此解释之公布,后来“税捐稽征法”上开应先行缴纳一定税款或提供

① 林纪东、蔡墩铭、郑玉波、古登美编纂:《六法(参照法令判解)全书》,第1663页,台湾五南图书出版有限公司1989年修正版。

② 大法官释字第224号解释:“税捐稽征法”关于申请复查以缴纳一定比例之税款或提供相当担保为条件之规定,使未缴纳或提供相当担保之人,丧失行政救济之机会,系为对人民诉愿及诉讼权利所为不必要之限制,且同法又因而规定申请复查者,须于行政救济程序确定后,始予强制执行,对于未经行政救济程序者,亦有欠公平,与“宪法”第7条、第16条、第19条之意旨有所不符,均应自本解释公布之日起,至迟于届满两年时失其效力,在此期间,上开规定应连同税捐之保全与优先受偿等问题,通盘检讨修正,以贯彻“宪法”保障人民诉愿诉讼权及课税公平之原则。

担保始得申请复查之规定,便被删除,重新修正规定。台湾地区之“关税法”及“海关缉私条例”中类似规定者亦然。但在现行之“海关缉私条例”第49条尚规定:“声明异议案件,如无扣押物或扣押物不足抵付罚锾或追缴税款者,海关得限期于十四日内缴纳原处分或不足金额二分之一保证金或提供同额担保,逾期不为缴纳或提供担保者,其异议不予受理。”①显系主管当局未能一贯检视该法律原理原则之疏失所致。故限制当事人一定要先缴纳税款或滞纳金始可提出复议申请之规定,恐有斟酌余地。

④具备一定格式内容

所谓一定之格式,即一定之内容,依照《行政复议法》及《税务行政复议规则》的规定,复议申请书应载明下列内容:②

第一,申请人的姓名,性别,职业,年龄,地址(法人或其他组织名称、地址、法定代表人的姓名等)。

第二,被申请人的名称与地址。

第三,申请复议的要求与理由。

第四,申请复议日期。

前开第三项申请复议的要求及理由,必须要检附具体的事实与证据,自另当别论,且细节部分相当繁多,与台湾地区情形类似,限于时间及篇幅,拟予从略。

⑤以书面或口头为之

复议之申请,系人民(含公司行号之私法人)对于税务行政机关对于税务行政行为之违法或不当处分表达不服之意思,一般规定都是以书面为之,目前大陆规定“可以书面申请,也可以口头申请,口头申请的,复议机关应当当场记录申请人的基本情况,行政复议请求,申请行政复议的主要事实、理由与时间。”③此乃相当进步之立法,并且足以表示非常重视人民(当事人)之权利。在台湾地区目前仅规定“应以书面为之”,其目的乃在使税务机关及承办人员有审理依据,并避免一些不必要的争议。但对于无法以书面提出者,各税务机关(如台湾地区“国税局”、税务局、税捐处)总部,原则上都设有服务中心,对于当事人不了解税务疑难问题,都可当场予以解答,其目的在便民、服务民众,其道理相同。

具备前开五种要件申请复议后,复议机关应自申请之日起60日内做出行政复议决定;如因情况复杂,不能在规定期限内做出行政复议决定者,经复议机关负责人核准,得适当延长,但应告知申请人与被申请人,延长期限最多不得超过30日。④

申请人对于复议机关的决定不服时,可以在接到复议决定书之日起15日内向人民

---

① 台湾地区“财政部”编印:《税法缉要》,2009年版,第557页。

② 刘剑文主编:《税收征管法》,武汉大学出版社2003年版,第375页。

③ 同上,第375页。

④ 同上,第377页。

法院提起行政诉讼。①

(2)税务行政诉讼案件

当事人不服税务复议决定或认为税务机关及其工作人员的具体税务行政行为侵害其合法权益，都可依法向人民法院提起诉讼，请求人民法院进行审查，以有效防止税务机关及其人员之违法或不当滥用职权。

税务行政诉讼是将行政诉讼制度用于解决人民与税务行政机关之间行政争议的具体表现，也是透过司法手段以保护纳税人合法权益，以对抗税务行政机关滥权防止损害发生之行为。② 纵使纳税是国民对国家应服从之义务，也是国家财政收入的重要来源，但税务行政机关核定与征收国民的租税仍应依照法律规定的条件与程序进行，不可有越权滥行核定征收，以致侵害人民合法受保障的权利。

依《行政诉讼法》、《行政复议法》及《税收征收管理法》规定之立法模式，乃确定了“以复议选择为主，以复议前置为例外”之处理原则，亦即在相对人(人民)对税务机关的处罚决定、强制执行措施或税收保全措施不服时，实行税务复议选择模式，相对人可以先向上一级税务机关申请复议，对复议决定不服者，再向人民法院起诉，但也可以直接向人民法院提起行政诉讼。③ 一般而言，人民对税务机关征税决定不服发生争议时，程序上都应先提复议，然后才可提起行政诉讼；但是，前提对税务机关的处罚决定、强制执行措施及税收保全措施不服者，则可以选择直接向人民法院提起行政诉讼，不受先提起复议程序之限制。

提起税务行政诉讼，必须具备下列诉讼程序要件：

①适格当事人

所谓适格当事人，系指原告必须是纳税人或扣缴义务人或纳税担保人，因不服税务机关或行政人员核定之税款，依法提出复议，经复议决定而不服者，或者系对税务机关或其行政人员所为罚款处罚行为、强制执行措施或保全措施行为之相对人(受害人或法人)。同时尚须包括具体明确的被告机关或人。④

②不变期间为 3 个月

修法前规定当事人不服复议决定者，得在接到复议决定书之日起 15 日内向人民法院提起行政诉讼；如复议机关逾期不决定者，申请人亦可在复议期满之日起 15 日内向人民法院提起诉讼。直接起诉者亦同，应于获知行政机关做出具体行政行为之日起 3 个月内提出，但在修正后的《税收征收管理法》第 88 条已将前提规定删除，不论不服复议决定或具有选择直接起诉理由者之起诉期间，均为 3 个月。此乃依《行政诉讼法》之规定，期间

① 刘剑文主编：《税收征管法》，武汉大学出版社 2003 年版，第 378 页。

② 同上，第 379 页。

③ 同上，第 383 页。

④ 同上，第 389 页。

较长,但对当事人即纳税人等较为有益。此外,当事人如遇不可抗力或其他特殊情况而耽误法定期限者,亦可在障碍消除后10日内申请人民法院裁定延长之。

③有具体纳税或税务执行争议事项

有前述税款核定、处罚、强制执行、查封、扣押纳税人财产等保全措施行为事项之争议,有待人民法院审判解决。

④具备法定之格式

需将争议之内容,依《行政诉讼法》规定载明如姓名、性别、年龄、职业、地址,以利于法官审理,其情形与复议类似,限于时间及篇幅从略。

⑤以书面为之

书面可使不知情之第三者即人民法院的法官便于审理,并作为判决的基础。

具备前揭五种诉讼要件后,受理之人民法院即开始审理,当事人如对第一审人民法院裁定不服者,可于裁定书送达之日起10日内向上一级人民法院提起上诉;而不服判决者,可于判决书送达之日起15日内向上一级人民法院提起上诉。

两岸有关税务行政救济程序方面,名称不同,细节部分也不尽一致,但原则类似。至于较重要方面,除前述者外,台湾地区之行政诉讼系另行责由“高等行政法院”及“最高行政法院”二审制之行政审判系统负责,与一般民刑事诉讼之普通审判系统独立分离为二元制,互不隶属,基本上较为专业。但目前法官审判质量及专业性还是没有受到社会大众的普遍认同,因行政法之范围较为广泛,且较讲究专业,而台湾地区“行政法院”的法官几乎也都是由一般民刑法院的法官调任,故在台湾地区司法界最近爆发许多舞弊案,不仅连累“司法院院长”赖英照辞职下台,[①]其影响整个台湾地区司法界威信极其严重,目前“行政法院”的法官还没有类似丑闻,这是值得庆幸之事。但是,在行政诉讼案件,税务行政诉讼案件始终是比例最高件数,原因乃是法官专业能力不足,一切都以采取税务机关之意见为重,对纳税义务人之有利证据仍然予以驳回,引起民众极度之不满,故“行政法院”向来有“驳回法院”之代名词,此乃税务诉讼案件之比例一直居高不下之原因,也足以代表税务机关为财政收入目的不择手段伤害人民合法财产权之现象。当然,从另一观点,可能也有人说是人民好诉成性,前者称为“刁官”,后者称为“刁民”,此二者都不是正常国家社会应有情形,一切应回归正常体系,合法、合理、合情的康泰社会秩序。

此外,大陆税务行政诉讼不适用调解原则,其理由乃认为税务管理权是国家法定权力,任何机关与个人都不能做转让、放弃的处置,即不能处分,税务机关只能根据法律规定的权限履行自己的职责,无处分国家的行政管理权,而不适用调解原则,仅在税务机关侵权行为、侵害纳税人权利提起损害赔偿诉讼时,人民法院始可就双方赔偿争议问题进行调解者为例外情形。[②] 关于此问题,可能亦有不同见解,除税务机关违法不当之侵害行

---

① 《自由时报》2010年7月18日,《中国时报》2010年7月19日。

② 刘剑文主编:《税收征管法》,武汉大学出版社2003年版,第385页。

为所造成损害赔偿诉讼,其他造成行政上不当之措施行为,如核定之税额过高、不该扣押强制执行、适用法律错误、引用税率错误、计算错误或滥用职权不当,而税务机关有认错之情形,亦宜允许其在诉讼程序进行中由原告与被告双方进行和解,亦即给行政法学上所称之"行政和解较为妥当",但其大前提当然是以当事人间就诉讼标的具有处分权且并不违背公益者。[①] 前开行政管理权系属国家统治权之一部分,理论上似属不可处分,在行使管理权或统治权上,如可依法律授权就其在管理上较为抽象不明确部分,有裁量时,即对于管理行政事务具有"行政裁量权",或许对推动行政事务会有较大弹性空间。当然,对于滥用其裁量权侵害人民合法权益时,自应由上级机关严加处罚,以维护政府威信及人民权利,此乃近代民主法治国家统治的基本原则。

至于租税法律之实体法规定中,本身即含有实体法及程序法之性质者甚多,如所得税法、营业税法,一方规定课税之标的、课税要件,他方又规定课征方法与程序,等等。两岸之实体法类此情形者甚多,限于时间及篇幅,拟予从略,且就实体法中,又有许多不同,特别是课税之税率,台湾地区"所得税法"之税率,综合所得税是40%,营利事业是17%[②]。而大陆的所得税税率,企业所得税税率为25%,非居民企业税率20%。[③] 至于个人综合所得税税率,最高为45%,且按所得来源种类(如属工资或薪资所得者),区分9个级距,[④]即自5%、10%、15%……45%,而个体工商户的生产经营所得与对企事业单位的承包经营承租经营所得者,其税率区分为5%、10%、20%、30%、35%五个级距。[⑤] 至于货物税、营业税、娱乐税、烟税等消费税及房产税、地价税、版照税等财产税之税率,更不胜枚举,尤其是进口货物之关税税率达9000多项货品之税率,更难一一列举比较。但关税税率是两岸进出口即将面对之问题,也是ECFA在2010年9月12日生效后各界所关注之问题,本文拟在次项进一步分析之。

总之,两岸财税法所涉及之范围虽然相当广泛,但其影响层面可能应进一步深入之探讨,情形如次项说明。

(二)影响的内容

关于租税法的范围很广,但将来产生影响者可从法制面及实务面来进一步探讨。

1. 法制面

两岸分隔已达60年之久,政治、社会、财经、文化等各方面变迁很大,各种法律制度显然难能相同,因此在洽商同意合作后,有些法律制度难免将发生影响。兹就两岸目前

---

① 台湾地区"行政诉讼法"第219条以下,有"行政和解"之规定。

② 台湾地区"所得税法"第5条规定。参见台湾地区"财政部"编印:《税法辑要》,2009年版,第36页。营利事业所得税税率原规定为25%,2009年5月27日修正公布为20%,但为配合台湾地区"产业创新条例"发展产业、奖励投资,故于2010年5月将其修正为17%。

③ 参见2008年《企业所得税法》第4条。

④ 参见《企业所得税法》第28条。

⑤ 参见《个人所得税法》第3条。

在合作架构上所谈判涉及较重要之法律制度部分加以探讨,尤其是财税方面,首先面临进出口货物关税、货物税、营业税与所得税部分,其次乃与进出口有关之产品制造、加工技术之授权等知识产权与商标商号预防仿冒,服务业相关人员就业与薪资所得之问题。

前开所提进出口货物之各种税率及进出口货物之查验与保护等,因涉及两个不同关税领域之间的产业发展与百姓就业生活关系,早在 WCO(World Customs Organization 世界关务组织,由 CCCN 改名而来)的 HS(Harmonized Commodity Description and Coding System 调和关税系统,简称 HS)制度与 WTO(World Trade Organization 世界贸易组织,在 GATT 会员国于 1994 年乌拉圭回合谈判后决议改称为 WTO 名称而来)的 GATT (General Agreement on Tariffs and Trade)体制下,各国之间就已产生许多利害关系互相对立之制度。例如,美国在 20 世纪 80 年代鉴于欧洲经济共同体(European Economic Community)已整合快成功,除立刻邀请加拿大与墨西哥在 1994 年共同签署 FAT 对抗外,[①]早已公布 1984 年《贸易法与关税法》及另再公布 1988 年《综合贸易法案》,[②]改变以往强调自由贸易之原则,采取保护主义色彩极为严重,授权给行政部门与世界各国就有关服务业与高科技产品及与贸易有关的投资方面的谈判权利与责任,同时也授权美国总统对不合理、不公平及歧视性贸易障碍的国家进行报复,扩大总统报复权限。特别是 1988 年《综合贸易法案》,直接授权美国谈判代表(the US Trade Representative,USTR)谈判有关外国在实务上是否与"301 条款"(Section 301)的案件中都有决定权(The Authorities in All Cases to Determine whether and What type of Action is Appropriate and to Implement Such Action)。[③] 足见 20 世纪 80 年代以后之国际贸易间已产生极大之变化,尤其各国为保护本国产业对以往法律制度与措施都采取极为机动之效率,随时修正以能因应实际所需,其目的即在贸易发生冲突或摩擦时,再透过 WTO 的贸易委员加以协调解决,如美国、日本与欧共体之间输入产品被课征反倾销税问题,中国输往欧共体及美国之产品被课征反倾销税或反补贴之平衡税等问题,在两岸之间亦曾发生台湾地区的中国钢铁公司倾销大陆引发两岸在瑞士 WTO 的贸易委员会中谈判事件,以及大陆输往台湾地区的毛巾鞋袜被台湾地区课征反倾销税事件,也是两岸为保护各自产业及就业运用关税保护主义之理论与制度所实行的措施。[④] 故两岸之间租税法体制之对立关系,势所难免,ECFA 签署后产生影响也属必然。

所幸两岸都属同文同种血脉相承,且只有一条台湾海峡区隔,关系极为密切,虽因政

---

① 李宪佐著:《关税法论》,台湾植根法学丛书编辑室 2008 年版,第 577 页以下。

② Trade and Tariffs Act of 1984 19 USC 1654, Congressional Record: Vol. 1984 Oct. 9 House and Senate greedeed to R. 1984 Oct 30. Omnibus Trade competitiveness Act of 1988 Conference Report to Accompany H. R. 3, Report 100 – 576x April 20, 1988 100th Congress, 2nd Session.

③ Summary of the conference Agreement on H. R. 3, The Act of 1988, US Government Printing Office, Washinton D. C. 20402 1988.

④ 李宪佐著:《关税法论》,台湾植根法学丛书编辑室 2008 年版,第 113 页。

治因素不幸区隔,前既已同意在架构上洽商,本文认为所有之法律制度及租税法制度措施,有关冲突与利害关系严重对立部分,都可坐下来面对面商谈,研究解决,绝非难事。

就目前所知,不但《海峡两岸经济合作框架协议》本法案已在台湾地区"立法院"三读通过,另外《海峡两岸知识产权保护合作协议》也通过,且具有密切关系之"商标法第四条及第一条修正草案"、"专利法第二十七条及第二十八条修正草案"、"植物品种及种苗法第十七条修正草案"、"台湾地区与大陆地区人民关系条例部分条文修正草案"及"海关进口税则修正草案",都已陆续三读通过并公布生效实施,①故其他受影响的法律制度,应可随时修正调整适应,以避免产生适用上之困扰,虽然在"立法院""国会"殿堂中,民进党与台联党向来都坚持反对立场与意见,但是前后都仍然如期获得通过,足见法制影响面的问题较小。

2. 实务面

关于 ECFA 签订后影响最大者应属实务面,所谓实务面乃社会上一般人所面临及感受之问题,因此在这方面又可细分下列三点来探讨:

(1)政治社会层面

从马萧团队在 2008 年 3 月 22 日竞选获胜取得政党轮替"执政权",当时就有学者提议仿香港地区与大陆签订 ECFA,共同合作发展经济,挽救早已萎缩空洞化的台湾地区产业,但是"在野党"反对派则认为台湾地区的领导权将丧失。有所谓"一中"即两岸统一的观念,"台湾独立"的观念及"维持现状"的观点三派不同观念。"一中"派认为可以避免两岸对立;"台湾独立"派认为台湾地区较民主自由;维持现状派认为两岸可以和平共存,各取所需。其实各有其利弊,"台湾独立"派虽然强调台湾地区本土自主性与民主自由性,但因台湾地区过于强调民主自由,尤其是选举制度所产生之"抹黑文化",将道德抛在九霄云外,政客为选票开支票,选前耍嘴皮,当选后不理你,政见都抛弃,有些人还利用工程采购多舞弊,品德人格都扫地,对百姓毫无实益。至于维持现状派,因为台湾地区目前情况已从"亚洲四小龙"之首堕落成一条"病虫",台商出走、资金外流、产业空洞化、失业率严重上升经常有媒体报道百姓生活难过,携子投河自尽或全家人烧炭自杀等社会不幸悲哀新闻,尤其以目前大学毕业很难找到一份工作,前几天新闻报道普考发榜 61 个博士才上榜 5 个,②不仅前述财经措施失当,教育制度等各种措施亦非很理想,备受指责。故比较言之,以统一派"一中"之理念或许更符合台湾地区目前政治及社会之需要,可以协助台湾地区解决许多问题,当前所签署之 ECFA,已使两岸跨出和解及合作之第一步。虽然难免有些意识观念较强烈者之反对,引发或制造一些不必要的社会秩序动荡,但确信未来可以事实及实益之证据证明统一派的主张较有远识及眼光,可以符合两岸未来之合作交流与实际的发展。

---

① 参见台湾地区"立法院"《第七届第五会期第二次临时会第一次会议议案关系文书》,第 1 ~ 94 页。

② 《自由时报》2010 年 9 月 22 日。

(2)租税收入层面

依照目前两岸在2010年6月29日签署同年9月12日生效之《海峡两岸经济合作框架协议》,其与税收较有直接关系者第3条规定,货品贸易部分如下:

第一,双方同意在本协议第7条规定的“货品贸易早期收获”基础上,不迟于本协议生效后6个月内就货品贸易协议展开磋商,并尽速完成。

第二,货品贸易协议磋商内容包括但不限于:

其一,关税减让或消除模式;

其二,原产地规格;

其三,海关程序;

其四,非关税措施;

其五,贸易救济措施,包括世界贸易组织《一九九四年关税暨贸易总协议第六条执行协议》、《补贴暨平衡措施协议》、《防卫协议》规定措施及适用于双方之间货品贸易的双方防卫措施。

第三,依本条纳入货品贸易协议的产品应分为立即实现零关税产品、分阶段降税产品、例外或其他产品三类。

第四,任何一方均可在货品贸易协议规定的关税减让承诺的基础上自主加速实施降税。①

第7条规定,货品贸易早期收获部分如下:

第一,为加速实现本协议目标,双方同意对附件一所列产品实施早期收获计划,早期收获计划将于本协议生效后6个月内开始实施。

第二,货品贸易早期收获计划的实施应遵循以下规定;

其一,双方应按照附件一列明的早期收获产品及降税安排实施降税,但双方各自对其他所有世界贸易组织会员普遍适用的非临时性进口关税税率较低时,则适用该税率。

其二,本协议附件一所列产品适用附件二所列临时原产地规则。依据该规则被认定为原产于一方的上述产品,另一方在进口时应给予优惠关税待遇。

其三,本协议附件一所列产品适用的临时贸易救济措施,是指本协议第3条第2款第5项所规定的措施,其中双方防卫措施列入本协议附件三。

第三,自双方根据本协议第3条达成的货品贸易协议生效之日起,本协议附件二中所列明的临时原产地规则和本条第2款第3项规定的临时贸易救济措施规则,应终止适用。②

其他对租税直接或间接收入仍会产生影响者,有如第4条及第5条之“服务贸易”、“投资”及第6条之“经济合作”等,因限于时间、篇幅,拟予从略。

---

① 参见台湾地区“立法院”《第七届第五会期第二次临时会议议案关系文书》,第4页。

② 同上,第6~7页。

至于上开规定对租税收入直接发生影响,且为最明显与最具体者,当属于本协议附件一之早期收获产品列表及降税安排部分,台湾地区方面早期收获产品列表计有:2009年海关进口税则27079100号列之杂酚油等267类税则号别所列产品,而大陆方面亦有2009年海关进口税则03019999号列之其他活鱼等539类税则号别所列之产品。[①] 前揭台湾地区所列200余类进口货物之平均名目税率或实质税率都很低,最低者为1%,虽有最高者为10%但项数相当少,只有11项,其余大都在2% ~5%,且1% ~2%者亦很多,尤其第二栏税率几乎都是免税,[②]此乃在为加入WTO前与部分国家会谈减税之结果。导致目前台湾地区产业更加空洞化、台商出走、资金外流之主要原因,关税已毫无保护作用,台商已留不住,并造成台湾地区社会动荡不安之关键。反观大陆前开货品之关税税率,不论平均名目税率或平均实质税率都显然比台湾地区高,虽然也有几项在2% ~5%,但项数不多,以10%上下最多,而且最高是35%及32%,大部分都在10% ~15%,如此亦即较具保护产业发展之功能,此乃目前大陆产业能在世界上一枝独秀之重要原因之一。关税政策及措施乃具有增加国库财政收入、保护国内工商企业发展、促进社会公平、保卫国家社会安全、增加国际贸易谈判筹码及缔造国民就业机会之功能。[③] 此观之美国自第二次世界大战以来,其能在世界舞台上一枝独秀、屹立不摇,乃能妥当运用关税政策及措施所致,直到20世纪80年代欧洲经济共同体(EEC)建立完成后,才产生恐慌,尤其在最近以来,又有新兴起之亚洲中国市场,更让其措手不及、坐立难安。前为报复EEC使用欧元,对抗美元地位,2007年开始,其乃在纽约国际原油市场操作国际原油价格,加上其国内投机客又操作次级房贷都因失败而循环,导致国际性经济不景气。唯查美国早期经济为摆脱刚独立后在美国大陆所建立之产业,常被英国资本主义之摧残与打击破坏,美国国会曾经在1790年1月决议责由美国财政部部长汉密尔顿(Alexander Hamilton,1757 ~1804)研究保护美国幼稚工业问题,汉氏乃于1791年12月提出《制造业问题之报告》(Report on the Subject of the Manufuctures),将重商主义的保护思想加以扼要陈述,并辅以种种辩难之理由,强调保护本国幼稚工业之必要,尤其是经济开发较为落后之国家,必须保护关税、培育扶持幼稚工业,始能使其工业发展至同先进国家竞争的程度,同时认为工业的发展重于农业的发展。保护幼稚工业的理论即为美国后来主张保护政策者所引用,其文件更为后世保护主义者的经典。此后德国学者李斯特(Friedrech List,1789 ~1843)于1841年著成《国家体系之政治经济学》(*Das Nationale Systemder Politishen De Konomie*)一书,主张保护幼稚工业成为举世闻名之"保育关税"论,即因此而来。[④] 时至

---

① 参见台湾地区"立法院"《第七届第五会期第二次临时会议议案关系文书》,第11 ~34页。

② 台湾地区"财政部关税总局经济部国际贸易局"印行:《"中华民国"海关进口税则进出口货物分类表合订表》,2006年版,第366页以下。

③ 李宪佐著:《关税法论》,台湾植根法学丛书编辑室2008年版,第56 ~62页。

④ 同上,第114 ~115页。

今日,提高关税税率仍为世界上许多国家用来保护本国幼稚产业的重要手段,休论经济落后之国家,纵使工业先进国家之美国,在第二次世界大战后,眼见日本、德国之经济发展已成为世界经济强国,乃强迫日本开放国内市场,更不惜使用各种手段促使日本降低进口关税税率,取消所谓关税障碍(taviff barrier),企图使美国产品能容易进入日本市场销售,日本虽然也以输入程序加以杯葛,此即所谓非关税障碍(non-tariff barrier),形成20世纪五六十年代非常有名之美日贸易大战,但因美国国力较强,日本仍然屈服听命,导致产业外移。台湾地区奇迹式地经济发展成为“亚洲四小龙”之首时,亦经美国极端地干预,迄于目前关税政策与措施平均名目税率在3.5%以下,平均实质税率才1.08%,①导致20世纪90年代以后无法保护台商的生存,尤其加入WTO后,更是纷纷外移,产业空洞化。

因此,为拯救台湾地区产业之沦亡,目前签订之两岸ECFA有其非常迫切需要,但依前开所列之两岸早期收获产品列表,其对两岸之财政收入究有何影响?宜再进一步申论如下:

第一,依本协议第3条第3款规定,这些产品应立即实现零关税、分阶段降税、例外或其他如同条第4款规定减让关税,或自主加速降税,或因确实影响产业发展,得暂停进口或采取“补贴及平衡措施协议”、“防卫协议”等措施。

第二,其次依协议台湾地区方面早期收获产品降税列表的税率安排如下:②

表1

	2009年进口税率×(%)	协议税率		
		早期收获计划实施第一年(%)	早期收获计划实施第二年(%)	早期收获计划实施第三年(%)
1	0<×≤2.5	0	0	0
2	2.5<×≤7.5	2.5	0	0
3	7.5<×≤27.5	5	2.5	0

依表1所示,台湾地区应将2009年海关进口税则第一栏税率(即适用于WTO成员普遍使用之税率)在2.5%(含)以下者,在本协议生效后第一年立即降为0,而7.5%(含)以下者降为2.5%,至于27.5%(含)以下者降为5%;第二年该已降为2.5%者应降为0,而降为5%者应降为0;第三年以后全部都无进口税率,即进口该列表上之产品,一律免税率。由于本协议系在2010年9月12日生效,依照表列附注二规定,第一年生效时

① 参见台湾地区“财政部关政司”网站。

② 台湾地区“立法院”《第七届第五会期第二次临时会第一次会议议案关系文书》,第18页。

间为次年(即2011年)1月1日生效。第二年、三年均为当年度1月1日。

至于生效后的影响如何,从理论上而言,显而易见者乃财政收入必然减少,尤其是降为0关税部分之货品,不管进口数量多寡,其租税收入必然都为0,将导致财政损失。至于税率降低部分,从学理上而言,必然亦随之减少,此乃逻辑之当然结论,但是如果进口数量大为增加时,反而可弥补因税率降低后之损失,实务上曾有此案例。本文作者印象非常清楚者乃在1988年台湾地区"财政部"接到上级机关交下一份很重要的公文,当时乃由长官邀集负责关政的四位科长一齐研商如何解决之道,问题是,美国认为台湾地区在当时并非GATT(现改为WTO)成员,出口货物至美国不能享受关税优惠,于是提出4000多项产品让台湾地区可以享受优惠,但是美国同时提出330项货品要求台湾地区能给予免税或至少减税之平等互惠。当时在场的司长、副司长及四位科长研究后,发现美国要求台湾地区给予优惠的那300余项货品是当时台湾地区进口的大宗货品(因为美国事前可能都已在市场上调查统计过),减税或免税结果必然是台湾地区财政收入的巨大损失。大家研议了很久,后来决议,如完全不理,恐怕对上级难以交代,于是先选择其中五项货品(牛肉、内脏、乳制品、制造大冰箱的马达等)先行依照当时"关税法"第47条之1(现已修为第71条)机动税率规定,将进口税率机动调降50%,即降1/2,时间为1年,当时曾经估计就该部分之关税损失,以上一年度进口数量计算,至少约5亿元新台币,但至年底结算时却非常意外地出现不减反增现象,比上一年度增加23亿多元新台币,因此第二年即再增加7项共12小项,其年底则增加108亿多元新台币①(此从关税收入1987年为7,626,000余万元新台币,1988年为7,858,000余万元新台币,1989年为8,938,000余万元新台币②可以获得明证)。后来对第三年即1980年修正事宜,因不在其位而不谋其政,故未能确知,事后经研究其原因,可能系税率降低后进口数量增加,而且走私减少(因为税率太高较有走私的诱因)之故。故前开早收清单货品降税后,第一年与第二年之税收情形如何?实在无法确定,只能预测,到底增或减,必须等年底结算才能知晓,而在第三年以后,因降为0,关税收入部分当然为0,这时只能依赖其他税收来弥补。

第三,至于大陆方面早期收获产品降税列表的税率安排如下:③

同理,依前开表格解释,大陆在2009年海关进口税则上属于早期收获列表上的产品,其第一栏税率在5%以下者,应在本协议生效后第一年(即2010年1月1日)降为0,

---

① 台湾地区"财政部统计处"编印:《财政统计年报》,2010年版,第246页。

② 台湾地区"财政部统计处"编印:《赋税统计年报》,2007年版,第4页。

③ 台湾地区"立法院"《第七届第五会期第二次临时会第一次会议议案关系文书》,第41页。

表 2

	2009 年进口税率 ×(%)	协议税率		
		早期收获计划实施第一年(%)	早期收获计划实施第二年(%)	早期收获计划实施第三年(%)
1	0 < × ≤5	0	0	0
2	5 < × ≤15	5	0	0
3	× >15	10	5	0

而 15% 以下者降为 5%，至于超过 15% 部分则应降为 10%；第二年 1 月 1 日起原降为 5% 部分应降为 0，而原降为 10% 部分则再降为 5%；至第三年则改为 0 免征进口关税。换言之，至第三年该早收清单上所列之 539 种类产品都应免征关税进口，而台湾地区方面则是 267 种类，比较言之，当然大陆种类数目较多，将近两倍，究竟会产生如何影响？如同台湾地区一样，在理论上降税一定会导致税收减少，但事实上有时并不必然，未至最后，确实难以预料、估计，但至第三年清单上全部货品的税率都已降为 0，完全都无关税收入，乃理所当然。

当在第三年关税降为 0 之后，其利弊得失亦不能一概而论，就此部分而言，关税完全无收入，固然是国家财政上之损失，但从另一方面而言，老百姓可以享受无税之低廉物品，此乃国家造福消费者之义务，同时因此方面带来其他之效益恐难以估计，特别是人民生活福利。美国等先进国家对老百姓此方面的福利则相当关注。不过，当此免税货品大量进口已损害国内产业或相关替代品产业之生存与发展时，不应采取限制或禁止甚至提高关税税率等防卫救济措施，以避免损害之发生或继续扩大。本协议附件三所附《适用于货物贸易早期收获产品的双方保障措施》共有六点；[①]第一点即明文规定："进口方因履行早期收获计划，导致从另一方进口特定产品的数量绝对增加或与其产量相比相对增加，且此种情况已对其生产同类或直接竞争产品的产业造成严重损害或严重损害威胁，进口方可要求与另一方进行磋商，以寻求双方满意的解决方案。"根据上述规定，经调查，如一方决定采取双方防卫措施，可将所涉产品适用的关税税率提高至采取双方防卫措施时实施的普遍适用于世界贸易组织会员的非临时性进口关税税率。此即在解决前开所提发生产业损害问题，但此问题如在谈判协议前，对国内产业及市场确实做过调查或对国内情形已有相当了解掌握者，应绝对不会发生如同当年台湾地区为加入 WTO 时与各

① 台湾地区"立法院"《第七届第五会期第二次临时会第一次会议议案关系文书》，第 34 页。

国谈判后造成轰动社会之“米酒风波事件”。[①] 故前提规定系属预防意外损害之发生，但本协议特别在第4条载明不适用世界贸易组织“防卫协议”第5条所列的“数量限制措施”及第9条、13条、14条规定之行为，亦不得同时采取双方之防卫措施，因该第9、13、14条规定是针对开发中会员与防卫委员会之功能监督及争端解决规定，与本协议不相当，因此排除适用，[②]以避免因此产生误会或不必要争议。但双方可以透过保障措施第5点之货品贸易理事会或防卫委员会或两岸经济合作委员会会商解决。

第四，另关于本协议第8条规定双方同意以附件四所列服务贸易部门实施早期收获计划，承诺开放之研究发展、营销管理，以独资合伙及设立分公司等形式，设立商业据点，提供研究发展服务，或者以服装、珠宝、家具等商品及其他个人或家庭物品之设计、视觉传达(平面)设计及包装设计等服务，或者经由因特网从事商品经纪商买卖与运动及其他娱乐服务业之开放，均承诺无限制，甚至空运之计算机定位系统服务或银行及其他金融服务(但不包括证券期货与保险)，亦都可承诺提供服务或允许申请设立银行分行。其他非金融服务部门有关专业服务、会计、审计与簿记或计算器、软件实施、数据处理等服务，亦可开放无限制，但医院服务、航空运输服务原则上不做承诺开放，只有大陆允许台湾地区服务提供商在大陆设立合资、合作医院及在上海市、江苏省、福建省、广东省、海南省设立独资医院，等等。[③]

服务业市场的范围很广，开放以后，双方人员往来交流服务非常方便，但是对于财税法制与当地人民在就业市场上之就业究竟有无影响？若以现时金融法制而言，台湾地区的存款利率相当低，反之，放款利率则高达五六倍之多。因被社会媒体及学者大加攻击后，这几年来，较不敢明目张胆标示贷款利率；但定期存款利率仍然维持1%左右，不管几年期限，活期存款利率更低，都在0.1%左右，至于贷放款利率，除房贷固定利率当局有特

① “米酒风波事件”系指台湾地区为加入WTO成为成员方之一，曾于1997年以后分别与当时GATT会员国洽商，寻求帮忙，遇到有些会员国认为台湾地区每年米酒的消耗量数千万吨，米酒的质量与该会员国生产之威士忌相当，但米酒每瓶价格为20元新台币，威士忌则将近200元新台币，因此要求台湾地区谈判代表同意将台湾地区的米酒价格分年提升至185元新台币，以利该会员国生产之威志忌方便进入台湾地区市场销售。台湾地区谈判代表不明了米酒在实务上乃系一般家庭主妇做烹饪之用，而非供宴饮之用，为得该等会员国支持，慨然答应，此消息一经传出，造成台湾地区在1999~2000年间，台湾省公卖局制造出来之米酒几乎被囤积下来，因为当时市面价格每瓶20元新台币，但再过二三年涨为185元新台币，可赚8倍利润，比投资股票好赚，于是公卖局制造出来的米酒几乎全被市场上商店行号囤积，以致玻璃空瓶无法回收再装新酒出厂销售，造成市场上恐慌，后由公平会与警察局调查局会同查办处罚，其中有台南市一家欧阳氏商行囤积154,852瓶最多，被公平会处分800万元新台币罚锾[详见台湾地区“行政院公平交易委员会”2001年11月30日“(90)公处字第193号处分书”]。此案事后经台湾地区“监察院”调查“财政部”与“经济部”相关谈判代表职责，但这些人都把责任推给已去世的“财政部”吴常务“次长”，结果该谈判纠正案不了了之。

② 台湾地区“经济部国际贸易局”编印：《乌拉圭回合多贸易谈判协议(The Results of The URUGUAY Round of Multilateral Trade Negotiations)》第14-3~14-9，“经济部国际贸易局”1995年出版。

③ 台湾地区“立法院”《第七届第五会期第二次临时会第一次会议议案关系文书》，第43页、第62页。

别关照在3%左右,其余贷款利率则各银行都不明示,采取个别议定,以个人收入、财产、职业、信用、支付能力等条件随社会情况机动调整,仍然存有许多令人难以了解之内幕。贫穷人民借款绝对不可能,有钱人借款仍需担保,但是虽有保证,仍然有呆账。2007~2008年美国次级房贷风波是造成国际经济不景气因素之一,也是典型案例之一,道高一尺、魔高一丈,虽然金融业以各种手段保护自己的稳定获利经营,亦难免有一失之时,两岸开放后,到底有何改变?本文拙见认为,应该没有什么很大的影响与改变,与签ECFA应该没多大关系,此乃从中国人的本性而论,至于服务业市场人员的流动率方面,"在野党"以极大的声音表达,台湾地区的失业率会更加提高,整个服务市场会被大陆人士占领……反对派媒体天天都可看到报道与要求全民团结起来反对ECFA,甚至曾前往"总统府"抗议,并主张否决本协议。尤其激使"执政党"代表马英九与反对党代表蔡英文于2010年3月25日下午举行ECFA公开辩论会,开放给所有媒体记者采访,在同日,台北与基隆之间的高速公路发生莫名其妙的山崩活埋事件,轰动整个台湾地区。由于整个服务业市场(不包括金融方面),其薪资水平待遇差别不是很大,要立即断言绝对的好或绝对的坏,恐怕很难准确,但从长时间观点,互相调整、交流、适应,应该会渐渐变好,此乃协议洽签之目标所在。

(3)经济发展层面

关于ECFA签订对经济发展面的影响,从前所述,一开始就有正、反两面极端对立的意见。持正面即赞成面者,是一部分学者专家与"执政"党当局,至于持反面即反对者,乃"在野"党,尤其是民进党及台联党与一些学者专家。本文前已表述,任何制度措施计划、做法甚至法案,绝无一本万利,用之四海皆准,且千秋不易,有利则有弊,只是施政者应该如何深入了解,谨慎研议、分析,比较及运用,俾能在客观上对大多数人有利时实行,并随时针对客观环境予以妥当调整修正,俾能造福双方百姓,至于产生不利者,应设法减轻损失,并弥补甚至积极改进,以期亦能转获利益,天下绝无十全十美之事。

赞成者,当然朝着有利方面进行推动;反对者,则亦鼓动、批评、阻挠、对抗。"政府"赞成,故为推动ECFA特别设立了官方ECFA海峡两岸经济合作框架协议的网站。① 另对海峡两岸经济合作框架协议,ECFA又加以介绍,并对签订之利益、冲击及"政府"因应措施、可能内容,"总统"、"副总统"谈话、"行政院院长"谈话与最新报道及活动等都放进该网站,以供有兴趣者参看。尤其对"中华"经济研究院研究对台湾地区经济之影响方面,表示签署后对台湾地区GDP出进口、贸易条件、社会福利等均可呈现正增长,整体经济成长率将增加1.65%~1.72%,总就业人数将增加25.7~26.3万人,对总体经济有明显正面效益,"全民"皆可分享此经济增长的果实,同时又可取得领先竞争对手进入大陆市场的优势,吸引来台投资,有利台湾地区经济结构转型,成为外商进入大陆市场之优先合作伙伴及门户,有助于产业供应链根留台湾地区,有助于大陆台商增加对台湾采购及

① 载http://www.ecfa.org.tw/。

产业竞争力，有利于加速台湾地区发展为产业运筹中心。

又前开设置之ECFA专用网站上，对ECFA整体经济效益方面，更以经济学家所重视之数据显示其上，其分别就ECFA早期收获效益与整体效益，以台湾地区生产毛额(GOP)等为基础，分别予以分析比较，认为早期收获效益方面，台湾地区生产毛额(GOP)可以成长0.4%，增加549亿元新台币，产值成长0.86%，增加1900亿元新台币，就业成长0.64%，增加6万人，节省“关税”295亿元新台币。[①] 至于整体效益方面，台湾地区生产毛额可以成长1.65%～1.72%，增加2265亿～2361亿元新台币，产值成长2.75%～2.83%，增加8976亿～9245亿元新台币，就业成长2.5%～2.6%，增加257,000人至263,000人。

而反对派，在台湾地区媒体如三立、民视等电视台或《自由时报》每日之评论报道皆对ECFA提出许多不同见解以反驳，如《自由时报》在2010年3月31日A3版则以极大的标题刊载《马强推ECFA，有不能说的秘密》。[②] 然后引述紧盯马英九急推ECFA问题的“台湾智库”所发表的《ECFA不能说的秘密》新书所提到的69项质问马英九，为何只讲可能利益，却不顾公开代价与伤害？这69项议题由前“总统府”顾问及“经建会”主委陈博志博士担任“台湾智库”董事长领导提出，其认为无关“统独”，但马英九为何只谈利益，而不提伤害？若要签为何限6月间，如何能讨价还价？并以数字与专业论证方式说明急于签署将产生负面的冲击，批判官方“充分就业模型”说法，如因ECFA失业的人可以转到其他受益产业继续工作，陈博志认为其乃如同农民一旦失业可转到石化业就业，显然是不可能之事，且又认为ECFA签署后十年内两岸九成商品要互相开放，台湾地区能否承受大陆倾销？台湾地区平均薪资是否因此下滑？“政府”以“东盟加一”(“中国—东盟自由贸易区”的简称)为由宣传ECFA的急迫性，陈博志反驳说，就是因为东盟与中国之间互免关税，台湾地区反而可加强与东南亚国家的贸易、石化业，甚至可透过东盟进军大陆，借此避开台湾地区产品到大陆的关税问题，该报导又明载陈博志抨击马英九对ECFA讲不清，只会说一些简单的宣传语言，如马英九说签了就像穿“钉鞋”，“行政院”吴敦义院长说没签台湾地区会“没顶”，“行政院大陆委员会”主委赖幸媛说ECFA是“好蛋”，这些都是虚伪的宣传，并且再进一步报道说智库针对ECFA解构之新书系除智库董事长陈博志外，尚有其他未具名之“专业性”财经专业学者所做，共有十多位都是遍布在研究机构与大专院校的学者，因彼等多承受某些压力无法公开反对ECFA，如有些为现任系主任，有些非教授有升等压力，有些虽已升等教授又怕借机被清算。只有一位学者其主管为“绿营”前政务官相挺，故才敢“大鸣大放”。同时在最后指出马英九委托“中华经济研究院”研究提出的ECFA报告，居然还可用政治力方式调整数字及内容，朝有利的方向呈现，便清楚说明整个政治氛围是如何笼罩在学术圈里，这种只报喜不报忧的政治正确让学术界出现寒蝉效应，这就是反对派特别报道的“不能说的秘密”。而且，在“台湾

① 载http://www.ecfa.org.tw。

② 《自由时报》2010年3月31日A3版焦点新闻，以《马强推ECFA有不能说的秘密》为大标题。

智库"的网页中,对于海峡两岸经济合作框架协议(ECFA)也有许多主题的论述,如"头家来决定 ECFA,双英辩论后 ECFA 民意调查"会后新闻稿;"政府岂可漠视 ECFA 的替代方案";"马'政府'倡导 ECFA 的不当手段";"ECFA 违反台湾经济正确的努力方向";谁在篡改研究结论?"陈博志:ECFA 评估报告:马'政府'欺骗戏法";"ECFA/CECA 将加剧台湾失业";"ECFA 是台湾经济的解药?海啸?……"①

经核前开赞成派以及反对派之见解,是非参半,非无道理,亦非有全理,有理部分不谈。例如,赞成派马上估计出有多少产值及就业人口,恐怕太乐观。而反对派主张利用大陆与东盟之间互免关税来加强台湾地区与东南亚国家贸易,使石化业等产品可透过东盟进军大陆,而避开大陆的关税一节,此种论调与 21 世纪初民进党执政期间曾经与中南美洲国家订立五个 FTA,②鼓励台商外移、资金外流,然后在中南美洲国家制造之货品再花费许多运费与保险费运回销台湾地区,以免关税优惠进口,造成目前台湾地区产业空洞化,失业严重之财经措施者无异!为何不直接与大陆签 ECFA,享受免关税,而需绕一大圈?又东南亚国家之领导统治者,除非与台湾当局一模一样,完全不知自己的关税施政措施,或者极需台商去国内投资以增加就业,否则其何以愿与台湾地区签 ECFA?因为关税平均名目税率与实质税率差距太大了,他们何必承受那么大的关税损失,并且让幼稚产业无法建立。另外,反对派又提到马英九利用政治力方式调整 ECFA 报告数字及内容,朝向有利方向,呈现之事很意外,的确令人寒蝉发抖,从前就有人传说政府公布的数字不可信,都会朝自己有利的数字调整,目前反对派直接以文字表达,也是一种骇人听闻的事证,难怪有时常见当局公布的统计数字前后不一致,以为是人为疏失所致,原来也有政治目的,仅可供参考之用。

因此,前述正反意见,本文认为各有其利弊得失,绝不可一概而论,但既然经过相关人员协议商谈,就长远而论,只要双方能在事前全盘了解,并确实做过市场调查,并思考规划,应该是利大于弊,利者继续推动扩大,弊则改进补救或终止,使两岸交流合作更加紧密、更加进步。

(三)因应之道

如前所述,任何制度措施绝无十全十美、天衣无缝,因此,只要一方发现有确实损害或不适应,双方应可透过两岸经济委员会尽速开会协商解决。尤其两岸经济委员会之成员应挑选确实具有解决之专业能力与实务经验者较为重要,切莫仅讲究有关系者才能任职,其影响于整个 ECFA 功能与目标者,才是关键因素。

三、未来展望

ECFA 之签署生效,乃两岸结束"敌对"并朝向合作交流的第一个重要里程碑,借由 ECFA 的运作,不但可使两岸居民有更亲密的往来交流合作机会,更使往昔许多不同政治经

---

① 载 http://www.taiwanthinktank.org/chinese/。

② 李宪佐著:《关税法论》,台湾植根法学丛书编辑室 2008 年版,第 578 页以下。

济体制得到更和谐的沟通。更因20世纪80年代以后国际政治经济情势之变化,尤其欧共体整合成功,并使用欧元以对抗美元汇率,激起美国采取报复所发生国际经济之影响,加上俄罗斯与中亚国家亦开始对经济发展付出注意力,则两岸借ECFA签订加强交流,互相提供发展经济之经验与资源,发挥原有各自经营发展之专业与本能,同时共同合作,增加稳固发展基础与效力,属刻不容缓。虽然两岸的居民尚有许多有待调整适应的问题,但此乃不可避免之事,但因不可避免之因素,最后还是可以获得解决,只要大家都能以理性、诚意、良心、客观、公正、公平为出发点,运用智慧,天下没有不能解决之事。虽然台湾地区有许多学者及反对派提出许多反对ECFA签署将产生经济发展与就业及社会之负面影响与挑战之见解,但诚如国台办主任王毅表示,两岸早收清单有下列"惠台五意涵":①

第一,希望对方降税的产品,无论是金额或是在各自出口中所占的比例,大陆方面都会少于或低于台湾地区方面。

第二,大陆方面选择对台湾地区降税产品时,将尽可能选取能惠及台湾地区中小企业和广大基层民众的相关产品。

第三,大陆方面不会要求台湾地区扩大同意大陆农产品输入台湾岛。

第四,大陆对台湾地区所提出希望降税产品要求,已考虑尽量不影响台湾地区弱势产业。

第五,大陆更无意对台湾地区实施劳务输出。

经查王毅主任前开五项意涵,更是将总理温家宝在全国人民代表大会和中国人民政治协商会议开会前夕受记者访问时所表达之"对台让利说"阐述得很详尽。的确,以大陆与台湾地区相比较,恰似一锅饭与一粒米相似,大陆何需与台湾地区斤斤计较?但两岸之间不要再敌对,不要再搞破坏,不要勾结外国来对抗,更不要花费冤枉钱购武器,互相交流、团结合作、一致对外,非常重要,对目前局势多变化的国际情势,尤其美国帝国主义、资本主义在20世纪以来在世界各地所采取的下列政策更应特别注意:②

第一,政治保护主义政策(The Politics of Protection)。

第二,以单方内向的关税税率模式达成政经平衡政策(Political-Economic General Eguilibrium Mode of Endogenous Tariffs)。

第三,善用美国1900~1984年关税税率之经验结果主义政策(Empirical Results U. S. Tariffs,1900~1984)。

第四,解决总统团队困惑主义政策——等同保护诡计(Resolution of the Presidential Party Paradox:The Isoprotection Curve)。

第五,非关税保护政策主义(Nontariff[Antidumping]Protection)。

---

① 载《中国时报》2010年3月31日。

② Robert M. Stern, *U. S. Trade Policies in A Changing World Economy*, The Massachusetts Institute of Technology, 1987, pp. 148 - 196.

难怪自第二次世界大战以来美国在各地支持的东西德、南北韩、南北越之对立及南斯拉夫独立与对伊拉克战争等,无不希望全球各地势力能自相制衡,不得有余力可以赢过美国。尤其在20世纪80年代以来的做法更为明显,伊朗及朝鲜核武试爆的干预,使用欧元的报复,尤其在中国经济兴起后更是受到美国的关注。虽然美国总统奥巴马访问中国,但是中国输往美国的产品仍然要被课征反倾销税,如在2009年输往美国的铜管被课征60.85%的税率。① 2010年9月27日美国商务部又对中国输往美国之铜管课征反倾销税。当然中国也不甘示弱,对美国进口之鸡肉课征30.3%反倾销税。此外,美国国会为制裁人民币汇率低估,并将在9月29日通过对中国产品征收反补贴关税的法案。由于美国2010年前七个月对中国贸易逆差扩大为1450亿美元,比2009年同期间(1230亿元)增多,加上美国国内经济成长衰退,失业率将达10%,并对人民币升幅失去耐力,乃依前开政策对中国大陆采取课征反倾销税、反补贴措施。再查美国向来在全世界一再高喊各国应降低进口关税税率,以利世界各国自由贸易,唯查21世纪以来的美国关税税率第三栏仍有许多达90%或95%者,②其仍在贯彻前开之保护主义政策,实在令人不敢相信。

基于前开说明及两岸目前所拥有的人力、物力、资源与发展经济之经验,处于当今国际经济情势下,两岸间实宜更加强团结一致、交流合作,而ECFA的签订与生效应是提供两岸更坚实的基础与条件,至于未来如发生有不适应时,双方当依前开协议及诚信原则,迅速谋求解决之道。确信ECFA必会带给两岸经济发展、国民就业与生活水平无限的提升,并可使沉沦中的台湾地区得以获得解救,同时亦可使发展中的中国经济突飞猛进,令世界各国更加羡慕。

四、结论

综前所述,目前两岸签署ECFA,并使其迅速生效实施,此系非常值得庆幸的大事,不但应作为结束60余年的分隔基础,更是可以作为进一步交流合作的积极条件,共同发展经济进一步建构亚洲经济共同体与欧共体及美国三足鼎立,实现21世纪是中国人世纪的理想,主导未来全世界的政治经济情势。

至于协议生效后可能产生两岸方面的政治、经济、社会及财税法制或人民就业生活等影响情形,确信只要双方本着客观、公正、公平、平等、互惠以及互助、互信、创造共赢的诚信原则,循序渐进、积极改善缺失,任何困难皆能化解为零。亦可解救正在沉沦中的台湾地区。因近年来财经措施失当,造成台商出走、资金外流、产业空洞化,加上滥用民主选举制度,造成一些只会耍嘴皮的政客选前众多施政策计,当选后全部都被抛弃,造成目前的失业率与不良社会风气,如果两岸能尽速统一,做适度调整与清理,必可主导未来全世界的政治与经济发展。

---

① "人民币汇率低估,引爆争端,美中互控倾销,一月大战四回",载《自由时报》2010年9月29日。

② Harmonized Tariff Schedule of the United State 2004, P. xx94 - 5, Px162 - 67, Px162 - 63 … USITC PUBLCATION 3653, U. S. GOVCRNMENT PRINING OFFICE.

海峡两岸经济合作框架协议(ECFA)与台湾地区税制改革

吴德丰* 许祺昌**

一、前言

台湾地区是以出口为导向的海岛型经济体,对外贸易历年来均占有举足轻重的地位。目前国际经贸情势的两个最重要的发展不能忽视:一为世界贸易组织(World Trade Organization,WTO)多边体制的进展;二为方兴未艾的区域化经济整合,如欧盟(EU)、北美自由贸易区(NAFTA)及东盟自由贸易区(AFTA)等。由于WTO多哈回合谈判受阻,进一步自由化进程充满不确定性,世界各国纷纷投入区域经济整合活动,经贸政策重点由WTO转向自由贸易协议(Free Trade Agreement,FTA),在WTO架构下洽签FTA已蔚为风潮。FTA签署国之间,可彼此互相提供更优惠的贸易待遇,如互享较低关税,甚至零关税,形成对非签署国的贸易差别待遇,对非签署国产生极为不利的影响。

台湾地区于2002年1月1日正式加入WTO,期待借由参加多边贸易体制谈判,得以一体适用与其他会员间的关税减让及市场开放等谈判成果,强化台湾地区的国际竞争力。唯因多边谈判受阻,各国纷纷转向洽签FTA,台湾地区受限于国际政治因素,对于占出口比重高达88.7%的亚洲、欧洲及北美等市场,至今均无法与该等国家签署任何的双边自由贸易协议,仅与占台湾地区出口总额不到0.2%的巴拿马、危地马拉、尼加拉瓜、萨尔瓦多、洪都拉斯五国签署自由贸易协议,对台湾地区整体贸易作用不大。在此情况下,原来台湾地区极具竞争力的出口产品,因较高关税障碍而将市场拱手让人,使台商面临极为不利的竞争环境,以致出口衰退,濒临被边缘化的危机,导致经济停滞的严峻情势。

所幸,大陆的海峡两岸关系协会(海协会)与台湾地区的海峡交流基金会(海基会)于2010年6月29日在重庆举行第五次"江陈会谈",正式签署《海峡两岸经济合作框架协议》(Economic Cooperation Framework Agreement,ECFA),台湾地区的"立法院"亦于

* 东吴大学会计系及中原大学会计系助理教授。

** 台湾会计师公会税制税务委员会副主任委员、工业总会税制委员会顾问、资诚联合会计师事务所(PwC)税务暨法律服务部会计师。

2010年8月17日通过,自2011年1月1日起生效。工商界欢呼迎接未来的发展,经济景气可望恢复荣景。唯台湾地区的税捐法制,与其他国家或地区比较,若不配合经济发展,加速脚步改革税制,恐怕抵消ECFA后经济成长的果实,或因税捐法制不健全而减缓经济成长的速度。因此,本文以ECFA后台湾地区产业的机会与挑战及税制的因应与调整为探讨主题。

二、ECFA对台湾地区产业的机会与挑战

20年来,两岸贸易往来快速成长,虽然台湾地区基于某种考虑,对大陆产品输入仍有许多限制,但是台湾地区与大陆之间的贸易总额自1990年至2009年累计达8556亿美元。[①] 而台湾地区对大陆贸易比重,于1990年为4.23%,逐年增长,至2009年已高达22.89%。[②] 又台湾地区对大陆投资,累计至2009年年底止,达827亿美元。[③] 海峡两岸具有高度经贸投资依存关系,理应相互合作,共存共荣。

由于海峡两岸政治情况特殊,两岸所签署的ECFA并非一般的FTA,也不是香港模式的《关于建立更紧密经贸关系的安排》(Closer Economic Partnership Arrangement,CEPA),而是两岸特殊性质的经济合作协议,不违背WTO精神,仅规范经济合作事项。ECFA后,台湾地区方面将解除若干管制及进一步开放市场,两岸贸易量及比重亦将随之提高。据估计,台湾地区的GDP将增加1.65%至1.72%,就业人数将增加25.7万至26.3万人;仅早期收获效益,即可增加0.5%的GDP,就业人数增加6万人。[④]

两岸ECFA的签署,不仅产生立即的静态贸易效果,更由于两岸生产效率提高及资本累积增加而具有促进两岸经济快速成长的间接效果,且因提高两岸的资源分配效率对外国直接投资(Foreign Direct Investment,FDI)产生积极诱导作用,吸引外国对台湾地区的投资,分享大陆市场规模扩大和关税减让的利益。此外,除了投资与服务贸易自由化所引申的投资增加效果外,更可提高台湾地区的区位优势,吸引全球跨国企业进驻台湾,作为生产、营销、研发与营运的运筹基地。

(一)台湾地区产业的机会

1. 两岸互补互利

大陆与台湾地区同文同种,经济条件互补,ECFA签署后,必将促进两岸人员、货物、资金、信息等经济资源的对等流通更加顺畅,给两岸经济发展带来巨大商机。面对ECFA,台湾地区仍有许多人担忧资金与人才进一步向大陆倾斜。其实这些问题的答案,并非因ECFA签订与否所能决定,而是由台湾地区产业能否找到新的利基以及企业经营

① 上述数据为台湾地区"行政院大陆委员会"之估算数,而大陆海关统计数为9480亿美元,且自2005年起,每年两岸经贸往来数额皆超过千亿美元。参见台湾地区"行政院大陆委员会":《两岸经济统计月报》第208期。

② 台湾地区"行政院大陆委员会":《两岸经济统计月报》第208期。

③ 同上。

④ 参见台湾地区"经济部"ECFA专属网站。

者如何因应竞争趋势来决定。

台湾地区企业富有创意、活泼、多元,在研发、设计、营销、管理、科技方面皆处于领先地位。此外,台湾地区的会计、法律、教育、公司治理、环保、医疗等方面也都有相当成就,台湾地区的软实力其实是非常坚强的;而大陆不管在人才、市场、国际竞争平台也都有其独特优势。透过 ECFA,两岸在各自拥有的优势下,只要互惠,一定能优势互补、互蒙其利。

2. 电子以外产业的生机

ECFA 为电子业以外的产业带来新的生机。以早期收获列表而言,制造业部分,不但缓解台湾地区在大陆市场面临的东盟产品竞争威胁,并且相较于日韩优势产业的产品,亦提供抢占市场的先机。因为大陆同意对台湾地区降税的产品中有 1/5 是台湾地区产品在大陆市场面临东盟国家激烈竞争或处于竞争劣势的产品,包括塑料原料及仪器用零件、照相机模块等。另外,也包含不少的台湾地区相对东盟国家具有竞争优势但因高关税削弱台湾地区产品竞争力的产品,如石化原料氯乙烯(税率 5.5%)、正丁醇(税率 5.5%)、锂离子电池(税率 12%)。零关税部分,有 17% 在大陆市场上台湾地区原本就较日本与韩国产品具有相当竞争优势者,如自行车及其零组件,纳入 ECFA 早期收获清单后,有助于提升此类产品在大陆市场的竞争力。①

早期收获清单也为台湾地区的农业、传统中小企业开创了市场先机。因为大陆同意对台湾地区降税 50% 是属于敏感性传统产业、中小企业与农产品,包括汽车零组件、热水器、过滤器、小家电、手工具、服饰配件、内衣、鞋、袜、袋包箱等产品,以及兰花、香蕉、茶叶等农产品,此类产品在大陆的税率均高达 10% 以上。此类产品纳入 ECFA 早期收获清单后,可帮助厂商拓展大陆市场,开创新的市场商机,进而提升台湾地区产业的规模,促进产业发展。同时,此类产业多属运用劳力较多的产业,产业规模扩大亦将创造新的就业机会。

早期收获清单中,还有一项重点是服务业。就广泛的服务业而言,大陆给予台湾地区的项目均属超出大陆 WTO 入会承诺。台湾地区业者可以利用大陆给予的优惠待遇,前进大陆投资与经营市场,享有较韩国、日本、欧美等其他 WTO 会员更优惠条件。金融业在银行部分,台湾地区也取得市场准入时限的大幅缩短、保险业"532 条款"的放宽认定、②证券业的周边利多,让台湾地区的金融业可以逐渐走出艰困产业的格局。

3. 外商进入大陆的门户

由于相同产品自台湾地区销往大陆的关税较自欧美日等国家和地区直接出口更优惠,同时因为台湾地区对知识产权保护较为周全,加上两岸开放"大三通"以及"政府"补

---

① 林建甫:"两岸签订 ECFA 对台湾的影响"。

② 大陆对保险业进入门槛规范很高,有所谓"532 条款",系指最低总资产 50 亿美元,台湾地区营业超过 30 年以上,在大陆设置代表处两年以上。

助企业在台湾地区设立研发中心的优惠措施,有助于欧、美、日企业选择台湾地区作为进入大陆市场的门户,优先与台商合作研发及生产,将区域研发、生产或营运总部设在台湾地区,让台湾地区成为跨国企业“全球创新中心”及“亚太经贸枢纽”的第一选择。签署ECFA后,除有利台湾地区与美国、日本、新加坡等主要贸易伙伴增进经贸关系外,更有助台湾地区融入全球经贸体系及协助台湾地区企业进行全球布局,并吸引跨国企业利用台湾地区作为进入东亚的经贸投资平台。

4. 产业供应链根留台湾地区

过去,由于多数零组件出口至大陆必须课征关税,致使终端产品制造商要求零组件供货商必须共同赴大陆投资。一旦大陆大部分工业产品关税降为零后,将有助于整体供应链根留台湾地区,并借由“大三通”采国际贸易方式供应客户,可维持在台湾地区经济生产规模及高质量货品。

5. 降低生产成本

在大陆台商以往为降低生产成本,部分机器设备及原物料改在当地采购。在大陆进口关税降为零后,自台湾地区进口相对成本降低,台商自可增加在台湾地区的采购数量,同时因质量较佳及成本降低,将有助于台商在大陆竞争力的提升。相对地,在台湾地区同意对大陆降税的早期收获清单,主要集中于石化产业(以塑料原料及杂项化学品为主)与产业机械及其零件;至于自行车及纺织等产业,亦均以中间零配件项目为主,可减低台湾地区的进口成本,有助于上述产业的生产原料及零件取得。

6. 加速发展成为产业运筹中心

由于货物“大三通”及人员流通的便利性,配合双边货品关税降低及非关税障碍消除等贸易自由化效果,将可重新塑造台湾地区成为兼具转口、物流配销、终端产品加工等全功能运筹中心之机会。同时,搭配“政府”放宽台商赴大陆投资限制、鼓励台商回台湾地区上市等激励措施,将可促成台湾地区成为台商运筹帷幄的“营运总部”。

(二)台湾地区产业的挑战

任何政策的推动与实施,都包含了正反两面因素,利之所在弊亦随之。两岸签署ECFA固然对台湾地区有利,但其可能引发的争议也不少,兹就ECFA后台湾地区产业的挑战举例如下:

1. 弱势产业的生存更加艰困

签署ECFA并不能解决当前台湾地区的主要经济问题,包括贸易过度依赖大陆,以及大陆低价产品倾销对台湾地区产业发展不利,尤以中小型、内需型及聚落型的产业,如毛巾、制鞋、寝具、制袜、毛衣、泳衣与内衣,较易受到经济自由化的冲击。未来这些可能受冲击的敏感产业,除应争取延长降税时程、协助运用贸易救济措施及提供资金融通外,“政府”应协助业者让资源移转到更有竞争力的产业或以产业升级来面对挑战。

2. 知识产权保护备受关切

台商企业在大陆普遍面临知识产权的申请、抢注、侵权及保护执行等问题,虽然两岸已签署《海峡两岸知识产权保护合作协议》，但是根据美国商会对在大陆美商企业的调查，表示大陆保护知识产权执行不力的比例高达63%，显示类似的执行成效问题也将是两岸未来必须面对的挑战。

3. 反倾销和争议无法避免

大陆产品已成为台湾地区产业最大的市场竞争来源，此一现象显示，两岸产业的竞争仍将是影响台湾地区产业的重要因素。尤其是有的大陆产品，不论是否循正当管道、伪标产地、出具虚伪产证或自香港等其他地区转而进入台湾地区市场，因价格低廉已冲击台湾地区同类产品。此一问题除引发包括反倾销控诉和援引进口救济措施等争议外，ECFA 生效后，两岸"海关合作"能否真正改善伪标产地、出具虚伪产证或违规转口问题将为各界所关切。①

4. 面临更激烈的竞争

由于早期收获清单没有列入包括人造纤维、塑料、面板、高阶工具机及体育用品等台湾地区对大陆出口的优势产品，因而台湾地区将依 ECFA 的规定在协议生效后六个月内启动货品贸易协议协商时优先争取大陆的关税减让。然而，大陆的"竞争考虑"是台湾地区必须注意的问题。以石化产业为例，大陆从 2000 年开始积极扶持石化工业发展政策，也借由反倾销措施保护大陆市场，已对台湾地区 PVC 等产品课征反倾销税。另外，高阶工具机未列入，是因为属于《十大重要产业调整振兴规划》扶植的产业项目，大陆业者自然不乐见台湾地区高阶工具机因零关税而带来竞争压力。②

三、ECFA 前的税制调整

台湾地区自 2008 年起为与世界潮流接轨，并为 ECFA 的签署做准备，税制、税政的改革步调相当快速，兹将较为重要的革新项目列举如次：

（一）税捐稽征方面

1. 放宽限制纳税人出境的标准

2008 年 8 月及 2009 年 5 月，台湾当局两度修正"税捐稽征法"第 24 条，个人欠税 50 万元新台币限制出境，提高为 100 万元新台币；营利事业欠税 100 万元新台币限制其负责人出境，提高为 200 万元新台币。行政救济中未提供担保案件，其限制出境标准，个人由 75 万元新台币提高为 150 万元新台币；营利事业限制负责人出境，由 150 万元新台币提高为 300 万元新台币。

税务机关执行欠税人限制出境之前，应先就纳税人相当于欠税数额之财产通知有关机关，不得为移转或设定他项权利；如纳税人有隐匿财产或逃避强制执行之迹象者，应申请法院就其财产予以假扣押。税务机关未执行此一程序，不得对纳税人或营利事业负责人限制出境。

---

① 蔡宏明："后 ECFA 时代的两岸经贸新格局"。

② 同上。

2. 放宽退税标准并加计利息

2009 年 1 月,修正台湾地区“税捐稽征法”第 28 条,纳税义务人因税捐稽征机关适用法令错误、计算错误或其他可归责于政府机关之错误,致溢缴税款者,税捐稽征机关应自知有错误原因之日起 2 年内查明退还,其退还之税款不以 5 年内溢缴者为限。并应自其缴纳该项税款之日起,按日加计利息退还。

3. 取得非实际交易对象发票减轻处罚

台湾地区“税捐稽征法”第 44 条原规定:“营利事业依法规定应给予他人凭证而未给予,应自他人取得凭证而未取得,或应保存凭证而未保存者,应就其未给予凭证、未取得凭证或未保存凭证,经查明认定之总额,处百分之五罚锾。”2008 年 8 月增订但书规定:“但营利事业取得非实际交易对象所开立之凭证,如经查明确有进货事实及该项凭证确由实际销货之营利事业所交付,且实际销货之营利事业已依法处罚者,免予处罚。”2010 年 1 月又增订第 2 项规定:“前项处罚金额最高不得超过新台币一百万元。”

4. 明定实质课税原则及举证责任

为避免纳税义务人质疑税捐稽征机关滥用实质课税原则,造成征纳双方争议,并保护纳税人权益。2009 年 5 月,增订台湾地区“税捐稽征法”第 12 条之 1 规定:“涉及租税事项之法律,其解释应本于租税法律主义之精神,依各该法律之立法目的,衡酌经济上之意义及实质课税之公平原则为之。税捐稽征机关认定课征租税之构成要件事实时,应以实质经济事实关系及其所生实质经济利益之归属与享有为依据。前项课征租税构成要件事实之认定,税捐稽征机关就其事实有举证之责任。纳税义务人依‘本法’及‘税法’规定所负之协力义务,不因前项规定而免除。”

5. 增订“纳税义务人权利之保护”专章

鉴于台湾地区“宪法”规定人民具有平等负担税捐的义务,同时保障人民的自由及权利,对于租税课征,应尊重以人民为主体的纳税人权利。一方面,规范纳税人主动参与税捐程序及协助稽征机关发现真实的义务;另一方面,保障纳税义务人拥有理性人格与租税规划的社会基础,以达成纳税共同体平等分担公共支出的目的,参照多数先进法治国家的立法例,增订第 1 章之 1“纳税义务人权利之保护”于 2010 年 1 月 6 日公布实施。该专章的制定,实为“租税法制”之一大进步,象征纳税人在履行缴税义务同时亦充分享有其基本人权。其内容如下:(1)台湾地区“财政部”依本“法”或“税法”所发布之“法规”命令及行政规则,不得增加或减免纳税义务人“法定”之纳税义务。(2)“税法”或其他“法律”为特定政策所规定之租税优惠,应明定实施年限并以达成合理之政策目的为限,不得过度。前项租税优惠之拟订,应经税式支出评估。(3)税捐稽征机关或“财政部”赋税署指定之调查人员,于进行调查前,除通知调查将影响稽征或调查目的者外,应以书面通知被调查者调查或备询之事由及范围。被调查者如委任代理人,该代理人应于接受调查或备询时,出具委任书。被调查者或其代理人经税捐稽征机关或财政部赋税署之许可,得偕同辅佐人到场接受调查或备询。(4)税捐稽征机关故意以不正当方法取得之自白且与事实不相符者,不得作为课税或处罚之证据。(5)税捐稽征机关应设置适当场所,聆听陈情或解答纳税义务人问题。上揭相关规定,具有浓厚的宣示性作用,唯是否能实际保障纳税义务人的权利,仍有待进一步落实。

(二)综合所得税方面

1. 调降税率

2009 年以前的个人综合所得税课税级距及税率(如表 1:),2009 年 5 月 27 日修正公布,综合所得税率除了调低三个级距税率 6%、13% 及 21% 各调降 1 个百分点,并调高最低一级税率的课税级距金额,由 41 万元新台币提高至 50 万元新台币,以减轻纳税人之负担(如表 2:)。

表 1 2009 年以前之综合所得税税率级距

课税级距(元新台币)	税率	累进差额(元新台币)
0 ~ 410,000	6 %	0
410,001 ~ 1,090,000	13 %	28,700
1,090,001 ~ 2,180,000	21 %	115,900
2,180,001 ~ 4,090,000	30 %	312,100
4,090,001 以上	40 %	721,100

表 2 2010 年以后之综合所得税税率级距

课税级距(元新台币)	税率	累进差额(元新台币)
0 ~ 500,000	5 %	0
500,001 ~ 1,090,000	12 %	25,000
1,090,001 ~ 2,180,000	20 %	95,800
2,180,001 ~ 4,090,000	30 %	313,800
4,090,001 以上	40 %	886,800

2. 扩大所得分离课税范围

扩大个人所得分离课税方面,自 2007 年 1 月 1 日起,个人持有公债、公司债及金融债券之利息所得,扣缴 10% 税款,不并计综合所得总额课征综合所得税。自 2010 年 1 月 1 日起,个人取得下列所得,亦扣缴 10% 税款,不并计综合所得总额课征综合所得税:(1)短期票券到期兑偿金额超过首次发售价格部分之利息所得。(2)依金融资产证券化条例或不动产证券化条例规定发行之受益证券或资产基础证券分配之利息所得。(3)以有价证券或短期票券从事附条件交易,到期卖回金额超过原买入金额部分之利息所得。(4)与证券商或银行从事结构型商品交易之所得。

(三)营利事业所得税方面

1. 延长亏损扣抵年限

以往年度亏损,原则上不得列入本年度计算,但以年度为期限计算营利事业所得额常使所得变动性较大的企业负荷过重。外国法例有将以往年度亏损后转或前转等方法,唯前转使以往年度税负不确定,且退税手续烦琐,殊非所宜,故台湾地区"所得税法"采后转法,原规定营利事业前5年内的各期亏损可自本年纯益额中扣除后再行核算营利事业所得税。为提高企业竞争能力及促进税制公平合理,并考虑企业永续经营及课税能力的正确衡量,将该亏损扣抵期限,由5年延长至10年。

2. 提高免税额及调降税率

台湾地区"所得税法"第5条原规定,营利事业全年课税所得额在5万元新台币以下者免征营利事业所得税,所得在10万元新台币以下者课征15%营利事业所得税,所得超过10万元新台币以上者课征25%营利事业所得税。自2010年度起改采单一税率,全年课税所得额在12万元新台币以下者免征营利事业所得税;超过12万元新台币以上者,就其全部课税所得额课征17%营利事业所得税。

(四)产业创新的租税优惠

台湾地区"产业创新条例"于2010年5月12日公布,实施期间自2010年1月1日起至2019年12月31日止,旨在促进产业创新,改善产业环境,提升产业竞争力,并用以取代2009年年底废止的"促进产业升级条例",其主要内容包括创新活动的补助或辅导(含研发投资抵减)、无形资产流通及运用、产业人才资源发展、促进产业投资、建构产业永续发展环境、资金协助、产业园区的设置管理、工业专用港及工业专用码头的设置管理、扩厂的辅导等,其实施可为台湾地区未来十年的产业发展奠定良好基础。

鉴于台湾地区企业面对新兴国家或地区的崛起与竞争,必须将产业转型为高附加价值的知识型产业,才能保有企业的竞争优势,于是台湾地区"产业创新条例"的制定,原拟的草案有研究发展、人才培训、营运总部、物流中心四大租税优惠,对境内未来产业发展有所帮助,但台湾当局协商后,"产业创新条例"中有关奖励的部分由原来的"20% +4"(即20%的营利事业所得税加上研究发展、人才培训、营运总部、物流中心四项租税优惠)改为"17% +1"模式(即营利事业所得税调降为17%,外加"研发的租税优惠")。①理论上,营利事业所得税调降固然有助于台湾地区整体产业的发展,对经济的长远发展有利,但同时也必须考虑台湾当局财政收入减少以后对当局举办各项活动不足可能带来的冲击,因为"产业创新条例"的"17% +1"模式,据估计,台湾当局的财政收入可能减少

① 依台湾地区"产业创新条例"第10条第1项规定:"为促进产业创新,公司得在投资于研究发展支出金额百分之十五限度内,抵减当年度应纳营利事业所得税额,并以不超过该公司当年度应纳营利事业所得税额百分之三十为限。"

350 亿元新台币以上。①

唯若以政府实施租税优惠对总体经济效益所造成的冲击为例,政府因为降税所引发的投资效益增加,让政府的租税净收益反而增加,而这种税率下降税收反而增加的情形,除了说明租税体系中确实存在拉弗法则(Laffer's Rule)之外,也说明了租税优惠措施有助于政府税收的提升。因此,配合台湾地区"产业创新促进条例"实施的营利事业所得税虽然调降 3 个百分点,且"研发的租税减免"优惠依然存在,对于台湾当局财政收入的减少确实不可忽视。由于适逢台湾地区经济逐渐复苏之际,若因为降税而引发投资需求的增加,则营利事业所得税的下降虽减少了税收,但若降税所引发的投资效益大于减税之后的税收损失,则整体而言税收不减反增。②

(五)调降遗产税及赠与税的税率

遗产税系针对自然人死亡时的遗财产课税,旨在促进社会财富重分配,但如仅对死亡时的遗产课税,则生前亲属间长期有计划的财产赠与或死亡前数年的变相赠与,将成为逃避遗产税的合法手段。故世界各国或地区的税制中,凡对遗产课税者,大都亦有赠与税的课征。台湾地区现代遗产税的建制实施,于 1973 年公布施行"遗产及赠与税法"始建立遗产及赠与财产课税的完备制度。唯当时基于财富重分配及社会正义的要求,最高累进税率达 50%,导致富人采取租税规划规避税负,该税目税收少而稽征成本高,加以全球化及自由化趋势,世界主要国家或地区大多废除遗产税或调降税率,以致资金大幅外流,不利于台湾地区的资本累积与经济发展。因此,遗产税及赠与税的课征已丧失发挥平衡贫富差距功能的初衷。鉴于租税课征应兼顾经济发展、社会公义、国际竞争力与企业永续经营环境,于 2009 年 1 月 21 日修正公布"遗产及赠与税法",将遗产税及赠与税税率一律调降为单一税率 10%。

(六)加值型营业税方面

1. 机动调整进口民生物资的税率

为因应经济特殊情况,调节物资供应,对进口小麦、大麦、玉米或黄豆应征之营业税,得由台湾地区"行政院"机动调整,不受第 10 条规定限制(最低税率不得低于 5%,最高税率不得超过 10%)。机动调整之货物种类、调整幅度、实施期间与实际开始及停止日期,由"财政部"会同有关机关拟订,报请"行政院"核定公告之("加值及非加值型营业税法"第 9 条之 1,自 2008 年 3 月 10 日施行)。例如,"行政院"公告自 2008 年 3 月 10 日起至 2009 年 3 月 9 日止调减进口小麦、大麦、玉米及黄豆应征之营业税百分之百。③

2. 参展或临时商务活动的退税

为因应国际贸易环境变迁,协助台湾地区厂商拓展国际市场,减轻营运成本,俾提升

① 谢明瑞:"产创与 ECFA",载 http://www.npf.org.tw/post/1/7312。

② 同上。

③ 台湾地区"财政部"2008 年 3 月 12 日"台财税字第 09704507970 号函"。

国际竞争力,经参考德国及韩国之立法例,本互惠原则,对在台湾地区内无固定营业场所之境外事业等,于台湾地区内参加展览或从事临时商务活动,而购买特定货物或劳务,所支付加值型营业税额达规定数额,得申请退税。俾使台湾地区营业人于互惠之对方从事相同活动,所支付加值型营业税额达5000元新台币者,亦得申请退还,爰于2010年5月5日增订台湾地区"加值型及非加值型营业税法"第7条之1规定,并自2010年7月1日起实施。但未取得并保存凭证、非供本业及附属业务使用之货物或劳务、交际应酬用之货物或劳务、酬劳员工个人之货物或劳务、自用乘人小汽车不适用之。基于互惠原则提供上开退税机制,台湾地区厂商于对方从事参加展览等活动所支付之营业税将可申请退还,可减轻市场开发成本,并提升竞争力。另外,以租税优惠措施配合台湾当局推动展览相关产业,可吸引境外厂商来台湾地区从事参加展览等活动,带动展场、旅宿、餐饮、交通、营销广告等周边产业之商机,亦有助经济成长。①

(七)定期免征货物税

台湾地区已逐渐迈向高龄化社会,为照顾老弱妇孺及行动不便者行之需求,鼓励公路及市区汽车客运业者多采用便利乘客上、下车之低底盘公共汽车,以建构无障碍及更友善之乘车环境。另考虑汽车使用之燃料以汽油及柴油为主,就二氧化碳之排放而言,汽油、柴油相较于天然气对环境之影响显然更为不利,为因应绿色环保潮流,达成削减空气污染物与二氧化碳减量目标,鼓励公路及市区汽车客运业者多购置以天然气作为车辆动力驱动系统之公共汽车,加速促成能源运用、环境保护、经济发展三赢之政策目标。②爰增订"货物税条例"第12条之2规定,自2009年6月5日起,5年内购买低底盘公共汽车、天然气公共汽车、油电混合动力公共汽车、电动公共汽车、身心障碍者复康巴士,并完成登记者,免征该等汽车应征之货物税。

四、ECFA后的税制革新与因应

台湾地区大力推动财经政策改革的过程中,经济活力逐渐展现,不论是从企业投资的增加,或是消费信心指数的提升来看,都说明了台湾地区的经济已逐渐脱离金融海啸的冲击,③尤其是ECFA签订后,经济快速成长的趋势更为明显。经济成长的果实,理应由台湾居民共享,并应借由租税手段维持经济永续发展与企业国际竞争力。唯赋税改革不仅牵涉租税理论与法制的相互关联,更影响产业的兴衰、财富的移转、劳动的诱因、资金的移动等。④ 在全球化与自由化的潮流下,许多国家和地区为能提升其竞争优势,纷纷掀起轻税风潮,台湾地区面对此一发展趋势,尤其是ECFA所带来的经济成长、就业与所得税增加,以及课税公平问题,更彰显税制改革的必要性与迫切性。此一关键时刻,台湾

① 参见台湾地区《"立法院"公报》第99卷第26期院会记录,第12~15页。

② 台湾地区《"立法院"公报》第98卷第31期,第62~71页。

③ 谢明瑞:"产创与ECFA","国家政策研究基金会"。

④ 周信佑:"赋改会成果评估及对税制改革建言","国家政策研究基金会"。

地区若能趁机改善税捐法制，必可吸引更多的外资流入，再创经济成长的奇迹。

然而，ECFA 后，有投资机会，缺乏资金无济于经济发展；若空有资金，而没有租税的诱因，资金必将退出台湾地区。"轻税、简政"是投资人心目中的理想税制，台湾当局要在兼顾税收与吸引投资间取得最大公约数，需要的是眼光放长、布局精准。两岸签署 ECFA，宣告台湾地区决定走向更开放的道路，但投资总税负仍较香港地区高出一到八倍，无疑将削弱后 ECFA 时代拼经济的力道。① 因此，ECFA 后台湾地区的税制应如何因应与调整，兹进一步探讨如下：

（一）关税

ECFA 的签署，税收受到直接影响的是关税，早期收获清单所列货品的关税调降安排，分三阶段调降为零，大陆调降关税项目 539 项，税额 138.38 亿美元；台湾地区调降关税项目 267 项，税额 28.58 亿美元。② 此一数据，双方于签署之前业已精确估算。台湾地区调降关税项目，业已配合修正《海关进口税则》，台湾地区"立法院"并完成三读程序。从关务的角度看 ECFA 的重要性：首先，透过关税减让促进两岸优势互补、合作创新；其次，由于优惠关税提升了出口竞争力、市场占有率，促进产业的发展与投资，促进经济的发展；最后，ECFA 关务合作的架构下建立两岸关务制度化协商，达到货物通关便捷化及透明化的目标。台湾地区方面已规划十项创新服务如下：③

第一，制作早期收获清单货品税则号别对照表：为使业者了解早期收获清单货品在大陆所适用的税则号别，台湾地区"财政部"已制作完成早期收获清单两岸税号对照表，将与大陆确认后即可提供业者参考对照。

第二，协助业者税则预审：台湾地区"财政部"将协助辅导进出口商做税则预审，以确认其货品是否属于早期收获列表货品项目，利于业者预估其货物成本，并做最适当的决策。

第三，倡导 ECFA 临时原产地规则及关务作业程序：台湾地区"财政部"将协助业者了解早期收获列表有关原产地规则以及关务作业程序，以利业者正确适用相关规定。

第四，双方海关建立联络点解决业者通关问题：早期收获清单货品通关，可能发生一些争议案件，双方将建立联络点及制度化的协商机制，以协助业者解决通关上的问题。

第五，推动两岸贸易无纸化作业：两岸贸易量相当大，将协商从通关附属文件（如原产地证明书、空运舱单、提单）开始推动两岸通关贸易文件电子化交换，以降低相同数据字段重复登录，并保障数据的正确性及真实性，缩短海关查核作业，加速货物提领，并降低交易成本。

第六，推动两岸供应链合作提升整体效率：两岸多元货运往来持续成长，两岸距离近，可以运用现代科技，如跨境使用射频识别（Radio Frequency Identification，RFID），记录

① "税制应扮演经济领头羊"，载《经济日报》2010 年 8 月 18 日。

② 《苹果日报》2010 年 8 月 18 日。

③ "关政司"新闻稿 2010 年 8 月 23 日。

货柜内货物的内容,以及记录货物移动来简化物流控管所采取的措施,达到便捷及安全的目标。目前,各港务局、自由贸易港区与大陆沿海保税区都有签订合作意向书,但是关务合作是其中很重要的部分,必须早日进行。

第七,两岸跨境货况追踪服务:目前关务、港务及仓储业者已建立货柜动态系统,未来两岸港口间合作就可将此系统连接,有效追踪目前货物的状况,透过网络可以做在线实时的查询,俾做运筹管理。

第八,推动两岸相互承认优质企业(Authorized Economic Operator,AEO):AEO 认证制度必须实施相互承认始能扩大其效益,两岸优质企业颇多,为便捷贸易,台湾地区方面将积极协商两岸相互承认 AEO,使台湾地区的 AEO 厂商货物能在大陆快速通关并享受其他的优惠。

第九,推动保税区合作:两岸保税区存有许多不同管理规定及海关监管作业流程,为利业者掌握两岸签订 ECFA 的契机,以及两岸发展港口物流的区位优势,便捷两岸物流贸易,台湾地区"财政部"将以新思维积极推动两岸保税区关务联结合作,结合 AEO 相互承认的推动,协助台湾地区企业运用大陆广大的内陆市场,发展两岸物流。

第十,推动关务风险管理合作:两岸旅客及货物量大,要建构便捷及安全的通关环境,必须推动风险管理合作,俾共同筛选高危险群,以确保合法的旅客及货物能无障碍通关;同时将积极推动洽签两岸关务互助协议。

(二)两岸及其他国家和地区的税收协议

台湾地区居民或法人有大陆来源所得者,应并同台湾地区来源所得课征所得税;大陆居民或法人有台湾地区来源所得者,应就其台湾地区来源所得,课征所得税;大陆居民或法人于第三地区投资的公司在台湾地区投资,其取得台湾地区的公司所分配股利应纳的所得税,由扣缴义务人于给付时,按给付额或应分配额扣缴 20%,不适用结算申报规定。分别为"台湾地区与大陆地区人民关系条例"(以下简称"两岸关系条例")第 24 条、25 条、25 之 1 所明定。又同第 29 条之 1 规定,台湾地区及大陆的海运、空运公司,参与两岸船舶运输及航空运输,在对方取得的运输收入,得于互惠原则下,相互减免应纳的营业税及所得税。台湾地区方面已于 2010 年 7 月 1 日发布"海峡两岸海运协议及空运补充协议税收互免办法",其主要规定为,大陆船舶运送业及民用航空运输业,自台湾地区载运客、货进入大陆取得的运输收入,营业税税率为零,其所得免征营利事业所得税。

台湾地区与新加坡等 17 国签署全面性租税协议,与加拿大等 13 国或地区签署单项或海空运协议。[①] 但两岸经贸投资往来频繁,却未签署全面性租税协议,以致台商对大陆

① 签署全面性租税协议的国家如下:新加坡、印度尼西亚、南非、澳大利亚、新西兰、越南、赞比亚、斯威士兰、马来西亚、马其顿、荷兰、英国、塞内加尔、瑞典、比利时、丹麦、以色列;签署单项或海空运协议的国家或地区如下:加拿大(空运)、欧盟(海运)、德国(海运)、以色列(海运)、日本(海空运)、韩国(海空运)、卢森堡(空运)、澳门(空运)、荷兰(海空运)、挪威(海运)、瑞典(海运)、泰国(空运)、美国(海空运)。

之投资,大多透过与大陆签署全面租税协议的第三地迂回进行。大陆与该第三地的租税协议,通常订有互免投资报酬或以优惠税率扣缴。此外,台商普遍性将生产据点设于大陆,而以台湾地区接单为主体,台湾地区母公司与大陆子公司间关系人交易非常频繁,在现今两岸对关系人交易移转定价的查核日趋严谨的情况下,台商面临两岸税局争夺课税权的"重复课税"风险。虽然第四次"江陈会谈"在台湾地区举行时,曾将两岸租税协议列入议题,但未达成协议。

此外,世界各国铆尽全力争取外人直接投资(FDI),俾促进其国内经济发展。唯于投资获利将其股利汇回母公司时,有无扣缴税款的优惠税率,为吸引 FDI 的先决条件之一。而该扣缴税款优惠通常则视其母公司所在国与台湾地区有无签订租税协议而定,因为扣税缴款优惠为租税协议的主要内容之一,例如,英国公司在台湾地区投资的股利所得为 10%,巴拉圭仅 5% 而已,而未与台湾地区签订租税协议的国家或地区,其扣缴率为 20%。因为台湾地区政治情势特殊,许多与台湾地区有经贸投资往来的国家或地区,无意与台湾地区签订租税协议,其企业失去投资台湾地区的机会,对台湾地区的经济增长造成不利的影响。

综上所述,台湾地区与大陆及台湾地区与许多国家或地区均未签订租税协议,未能降低股利汇出台湾地区的负担,造成台湾地区规划成为亚太营运中心的障碍。为促进经济增长,增进人民福祉,消除相互投资的重复课税问题,两岸宜尽速排除困难,签订租税协议,台湾地区与部分国家或地区洽签租税协议问题亦应一并解决。

(三)大陆企业在台湾地区干部的最低税负及遗赠税

ECFA 后台湾地区开放大陆企业来台湾地区投资,大陆干部亦将陆续进驻台湾地区,从事大陆企业的经营管理。依台湾地区"所得税法"第 7 条规定,在台湾地区境内无住所,而于一课税年度内在境内居留合计满 183 天者,属于台湾地区的纳税居民。大陆企业干部常驻台湾地区,势将成为台湾地区的纳税居民,依台湾地区的"所得税法"及"两岸关系条例"规定,应就台湾地区及大陆的来源所得合并申报缴纳个人综合所得税,最高边际税率为 40%,唯可扣抵大陆来源所得已缴纳的个人所得税。倘若大陆干部的基本所得额①超过

① 依台湾地区"所得基本税额条例"第 12 条第 1 项规定,个人之基本所得额,为依台湾地区"所得税法"规定计算之综合所得净额,加计下列各款金额后之合计数:(1)未计入综合所得总额之非境内来源所得、依"香港澳门关系条例"第 28 条第 1 项规定免纳所得税之所得。但一申报户全年之本款所得合计数未达 100 万元新台币者,免予计入。(2)本条例施行后所订立受益人与要保人非属同一人之人寿保险及年金保险,受益人受领之保险给付。但死亡给付每一申报户全年合计数在 3000 万元新台币以下部分,免予计入。(3)下列有价证券之交易所得:①未在证券交易所上市或未在证券商营业处所买卖之公司所发行或私募之股票、新股权利证书、股款缴纳凭证及表明其权利之证书。②私募证券投资信托基金之受益凭证。(4)依"所得税法"或其他"法律"规定于申报综合所得税时减除之非现金捐赠金额。(5)公司员工依"促进产业升级条例"第 19 条之 1 规定取得之新发行记名股票,可处分日次日之时价超过股票面额之差额部分。(6)本"条例"施行后法律新增之减免综合所得税之所得额或扣除额,经"财政部"公告者。

600 万元新台币,应依台湾地区“所得基本税额条例”规定,就全球所得计算缴纳所得最低税负。

另依“遗产及赠与税法”第 1 条、3 条、5 条之 1 的规定,非境内居民死亡时在境内遗有财产者,应就境内的遗产课征遗产税;非境内居民就境内财产为赠与或他益托者,应课征赠与税。

(四)税法预先核释制度

为建立税法适用的一致性与确定性,减少征纳双方的争议并鼓励纳税义务人自动诚实申报,台湾地区已订有“税务预先核释作业要点”。所称预先核释,系指台湾地区“财政部”依据纳税义务人或其代理人的申请,就一年以内即将实行的个别交易,在税法上的适用,所做的核释或解释。①

预先核释的申请,以跨国交易或投资的国际租税案件,并符合下列条件之一者为限:(1)投资金额不含土地达 2 亿元新台币以上或首次交易金额达 5000 万元新台币以上;(2)对台湾地区具有重大经济效益者。申请案件有不符合下列情事之一者,不予预先核释:(1)对单纯事实或资产价值的认定;(2)属于假设性的交易,或非即将于一年内实行的交易;(3)交易已发生,或为即将申报或已申报的案件;(4)与申请案件主要问题类似之案件正处行政救济程序中;(5)申请人所提供之信息不充分,经通知限期补正而未补正;(6)所陈述之重要相关内容不正确或有虚伪不实;(7)申请内容主要涉及台湾地区“所得税法”第 43 条之 1 有关交易之收入、成本或费用计价方式之确定;(8)涉及赋税以外相关规定之解释;(9)涉及其他国家法律之解释;(10)申请目的系为租税规避,而非认真考虑进行之交易;(11)其他不宜预先核释之案件。②

从上述规定可以看出,适用预先核释的条件相当严苛,一般企业难以适用。况且,台湾地区“税法”适用的一致性与确定性固然重要,但其可预测性、可计算性与透明性亦不容忽视。假设性之案例,如设定的条件明确,应予以原则性之核释,似无限制之必要。纳税人对“税法”的规定未尽明确而产生疑惑,要求核释,台湾当局反而以种种条件予以限制,实不符合纳税人权利保护之现代国际思潮。欲建立无障碍投资环境,申请台湾地区“税法”预先核释的条件,宜予适度放宽。

(五)所得税

台湾地区自 1998 年起实施两税合一,秉持理论在国际上具高度共识。可完全消除投资所得重复课征的缺陷,并避免扭曲企业诸多经济层面的抉择。两税合一制度下,公司缴纳的营利事业所得税(营所税),可由股东享有扣抵其个人综合所得税(综所税)的权利。换言之,公司阶段营所税仅为计算个人投资所得税负的“导管”(conduit),非真正税负。实施当时,顾及个人综所税最高边际税率 40% 与公司营所税税率 25%,差距达 15

---

① 台湾地区“财政部”税务预先核释作业要点”第 1 点、第 2 点规定。

② 同上,第 4 点、第 6 点。

个百分点,不得不做出公司如保留盈余不分配,即应加征10%营所税,俾免企业决策者故意不分配盈余,让公司股价提高并借证券交易所得免税,以实现其获利。但此项规定使稽征作业趋于复杂,企业的税务依从成本也凭白增加。① 目前公司营所税税率仅17%,个人综所税最高边际税率仍为40%,若依当时针对保留盈余加征营所税的理论,则公司营所税税率调降后应针对保留盈余加征15% ~20%的营所税。

国际上为改进投资所得课税,均实行两税合一。实施方法有二:一是"设算扣抵",公司阶段缴税,个人股东即可扣抵;二是"股利免税",公司阶段缴税后分配股利给股东,这部分不计入个人所得。台湾地区推动两税合一时,多数国家或地区实行设算扣抵法,优点是投资所得不因个人边际税率高低而有差异。但十余年来,越多国家或地区改采股利免税法,优点是税务行政简单、纳税人的依从成本也降低。但采取股利免税法,个人所得税最高边际税率与公司营所税率要很接近。新加坡采用股利免税,公司所得税为17%,个人所得税最高边际税率为20%。② 目前台湾地区个人所得最高边际税率仍为40%,而企业营所税降到17%,未分配盈余加征10%营所税,与国际潮流及简化税务行政均有所扞格。

另外,在全球化、知识经济发展趋势下,国际间人才移动可视为全球技术与知识交流的媒介,并可促进国际经济活力与效率,较具竞争力的白领知识工作者已成为世界各国竞相争取的人力资本。此外,在ECFA的催化下,可预期专业人力的需求,国外新技术与新概念的导入,促进产业转型与发展,处处都需要引进国际优秀人才。面对世界各国竞相采取优惠措施延揽国际人才之际,台湾地区个人综所税最高边际税率高达40%,纵然ECFA释出诸多利多因素,恐难积极吸引外来优秀人才来台或留台工作。

两税合一国际上有一重要的共同点,即个人所得税最高边际税率与公司所得税率不宜差距太大,使公司决定盈余发放与否不致因公司所得税率偏低而受干扰。为简化稽征行政,并因应ECFA后的经济发展,所得税制必须配合调整。如以反向思考,取消未分配盈余加征10%营所税,调降个人综所税最高边际税率接近营所税税率,并采取股利免税法(全部免税或部分免税),则征纳双方的稽征成本与依从成本皆可降低,亦符合轻税简政之国际潮流。唯调降个人综所税税率及取消未分配盈余加征营所税后,所造成之财政缺口如何弥补,则待进一步的探讨。

(六)加值型营业税

消费税为各国政府收入的大宗,国际经济合作组织(OECD)国家的财政收入超过30%来自于消费税。金融海啸后,公司利润缩水,政府的所得税收入锐减,各国税务机关不得不注重消费税征收。许多跨国公司增聘消费税专家,弥补直接税专家不足。消费税对政府税收日益重要,从直接税转向消费税,起因于国际租税竞争,世界各国所得税税率

① 颜庆章等著:《租税法》,作者自刊,第252 ~253页。

② 同上,第253页。

不断调降,且企业组织架构复杂化及高资产个人具有多重纳税居民身份,针对营利事业及个人所得税的稽征技术尚难以突破,国际税务信息交换未能彻底实施,导致调高消费税税率。①

1965年消费税占OECD国家GDP的3.8%,2008年已增加到6.8%,同一期间,实施VAT国家由10国增加为140国。30年前,针对特定的货物与劳务课税(如货物税),为各国重要的税收;如今,一般消费税(VAT或GST)为政府主要收入。自2000年起,世界各国VAT收入占全国税捐总收入及GDP的比重,虽因国而异且差异极大,但非常稳定。例如,美国及日本的消费税占总税收10%以下,占GDP的比率不超过2.5%;匈牙利及新西兰则分别占总税收及GDP的26%及9%;大部分国家一般消费税超过总税收的15%。消费税税率有提高的趋势,例如,2007年,德国VAT从16%提高到19%以弥补调降社会安全捐的财源,瑞典提高到欧盟最高限度25%,甚至未提高税率国家也有扩大税基的现象。②

衡诸亚洲国家和地区实施VAT的税率,大陆为17%、菲律宾为12%、韩国为10%、新加坡及泰国为7%、日本为5%。台湾地区现行征收率为5%,台湾地区的相关规定容许的最高征收率为10%。因此,台湾地区的VAT税率实有往上调整的空间,所增加的税收足以弥补上述拟议调降个人综所税税率以及取消未分配盈余加征10%营所税所造成的财政缺口。况且,VAT的征收较为简便,货物出口适用零税率,可强化企业的国际竞争力,其税收将随ECFA后的经济成长而增加,是符合国际潮流的优良税制。

(七)不动产财产税

ECFA实施后,因工商繁荣,经济成长,居民所得增加,而对工商业及住宅使用不动产的需求将随之增加,预料不动产价格亦将上涨。台湾地区现行对不动产持有,分别课征房屋税及地价税;不动产移转,课征契税、土地增值税及财产交易所得税,另有印花税及不动产登记相关规费。

房屋税的税率分为住家用1.2%(不论自住或出租供他人居住)、营业用及非住家非营业(如诊所、律师事务所),地价税的税率分为一般税率(累进课税,税率从1%到5.5%六级),特定事业用地税率(如工业用地、停车场用地)1%,公共设施保留地税率0.6%,自用住宅用地税率(仅限于供土地所有权人或其配偶或直系亲属住家使用)0.2%。房屋买卖的契税税率为6%。土地增值税按土地价总数额课税,除自用住宅用地税率10%外,其余土地移转的税率为20%~40%。

从上述的税率结构中可以看出,现行制度相当复杂,且移转税较持有税为重。不动产财产税为地方的施政财源,理应持有税重于移转税,因为不动产无法隐匿、无法移动,持有税每年定期课征,周而复始,细水长流,为地方创造源源不绝的税收,并可防杜少数

① 吴德丰等:“消费税之国际趋势”,载《税务旬刊》2010年第2101期。

② 同上,第30页。

财团的垄断与哄抬价格。而过重的移转税容易产生闭锁效果(lock-in effect),导致资产持有人因出售资产必须负担高额赋税而不愿出售,因而降低不动产的流动性。因工商业经营必须取得不动产,而无法取得或被迫以较高价格取得,进而对经济资源的合理分配产生干扰作用。因此,现行台湾地区不动产的持有与移转的租税制度,应配合 ECFA 后的工商繁荣及经济增长,予以通盘检讨与改革,以防杜后 ECFA 时期因经济成长而导致游资炒作房地产的后遗症。

(八)绿色税制

台湾地区过去的高经济增长,某些程度倚赖高耗能、高污染、高危险的所谓“三高产业”获得成就;但是,在全球环境保护的压力下,“三高产业”不得不转型为低耗能、低污染、低危险的产业。唯产业转型,客观上要求政府的租税政策相应转型,以适应新的绿色经济体制。尤以 ECFA 签订后,为提高经济运行效率,增强台湾地区的产业及整体竞争力,以适应经济全球化的趋势,税制应配合产业转型,更是台湾地区当局应该努力的目标。将环境保护的日常工作、环境税的规划与设计及整体发展相结合,才能逐渐产生效益。由于环境税可经由价格信号转嫁给消费者负担,导引消费者转向消费未经课征环境税的产品,进而影响生产者的生产决策转向绿色产业或生产绿色产品。因此,绿色税制具有诱导消费者转向绿色消费进而影响生产者转向减少污染物排放的绿色生产,或者生产绿色产品或投资绿色产业,达到环境保护及经济发展的双重目的。①

五、结论与建议

迎接后 ECFA 时代,台湾当局提出许多经济愿景,但未提出相关的税制改革配套措施,关务行政亦仅处于规划阶段而已。加以贸易自由化所引起的全球租税竞争,税制改革不宜等闲视之。因此,本文针对台湾地区现行税制,提出下列改革建议:

第一,尽速推动两岸关务合作:两岸距离近,贸易量大,业者无不积极思考如何利用两岸间区位优势及 ECFA 签署的契机,掌握、运用及创新 ECFA,台湾方面应以新思维配合业者需求,建构安全、便捷、绿能之通关环境,全面检讨关务行政,尽速推动两岸关务合作,签署两岸关务互助协议。

第二,洽签两岸租税协议,并请大陆有关部门协助台湾地区与其他国家洽签租税协议:两岸租税协议,除可改善台商投资的租税环境及吸引大陆资金来台湾地区外,对于消除重复课税问题亦有功效。因此,两岸签署租税协议确实有其必要性。另外,因为台湾地区的特殊情况,其他国家无意与台湾地区洽签租税协议,造成外国企业投资台湾地区的障碍,宜请大陆有关部门协助台湾地区与其他国家洽签租税协议。

第三,适度放宽税务预先核释的条件:税务预先核释涉及台湾地区“税法”适用的确定性、可预性与透明性,亦涉及纳税人权利保护,预先核释的条件宜予适度放宽,创造适合投资的优良税务环境,以吸引境内外投资。

① 吴德丰:“建构绿色税制引导产业转型”,载《税务旬刊》2010 年第 2107 期。

第四,所得税与加值型营业税的税率调整:仿效新加坡,个人综合所得税调降至20%,采股利免税法,取消保留盈余加征10%营利事业所得税,因此而造成之税收缺口以调高加值型营业税税率弥补。

第五,不动产税制改革:除自用住宅以外之不动产持有应予加重课税,以防杜炒作与人为哄抬。调降不动产移转的税负以利工商经营取得所需要的不动产。

第六,建构绿色税制:引导消费者转向绿色消费,进而影响生产者转向减少污染物排放的绿色生产,或生产绿色产品或投资绿色产业,同时达到环境保护及经济发展目录。

台湾最怕的是没有机会而不是挑战。过去十年,台湾错失大陆经济快速增长的大好机会;未来的黄金十年,台湾应把握契机寻回逝去的光环。后ECFA时代,必须进行若干税制革新,始能支撑经济起飞的力道。

租税协议相关问题之探讨

——兼谈两岸签订租税协议

陈清秀*

一、租税条约之缔结目的

租税条约或协议(tax treaty or convention),乃是两国或地区间对于跨越国(边)境之经济活动所产生之所得的课税进行共同规范的协议。亦即国家或地区与国家或地区间对于有关课税权行使[反面言之,即为缔约方之居民及居住者之纳税义务规范]的协议。租税协议属于国际租税法之重要法源。

缔结租税协议的终局目的在于调整各国或地区之课税权,实现公正的课税,俾使两国或地区间之财产、劳务及资金流通顺畅。

租税协议之政策目的,一般有下述三种:①

(一)双重课税之排除

租税协议主要为避免国家或地区间之双重课税,以利厂商的公平竞争环境,并增加台湾地区在国际上的竞争力。

例如,台湾地区营利事业境外子公司投资所得,现行台湾地区"所得税法"第3条规定并未承认税额扣抵制度,以至于对于同一营利所得在境内外同时课税,发生经济上重复课税问题,此一重复课税问题即可经由租税协议加以排除。

又如,对于境内居住者之认定标准,台湾地区与外国的相关规定可能不同,导致发生重复课税问题。

(二)逃漏税与租税规避之防止

租税协议之第二目的,在于防止逃漏税与租税规避。例如,国家或地区间关系企业不合常规交易安排而将所得移转,以逃漏或规避税捐的情形,可以经由特殊关系企业之规定进行防制。又如,缔约方居住者以外之人,为不当享受租税协议之税捐优惠,而进行

---

* 东吴大学法律系兼任教授,台湾大学法学博士。

① [日]藤本哲也著:《国际租税法》,中央经济社2005年版,第74页以下。

不当规划安排,在租税协议中也可能有特别条款进行限制。另外,两国或地区经由互相交换课税数据,也可以确保之间的租税债权。

(三)纳税人之权利保护

租税协议通常会规定,在缔约方进行不符合租税协议之课税时,其纳税人之救济手段之一为申请两国或地区间实施相互协议。

例如,在国家或地区间关系企业之交易行为,因为各国或地区稽征机关核定移转定价不同,而发生租税负担不公平现象,也有必要经由双方协商解决。

又租税协议也规范无差别待遇原则,亦即一缔约方之居民,享有在他方缔约方中,不至于在课税上蒙受不利之处理之权利。因此,租税协议也具有保障纳税人之权利的意义。

此外,如果一方为吸引外商投资,而给予租税优惠,双方并未签订租税协议,则一方给予租税优惠,他方仍然纳入课税范围,实质上该投资厂商最后仍未享受该租税优惠,因此,有必要经由租税协议解决,以保障纳税人享受租税优惠之权利。

二、签订租税协议之效益——以两岸签订租税协议为例

有关签订租税协议之效益,以两岸签订租税协议为例。台湾地区与大陆如能签订租税协议,对于两岸之居民、企业及稽征机关皆属有利,兹依据台湾地区"财政部"之分析说明,分述如下:①

(一)对居民及企业部分

1. 有利台商与其他国家或地区之厂商在大陆公平竞争

大陆目前已与89个国家及香港、澳门地区签署租税协议(或安排),该等国家或地区之厂商在大陆可适用租税协议(或安排)而于赋税上较具优势,使台商相对处于不利之竞争地位,两岸签署租税协议将有助于台商与其他国家或地区之厂商在大陆公平竞争。

2. 消除两岸间双重课税

目前两岸各依其规定行使课税权,虽均采单方面消除双重课税措施,唯双方课税规定有所差异,致仍有双重课税问题;另由于双方稽征机关均积极查核关系企业移转定价避税案件,亦增加台商面临双重课税之风险。两岸签署租税协议提供相对应调整及相互协议机制,可消除双重课税。

3. 降低纳税成本

两岸签署租税协议,在互惠原则下所得来源地对于部分所得放弃课税权,可简化申报,另如遇有不符合该租税协议规定课税之情事,可透过主管机关相互协议解决争议,以达降低纳税成本及争讼成本之效果。

4. 降低租税课征不确定性,减少投资风险

鉴于台湾地区"所得税法"及租税减免措施,常因应经济、社会发展及台湾当局财政

① 参见台湾地区"财政部赋税署"网站。

状况而做修正,投资人之所得税负因此处于不确定状态。两岸租税协议提供免税或优惠扣缴率,优先于税法适用,将使投资人免受台湾地区“税法”修正干扰,降低投资风险。

(二)对台湾当局部分

1. 增加台湾地区投资环境之吸引力

大陆与台湾地区的主要竞争对手(如日本、韩国、新加坡等国和香港等地区)均签有租税协议(安排),在其他投资条件相同之情况下,大陆资金来台湾地区投资无租税协议之适用,其税负或将高于投资其他国家或地区。两岸签署租税协议,可增加台湾地区投资环境之吸引力。

2. 现阶段具税收效益,长期具经济效益

由于目前台湾地区在大陆之投资远高于大陆在台湾地区之投资,就税收层面而言,洽签租税协议现阶段对台湾地区较为有利。另近年来大陆资金亦积极拓展对外投资,两岸签署租税协议,提高投资环境竞争力,可带动关联产业发展及创造就业机会,对于总体经济发展有正面效益。

3. 掌握课税信息,维护租税公平

借由两岸租税协议,双方稽征机关可相互提供税务协助,有效掌握课税信息,提升稽征效率及核课之正确性,以维护租税公平。至于课税信息之交换,双方均有保密义务,不会影响居民及企业权益。

国家或地区之间对于租税协议之信息交换规定,主要系参考经济合作暨发展组织(OECD)税约范本,规范缔约一方在符合租税协议之范围内,得请求缔约他方依一般行政程序可查得之数据,提供课税数据;所要求提供之信息必须是与税捐稽征有关,任何试探性信息或无明确性之调查案件,则不被允许。因此,两岸租税协议所规范之信息交换义务,系双方本于互惠原则于严谨规范下进行,尚不致发生浮滥查税或泄密之情形,且对于交换之课税信息,双方均有保密义务,不会影响居民及企业权益。

又缔约方并没有义务提供下列信息:①

(1)执行与一方或他方缔约方或领域之规定或行政惯例不一致之行政措施。

(2)提供依一方或他方缔约方或领域之规定或正常行政程序无法获得之信息。

(3)提供可能泄露任何贸易、营业、工业、商业或专业之秘密或交易方法之信息,或者有违公共政策之信息。

又依租税协议规定被要求交换信息之领域,其相关规定或行政实务上赋予当事人之权益及保护措施,不受该规定之影响。

各方课税信息的交换,包括例行的交换、经特别请求的交换以及一方主动提供三

① 参见台湾地区与荷兰所签订之租税协议第26条。

种,[①]分述如下:

(1)例行的交换。例如,一缔约方,每年例行地将他方之境内居住者取得来源于一缔约方之各类所得数据,提供与他方主管机关。

(2)经特别请求的交换。例如,为确定纳税义务所需要有关纳税人在对方境内之各项所得及财产资料,包括收益细节、银行账户往来、营业活动范围以及有关商品或劳务之价格、成本费用等情报信息。

(3)一方主动提供数据。例如,一方主管机关在稽征程序上发现某种对于他方主管机关确定纳税人的纳税义务可能具有重要意义的情报信息,应主动将情报提供他方主管机关。

依据台湾地区"适用所得税协定查核准则"第33条规定:税捐稽征机关因查核业务需要,得依据所得税协议有关信息交换之规定,函请台湾地区"财政部"赋税署洽请他方缔约国查证或提供相关信息。他方缔约国之所得税协议主管机关要求提供纳税义务人之财产、所得、营业及纳税等资料,应由台湾地区"财政部"赋税署受理及答复,该管税捐稽征机关应予协助提供及处理资料。因此,提供课税数据之范围,包括纳税义务人之财产、所得、营业及纳税等资料。[②]

依据以往经验,在台湾地区,仅依租税协议应对方要求进行个案信息交换,并未从事自发及自动信息交换。在实务上,近5年来仅有八个具体个案进行信息交换,且均为涉及逃漏税之案件。[③]

三、租税协议模板之版本选择

租税协议签署的基本模板共有两种,包括经济合作与发展组织(Organization for Economic Co-operation and Development,OECD)租税协议范本及联合国(UN)租税协议范本。较为通行者为前者,适用于先进国家或地区之间的双边租税协议。

(一)OECD租税协议范本

一般而言,OECD租税协议范本与UN租税协议范本都是采国家对国家模式谈判,但OECD模板主张课税权税收归属以"居住地"为原则,尽量将所得归属由居住地国家课税,而来源地国则不课税或从轻课税,亦即其消除或减轻重复课税的方法是要求所得来

---

① 那力:"国际逃税与避税的法律规制",载刘剑文主编:《国际税法学》,北京大学出版社2006年版,第237页。

② 中国与新加坡政府于1986年签订的《中华人民共和国政府和新加坡共和国政府关于对所得避免双重征税和防止偷漏税的规定》第27条第1款也规定情报交换如下:"一、缔约国双方主管当局应交换为实施本协定的规定所需要的情报,特别是防止本协定所含税种的偷漏税的情报。缔约国一方收到的情报应作密件处理,仅应告知与本协定所含税种有关的查定、征收、执行、起诉或裁决上诉有关的人员或当局(包括法院和行政管理部门)。上述人员或当局应仅为上述目的使用该情报,但可以在公开法庭的诉讼程序或法庭判决中公开有关情报。"

③ 参见台湾地区"财政部赋税署"网站新闻稿。

源地国家对于另一方居民的所得免征全部或部分税捐。因此,是以牺牲来源地课税主权来换取居民课税主权。其结果,对于有能力对外投资、外派人员、提供技术输出的先进国家和地区,较易取得课税主权,明显有利,如欧洲、美国。

(二)UN租税协议范本

反之,UN租税协议范本则比较能兼顾落后国家之税收权益,而主张由“所得来源地国课税”,亦即其课税权税收归属以“所得来源地”为原则,尽量将所得归属由产生所得之来源地国家课税,经济发展程度较为落后的国家,采取此一模板较能维护其权益,如亚洲。

两个模板的差异在于,UN模板较少限制来源地国家的课税主权,如并没有对于股利所得、利息所得及权利金的就源扣缴税率加以特别限制,而由缔约国双方在租税协议中进行协商。①

上述比较可以发现,如果两国的民间往来投资相当,则采取OECD模板签订租税协议,双方并无不利。然而,如果是发展中国家与发达国家采取OECD模板签订租税协议,则由于发达国家居民前往发展中国家较多,采取居民课税主权原则,减少来源地国之课税,将使来源地国亦即被投资之发展中国家蒙受税收损失,亦即以牺牲来源地课税主权来换取居民课税主权,对于发展中国家将相对不利。

(三)两岸租税协议草案

两岸是一国两地的关系,不同于通常使用OECD租税协议范本和UN租税协议范本谈判模式的国与国,但亦可参考之。两岸租税协议草案系以OECD租税协议范本及UN租税协议范本为蓝本,考虑双方税收相关规定、经贸往来情况、已签订租税协议及国际租税政策等因素,本于互惠原则,就跨境活动产生之各类所得,商订相关之减、免税措施,以避免双重课税,并商订得相互提供税务行政协助之范围,以防杜逃税。租税协议之主要内容,包括适用范围、各类所得课税权划分、消除双重课税方法及税务合作等事项。

目前两岸租税协议谈判,协议中牵涉课税税收归属认定问题,究竟宜采“居住地”课税原则(台湾方面主张),或“来源地课税”原则(大陆主张),因双方无法取得协议,最后尚无法签订租税协议。②

四、租税协议与国内法之关系

(一)租税协议不得创设或扩大缔约国之课税权

各国或地区行使课税权,有关课税要件、课税对象及范围与征收程序,均由缔约方之国内税法加以规定。而双方签订租税协议,主要针对所得及财产防止双重课税,以协调

① [美]阿诺德(Brian J. Arnold)、[美]麦金太尔(Michael J. McIntyre)著:《国际税收基础》(第2版),张志勇译,中国税务出版社2005年版,第178页以下。

② 有关两岸签订租税协议对于居民租税权益之变化影响,参见陈薇芸:“论ECFA与两岸租税协议——以OECD及UN税约范本为借镜”,载《月旦财经法杂志》2010年第21期。

解决缔约方间对于居民税收管辖权与来源地税收管辖权间之冲突。一方面,规范一缔约方对于跨国所得及财产行使来源地税收管辖权之范围及程度;另一方面,要求他方缔约方行使居民税收管辖权时应采取必要的排除重复课税措施。因此,租税协议的作用在于对于缔约方之国内税法之课税权之行使进行调整或限制,以实现跨国所得及财产价值之公平课税为目的,但不得创设或扩大缔约方之课税权。①

(二)租税协议具有特别法效力,优先"内国税法"规定而适用

依据台湾地区"司法院"释字第329号解释:"'总统'依'宪法'之规定,行使缔结条约之权;'行政院院长'、'各部会首长',须将应行提出于'立法院'之条约案提出于'行政院'会议议决之;'立法院'有议决条约案之权,'宪法'第三十八条、第五十八条第二项、第六十三条分别定有明文。依上述规定所缔结之条约,其位阶同于'法律'。

故'宪法'所称之条约,系指台湾地区(包括主管机关授权之机构或团体)与其他'国家'(包括其授权之机关或团体)或国际组织所缔结之'国际'书面协议,名称用条约或公约者,或用协议等其他名称而其内容直接涉及国防、外交、财政、经济等之重要事项或直接涉及人民之权利义务且具有法律上效力者而言。

其中名称为条约或公约或用协议等名称而附有批准条款者,当然应送'立法院'审议,其余'国际'书面协议,除经'法律'授权或事先经'立法院'同意签订,或其内容与国内'法律'相同(例如协议内容系重复'法律'之规定,或已将协议内容订定于'法律')者外,亦应送'立法院'审议。

其无须送'立法院'审议之'国际'书面协议,以及其他由主管机关或其授权之机构或团体签订而不属于条约案之协议,应视其性质,由主管机关依订定法规之程序,或一般行政程序处理。'外交部'所订之'条约及协定处理准则',应依本解释意旨修正之,乃属当然。"

有关避免所得及财产之双重课税之租税协定,涉及纳税人之税法上权利义务,其内容直接涉及人民之权利义务,且具有"法律"上效力者,其位阶同于"法律",原本应送台湾地区"立法院"审议。其经"法律"授权签订者,方始毋庸送台湾地区"立法院"审议。

依据台湾地区"税捐稽征法"第5条规定:"'财政部'得本互惠原则,与'外国政府'商订互免税捐,于报经'行政院'核准后,以'外交'换文方式行之。"台湾地区"所得税法"第124条规定:凡台湾地区与其他国家所签订之所得税协议中另有特别规定者,依其规定。除揭示租税协议之"特别法"性质应优先适用外,且有关"国际"间租税协议,虽然涉及人民权利义务事项,但已经有"法律"授权签订,属于"法规"命令,故无须再送台湾地区"立法院"审议。

因此,如果租税协议对于所得或财产之课税规定,与现行税收相关规定不同或相抵触者,应优先适用租税协议之特别规定。

---

① 廖益新主编:《国际税法学》,高等教育出版社2008年版,第75页。

(三)经由国内法使租税条约无效化

在租税条约或协议缔结之后,如果违反租税协议之义务之国内法完成立法,并优先适用时,则使租税协议之全部或一部归于无效(treaty override)。例如,非居住者之一定所得,在租税协议上作为免税处理,而在嗣后制定之国内法对于此一所得则当成课税所得处理。①

如果租税协议与国内法之关系,属于特别法与普通法之关系,则租税协议作为特别法优先适用,应不发生上述租税协议无效化之问题。反之,如果二者效力处于相同位阶,则依据"后法优于前法"之原则,即可发生上述问题。

由于租税协议无效化问题,从国际法观点,涉及违反条约义务之国家主权问题应由缔约国协调解决。例如,美国国内法与条约立于相同地位,在租税条约缔结之后,如果修正国内税法,而为相反于条约之规定时,即发生租税条约无效化之问题。在此情形,应于租税条约或协议中,约定他方缔约国为回复"租税优惠之均衡",得要求重新协议,而接受要求之一方,应于三个月内进行协议,以为因应(如《美日租税条约》第 29 条)。② 倘若无法协调解决,则他方缔约国有权终止或停止适用该租税协议。

在国内法嗣后变更租税协议内容,导致纳税义务人蒙受损害的情形,并无权利向该国家请求损害赔偿,盖因租税协议仅对于国际法之权利主体(缔约国)创设权利及义务,而非对于个别的人民创设权利义务。③

(四)租税协议之时的效力

基于法律不溯及既往原则,在租税协议于签订生效之前,已经实现的事实关系,应不在适用范围,亦即应排除租税协议之"真正的溯及生效"。租税协议原则上并不适用于在租税协议生效之前已经终结的行为、事件或状态。至于"不真正的溯及生效",则为法之所许,亦即租税协议得适用于在租税协议生效之前尚未终结的行为、事件或状态。④

个别的缔约国家对于其纳税义务人,应遵守国内法律溯及既往的宪法上一般限制原则,亦即禁止法律规定不利于纳税人之溯及生效;反之,有利于纳税人之溯及生效的法律,则为宪法所允许。由于防止重复课税的租税协议通常有利于纳税人,应可特别约定溯及生效,并转化成国内法。⑤ 在约定溯及生效的情形,对于以往尚未核课确定之案件,固然得适用新的租税协议之规定;但对于已经核课确定案件,可否溯及适用? 在此应依据各该缔约国家之程序法规(如行政程序法及税捐稽征法)加以决定,或者也可考虑在租税协议中特别规定在租税协议生效后之一个特定期间内得变更原租税核定处分。⑥

① [日]藤本哲也著:《国际租税法》,"中央"经济社 2005 年版,第 138 页。

② 同上,第 143 页。

③ Grotherr, Herfort, Strunk, *Internationales Steuerrecht*, 3. Aufl., 2010, S. 542.

④ Gerrit Frotscher, *Internationales Steuerrecht*, 2. Aufl., 2005, S. 27f.

⑤ Gerrit Frotscher, *Internationales Steuerrecht*, 2. Aufl., 2005, S. 28f.

⑥ Ibid.

租税协议通常并无有效施行期限,直到缔约国家终止租税协议为止,均有效适用。其终止时点通常也以日历年度终了时为准。

据报载,有关两岸租税协议约定课税资料之交换,引起一方部分民众担心被他方追溯既往查税而惶恐不安。针对此一问题,如果导入租税协议有关交换租税数据规定不溯及既往之机制,则应毋庸担心以往案件有无涉及税捐规避或漏税问题。

五、租税协议之一般原则

(一)维持原则

维持原则(preservation clause)乃是指已经在国内税法或其他条约中所承认之租税优惠,在特定之租税协议中,不得再加以限制,亦即租税协议之主要目的在于避免国际间双重课税。因此,不能因为租税协定适用之结果使纳税人之租税负担反而更重。①

此一原则有认为必须在租税协议中明白约定,才能加以承认。另有认为此为国际上所共同承认之原则,不待租税协议之特别约定,本来就应适用之原则。如果在租税协议中加以约定,仅具有确认宣示之意义而已。

例如,美日租税条约以及日本与中国之租税条约中,即有下述约定:

本条约之规定,不得解释为对于依据下列规定,于现在或将来所承认之不课税、免税、所得扣除、税额扣抵或其他租税减免等任何种类,加以限制:(1)一方缔约国于决定课税时所应适用之该一方缔约国之法令。(2)两个缔约国间之其他协议或两缔约国为当事人之多数国间之协议。

如果贯彻上述维持原则,则不仅是在课税上应积极考虑国内税法等有关不课税、免税、所得扣除、税额扣抵或其他租税减免等规定,而且如果适用租税协议反而不利于纳税人,而国内税法却有利于纳税人时,则仍应优先适用国内税法。②

(二)保留原则

保留原则(saving clause)乃是指除租税条约或协议另有特别规定者外,缔约国保留对于本国居住者(或内国法人)以及国民,依据国内法课税之权力之原则,亦即一方缔约国对于境内居住者以及国民课税之权力不受租税条约或协议之影响。

六、租税协议之解释

(一)概说

防止双重课税之租税协定,其原始客观目的在于防止双重课税(及双边不课税),以及公平分配缔约双方的税收利益。因此,租税协议应当追求共同的法律效果,在此必须以缔约双方均能统一地适用协议规范作为前提,亦即必须双方的行政机关及法院有统一见解的一致性适用才能达成此一目标。为能统一适用租税协议以追求共同的法律效果,乃导出租税协议之内部的"规律统合平等"之要求,亦即从租税协议本身进行解释,其解

---

① [日]藤本哲也著:《国际租税法》,"中央"经济社2005年版,第123页。

② 同上,第124页。

释结果必须为双方所接受。①

有关租税协议之解释，应致力于在最大可能性范围，使双方均可以接受（裁判和谐）（entscheidungsharmonie）。因此，在解释租税协议之际，也应考虑他方之权利。此种裁判和谐的目标，在援用国际条约范本或另一个缔约方行政机关所发布之行政命令，或比照援引其他国际租税协议时，在事件本质上所应加以考虑者。②

在规范统合平等的要求下，只有在无法从租税协议本身获得圆满解释结果时，才考虑依据各自之内国法进行解释。而且，为达成上述目标，一般传统国际法上解释规则也不能无限制地加以适用。尤其不能适用所谓对于主权友善的解释规则。依据该规则，在有疑义的情形，以尽可能最小限制缔约方主权的解释结果，优先采用。③

租税协议虽然成为国内法之一部分，具有国内法之效力，但法院在解释租税协议条文时，仍有义务赋予其与国际法用语相同意义之解释，而如果国内法之意义与之有所不同时，则仍不适用该国内法之解释意义。④

有关国际条约之解释，在大部分国家均承认法院有权解释之。如有疑义，也可以先征询外交部之意见，以为解释上参考。而在涉及租税条约或协议之解释疑义时，则可先征询财政部之意见。有关国际条约之解释，如果涉及政治问题，有认为法院可以不解释（所谓政治问题条款，political question doctrine）。但由于课税与否之问题尚不涉及高度政治性问题，在租税条约之解释上此一理论应无适用余地。⑤

在国际条约之解释上，虽然由内国法院解释，但不能依据内国法的解释规则或习惯解释。如果必须由国际法院裁判，则该法院并不受缔约一方内国法之宪法原则的拘束。同理，由内国法院解释国际条约时，也应适用相同规则，以免内国在条约的执行上不承担国际法上之义务。因此，对于条约的解释，应在不同国家的解释方法中寻找出中间模式，从而较为严格地受到文字意义的拘束。⑥

在遇到涉及租税条约之法律问题时，例如，甲国公司支付乙国公司专利授权之权利金，在甲国是否属于课税所得，应当在甲国课税？首先即应观察甲乙两国之租税条约有无特别规定，其次再了解甲国之国内法规定。

（二）租税协议之一般解释基准

OECD 租税协议范本第 3 条第 2 款规定："缔约国一方在任何时候实施本协议时，对未经本协议明确定义的用语，除上下文另有不同解释要求以外，应当具有该国在任何时候适用于本协议的税捐的法律所规定的含义。于此情形，该一方缔约国之税法规定的意

① Schaumburg, *Internationales Steuerrecht*, 1. Aufl., 1993, S. 570f.

② Vogel, Lehner, *Doppelbesteuerungsabkommen*, 5. Aufl., 2008, Einl. 114.

③ Schaumburg, *Internationales Steuerrecht*, 1. Aufl., 1993, S. 571.

④ Ned Shelton, *Interpretation and Application of Tax Treaties*, 2004, p. 165.

⑤ Vogel, Lehner, *Doppelbesteuerungsabkommen*, 5. Aufl., 2008, Einl. 97.

⑥ Vogel, Lehner, *Doppelbesteuerungsabkommen*, 5. Aufl., 2008, Einl. 100.

义,应优先于该国其他法律规定之该项用语的意义。"

承接上述租税协议范本规定,台湾地区与英国签订之"避免所得税及财产交易所得税双重课税及防杜逃税协定"第3条第3项规定:"本协议于一方领域适用时,其未界定之任何名词,除上下文另有规定外,依本协议所称租税于协议适用当时之'法律规定'办理,该领域'税法'之规定应优先于该领域其他'法律'之规定。"台湾地区与新加坡签订之"防止双重课税及防杜逃税之租税协定"第3条第2项规定:"关于本协定在任何一方领土内实施时,凡未加以界定之名词,除依文义须另作解释者外,应具有各该'领土'内与本协议适用之租税有关之'法律'之意义。"

对于租税协议的解释基准,已经有特别规定,应优先于一般国际条约之解释法则而适用。并且,此一租税协议之一般解释基准,除租税协议另有特别解释基准之条款规定外,均应补充适用此一解释基准。①

此一一般解释基准可分下述三项:

第一,租税协议之概念定义。例如,对于居住者及常设机构之定义,通常于租税协议中均已加以定义,自应优先适用之。

第二,租税协议之意义关联性。OECD租税协议范本第3条第2项规定,"上下文另有不同解释要求",或租税协议约定"上下文另有规定",在此可认为是租税协议条文之上下条文脉络以及整体协议条文之意义关联性,导出独特意义之解释时,则应优先适用。

此种从租税协议本身产生之意义关联性之解释,足以确保租税协议内部的规范统合平等,以统一解释两个缔约方之租税协议规范。在此有认为可以引进文义的、历史的、体系的以及目的的解释因素,经由彼此补充运用,以推论出对于缔约国双方具有拘束力之租税协议规范之意旨。其中尤其是足以达成缔约目的在于避免双重课税之解释,应予优先考虑。②

由于上述模板条文规定"另有不同解释要求",学者有认为不必穷尽意义关联性解释基准,而应当仅具有特别重要的理由,应采取不同解释时,才采取意义关联性之解释。否则,仍可采取参照内国法之解释。③

参照《维也纳条约法公约》第31条第2款规定,租税协议之上下文,除指连同前言及附件在内之约文外,并应包括:

(1)全体当事国间因缔结条约所订与条约有关之任何协议。

(2)一个以上当事国因缔结条约所订并经其他当事国接受为条约有关文书之任何文书。

①当事国嗣后所订关于条约之解释或其规定之适用之任何协议。

---

① Schaumburg, *Internationales Steuerrecht*, 1. Aufl., 1993, S. 572.

② Schaumburg, *Internationales Steuerrecht*, 1. Aufl., 1993, S. 576f.

③ Vogel, Lehner, *Doppelbesteuerungsabkommen*, 5. Aufl., 2008, Einl. 120.

②嗣后在条约适用方面确定各当事国对条约解释之协议之任何惯例。

③适用于当事国间关系之任何有关国际法规则。

第三,内国法之概念意义。此即在租税协议未有特别规定用语解释定义时,原则上应补充适用缔约一方之国内税法规定。依据此一规定,学者认为应进行三阶段的解释程序:①

其一,租税协议有无特别之用语定义?

其二,本协议未有明确定义的用语,则缔约方之法律(尤其税法)规定之用语意义为何?

其三,租税协议条文之上下文,有无另有不同于国内税法用语意义之解释要求?

如果租税协议借用内国法上的法律概念用语,则在解释此一概念时,基于事件的密切关联性,应以国内税法的概念意义解释为准,并应优先于该国其他法律规定之该项用语的意义。而在参照援用内国法时,通说认为除租税协议有特别限制规定外,原则上并非以"静态的"在缔结条约协议当时的内国法为准,而应"动态地援用"要适用法规时的内国法为准。② OECD 租税协议范本第 3 条第 2 款规定也采取此一见解。

此种溯及援用内国法解释租税协议用语之目的,固然原则上与租税协议之规范统合平等精神不符,而可能无法排除双重课税或发生双边免税而流失税收的情况,但其正当性依据在于,如果不加以参照援用,则将无法适用租税协议之规定。因此,除非有上述情形,否则,参照内国法之基准进行解释,不应作为解释的原则。③

在动态地参照援用内国法的情形,可能发生内国法的概念定义变更,而导致租税协议面向(尤其是在分配税源规范领域)之法律效果变动。例如,享有课税权之所得来源地国家援用内国法,而如发生内国法修正变更,即可能导致居住地国之不利负担。在此,如要防止此一现象,则应在租税协议中对于援用规定设限。例如,OECD 租税协议模板第 6 条第 2 款第 2 项规定:"船舶、船只和飞机不应视为不动产。"④

不过,也有少数见解认为,为了避免变动缔约方之国际法上义务,除租税协议另有规定外,应以在缔结协议当时之缔约方的内国法为准,否则租税协议之权利义务关系将可由缔约方之一方任意修正内国法而变动,如此并不公平。

在此,适用缔约方之内国税法规定,如仍无法解决问题时,则应导入双方间之相互协议,于此情形,固然应适用条约解释之一般原则,并不违反缔结条约之旨趣及目的,也应充分考虑双方之国内税法规定。在此有认为在判断基准有若干选择余地时,则应以来源

---

① Arnold, McIntyre, *International Tax Primer*, 2ed., 2002, p. 114.

② Vogel, Lehner, *Doppelbesteuerungsabkommen*, 5. Aufl., 2008, Einl. 185ff.

③ Schaumburg, *Internationales Steuerrecht*, 1. Aufl., 1993, S. 577.

④ Schaumburg, *Internationales Steuerrecht*, 1. Aufl., 1993, S. 575.

地国之解释优先,而居住地国则应加以尊重。① 本文则认为应当公平兼顾缔约双方(来源地国及居住地国)之课税税收权益。

(三)国际法上解释法则——《维也纳条约法公约》

由于租税协议之特殊性,有关租税协议之解释,应优先适用租税协议之一般的及特别的解释规则。在不抵触上述解释规则下,应补充适用国际法之解释原则,尤其是《维也纳条约法公约》之规定。该公约普遍适用于所有一般条约之解释,并不限于租税条约或协议。因此,有人认为其并未能考虑到双重租税协议之特殊性。② 但《维也纳条约法公约》之解释法则与上述租税协议之一般的解释规则大致相当。

有关条约解释之基本原则,规定于《维也纳条约法公约》第 31 条第 1 款:"一个条约之解释,应本于诚信原则,符合条约用语在前后条文脉络中之通常意义,按照其标的及目的为之。"③在传统上国际法的解释取向大概有下述三种:④

第一,文义解释:分析条约用语在前后条文脉络中之通常意义。

第二,历史解释:缔约双方当事人之意图。

第三,目的解释:按照其标的及目的解释。

上述诚信原则之解释,要求在国际上之行为应公平、合理、正直及诚实。如有滥用权利,则违反诚信原则。如果仅斟酌缔约一方当事人之主观的观念意思作为解释依据,则将违反租税协议文字上所呈现之客观上意思,而有违反诚实信用原则。因此,《维也纳条约法公约》第 31 条第 1 款的解释规则,要求其解释结果应致力于尽量可能地使他方也可以接受。又该公约并不禁止条约漏洞之补充,因此,有关租税协议如有法律漏洞时,可以国际法上之原理原则加以法律漏洞补充(法之续造),特别是法律上推论程序,如类推适用,可以填补漏洞。但考虑事件之特殊性,应依据租税协议法,而非引用内国法,进行漏洞补充。又国际条约法上主权友善原则也不适用于双重课税协定。⑤

《维也纳条约法公约》第 3 节"条约之解释"摘录

"第三十一条　解释之通则

一、条约应依其用语按其上下文,并参照条约之目的及宗旨所具有之通常意义,本于诚实信用原则解释之。

二、就解释条约而言,上下文除指连同前言及附件在内之约文外,并应包括:

(一)全体当事国间因缔结条约所订与条约有关之任何协议;

(二)一个以上当事国因缔结条约所订并经其他当事国接受为条约有关文书之任何

---

① [日]小松芳明著:《国际租税法讲义》,东京税务经理协会 1998 年增补版,第 26 页以下。

② Vogel, Lehner, *Doppelbesteuerungsabkommen*, 5. Aufl., 2008, Einl. 105.

③ Arnold, McIntyre, *International Tax Primer*, 2ed., 2002, pp. 112 – 113.

④ Ned Shelton, *Interpretation and Application of Tax Treaties*, 2004, p. 166.

⑤ Schaumburg, *Internationales Steuerrecht*, 1. Aufl., 1993, S. 578.

文书。

三、应与上下文一并考虑者尚有:

(一)当事国嗣后所订关于条约之解释或其规定之适用之任何协议;

(二)嗣后在条约适用方面确定各当事国对条约解释之协议之任何惯例;

(三)适用于当事国间关系之任何有关国际法规则。

四、倘经确定当事国有此原意,条约用语应使其具有特殊意义。

第三十二条　解释之补充资料

为证实由适用第三十一条所得之意义起见,或遇依第三十一条作解释而:

(一)意义仍属不明或难解;

或(二)所获结果显属荒谬或不合理时,为确定其意义起见,得使用解释之补充数据,包括条约之准备工作及缔约之情况在内。

第三十三条　以两种以上文字认证之条约之解释

一、条约约文经以两种以上文字认证作准者,除依条约之规定或当事国之协议遇意义分歧时应以某种约文为根据外,每种文字之约文应同一作准。

二、以认证作准文字以外之他种文字作成之条约译本,仅于条约有此规定或当事国有此协议时,始得视为作准约文。

三、条约用语推定在各作准约文内意义相同。

四、除依第一项应以某种约文为根据之情形外,倘比较作准约文后发现意义有差别而非适用第三十一条及第三十二条所能消除时,应采用顾及条约目的及宗旨之最能调和各约文之意义。"

(四)租税协议范本之条文注释

OECD 租税协议模板,仅供各个国家或地区缔约参考,并非具有国际法拘束效力的条约或协议,其本身并无正式的法律上拘束效力,但其条文注释对于解释租税条约或协议也扮演着重要角色。如果租税协议所适用之用语以及表达方式,在与 OECD 租税协议模板之用语一致的范围内,则可推定认为其具有相同意义内涵。因此,在解释该等用语概念或条款时,应可引用 OECD 租税协议范本之注释说明。反之,如果租税协议之用语与 OECD 租税协议模板之用语并不相一致时,则可推定认为其应具有不同的意义内涵。①

OECD 租税协议范本的注释,是经过成员国共同磋商而成,在此过程中,成员国均有机会对于该注释内容提出保留。因此,其在条约法公约地位上,有认为如果缔约国属于 OECD 成员国则属于《维也纳条约法公约》第 31 条第 2 款之上下文本文书。但有认为 OECD 租税协议模板及其注释已经为世界许多国家或地区参考采用,可说构成国际租税的共同语言,只要租税协议采用租税协议范本之用语,而且该缔约国对于范本注释并未

① Schaumburg, *Internationales Steuerrecht*, 1. Aufl., 1993, S. 581f.

提出保留或意见,则可认为该缔约方有意采用有关模板注释作为其协议条款用语的“通常意义”,因此属于《维也纳条约法公约》第31条第1款之条约用语之“通常意义”。[①]

但有关注释之参考,原则上应以“缔结条约时”之租税条约范本所为注释之见解为限。[②] 如果租税协议双方约定以租税协议模板作为解释基准时,则基于宪法上理由,应以该项租税协议范本发布后所缔结之租税协议为其适用范围,至于订约后将来才变更的协议范本或其解释则不能适用。

而依据OECD租税协议模板批注之说明,认为其批注得作为解决缔约国双方有关租税协议之解释争议之依据,亦即有批注说明可认为具有“法理”解释性质。

七、租税协议之滥用

(一)概说

纳税义务人由于在租税协议之国家或地区并无住所,并无权利直接享受租税协议之利益,乃于租税协议国家或地区里设立一个权利主体(公司),经由此种安排获得租税协议所提供租税减免优惠待遇之利益。而该权利主体公司实际上目的仅在作为第三国家或地区之居住者的导管,主要以获得在盈余分配、利息及权利金之扣缴税款之减免优惠;则可认为纳税义务人利用租税协议进行租税规避(Treaty Shopping),而构成法律形式之滥用。

此种租税协议滥用,有称为套用租税协议,第三国或地区居民套用他国或地区租税协议,享有租税协议提供之优惠待遇,直接损害了相关税收缔约方的税收利益,而第三国或地区经由对于该居民课税也间接享受利益,却没有对应地做出任何让步牺牲,因此违背国际税收权益公平分配原则,而有加以管制的必要。此种管制方式可能是租税协议中约定反避税条款或在国内税法中加以规定。[③]

(二)滥用租税协议之国际法措施

有关滥用租税协议之防制,有认为国际税法应自成体系,因此,宜由租税协议规定特别防制租税规避行为,以免扰乱条约内部规律之平等性,亦即以国内法方式解决租税协议滥用问题,可能导致国内法与租税协议之冲突。如果依据租税协议可以享受租税利益,而依据国内法加以限制或剥夺,难免被人质疑违反租税协议。《维也纳条约法公约》第27条即规定:“一当事国不得援引其国内法规定为理由而不履行条约。……”并且,租税协议有认为是在缔约双方划分不同所得的税收管辖权,以兼顾缔约双方利益,其目的不在国际层面实现国内法的正义与公平。[④] 因此,在租税协议中明定租税协议之滥用防

---

① 廖益新:“国际税收协议”,载廖益新主编:《国际税法学》,高等教育出版社2008年版,第84页。

② Vogel, Lehner, *Doppelbesteuerungsabkommen*, 5. Aufl. ,2008, Einl. 127.

③ 朱炎生:“国际逃税和避税的法律规制”,载廖益新主编:《国际税法学》,高等教育出版社2008年版,第252页以下。

④ 张智勇:“国际税收协议滥用的法律规制”,载刘剑文主编:《国际税法学》(第2版),北京大学出版社2004年版,第303页。

制机制较为妥当。

在租税协议中如有规定滥用租税协议之情形，不得享有租税协议之利益时，则此一规定原则上具有“特别法”性质，应优先于国内法（包括国内法有关租税规避之防杜条款）而适用。①

依据1987年OECD报告建议及1992年OECD租税协议模板注释建议，租税协议中有关防制滥用租税协议之措施，大致有下述几种：②

1. 不缔结租税条约法（abstinence approach）

“租税天堂”国家经常被作为滥用租税协议之根据地，因此为避免协议被滥用，其方法之一为管制不与“租税天堂”国家订立租税协议。

2. 排除法（exclusion approach）

有关租税协议所提供之租税利益仅适用于特定内国法人，并明定某类型公司不得享有租税协议之利益。

例如，在租税协议中导入“积极活动条款”及“受益所有人条款”。在“积极活动条款”中约定，常设机构之所得或母子公司之盈余分配，其给予免税待遇，必须该项所得完全的或主要的来自于积极的或生产性活动。

在“受益所有人条款”中约定，为能适用租税协议，在所得来源地国家，减免就源扣缴所得税，有关股息、利息及专利权利金之受领人必须是受益所有人，亦即其不仅拥有形式上的所得权利，而且实际上享有得处分产生该项所得之基础权利及或可以处分其所得。在上述条款所及范围内，即排除一般租税规避防杜条款之适用。③

3. 透视法（look-through approach）——实质受益者课税法

透视法是指一个法人可否享受租税协议之利益，主要依据控制或拥有该法人之受益人股东是否为缔约国的居民。也就是说，可否享受租税协议上之利益，不仅依据法人之居住地国为何，也依据该法人之受益人股东（最终受领盈余分配者）之居住地国为何加以决定。此一透视法依据的是公司法上法人人格否认之法理。

4. 课税空白排除法（subject-to-tax approach）——课税对象法

在某一缔约国所获得之所得利益，以在另一方缔约国接受通常（包括最低）的课税为要件，才能享受租税协议之利益。因此，可以消除在任一缔约国均未被课税的情形。

5. 管道法（channel approach）

管道法（渠道法）是指，缔约国一方之居民，从缔约国另一方取得的所得，用于对非居

---

① Schaumburg, *Internationales Steuerrecht*, 1. Aufl., 1993, S. 597.

② 朱炎生：“国际逃税和避税的法律规制”，载廖益新主编：《国际税法学》，高等教育出版社2008年版，第254以下；张智勇：“国际税收协议滥用的法律规制”，载刘剑文主编：《国际税法学》（第2版），北京大学出版社2004年版，第297以下；［日］川田刚著：《国际课税の基础知识》，税务经理协会2006年版，第262页以下。

③ Schaumburg, *Internationales Steuerrecht*, 1. Aufl., 1993, S. 598f.

民支付利息、权利金、研究开发费、事业委托费、手续费或经营指导费等形态之成本费用款项,不得超过一定比例,否则该所得将不得享受租税协议之利益。此法主要用于防止第三国居民在缔约国一方设立踏脚石中间公司(stepping stone company)滥用租税协议。①

在租税条约上,对于单纯名义上之居住法人,并不给予租税条约之利益。也就是说,租税协议之缔约国以外(第三国)之居住者或法人取得该缔约国内之法人的所得之一定比例以上时,则该法人即不得享受租税协议之利益。

6. 适用除外

租税协议规定特别防制租税规避行为,通常在下述情形不应认定滥用租税协议之行为,而仍得享受租税协议之利益:②

第一,一般的真正基准。该法人之设立目的,主要是基于经营事业之合理的商业目的,而非以获得租税协议之利益为主要目的。

第二,活动基准。法人在其居住地国,实质上有从事营业活动,就该项事业活动有关联之所得,请求他方缔约国给予租税减免。

第三,税额基准。法人享有租税协议减免租税金额,不超过其在居住地国被课税之金额。

第四,上市基准。一方缔约国居住者法人,其公司股权主要由缔约国之居民控制或主要在缔约国证券交易所上市交易。

第五,选择的减免基准。公司实际控制人所在地国与缔约国之一方签订之租税协议之租税减免待遇,不低于本租税协议所提供之租税减免待遇。

(三)国内法的租税规避防制规定——租税协议已有反避税条款之情形

租税协议之反避税条款适用范围较为狭窄时,则仍有可能补充适用国内法上一般租税规避之防杜条款之余地。

租税协议作为双边的国际条约,涉及双方之课税主权;因此,原则上租税协议之规范,应构成完结的规律范围。然而,不能因此导出认为,租税协议之规定,尤其是反避税条款规定,总之最终的完结规定应加以适用。在此,有关租税协议之反避税条款是否为最终的完结规定,仍必须对于该反避税条款规定进行"解释"。如果租税协议已经对于租

① 踏脚石中间公司乃是甲国甲公司拟投资于丁国丁公司,但甲丁两国间并无租税协议,因此于中介乙国及丙国分别设立乙公司及丙公司,甲乙两国、乙丙两国及丙丁两国也各有租税协议可享受租税利益。经由上述中介公司的设立,在丁国从丁公司所取得之所得,先移转与丙国之丙公司,再由丙公司移转至乙国之乙公司(由丙公司支付专利权利金、手续费等予乙公司,丙公司并可全额作为费用扣除),最后由乙公司移转至甲公司。其中间阶段乙国对于乙公司的所得课征极少税负,因此在投资目的国丁国之所得大部分可移转至投资者居住地国(甲国)。

② 朱炎生:"国际逃税和避税的法律规制",载廖益新主编:《国际税法学》,高等教育出版社2008年版,第256页以下。

税优惠之主观上及客观上之适用要件详加规定,而可认为已经足以防止滥用时,则具有最终的完结规定性质,不应再补充适用国内法上一般租税规避之防杜条款。

租税协议如果欠缺规定防制滥用租税协议之行为时,则有无滥用租税协议之情形存在应依据国内法加以判断,[①]故仍可补充适用国内法有关防止租税规避之规定以及一般租税规避防杜条款(如《德国租税通则》第 42 条规定,[②]以及《企业所得税法》第 47 条[③])。[④]

德国联邦财务法院判决也认为在导入一家没有功能的公司以滥用租税协议享受租税优惠的情形,有关是否构成滥用法律形式而不予承认,则应回归国内法加以判断,租税协议并不妨害国内法之适用。[⑤] 并且,有关内国法对于所得归属判断之原则也不受国际租税协议之影响。

在此,租税协议在于公平分配缔约方间之税收利益,并防止重复课税及逃漏税捐。而国内法有关反避税条款之适用目的,则在于保障本国或本地之租税债权,免于遭受损害。因此,基于租税法律主义以及法律明确性原则,有关租税协议之滥用,必须其结果减少本国或本地之税收始有该反避税条款之适用。倘若其滥用法律形式,导入不相当的法律形式安排,仅是导致缔约他方之税收损失时,则不在本国反避税条款之适用范围。[⑥]

(1)国内法有关防止滥用租税协议之特别规定

在此国内法有关防止滥用租税协议之规定优先于国际条约之租税协议而适用。也就是说,对于滥用租税协议之行为,虽然租税协议并无防制规定,但经由国内法特别防杜滥用租税协议条款,而限制纳税义务人享受租税协议之利益,具有变更或补充租税协议之效力。就此而言,依据立法者之意思,国内法可谓具有特别法之地位,应优先适用。[⑦]

例如,为防止租税协议之滥用,《德国所得税法》第 50d 条第 3 款第 1 项规定:一个外国公司,如果其股东直接取得所得,将不能享受税收退还或税捐减免,而且有下述情形之一时,则该外国公司无权要求享受第一款或第二款所规定全部或部分之税捐减免:

---

① Schaumburg, *Internationales Steuerrecht*, 1. Aufl., 1993, S. 599.

② 《德国租税通则》第 42 条有关税捐规避之一般防杜条款规定:"(1)税法不能以滥用法律之形成可能性方式而受到规避。为防止税捐规避行为之个别法律规定之构成要件已被满足者,其法律效果依各该规定定之。如无个别规定,于存在第 2 项所规定之滥用情形时,依据其与经济事件相当之法律形式而成立税捐请求权。(2)选择不相当之法律形式,而此不相当的法律形式相较于相当的法律形式,使纳税义务人或第三人获得法律未规定之税捐利益者,为滥用。纳税义务人证明选择该形式,依据其情况之整体图像,有税捐以外之相当理由者,此规定不适用之。"

③ 《企业所得税法》第 47 条规定:"企业实施不具有合理商业目的的安排而减少其应纳税额或所得额的,税务机关有权按照合理方法调整。"

④ Tipke/Kruse, AO, 1996, § 42 Tz. 102.

⑤ BFH 1. 12. 1982, BStB. Ⅱ 1985, 2.

⑥ Schaumburg, *Internationales Steuerrecht*, 1. Aufl., 1993, S. 601.

⑦ Grotherr, Herfort, Strunk, *Internationales Steuerrecht*, 3. Aufl., 2010, S. 542.

①该外国公司之设立,欠缺经济上或其他正当理由。或者

②该外国公司从自己的经济活动中取得收入,不超过系争事业年度总收入之10%者。或者

③该外国公司并未设置与其营业目的相当之营业场所,从事一般的经济交易者。

也就是说,在国内法中特别规定滥用租税协议者,不得享受租税协议之利益。

倘若纳税义务人为滥用租税协议而安排导入一个没有经济上功能之权利主体,而其法律形式安排并不相当,且单纯以节省税负为目的,根本上颠覆国内法或租税协议之分配评价,进而终局地获得节省税负之利益时,则可认为构成法律形式之滥用。①

(2)国内法有关防止租税规避之一般规定

国内法有关防止租税规避之一般规定,其适用范围包括无限制纳税义务人(居住者)以及限制的纳税义务人(非居住者)。因此,如果非居住者滥用法律形式而获得租税协议之优惠时,仍满足防止租税规避之一般规定要件,而不准其享有租税协议之优惠。②

在台湾地区,"税捐稽征法"第12条之1规定实质课税原则如下:"涉及租税事项之'法律',其解释应本于租税法律主义之精神,依各该'法律'之'立法'目的,衡酌经济上之意义及实质课税之公平原则为之。税捐稽征机关认定课征租税之构成要件事实时,应以实质经济事实关系及其所生实质经济利益之归属与享有为依据。前项课征租税构成要件事实之认定,税捐稽征机关就其事实有举证之责任。纳税义务人依'本法'及'税法'规定所负之协力义务,不因前项规定而免除。"作为一般反避税条款来进行防制国家或地区间租税规避行为。③

依据台湾地区"适用所得税协议查核准则"第4条规定:"他方'缔约国'之居住者依'所得税法'、'所得基本税额条例'及相关'法令'规定,应课征所得税者,得依所得税协议规定减免之。税捐稽征机关调查、审核前项适用所得税协议案件之构成要件事实时,应以实质经济事实关系及其所生实质经济利益之归属与享有为依据。"明定在认定适用租税协定案件之课税要件事实的认定也采取实质课税原则。④

针对国家或地区间租税规避,如果国内税法有特别规定反避税条款时,是否仍有适用一般反避税条款之余地,对此不无争议。在此应可认为如果纳税义务人之行为并未满足反避税条款之特别规定要件时,应可认为是合法节税行为,而不宜再回归适用一般反避税条款之规定。盖特别法既然已经有特别规定反避税行为之认定基准,则如未符合该

---

① Otto H. Jacobs, *Internationale Unternehmensbesteuerung*, 2. Aufl., 1991, S. 627.

② Schaumburg, *Internationales Steuerrecht*, 1. Aufl., 1993, S. 603.

③ 有关税捐规避之防杜问题,参见陈清秀:《税法总论》,台湾元照出版有限公司2010年版,第224页以下。

④ 自1997年1月17日"释字第420号解释":"涉及租税事项之'法律',其解释应本于租税法律主义之精神,依各该'法律'之'立法'目的,衡酌经济上之意义及实质课税之公平原则为之"起,在台湾地区已经广泛承认实质课税原则在税法上之运用。

项认定基准时，则尚不得认定其为租税规避行为。

例如，在过少资本税制，[①]如果立法上特别规定采取“借款债务与股本固定比例法”，以3:1比例作为认定标准，境内法人对于境外支配股东等所支付借款债务利息中，对应于超过比例部分的借款利息支出金额不算入成本费用；如借款债务比例未达上述标准时，则除有其他特殊情况足以认定滥用法律形式外，其利息支出原则上应仍可认列成本费用，不宜再援用税捐规避之法理，重新认定为税捐规避行为。

八、结语

《海峡两岸经济合作框架协议》(ECFA)在两岸两会架构下完成协商，协议文本及五项附件于2010年6月29日以中文签署，台湾地区“立法院”于8月17日审议通过ECFA，在完成相关程序后，由海基会于9月11日以书面通知大陆，并于同日接获大陆通知，依据规定，ECFA从2010年9月12日起生效。ECFA的签署及生效，彰显两岸进一步增进贸易与投资关系的意愿，有利于两岸经济繁荣与发展，意义重大。

租税协议可以防止国家或地区间双重课税以及防止逃漏税，促进彼此经贸合作与交流，同时公平分配税收权益，是增进彼此关系的良善做法。两岸经贸关系相当密切，更有签订两岸租税协议或协议的必要，期盼两岸早日签订租税协议。

---

① 陈清秀：“过少资本税制”，载《法令月刊》2010年第7期。《企业所得税法》第46条也规定：“企业从其关联方接受的债权性投资与权益性投资的比例超过规定标准而发生的利息支出，不得在计算应纳税所得额时扣除。”

图书在版编目(CIP)数据

财税法学前沿问题研究:经济发展、社会公平与财税法治 / 刘剑文主编. —北京:法律出版社,2012.3
ISBN 978-7-5118-3020-3

Ⅰ.①财… Ⅱ.①刘… Ⅲ.①财政法—法的理论—研究—中国②税法—法的理论—研究—中国 Ⅳ.①D922.201

中国版本图书馆 CIP 数据核字(2012)第 001439 号

责任编辑/陈 妮 **装帧设计**/汪奇峰

出版/法律出版社 **编辑统筹**/财税出版分社
总发行/中国法律图书有限公司 **经销**/新华书店
印刷/北京中科印刷有限公司 **责任印制**/吕亚莉

开本/720 毫米×960 毫米 1/16 **印张**/21.75 **字数**/440 千
版本/2012 年 4 月第 1 版 **印次**/2012 年 4 月第 1 次印刷

法律出版社/北京市丰台区莲花池西里 7 号(100073)
电子邮件/info@lawpress.com.cn **销售热线**/010-63939792/9779
网址/www.lawpress.com.cn **咨询电话**/010-63939796

中国法律图书有限公司/北京市丰台区莲花池西里 7 号(100073)
全国各地中法图分、子公司电话:
第一法律书店/010-63939781/9782 **西安分公司**/029-85388843 **重庆公司**/023-65382816/2908
上海公司/021-62071010/1636 **北京分公司**/010-62534456 **深圳公司**/0755-83072995

书号:ISBN 978-7-5118-3020-3 **定价:**49.00 元

(如有缺页或倒装,中国法律图书有限公司负责退换)